Peter Bierl

Wurzelrassen, Erzengel und Volksgeister
Die Anthroposophie Rudolf Steiners und die Waldorfpädagogik

Peter Bierl

Wurzelrassen, Erzengel und Volksgeister

Die Anthroposophie Rudolf Steiners und die Waldorfpädagogik

KONKRET LITERATUR VERLAG

Umschlaggestaltung: Peter Albers
Satz: H & G Herstellung, Hamburg
Druck: Clausen & Bosse, Leck
ISBN 3-89458-242-1
www.konkret-literatur-verlag.de

Inhalt

Einleitung: Lauter Einzelfälle *9*

Erstes Kapitel: Karmische Entwicklungshilfe – Der Geist der Waldorfpädagogik *19*

Der Fall Uehli *19*
Atlantis und Kaspar Hauser *21*
Braune Märchenstunde *23*
Okkulte Schablonen: Die kindliche Entwicklung *27*
Reinkarnation und Karma in der Waldorfpädagogik *29*
Temperamentenlehre, Phrenologie und Physiognomik *31*
Waldorfpädagogik als Religion *33*
Autoritäre Ziele und Methoden *35*
Das Fußballverbot *36*
Spirituelle und entartete Kunst *38*

Zweites Kapitel: Rudolf Steiner – Der Menschheitsführer *42*

Das Wiener Milieu *42*
Die Selbstvergottung des Übermenschen *46*
Vom »bürgerlichen Nichts« zum Guru *52*
Die Theosophie Blavatskys *54*
Steiner und die Theosophische Gesellschaft *57*
Die Abspaltung der Anthroposophie *60*

Drittes Kapitel: Wahn & Waldorf *64*

Anthroposophie als gnostische Religion *64*
Was Waldorfschüler lernen: Sexualität hängt unten dran *65*
Von Pflanzen- und Tiermenschen *68*
Was Waldorfschüler lernen: Der Affe stammt vom Menschen ab *70*
Karma, Seelenwanderung und Reinkarnation *72*
Was Waldorfschüler lernen: Von Marx und Mäusen *77*
Engel, Dämonen und Teufel *78*
Glaubenskrieger gegen das Böse *81*
Der Anspruch der Wissenschaftlichkeit *83*
Einweihung und Erleuchtung *85*
Das spirituelle Führerprinzip *87*

Viertes Kapitel: Von Wurzelrassen, Ariern und der Bürde des erleuchteten weißen Mannes *92*

Die Systematik der Wurzelrassenlehre *92*
Die Mission der Arier *98*
Die Entwicklung nach Steiner *100*
Die Wurzelrassenlehre nach dem Ende des Nationalsozialismus *102*
Blonde und Schwarze, Blut und Boden *106*
Verdrängen und Verleugnen *108*
»Neger haben dicke Lippen« *113*
Die Überwindung der Rassen durch die Erleuchteten *118*

Fünftes Kapitel: Die »zersetzende Kraft« des Judentums *126*

Alles Verleumdung oder ein großes Missverständnis? *126*
Assimilation und Antizionismus *127*
Steiners Kosmologie *131*
Thiebens *Rätsel des Judentums* *136*
Der Holocaust als karmischer Ausgleich *138*
Die Araber als Werkzeuge jüdischen Geistes *143*

Sechstes Kapitel: Anthroposophie im Schützengraben *145*

»Krieg muss sein« (1914–1918) *145*
Die romantischen Wurzeln *149*
Anthroposophie als Teil der völkisch-esoterischen Szene *151*
Die organisch-ganzheitliche Ordnung *153*
Anthroposophie und Lebensreform *155*
Nationalismus und Antikatholizismus *158*
Die Mission der Deutschen *160*
Volks- und Rassengeister *162*
Einkreisungs- und Verschwörungsphantasien (1915–2001) *164*

Siebtes Kapitel: Anthroposophie und NS-Faschismus *167*

Politisierung und Radikalisierung *167*
Anthroposophie im Dialog – Blut, Rasse und Ariermythos *169*
Einschätzungen des Faschismus vor 1933 *175*
Die Anthroposophen im NS-Staat *179*
Das Verbot der Anthroposophischen Gesellschaft 1935 *182*
Völkischer Glaubensstreit: Wotan oder Germanen-Christus *184*
Der gemeinsame Feind: Juden und Bolschewisten *186*
Die Waldorfschulen in der NS-Zeit *187*

Kollaboration und Anpassung – Die biologisch-dynamische Landwirtschaft *190*
Die Entwicklung nach dem Abgang von Rudolf Hess (1941) *192*
Die (Nicht-)Aufarbeitung des NS-Faschismus *194*

Achtes Kapitel: Die soziale Dreigliederung *200*

Der historische Kontext *200*
Dreigliederung als Konterrevolution *202*
Grün & Braun *206*
Anthroposophen als Vorreiter der Privatisierung *209*
Anthroposophen in der Antiglobalisierungsbewegung *210*
Geldpfuschereien: Schwund- und Regionalgeld *215*

Anmerkungen *218*

Literaturverzeichnis *270*

Einleitung: Lauter Einzelfälle

Andreas Molau unterrichtete acht Jahre lang an der Waldorfschule Braunschweig Deutsch und Geschichte. Nach dem Erfolg der NPD im September 2004 bei den Landtagswahlen in Sachsen kündigte Molau, weil er als schulpolitischer Experte für die neue Nazifraktion und redaktionell für die NPD-Zeitung *Deutsche Stimme* arbeiten wollte. Die Waldorfschule entließ Molau und erteilte ihm Hausverbot. »Das ist eine Katastrophe für unser Image«, klagte Michael Kropp, Geschäftsführer der Waldorfschule, vor der Presse.[1] Molau hatte schon in den 90er-Jahren in diversen rechtsextremen Verlagen und Zeitschriften publiziert, ab 1996 vermutlich unter Pseudonym. An der Waldorfschule will davon niemand etwas geahnt haben. Von seinem Aussehen her hätten ihn viele als linksliberal eingeschätzt.[2]

Der Schweizer Waldorflehrer Bernhard Schaub veröffentlichte im Oktober 1992 ein Buch mit dem Titel *Adler und Rose*. Darin behauptet er, der Zweite Weltkrieg sei ein Präventivkrieg gewesen und stellte die Existenz der Gaskammern in Auschwitz in Frage.[3] »Die neue deutsche Rechte marschiert in die gleiche Richtung wie vor 60 Jahren und wieder laufen einige Anthroposophen mit«, kommentierte *Info 3*, eine anthroposophische Zeitschrift aus Frankfurt/Main.[4] Nach Presseberichten über Schaub entließ die Rudolf-Steiner-Schule in Adliswil den Deutsch- und Geschichtslehrer im Januar 1993.

Schaub tritt als Referent bei Naziveranstaltungen auf, etwa bei der NPD, und galt eine Zeit lang als Ideologe der rechtsextremen *Partei National Orientierter Schweize*r (PNOS).[5] Im Sommer 2002 berichteten Schweizer Zeitungen über eine Feier der PNOS am 1. August, dem Schweizer Nationalfeiertag, auf einem Anwesen der Firma *Bioparadies* in Allschwil, einer Großhandelsfirma, die Produkte nach *Demeter*-Richtlinien vertrieb und auch dem Verband angehörte. Die Nazis grölten das Deutschlandlied und einschlägige Parolen. Der Geschäftsführer von *Bioparadies,* Hans Krattiger, war Kassierer der PNOS und Anthroposoph.[6] Im Oktober schloss der Vorstand der *Allgemeinen Anthroposophischen Gesellschaft* Krattiger aus.[7]

Der russische Anthroposoph Gennadji Bondarew war vorsichtiger als Schaub. In seinem Werk *Anthroposophie auf der Kreuzung* (1996) leugnet er den Holocaust aus Rücksicht auf strafrechtliche Konsequenzen nicht offen. Dennoch war Bondarews Position so eindeutig, dass ihn der Vorstand der *Anthroposophischen Gesellschaft* zwei Jahre später ausschloss.[8] Bondarews Revisionismus wird von manchen geteilt. Das belegen Leserbriefe, in denen er verteidigt und Kritikern vorgehalten wurde, die »westlichen Manipulationen« nicht zu durchschauen.[9] Ein Hamburger Anthroposoph suggerierte, so schlimm sei es unter den Nazis gar nicht gewesen. Er behauptete, »dass von 1933 bis 1942 ein Jude die Nazidiktatur mitsamt seiner Habe und sogar aus dem KZ heraus verlassen konnte, wenn er nach Palästina ging«.[10]

Molau, Schaub & Konsorten seien lauter Einzelfälle, behaupten Anthroposophen. Tatsache jedoch ist, dass diese Weltanschauung nicht bloß aus Versatzstücken von Buddhismus und Hinduismus, Christentum und deutschem Idealismus besteht, die ihr Gründer Rudolf Steiner (1861–1925) zusammen gefügt hat, sondern auch eine Rassenlehre enthält. Der Vorwurf des Rassismus gegen die Anthroposophie ist nicht neu, soll aber in diesem Buch systematisch untersucht werden, einschließlich deutschnationaler Vorstellungen, dem Verhalten von Anthroposophen während des Ersten Weltkrieges, der Weimarer Republik und der NS-Zeit.[11] Dabei werden neue Quellen erschlossen, nicht bloß die Werke Steiners, sondern auch seiner engsten Mitarbeiter und die Entwicklung bis in die Gegenwart. Als eine der wichtigsten Quellen habe ich *Das Goetheanum*, das Zentralorgan der internationalen *Allgemeinen Anthroposophischen Gesellschaft*, ab dem ersten Jahrgang 1921 ausgewertet. Allein anhand dieser Zeitschrift lässt sich eine rassistische Kontinuität belegen.

Die Thesen dieses Buches lauten: Anthroposophie ist eine esoterische Weltanschauung und keine Wissenschaft, sie ist entstanden im völkischen Sumpf des Fin de Siècle. Sie enthält eine spezifische Rassentheorie, die Lehre von den sieben Wurzelrassen und ihren Unterrassen, in denen sich angeblich die menschliche Entwicklung verkörpert. Aus der Kombination von Wurzelrassen- und Karmalehre mit den traditionellen christlichen Motiven des jüdischen Gottesleugners und Gottesmörders ergibt sich auch ein spezifischer Antisemitismus.

Charakteristisch für diese Rassenlehre ist, dass dem menschlichen Geist, der sich angeblich immer wieder verkörpert, der Vorrang vor Blut und Genen zugesprochen wird. Anthroposophischer Rassismus lässt sich darum genauer bestimmen als geistorientierter Rassismus, in der Nachfolge Paul de Lagardes (1827–1891), auf den sich Steiner des Öfteren beruft, im Unterschied zu biologistischen Rassenlehren, die ab Ende des 19. Jahrhunderts dominierten.[12] Vor diesem Hintergrund unterscheidet sich die Anthroposophie auch vom NS-Rassismus: Ihr Ziel ist nicht, als minderwertig definierte Menschen zu ermorden oder zu versklaven, sondern sie zu belehren, zu führen und auf dem Weg zur Erleuchtung zu leiten. Anthroposophischer Rassismus ist insofern nicht eliminatorisch wie der NS-Faschismus, sondern paternalistisch.

Die anthroposophische Literatur enthält zahllose diskriminierende Äußerungen über Menschen, die so genannten niederen, nicht mehr entwicklungsfähigen Rassen zugeordnet werden. Die Arier werden als führende Wurzelrasse dargestellt und den Germanen bzw. Deutschen eine hervorragende Rolle in der spirituellen Entwicklung zugeschrieben. Dabei lassen sich, wie im gesamten rassistischen Spektrum, logische Widersprüche und Differenzen feststellen. Einige Autoren gehen von vier Rassen aus, andere von fünf, auch von Steiner selbst gibt es unterschiedliche Angaben.[13]

Anthroposophie steht in der Tradition der deutschen Romantik und der von Helena P. Blavatsky (1831–1891) begründeten Theosophie. Das Konzept der besonders tiefschürfenden, zur Spiritualität neigenden Deutschen übernahm Steiner von Johann Gottlieb Fichte (1762–1814) und Paul de Lagarde. Von Blavatsky stammt die Idee von den Wurzelrassen, wobei die fünfte, die arische Wurzelrasse, alle »am Geist schaffenden Weißen« umfasst. Indianer diffamierte Steiner als »dekadente Abzweigung« von der Evolution zum blonden Arier und Afrikaner als vom Hinterhirn gesteuerte Triebwesen. Juden galten ihm als »einseitig intellektuell erstarrt« und er beklagte ihren »zersetzenden Einfluss« auf Medizin und Kindergärten.

Als Teil der lebensreformerisch-esoterischen Bewegung entstand die Anthroposophie vor dem Ersten Weltkrieg. Sie war ein kleiner Zweig jener »völkischen Revolution« (Mosse), die dazu beitrug, die Deutschen zu jenen willigen Vollstreckern zu formen, auf die sich der NS-Faschismus stützen konnte. Steiner zählt zum »Panoptikum von Gralssuchern, Aposteln und Erlösergestalten des Fin de Siècle«.[14] Anthroposophie ist eine jener »Intellektuellen-Religionen« (Max Weber), in der sich eine Sinnkrise des deutschen Bildungsbürgertums austobte, die die rasante gesellschaftliche Modernisierung nach der Reichsgründung samt ihren Krisen ausgelöst hatte. Charakteristisch für diese völkischen Religionen war der Versuch, gegen Aufklärung und Säkularisierung eine neue Mythologie zu schaffen, wozu die affirmative Rezeption von Sagen und Märchen oder der Legenden von Thule und Atlantis zählten. Die Mischung aus Versatzstücken asiatischer Religionen und gnostischer christlicher Vorstellungen versuchten die neuen Gurus als Wissenschaft zu verkaufen und erwiesen sich damit als Kinder der Moderne. Die Kritik moderner Rationalität richtete sich aus deutschtümelnder Perspektive gegen den Westen.[15] Ulbricht spricht von Spielarten eines »germanisierenden, habituell antimodernen Fundamentalismus«.[16]

Die Geschichte der Anthroposophie während des NS-Faschismus weist Parallelen zu anderen völkischen Gruppen auf. Ihre Projekte wurden von einflussreichen Nazigrößen wie Hitlers Stellvertreter Rudolf Hess oder Landwirtschaftsminister Richard Darré protegiert, SS-Führer Heinrich Himmler ließ mit biodynamischen Methoden in Konzentrationslagern experimentieren. Andere wie Martin Bormann, Chef des Parteibüros, oder Reinhard Heydrich, Chef der Sicherheitspolizei und des SD, bekämpften die Anthroposophie und ihre Projekte, wobei ökonomische Interessen eine Rolle spielten; so agierte das Chemiekapital gegen die biodynamische Landwirtschaft. Trotz Sympathiebekundungen und Anpassung an das Regime ließ Heydrich die deutsche *Anthroposophische Gesellschaft* 1935 auflösen, manche Projekte konnten bis 1941 weiter bestehen. Anthroposophen durften Zeitschriften und Bücher publizieren und ihre Karrieren fortsetzen. Ernst Bloch schrieb 1935: »Offenbar verhindert nur der starke Anteil anderer Länder an der anthroposophischen Gesellschaft, dass diese geschlossen zu Hitler übergeht.«[17]

Rassismus und Antisemitismus in der Anthroposophie sind kein historisches Thema, das mit Steiner oder der Gründergeneration erledigt wäre. Statt von Rassen und Wurzelrassen sprechen Anthroposophen heute lieber von Kulturperioden, Kulturepochen oder nachatlantischen Zeitaltern.[18] Der Inhalt hat sich nicht geändert. Die Rassenlehre wird nach wie vor verteidigt bzw. der Vorwurf des Rassismus bestritten, mit Verweis auf Wiedergeburt und spirituelle Höherentwicklung des individuellen, als göttlich aufgefassten Ich, die in einer künftigen Aufhebung der Rassen münden sollen. Sergej Prokofieff, seit 2001 eines von fünf Mitgliedern im Vorstand der *Anthroposophischen Gesellschaft*, glaubt an eine Kulturmission Mitteleuropas und der slawischen Völker. Die Russen seien prädestiniert für eine künftige sechste Kulturepoche, weil dank der Normannen germanisches Blut in ihren Adern fließe.[19] Die deutsche *Anthroposophische Gesellschaft* gab 1995 eine Broschüre heraus, in der »Rassenkunde« als Wissenschaft bezeichnet wurde. Im Sommer 2000 musste sich der *Bund der freien Waldorfschulen* in Deutschland von einem Buch distanzieren, in dem vom Genie der arischen Rasse geschwärmt wurde. Das Werk war Lehrern zur Unterrichtsvorbereitung empfohlen worden.

Nicht von ungefähr beziehen sich also Nazis auf die Anthroposophie. Schaub propagiert wie Steiner ein starkes Mitteleuropa gegen »Amerikanisierung« und »Afrikanisierung«, schwadroniert von Volksgeistern und der künftigen Herrschaft einer geistigen Rasse.[20] Der Altnazi Georg Werner Haverbeck (1909–1999) reklamierte in seinem Buch *Rudolf Steiner – Anwalt für Deutschland* (1995) dessen Ideen für die Rechten, was Anthroposophen pauschal als Missbrauch abtaten. Haverbeck trat 1928 der SA bei, übernahm 1933 die Leitung des *Reichsbundes für Volkstum und Heimat* und wurde Mitglied der Reichsleitung des *NS-Studentenbundes*. Später betätigte er sich in der Rundfunkpropaganda. Nach dem Krieg studierte Haverbeck Theologie und ließ sich als Pfarrer der anthroposophischen *Christengemeinschaft* ordinieren. 1960 wurde er entlassen, nach Darstellung seiner Frau, weil er kommunistischer Umtriebe verdächtigt wurde.[21] Von 1974 bis 1982 war er Präsident des rechtsextremen *Weltbundes zum Schutz des Lebens* (WSL), einer Gruppe von Konservativen, Anthroposophen, Anhängern Silvio Gesells und Nazis. Haverbeck unterzeichnete 1980 den *Dortmunder Appell* gegen neue Atomraketen in Europa und 1981 das so genannte *Heidelberger Manifest*, in dem die Parole »Ausländer raus« ökologisch begründet wurde. 1982 wurde er Mitglied im Beirat der ÖDP, einer Rechtsabspaltung der Grünen.

Die Einzelfälle spiegeln einen Trend wider. Der Anthroposoph Henning Köhler urteilte über seine Glaubensbrüder: »Inzwischen ist der rechtskonservative Konsens wieder so lückenlos wie zu Adenauers Zeiten.« Gleichzeitig behauptet er, »nationalchauvinistische oder gar rassistische Neigungen« seien nur bei »Außenseitern« festzustellen.[22] Die Differenz zwischen rechtskonservativ und nationalchauvinistisch erklärt Köhler seinen Lesern leider nicht, er täte sich schwer, denn die Übergänge sind fließend. So verwendet Lorenzo Ravagli, der im Auftrag des Waldorfverbandes etliche Schriften verfasst hat, um den Rassismusvorwurf zu widerlegen, den Begriff des Ethnopluralismus, um Steiners Lehre zu charakterisieren. Tatsächlich ähnelt die Idee, verschiedene Völker und Rassen hätten im Lauf der Evolution bestimmte »Missionen« zu erfüllen, dem Konzept des Ethnopluralismus, das französische und deutsche Faschisten wie Alain de Benoist oder Henning Eichberg in den 70er-Jahren entwickelten.[23] Beide Vorstellungen suggerieren, Menschen gehörten durch ihre Geburt unvereinbaren, homogenen Kulturen an, als gäbe es innerhalb solcher konstruierten Einheiten keine Unterschiede.[24]

Diese Rassenlehre fließt, wie wir sehen werden, in die Waldorfpädagogik ein. Erkennbar wird das, wenn in Schülerheften von Atlantis oder den Ariern und ihren Wanderungen die Rede ist. Dennoch sollte man sich vor pauschalen Urteilen über die Praxis an Waldorfschulen hüten. Erstens gibt es keine breit angelegte empirische Studie von unabhängiger Seite über den Unterricht. Zweitens kommen viele Erzieher und Pädagogen, die in diesen Einrichtungen arbeiten, von staatlichen Universitäten. Ihnen fehlt der anthroposophische Hintergrund.[25] Wenn Waldorfpädagogen dazu von einer »atemberaubend hohen Fluktuation« des Personals sprechen,[26] bestätigen sie Kritiker, die zu große Klassen mit bis zu 38 Schülern monieren und von Arbeitsüberlastung und verbreitetem Burn-out-Syndrom sprechen. Jedenfalls schwankt aufgrund der unterschiedlichen Zusammensetzung des Lehrpersonals der Grad der Indoktrination von Schule zu Schule.

Die Praxis vor Ort mag sich darum unterscheiden – interessanterweise hört man in Diskussionen immer wieder, die Einrichtung, aus der der jeweilige Gesprächspartner stammt, sei liberaler als benachbarte Schulen. Trotz aller Unterschiede: Anthroposophie bestimmt den Charakter aller Waldorfeinrichtungen, wie sich schon anhand der Waldorf-Literatur belegen lässt. Zwar sind die Schulen keine Kaderschmieden, deren Absolventen die Werke des Meisters auswendig kennen, aber die Lehrer sind auf die anthroposophische Menschenkunde verpflichtet, Lehrplan und Fächer sind davon geprägt und Pädagogen lassen die Ideologie in den Unterricht einfließen. Eine Reihe von Büchern rassistischen Inhalts sind von Waldorflehrern verfasst worden. Es ist kaum anzunehmen, dass Leute das eine schreiben und ihren Schülern etwas ganz anderes beibringen.

Waldorfpädagogik basiert ebenso wie die biologisch-dynamische Landwirtschaft, Markenname *Demeter*, oder die Herstellung medizinischer und kosmetischer Präparate der Firmen *Weleda* und *Wala* auf der »Geistesschau« Steiners. Die ideologischen Grundlagen werden in der Zentrale im schweizerischen Dornach gepflegt und in den einzelnen Staaten durch die jeweilige *Anthroposophische Gesellschaft* vertreten. Weltweit gehören diesen Sektionen etwa 60.000 Mitglieder an, wobei die deutsche Gesellschaft mit über 20.000 Mitgliedern die größte und einflussreichste ist. Dieser Schwerpunkt ist kein Zufall, schließlich predigte Steiner, dass am deutschen spirituellen Wesen die Welt genesen werde; seine Nachfolger glauben bis heute an diese »Mission Mitteleuropas«.

Ihrem Selbstverständnis nach ist die Anthroposophie eine »Geisteswissenschaft«. Ich betrachte sie als Religion, was ihre Anhänger vehement bestreiten. Auf Antrag der SPD-Fraktion beschloss der Bundestag 1996 eine »Enquete-Kommission Sogenannte Sekten und Psychogruppen« einzurichten. Vor der Parlamentsdebatte über diesen Antrag organisierte die SPD eine Informationsveranstaltung, in der Hansjörg Hemminger, Referent der *Evangelischen Zentralstelle für Weltanschauungsfragen* in Stuttgart, nicht nur *Scientology* oder die japanische *AUM-Sekte* erwähnte, die aufgrund ihrer straffen Organisation oder gemeingefährlicher Aktionen ins Visier des Staatsapparates geraten sind, sondern auch die Anthroposophen. Trotz des Gütesiegels »etabliert und bürgerlich akzeptabel«, das der Referent ihnen ausstellte, reagierte Otto Schily, damals noch einfacher SPD-Abgeordneter, verärgert. Dass der Kirchenvertreter die Anhänger Steiners auch nur erwähnte, habe ihn »sehr gestört«, erklärte Schily.[27]

Schily behauptete in der Diskussion, es sei ein »grundlegendes Missverständnis, Anthroposophen oder überhaupt die Anthroposophie unter Religionsgemeinschaften zu rubrizieren. Sie ist keine Religionsgemeinschaft, sondern der Versuch einer Erweiterung der Erkenntnisse, aufbauend auf der Naturwissenschaft, und sie hat keinen antirationalen Charakter, sondern, ich denke, da muss man sich schon ein bisschen mit dem Thema auseinandersetzen, ehe man das so vermanscht«.[28] Hemminger widersprach, er spielte auf Steiners Evolutionslehre an, wonach – vereinfacht ausgedrückt – der Affe vom Menschen abstammt, und stellte fest: »Wenn Sie sagen, das sei rational oder gar naturwissenschaftlich, dann muss ich Ihnen (...) sagen: So ist es nicht. Die Anthroposophie ist eindeutig ein okkult-esoterisches System.«[29]

Anthroposophen präsentieren sich lieber als einfühlsame Pädagogen oder konsequente Umweltschützer. Mit finanzieller Unterstützung des Staates werden an 187 Waldorfschulen in der Bundesrepublik etwa 76.000 Kinder und Jugendliche erzogen. In Europa existieren insgesamt 430 Schulen, weitere 253 in Amerika, Australien, Afrika und Asien (Stand Februar 2004).[30] Diese Schulen gelten als kinderfreundliche, musisch-kreative Alternative ohne Noten und Leistungsstress. Die Anhänger Steiners versuchen über ihre Einrichtungen neue Gläubige zu rekrutieren, denen die Lehre in Häppchen, je nach dem Grad der »Einweihung«, verabreicht wird. Über die Gespenster, die in ihrer Phantasiewelt spuken, sprechen die Eingeweihten in der Öffentlichkeit nicht gern, weil sie (noch) fürchten, ausgelacht zu werden. Gegen Kritik sind die Jünger Steiners immun: Anthroposoph sein bedeutet, einer spirituell erleuchteten Elite anzugehören, die gegen die Mächte der Finsternis kämpft. Der Kritiker ist aus dieser Perspektive ein verbohrter Materialist mit schlechtem Karma oder gar von Dämonen besessen. Zu dieser Wagenburgmentalität gehört, dass Kritiker als »gruppenseelenhaftes Autorenkollektiv« diffamiert werden.[31] Die Gruppenseele bezeichnet in der Anthroposophie eine Art Kollektivgeist, der vom Äther aus die Geschicke von Tieren oder von als minderwertig definierten Rassen begleitet, denen eine Individualität abgesprochen wird.

Da ich weder Pädagoge noch Landwirt, Mediziner oder Pharmazeut bin, fehlt mir die Kompetenz, um anthroposophische Projekte im Detail zu beurteilen. Ich konzentriere mich in diesem Buch auf die Weltanschauung, die all diese Projekte fundiert, auf die irren Vorstellungen von Rassen und Volksgeistern, Engeln und Dämonen, Karma und Reinkarnation, die Schily als rational und wissenschaftlich bezeichnete. Der Fokus liegt dabei auf der Rassenlehre und dem Antisemitismus. Zur Waldorfpädagogik gibt es einige kritische Darstellungen.[32] Ich beschränke mich auf weltanschauliche Aspekte und den Einfluss der Rassenlehre.

Dabei soll nicht unterschlagen werden, dass sich Anthroposophen gegen Euthanasie gewandt und ihre Heilpädagogen während der NS-Zeit ihre Patienten geschützt haben. Bestimmte Aspekte der Waldorfpädagogik – keine Noten, kein Sitzenbleiben, mehr musische, künstlerische und praktische Ausbildung oder der Epochenunterricht – hätten ohne esoterisches Brimborium ihren Wert. Und was wäre gegen Demeter-Karotten ohne Pestizide oder Weleda-Creme für zarte Babypopos einzuwenden? Wie jedoch Weltanschauungen wie die Anthroposophie zu bewerten sind, hat Steiner selbst erklärt. Bevor er selbst Guru wurde, warnte er seine Freunde vor Esoterik: Sie würde zur »Gehirnerweichung« führen. Später äußerte er einmal über den tibetischen Lamaismus, »das Herrscherprinzip« sei »in einer recht wenig erfreulichen Form ausgebildet«. Dass die Priester dem Volk eingeredet haben, die Seele des verstorbenen Dalai Lama inkarniere in einem bestimmten Kind, bezeichnete Steiner als »ganz außerordentlichen Unfug« zum Zwecke der Herrschaftssicherung.[33] Das Ganze ist nicht nachprüfbarer Hokuspokus, wie die Anthroposophie auch.

Ausschlaggebend ist die gesellschaftliche Funktion der Esoterik, von der Anthroposophie eine Strömung ist. Der aktuelle Boom mit all seinen Facetten von Horoskopgläubigkeit, Ufologie, Feng Shui bis zu Reinkarnationstherapien und der Verkündigung eines spirituellen »Neuen Zeitalters« (New Age) ist jene Form massenhafter Regression und autoritärer Zurichtung, die vorzugsweise in der herrschenden Klasse und den akademischen Mittelschichten auftritt. Esoterik verwirft rationales Denken, selbstbestimmtes Handeln und den Gedanken an gesellschaftliche Veränderung zugunsten der abergläubischen Vorstellung, das Leben sei von höheren Mächten schicksalhaft bestimmt, der Mensch werde von Engeln und Dämonen umschwirrt und zappele wie ein Fisch im Netz seines Karmas. Typisch ist die Behauptung, sämtliche Probleme, individueller wie kollektiver, physischer wie psychischer Art, würden aus mangelnder Spiritualität resultieren und seien nicht auf soziale Verhältnisse zurückzuführen. Dieser schlichten Diagnose folgt der Ratschlag, das Individuum möge den transzendentalen größeren Zusammenhang erkennen, der jedes Leid sinnstiftend veredelt, und sich einfügen in eine als göttlich, natürlich oder ganzheitlich verklärte Ordnung. Die penetrant anvisierte Harmonie spricht sensible Gemüter an, die sich über die reale und unbegriffene Atomisierung des Individuums in einer nach den Kategorien von Waren und Konkurrenz funktionierenden Gesellschaft hinwegträumen. Hinter der sanften Fassade der Esoterik verbergen sich gezielte Verblödung, repressive Toleranz sowie rassistische, antisemitische, frauenfeindliche und antidemokratische Ansichten.

So behaupten Gurus wie Steiner, einige wenige Menschen gelangten durch allerlei mystische Praktiken zu höheren spirituellen und absoluten »Wahrheiten«. Diese Erleuchteten überragen die Masse ihrer Jünger und die Ungläubigen. Sie präsentieren sich zwecks Einflussnahme und aus kommerziellen Gründen offen und doch ist Esoterik, wörtlich eine geheime Lehre, prinzipiell elitär. Die Sinnhaftigkeit der Welt, schreibt der Guru Thorwald Dethlefsen, »kann sich jedoch immer nur dem einzelnen Menschen offenbaren und meidet deshalb jede Öffentlichkeit. Esoterik ist damit unsozial.«[34] Die intersubjektive Nachprüfbarkeit von Erkenntnissen, die rationale Vermittlung von Wissen, Argumentation und Diskussion werden als einseitig und kopflastig abqualifiziert, Rationalität wird als Ursache sämtlicher gesellschaftlicher Widersprüche, insbesondere ökologischer Zerstörung, attackiert. Esoterikern geht es nicht um eine Kritik am Wissenschaftsverständnis und am Vernunftbegriff der Moderne, weil diese sich kapitalistischer Profitmaximierung unterordnen, sondern um eine »Zerstörung der Vernunft« (Lukács) als solcher.

Der Einfluss der Anthroposophie ist schwer messbar, aber nicht zu unterschätzen. Die Anhänger Steiners sind in Deutschland die am besten organisierte und größte Strömung der Esoterik-Szene. Als einzige Gruppe kontrollieren sie ein anerkanntes eigenes Schul- und Kindergartensystem, das obendrein expandiert. Dazu verfügt die Anthroposophie über prominente und einflussreiche Anhänger und Sympathisanten. Dazu gehören bzw. gehörten der Schriftsteller Michael Ende und der Künstler Joseph Beuys, der Konzernchef Peter von Siemens, Politiker wie Wolfgang Ullmann (früher Europaabgeordneter von Bündnis 90/Die Grünen), die ehemaligen Bundestagsabgeordneten Freimut Duve (SPD) und Gerald Häfner (Grüne) sowie Otto Schily, der aus anthroposophischem Hause stammt und dessen Bruder Konrad Schily, der die Universität Witten/Herdecke mit gegründet und jahrelang geleitet hat.[35] Als Finanziers der Privatuniversität Herdecke sind etwa Leo Kirch oder die Bertelsmann-Stiftung aufgetreten. Waldorfschulen besuchen oder haben besucht die Kinder von Helmut Kohl, Hans-Dietrich Genscher und Monika Hohlmeier (CSU), der ehemaligen bayerischen Kultusministerin und Tochter von Franz Josef Strauß, sowie des italienischen Konzernchefs und Ministerpräsidenten Silvio Berlusconi. Politisch ist die Anthroposophie vor allem in der Ökologiebewegung verankert. Sie ist einer der Gründungszweige der Grünen, ohne dass es bisher in der Partei eine Auseinandersetzung über die Inhalte der Anthroposophie gegeben hätte. Swiad Gamsachurdia (1939–1993) ist der bislang einzige Anthroposoph, der es bis zum Staatsoberhaupt brachte. Er regierte in Georgien autoritär und repressiv, bis er im Januar 1992 von Putschisten gestürzt wurde.

Um die Logik der modernen Esoterik zu studieren, eignet sich die Anthroposophie hervorragend: Aufgrund ihrer Verbreitung, ihrer sozialen Basis unter Akademikern und einer über 100-jährigen Kontinuität liegt eine ausformulierte Weltanschauung vor, während im Kommerzsektor der Esoterik vieles nur angedeutet wird oder nur einzelne Aspekte ausformuliert sind. Allein Steiners schriftliche Hinterlassenschaft umfasst in der Gesamtausgabe mittlerweile über 350 Bände; dazu feilten eine ganze Reihe von Anhängern, wiederum lauter Einzelfälle, einige davon mit hohen Funktionen in der Organisation, an einer Evolutionslehre und Rassenkunde. Auffallend an den Epigonen ist bis heute, dass ihre Beiträge gebetsmühlenhaft und exegetisch sind. Wer anthroposophische Schriften liest, hat Schmerzensgeld verdient. »Geisteswissenschaftliche Forschung« besteht in der Regel darin, anhand von Steiner-Zitaten abzuleiten, was der große Meister beispielsweise zu Techno-Musik oder Computern gemeint haben könnte. Das Ergebnis ist ein hoher Ausstoß an bedrucktem Papier, die intellektuelle Substanz entspricht homöopathischen Dosen.

Die Anthroposophie profitiert vom Esoterikboom; sie ist eine seiner Facetten. Ihre Attraktivität beruht auf der ökonomischen Krise, die in der Mittelschicht Angst vor dem sozialen Abstieg und im liberalen Bürgertum eine »Sinnkrise« verursacht. Anthroposophie und Esoterik bieten eine Fluchtmöglichkeit, zumindest in Gedanken. Scheinbar sanft und historisch unbelastet, sind ihre Lehren geeignet, autoritäre bis faschistische Herrschaftsformen in den Köpfen vorzubereiten. Oder wie Bloch in den 30er-Jahren formulierte: »... unmittelbar gesehen ist der okkulte Spuk gewiß nur Fascisierung des Bürgertums, Übergang seines unbrauchbar gewordenen Liberalismus ins autoritäre und irrationale Lager.«[36] Dabei leistete und leistet die Anthroposophie ihren Beitrag.

Angesichts der Bedeutung der Anthroposophie, ihrem sehr guten Image und der verbreiteten Unkenntnis über diese okkulte Weltanschauung ist dieses Buch auch eine Dokumentation, mit der ich antifaschistische Aufklärungsarbeit betreiben und unterstützen will. Ich habe darum Steiner und seine Schüler immer wieder ausführlich zitiert. Für diese zweite Auflage habe ich alle Kapitel überarbeitet, die Gliederung geändert, viel neues Material verarbeitet und insbesondere die Abschnitte über Antisemitismus, Dreigliederung und Waldorfpädagogik erweitert. Wer die erste Ausgabe gelesen hat, wird darum auch in dieser zweiten Auflage viel Neues entdecken.

Bei allen, die mich dabei mit Anregungen, Material und Kritik versorgt haben, möchte ich mich bedanken. Micky Haque hat für mich Akten im Berliner Archiv, dem ehemaligen Document Center, recherchiert, Sona Hähnel hat die Rohfassung der einzelnen Kapitel gelesen und korrigiert und Peter Staudenmaier Artikel aus Zeitschriften aus der Zeit des Faschismus in Siena besorgt. Zu danken habe ich auch den Mitarbeitern der Staatsbibliothek in München, die kiloweise Bücher und Zeitschriften im Archiv gesucht, gefunden und geschleppt haben und einigen Menschen, die nicht namentlich genannt werden wollen.

Erstes Kapitel: Karmische Entwicklungshilfe – Der Geist der Waldorfpädagogik

Der Fall Uehli

»Der Keim zum Genie ist der arischen Rasse bereits in ihre atlantische Wiege gelegt worden.« Dagegen sei »der heutige Neger« kindlich und ein »nachahmendes Wesen geblieben« und der »heutige aussterbende Indianer ist in seiner äußeren Erscheinung verknöchert, im Denken greisenhaft«, schrieb Ernst Uehli (1875–1959).[1] Der Waldorflehrer, ein enger Mitarbeiter Steiners, hat in dem Buch *Atlantis und die Rätsel der Eiszeitkunst* (1936) dessen Rassenlehre systematisch zusammengefasst. Der Mellinger-Verlag in Stuttgart legte das Buch 1980 unverändert wieder auf. Im Sommer 2000 beantragte das Bundesfamilienministerium bei der Bundesprüfstelle für jugendgefährdende Schriften, das Werk zu verbieten. Es erfülle »zweifelsfrei einen Sachverhalt, der unter den Begriff Rassendiskriminierung fällt«, erklärte Peter Haupt, Staatssekretär im Familienministerium.

Über den Fall wurde in der Presse relativ breit berichtet, der Imageschaden für die Waldorfschulen war beträchtlich. Denn in der Öffentlichkeit präsentieren sich Waldorfschulen als Einrichtungen, in denen der Nachwuchs ganzheitlich, kindgerecht und altersgemäß erzogen wird. Niemand bleibe als Versager zurück, der Unterricht werde »künstlerisch-dramaturgisch« gestaltet und die kreativen Kräfte der Schüler würden entfaltet. Koedukation, zwei Fremdsprachen ab der ersten Klasse, Blockunterricht, Gesamtschule, kein Sitzenbleiben und ausführliche Textzeugnisse anstelle von Noten sind weitere Punkte, mit denen die Waldorfschule wirbt.[2]

Der Geschäftsführer des Waldorfschulbundes, Walter Hiller, distanzierte sich von Uehlis Buch und versicherte: »Wir nehmen das Buch von der Liste.«[3] Der Mellinger-Verlag erklärte, man habe den Restbestand eingezogen und vernichtet. Vertreter der Waldorfschulen behaupteten, das Buch sei in keiner Schule verwendet worden. Das nachzuweisen, würde eine totalitäre Kontrolle über alle Lehrer voraussetzen.[4] Die Bundesprüfstelle verzichtete jedenfalls auf eine Indizierung, weil das Buch angeblich nicht mehr erhältlich sei. Der Waldorfschulbund hatte das Buch auch keineswegs von jener Liste gestrichen, die Hiller erwähnte.

An Waldorfschulen gibt es keine Schulbücher, weil Steiner die Lehrbücher seiner Zeit für schlecht hielt. Er verlangte von seinen Lehrern, neue anthroposophische Textbücher zu verfassen und empfahl, den Schülern den Stoff einfach zu diktieren. So schreibt jeder Schüler in jedem Fach sein eigenes Schulbuch, das so genannte Epochenheft. Diese Methode rügen heute selbst Anthroposophen. Schüler schrieben oft falsch von der Tafel ab oder seien so konditioniert, dass sie dabei innerlich abschalteten.[5] Waldorfschüler werden auch keineswegs permanent mit den Werken des Meisters traktiert (obwohl die Schulen allerlei Vorträge über Anthroposophie für Eltern anbieten). Der Begründer der Anthroposophie empfahl eine subtilere Methode: »... nicht indem man den Kindern Anthroposophie lehrt – das würde uns nicht einfallen –, sondern indem man belebt den Unterricht durch das, was aus der Anthroposophie kommt, indem man Anthroposophie in den Unterrichtsstoff einfließen lässt. Das wirkt weckend auf die Kinder, sie werden ganz anders durch diese Einflüsse.«[6] Deshalb schreibt ein Anthroposoph, dessen Buch zur Unterrichtsvorbereitung empfohlen wird, nicht einfach über Flüsse, sondern entwickelt eine Flusswesenskunde: »Der Fluss ist ein Lebewesen, ist als natürlicher Organismus Leiblichkeit eines höheren Wesens.« Die Form eines Flusses müsse als Rune verstanden werden, die »wie für den Astrologen jedes Sternbild auf einen verborgenen Sinn hinweist«.[7]

Die von Hiller erwähnte Liste sollte wohl dem Mangel an Schulbüchern abhelfen. Es handelt sich um eine Broschüre von 1998 mit dem Titel *Literaturangaben für die Arbeit des Klassenlehrers an einer Freien Waldorfschule*, herausgegeben von der *Pädagogischen Forschungsstelle* des *Bundes der freien Waldorfschule*. Das Heft enthält eine Übersicht über die Literatur, »die bei der Vorbereitung der Hauptunterrichtsepochen der Klassen 1–8 herangezogen werden kann«.[8] Die Broschüre wurde bis mindestes Juli 2001 auf der Internetseite des Verbandes angeboten und vertrieben. Nach dem Eklat um das »Genie der arischen Rasse« wurde lediglich ein Zettel beigelegt: »Das Buch von Ernst Uehli wird von uns ausdrücklich nicht empfohlen. Es ist wissenschaftlich überholt und enthält problematische Aussagen.«

Uehli ist kein Einzelfall. Die *Literaturangaben* enthalten Dutzende von Schundwerken mit braunem Inhalt. In den Büchern lesen wir, dass der Italiener heiter und impulsiv ist und aus Höflichkeit lügt, der Brite dagegen ist kühl und materialistisch.[9] Der Araber ist hart, leidenschaftlich, kalt und berechnend.[10] Der Islam ist extremistisch und verbreitete sich deshalb bevorzugt in »ausgedörrten Wüstenregionen«.[11] Der Asiate gilt als dekadent, er ist ein cholerischer Mongole oder ein phlegmatischer Malaie.[12] Der Japaner lebt in leichten Holzhäusern mit Strohdächern, er lächelt immer und unergründlich, dahinter verbirgt sich mitleidlose Härte.[13] Afrikaner sind kindlich, gläubig und fromm, sie werden von ihrem Blut und ihren Trieben gelenkt.[14] Und weil sie wie Kinder seien, müssen sie von Weißen geführt werden.[15] Der Russe wird als jähzornig, brutal, rücksichtslos, gewalttätig, herrisch, ungeduldig, launisch, schicksalsergeben, leidensfähig, unzuverlässig und unpünktlich dargestellt.[16] Eine kleine Rassenkunde für Waldorflehrer enthält das Buch *Fremde Länder – Fremde Völker* (1960). Der Verfasser Hans Rudolf Niederhäuser zählt vier Rassen auf: Die schwarze Rasse einschließlich der Aborigines in Australien, die rote Rasse der Indianer und eine gelbe Rasse einschließlich Ungarn und Finnen. Den Weißen ordnete er Inder, Äthiopier, Berber und »dunkle Fulbe«, Tuareg und Massai zu. Sie bilden zusammen »eine Ganzheit« und zeigten »im kleinen das Bild der Menschheit«.[17]

Seriöse und aktuelle Fachliteratur sucht man vergebens. Die Literaturliste ist fast ausschließlich mit Anthroposophen bestückt. Ausnahmen sind Tierfabeln von Äsop oder La Fontaine, Märchen oder Klassiker wie Goethe, Schiller und Herder. Ein Großteil der Bücher für Geschichte, Mathematik, Physik und Biologie stammt aus der ersten Hälfte des vorigen Jahrhunderts, was oft nicht zu erkennen ist, weil es sich um Neuauflagen handelt und Angaben über die Erstveröffentlichung fehlen. Den *Lehrplan der Freien Waldorfschule* hat Caroline von Heydebrand (1886–1938) schon 1925 verfasst.[18]

Außerdem werden den Lehrern etwa 30 Werke von Steiner selber empfohlen, in denen sich der Meister als Hellseher und die Anthroposophie als okkulte Geisteswissenschaft präsentiert oder über Volksgeister fabuliert, die Menschen in Rassen einteilt und wie Uehli zu dem Schluss gelangt, die arischen Völker seien prädestiniert, das Geistige zu entwickeln.[19] Die Gespräche, die Steiner von 1919 bis 1924 mit Lehrern führte, füllen drei Bände, die zur Ausbildung von Waldorflehrern benutzt werden. Steiner bezeichnet darin Französisch als dekadente, lügenhafte »Leichnamssprache« eines untergehenden Volkes.[20] Bauklötze verbot er als »atomistisches« Machwerk.[21] Wer sich nicht durch Originaltexte von Steiner quälen mag, kann Zitatensammlungen benutzen. Dort finden sich Maximen wie »Rücksichtnahme auf Ursache und Wirkung strengt Verstand an«.[22]

Atlantis und Kaspar Hauser

Geschichte wird vermittelt als Geschichte großer Männer, die als Eingeweihte und spirituelle Führer gelten.[23] Kosmologische und astrologische Spekulationen überlagern die gängige Einteilung in Antike, Mittelalter und Neuzeit.[24] Dunkle und lichte Zeitalter, Herrschaftsperioden diverser Erzengel, »nachatlantische Kulturepochen« und Missionen bestimmter Völker folgen aufeinander. In den ersten vier Klassen vermittelt der Lehrer christliche Legenden, biblische Erzählungen, Geschichten und Mythen der alten Germanen und griechische Mythologie. In der sechsten und siebten Klasse sollen die Lehrer Atlantis – die Legende nehmen Anthroposophen als historische Tatsache – und die Kulturepochen des Orients durchnehmen. Der explizite Hinweis auf Atlantis fehlt in der neueren Literatur.[25]

Der Lehrplan fußt auf der Idee, dass das kindliche Bewusstsein die Entwicklung der Menschheit nachvollzieht. Das Kind soll mit zehn Jahren ein Germane, dann ein Grieche, später ein Römer, ein mittelalterlicher Ritter und der Entdecker Columbus sein, propagierte der Waldorflehrer Rudolf Grosse (1905–1994).[26] Das setzt die Annahme voraus, dass sich die Entwicklung von Kindern und die Geschichte in bestimmte Stufen einteilen lassen, die einander entsprechen. Damit verbunden ist eine Wertung von Kulturepochen im Sinn einer linear aufsteigenden Entwicklung.

Die Bücher, die Waldorflehrern empfohlen werden, um sich auf den Unterricht der fünften Klasse vorzubereiten, sind in den *Literaturangaben* nach Steiners Unterrassen gegliedert: Atlantis, indische, persische, ägyptisch-assyrisch-babylonische, griechische Kulturepoche.[27] Darunter sind die *Marksteine der Kulturgeschichte* (1938) von Sigismund von Gleich (1896–1953) und *Die großen Eingeweihten* (1889) des französischen Esoterikers Eduard Schuré (1841–1929). Schuré predigte Rassenreinheit und die Einheit der Weißen des christlichen Abendlandes, andernfalls drohe der Untergang. »Rassenmischung« verweichliche die Menschen. Gleich war ebenfalls ein Verfechter von White Power: Aus einer Elite weißer Auswanderer von Atlantis sei der »Homo Europäus« hervorgegangen, der »mit ausstrahlender Aktivität und Beweglichkeit ausgestattete Menschentypus« und »Hauptträger der ganzen arisch-nachatlantischen Weltgeschichte«.[28]

Für den Geschichtsunterricht der 6. bis 8. Klasse sollten auch die *Beiträge zur Weltgeschichte* genutzt werden, die Karl Heyer (1888–1964) zwischen 1939 und 1958 verfasste. Im ersten Band *Von der Atlantis bis Rom* (1939) skizziert Heyer die sieben Wurzelrassen, die Unterrassen der atlantischen und der fünften arischen Hauptrasse samt zugehörigen Tierkreiszeichen. Als Prinzip gilt: »Die Führer (bzw. Eingeweihten) ragten hoch empor über die Masse der Menschen.«[29] Die Arier wanderten unter Führung des Eingeweihten Manu von Atlantis nach Osten. Sie waren in Kasten geteilt, schreibt Heyer, was alle als karmische Gerechtigkeit empfanden.[30] Die Römerzeit gilt als Wendepunkt der Geschichte, weil in dieser Periode der Sonnengeist als Christus inkarnierte. Die Römer selbst sind böse Buben, die von Ahriman beherrscht »das niedere Ich, das egoistische Ego« entwickelten als notwendige »Etappe auf dem Wege des Abstiegs in die Materie, in die Geistferne«.[31]

Ahriman wirke in den Zivilisationen Westeuropas weiter, schreibt Heyer.[32] Schuld seien die Juden, die sich wie die Araber dem »Christus-Impuls« verweigerten und darum ahrimanischen Kräften verfielen. Die Reinkarnation von jüdisch-arabischen Elementen in der Neuzeit, fabuliert Heyer, fördere die »Todeskräfte des Materialismus«. Francis Bacon, Charles Darwin, der Mathematiker und Physiker Pierre Simon de Laplace und der US-Präsident Woodrow Wilson seien reinkarnierte Juden und Araber und hätten die materialistische, intellektuelle und agnostische Denkweise verbreitet. »Damit hängt auch die tief einschneidende Krise zusammen, die weltgeschichtlich gesehen über das jüdische Element hereingebrochen ist in dem neuen michaelischen Zeitalter, dessen Aufgabe es ja ist, die materialistisch-intellektualistische Wesensart ... zu überwinden.«[33] Die Juden trügen demnach Mitschuld am Holocaust.

Auch zur Geschichte des 19. und 20. Jahrhunderts, insbesondere zum Nationalsozialismus, findet sich in den Literaturangaben keine seriöse Fachliteratur. Die empfohlenen anthroposophischen Werke vermitteln ein eigenwilliges Bild: Als herausragende Figur des 19. Jahrhunderts behandelt Heyer das Findelkind Kaspar Hauser, dessen Schicksal mithilfe der »übersinnlichen Forschung« geklärt werden soll. Die Epoche von der französischen Revolution bis zum Ende des Ersten Weltkrieges steht unter der Perspektive einer neuen Ständeordnung, der so genannten Dreigliederung (siehe Kapitel 8), mit der Steiner die Deutschen und die Welt beglücken wollte. Für den Sozialkundeunterricht rät ein Waldorfpädagoge, ein politisches Manifest Steiners zu bearbeiten.[34] Der Faschismus wird beiläufig als Werk finsterer Mächte erwähnt, die sich der Deutschen bedienten, oder als Folge negativer westlicher Einflüsse, denen die Deutschen erlegen seien.[35] Wenn der »Völkerpsychologe« Hans Erhard Lauer (1899–1979) von den zwei Katastrophen in Osteuropa im 20. Jahrhundert schreibt, meint er nicht den Überfall Nazideutschlands oder dessen brutales Okkupationsregime oder gar den Holocaust, sondern den Zusammenbruch der Donaumonarchie 1918/19 und die Vertreibung der Deutschen nach dem Zweiten Weltkrieg.[36] Das Buch mit Lauers Aufsatz wurde Waldorflehrern zur Vorbereitung des Geographieunterrichts der fünften Klasse nahegelegt.

Braune Märchenstunde

In den Geschichten, die im Unterricht der Grundstufe vermittelt werden, ringen Engel mit Teufeln, gute mit bösen Geistern und Ritter mit Bösewichten, berichtet der ehemalige Waldorflehrer Wagemann.[37] Die frühere Waldorfschülerin Rudolph berichtet von Michaelsfesten, Michaelsfeiern und wachskreidebemalten Michaelsbildern.[38] Anthroposophen haben eigene Geschichten, Fabeln und Märchen geschrieben, um ihre Weltanschauung zu vermitteln (siehe auch Kapitel 3). Comics werden abgelehnt. Die Biene Maja gilt als »häßlichste Verzerrung und Verfälschung des Natur- und Bienenlebens«, Asterix und Obelix verhöhnten den Mythos und das Druidentum der Kelten und Tick, Trick und Track »produzieren antiautoriäre Szenen«, die zum Nachahmen reizen, etwa wenn sich Donald Ducks Neffen im Dreck wälzen wollen.[39] Professor Heinz Buddemeier rügt Sendungen wie »Die Simpsons«, »Pink Panther« oder den »Tigerenten-Club« im Kinderkanal, weil sich darin »Wirklichkeitsebenen« mischten. Kinder würden verwirrt, anstatt zu lernen, zwischen richtig und falsch zu unterscheiden.[40]

Im Unterschied zu Comics schreiben Anthroposophen Märchen eine positive »seelenhygienische Bedeutung« zu. Während Gewaltszenen im Fernsehen verurteilt werden, weil sie nur dem Nervenkitzel dienten, werden Grausamkeiten in Märchen veredelt. Sie hätten einen »spirituellen Gehalt«, erzögen die Kinder »zum Mut« und zeigten »wie immer das Gute sich durchsetzt«. In Märchen der Brüder Grimm üben die Helden vorzugsweise Selbstjustiz, die Hexe und der Jude werden verbrannt. Steiner behauptete von einem Mädchen, das keine Märchen mochte, sie wäre kein richtiger Mensch, sondern von einem Dämon besetzt.[41] Deutsche Märchen galten Rudolf Meyer (1896–1985), einem Mitbegründer der anthroposophischen *Christengemeinschaft*, als »heilig unverbrauchtes Erbe des Volkstums«, gesammelt von den Brüdern Grimm als Waffe gegen die Aufklärung.[42] Märchen würden Kindern »bestimmte Empfindungsrichtungen, die den Gesamtcharakter eines Volkstums bedeutsam mitbestimmen«, vermitteln.[43] Rapunzels goldene Haare signalisierten Erleuchtungszustände, Hexen seien Werkzeuge dunkler Mächte und die Zahl sieben verweise auf die Wirkung der Planeten.[44] Diese Botschaften seien früher im Blut gespeichert gewesen, aber das Wissen der Ahnen, dieses alte »Blutsgedächtnis«, wurde »von unserem heutigen Kopfgedächtnis verdrängt«, vor allem durch »Völkermischungen«, klagt Meyer.[45] Der Rassenkundler Richard Karutz (1867–1945) verlangte eine »Erziehung zu Sprache, zu Volkstum, zu sittlicher Haltung, zum Märchen zurück«.[46]

Dornröschen deutet Meyer als Sinnbild pubertären Protests und Metapher für die verhasste Aufklärung: Die Seele verpuppe sich in ihre Gedankengespinste und schnüre sich von der »Welt des Geistes« ab. Infolgedessen »tyrannisiert der Kopf die reichen Welten des Gemüts«.[47] Das Märchen diene der spirituellen Erweckung, indem es »greisenhaften Intellekt« mit imaginativer Wahrnehmung konfrontiere. Märchen seien übersinnlichen Ursprungs, »einerseits ein Überbleibsel der alten Seelenfähigkeiten«, gemeint ist Hellseherei, und zugleich »Übergang und prophetischer Vorläufer, der in das neue Bildererleben hinüberleitet«.[48] Rotkäppchen weicht vom Weg ab, um Blumen zu pflücken, die Botschaft, die Meyer Waldorfschülern vermitteln will, lautet: »Die ichbewusste Seele verliert sich an die Reize der Sinnenwelt.« Der Jäger, der dem Wolf den Bauch aufschlitzt, symbolisiert dagegen »wache Erkenntniskraft«, die die »Wiederkehr der Götter« vorbereitet.[49] Meyer schlägt den Bogen vom bösen Märchenwolf zum Riesenwolf der Germanen-Mythologie, der die Mächte der Finsternis entfesselt. Das mythische Bild deute prophetisch »auf ein gewaltiges Ereignis hin, das sich innerhalb der germanischen Volksentwicklung abspielen wird«, während »das Miniaturbild des Märchens« auf eine »Seelenerweckung« ziele, »die jeder einzelne an sich vollziehen lassen kann«.[50]

Die Erweckung der Kinderseele durch Märchen ist Mittel zu einem Zweck, den Meyer folgendermaßen ausdrückt: »Der Kampf gegen die Entgötterung des Menschenwesens und infolgedessen auch der Welt, ist die heilige Sendung des Odinsvolkes. Die germanische Rasse hat das welthistorische Schicksal, durch den Materialismus zwar hindurchzuschreiten, aber aus ihm heraus die Welt wiederum zur neuen Geistesoffenbarung zu führen.«[51]

Die Bücher von Meyer und Karutz werden in den *Literaturangaben* als Erzählstoff für die erste Klasse empfohlen. Die Frage ist, wie solche Werke im Jahre 1998 in eine Literaturliste gelangen konnten? Ob, wie häufig und in welchem Umfang Waldorflehrer sich dieser rassistischen Machwerke bedient haben, lässt sich kaum nachprüfen. Es wäre aber sehr lebensfremd anzunehmen, die *Pädagogische Forschungsstelle* hätte eine Broschüre publiziert, die möglichst keiner benutzen sollte. Insofern sind die Erklärungen von Hiller & Co., niemand sei den Empfehlungen gefolgt, nicht glaubhaft. Zumal ein Teil der Bücher auch in dem 2003 veröffentlichten Werk *Pädagogischer Auftrag und Unterrichtsziele* als weiterführende Literatur empfohlen wird.[52]

In Heften von Schülern finden sich Passagen über einen »Erdteil, den wir Atlantis nennen«, über den »Menschenführer« Manu und die »Wiege der Arier«, die angeblich nordwestlich von Indien stand, über die Perser als Arier, die von den Göttern Werkzeuge zur Bodenbearbeitung erhielten, sowie über Erzengel, die jedem Volk eine bestimmte Aufgabe zuweisen. Ein ehemaliger Waldorfschüler aus der Schweiz berichtet, der Lehrer habe, um die Entstehung des Menschen zu illustrieren, eine Pflanze gezeichnet, wobei der weiße Mensch als Blüte oder Knospe dargestellt wurde, alle anderen Tiere, die Neandertaler und sonstige Menschenrassen als Blätter.[53] Das sind Belege dafür, dass die Wurzelrassenlehre in den Unterricht einfließt, mit und ohne Literaturtipps.

Rassistische Vorstellungen finden wir nicht nur in Werken von Anthroposophen der Gründergeneration. So verbreitet sich Christian Göpfert (1997) über einen »Stillstand« in Ostasien und beschreibt die Bewohner Südostasiens so: »Auch im Aussehen der Malaien kann man das Wässrige wiederfinden: die runden, etwas aufgeschwemmten Gesichter, die weichen Körperformen, die fließenden Bewegungen etwa in den Tänzen auf Bali. Die Malaien sind rassisch eine Frühform der Mongolen, und im Vergleich mit den Chinesen tritt die viel weniger verhärtete Körperlichkeit der Malaien besonders hervor.«[54]

In *Menschenkunde in der Waldorfpädagogik* schreibt Stefan Leber (1993), Steiner habe Schöpfungsgedanken und Evolutionslehre, Offenbarungswissen und moderne Naturwissenschaft verknüpft: »Mit der Evolution ist unweigerlich auch die Frage nach der rassischen Differenzierung der Menschheit gestellt, zu der Steiner sich in verschiedener Form geäußert hat.« Ein solcher Zusammenhang ist keineswegs zwingend, moderne Biologen und Genetiker lehnen den Rassenbegriff bezogen auf Menschen als falsch ab. Leber ist anderer Meinung: »Daß es verschiedene konstitutionelle Merkmale einerseits zwischen den Rassen gibt, andererseits dann aber auch innerhalb der einzelnen Rassen, lehrt die schlichte Anschauung.«[55] Er fabuliert über die Missionen der Ägypter, Griechen und Römer und meint, es gebe »vom *evolutiven* Gesichtspunkt Merkmale, die einem früheren oder späteren Entwicklungsstadium angehören; in dieser Hinsicht gibt es dann auch eine Wertigkeit von höher oder niedriger, von fortgeschritten und zurückgeblieben. Diese Wertung benutzte Steiner gelegentlich, wenn er im Sinn der Evolutionstheorie auf die Leibentwicklung zu sprechen kommt.«[56] Mit Rassismus habe dies alles nichts zu tun. Leber sollte Nachhilfeunterricht nehmen.

Der Mann hat auch nicht die Gnade der frühen Geburt. Geboren 1937 besuchte Leber die Waldorfschule in Stuttgart und absolvierte eine Lehre als Chemiegraf. Über den zweiten Bildungsweg studierte er Sozialwissenschaften und schloss am Otto-Suhr-Institut in Berlin mit dem Diplom ab. Anschließend besuchte er das Lehrerseminar in Dornach, dem internationalen Hauptquartier der Anthroposophen in der Schweiz. Ab Mai 1962 unterrichtete er an der Oberstufe der Waldorfschule in Pforzheim. Seit 1973 ist er hauptamtlich am Lehrerseminar in Stuttgart tätig. Er ist Mitglied im Vorstand des *Bundes der Freien Waldorfschulen* und hat etliche Bücher zu Anthroposophie und Waldorfpädagogik veröffentlicht.[57] Der Aufsatz von Göpfert und das Buch von Leber werden als weiterführende Literatur empfohlen.[58]

Okkulte Schablonen: Die kindliche Entwicklung

Wenn Anthroposophen erklären, sie würden kindgerecht und altersgemäß erziehen, bedeuten diese Begriffe etwas ganz Bestimmtes. Um diese Erklärungen begreifen zu können, muss man sich mit der Ideologie, insbesondere dem Menschenbild befassen. Steiner behauptet, dass der Mensch aus drei Gliedern bestehe, Leib, Seele und Geist, eigentlich seien es vier Glieder, physischer Leib, Ätherleib und Astralleib und göttliches Ich.[59] Leib, Seele und Geist teilte er wiederum in jeweils drei Elemente auf. Der Leib bestehe aus physischem Leib, Ätherleib und Astralleib. Der Ätherleib gilt als Architekt des Körpers und bestimmt Gewohnheit, Neigung und Temperament, im Astralleib sind Lust und Unlust, Begierden, Leidenschaften und Schmerz verankert. Die Seele setzt sich aus drei Wesensgliedern zusammen, die sich in langen Zeiträumen entwickeln. In der ägyptisch-babylonischen Epoche entwickle sich die Empfindungsseele, die Verstandesseele bei Griechen und Römern und die Bewusstseinsseele in der germanisch-nordischen Epoche der Gegenwart.

Das Ich als Kern des Menschen kommt laut Steiner erst nach dem 21. Lebensjahr dazu. Dieses Ich stehe zum göttlichen All-Einen im Verhältnis des Tropfens zum Meer und lebt als »individueller Geistkern« in der Seele.[60] Im Ich ist der Geist lebendig, das Ich ist eine Offenbarung der geistigen Welt, sagte Steiner. Der Geist trägt »die ewigen Gesetze des Wahren und Guten« und die Erinnerung an frühere Reinkarnationen.[61] Wer »ganz niederem Begehren und sogenannter sinnlicher Lust hingegeben« ist und dies überwindet, habe »vom Ich aus veredelnd, vergeistigend auf seine Seele gewirkt«.[62] Erst durch das Ich unterscheide sich der Mensch vom Tier.[63] Indem der Mensch sein Ich veredelt, kann er das Bewusstsein eines Engels entwickeln.[64]

Die Bewusstseinsseele, die die Germanen entwickeln, gilt als Kern menschlichen Bewusstseins, als Ausdruck vollendeter Veredelung des Ich. Aus dem umgewandelten Leib entsteht der Geistmensch (indisch Atma), aus dem Ätherleib der Lebensgeist (Buddhi) und aus dem Astralleib das Geistselbst (Manas).

Alle diese seelischen und geistigen Wesensglieder umgeben als Aura den physischen Leib.[65] Körper, Äther-, Astralleib und Ich seien zunächst durch Hüllen geschützt. Die kindliche Aura stehe noch im Kontakt mit der höheren Geisterwelt, glaubte Steiner: «Denn was an dem Kind arbeitet, ist die Weisheit, die dann später nicht in das Bewusstsein eintritt und durch welche der Mensch etwas wie einen ›Telefonanschluss‹ nach den geistigen Wesenheiten hat, in deren Welt er sich zwischen dem Tode und einer neuen Geburt befindet.«[66] Steiner behauptete, das kindliche Ich arbeite bis zum dritten Lebensjahr unter Anleitung von »Wesen höherer Hierarchien« an seinen Denkwerkzeugen, dabei werde ihm das Karma früherer Inkarnationen eingeprägt.[67]

In den ersten sieben Jahren legt der physische Leib seine Hülle ab. Der kleine Mensch, der als göttliches Wesen auf die Erde gekommen ist, glaubt daran, dass diese von Moral beherrscht ist. Darum müssen Eltern und Erzieher Vorbilder sein, die auch keine »unreinen oder unkeuschen oder unmoralischen Gedanken« hegen.[68] Gerundete Formen, rhythmische Bewegungen und sanfte Farben, insbesondere rosa getupfte Wände, trügen dazu bei, dass sich im Gehirn und im Blutkreislauf Anlagen für einen moralischen Sinn entwickeln. Steiner beschrieb das Kleinkind als einen »Plumpsack« oder »Mehlsack«, das nicht neugierig sei, was allen Erkenntnissen moderner Pädagogik, Entwicklungspsychologie und Hirnforschung widerspricht.[69] Auch die Vorstellung, dass Kinder bis zum siebten Lebensjahr bloß nachahmen, ist purer Unsinn. Die frühkindliche Trotzphase und der Wunsch des »Selbermachens«, die nicht ins Schema des passiven Nachahmers passen, werden als Einwirken luziferischer Kräfte erklärt, die ein Ich-Bewusstsein schaffen.

Schulreife bestimmt die Waldorfpädagogik anhand von Äußerlichkeiten, vor allem dem Zahnwechsel, zumindest die hinteren Backenzähne sollen schon durchgetreten sein, der Körper soll nicht mehr rundlich, sondern schmaler und konturierter sein, das Kind soll keine Patschhändchen mehr haben und mit der rechten Hand über den Kopf das linke Ohr berühren können. Außerdem soll das Kind Ordnung halten, folgen und eine Aufgabe ausführen können, ihm soll die Rechts-Links-Verschiedenheit der Hände bewusst sein und es soll nicht mehr so verspielt sein.[70]

Ein Ziel der Waldorfpädagogik ist laut Steiner die »Ertüchtigung des Willens«. Im zweiten Jahrsiebt, vom siebten bis zum 14. Lebensjahr streift der Ätherleib seine Hülle ab. Der nachahmende Instinkt des kleinen Kindes werde abgelöst durch »bewusstes Hinnehmen«. Der Schüler eigne sich an, was vom Lehrer »auf der Grundlage einer selbstverständlichen Autorität auf das Kind wirkt«.[71] Die Maximen der Waldorfpädagogik lauten: Folgsamkeit und Autorität. Damit hängt auch zusammen, dass der Klassenlehrer der Waldorfschule von der ersten bis zur achten Jahrgangsstufe derselbe bleibt. Aufgrund dieser langen Zeit gilt er als »Schicksals- und Daseinsmacht im Leben des Kindes« und als »pädagogischer Künstler«, der alle grundlegenden Fächer unterrichtet und mit den Kindern malt, zeichnet und musiziert.[72] Weil das Kind seinen »Telefonanschluss« zu den höheren Welten verloren hat, muss der Lehrer als Repräsentant der Weltordnung fungieren. Der Lehrer soll »freiwillig als verehrungswürdig anerkannt werden«.[73] Steiner sprach von Ehrfurcht und heiliger Scheu.

Der Klassenlehrer soll das Gedächtnis der Kinder schulen. Kritisches Denken gilt für Kinder und Jugendliche als Gift für die Seele.[74] Mit der Geschlechtsreife, Steiner spricht meist von Erdenreife, wenn der Ätherleib enthüllt werde, dürfe zwar die Urteilskraft der Jugendlichen entwickelt werden: Man könne mit ihnen »über ernste Dinge reden« und sie dürfen sich »den Schnabel wetzen«.[75] Allerdings soll auch in diesem Alter reines »Kopfwissen« und »Intellektualismus« vermieden werden.[76] Als didaktische Methode pries Steiner die Wiederholung, die auch seine Vorträge und Mantraübungen kennzeichnete. Intellektualität war ihm suspekt: »Alles Intellektuelle ist greisenhafter Wille, ist schon der Wille im Alter.«[77] Auch über Sexualität und Erotik zu sprechen ist in der Waldorfschule verpönt. Steiner empfiehlt stattdessen, den ästhetischen Sinn für das Erhabene und Schöne in der Natur zu fördern.

Reinkarnation und Karma in der Waldorfpädagogik

Kinder kommen angeblich von höheren Wesen belehrt auf die Erde. Darum ist Stoffvermittlung zweitrangig, entscheidend sei die Frage: »Wer bist Du und wie geht Dein Ich mit deiner Seele um«?[78] Zwar gilt die geistige Individualität, die immer wieder reinkarniert, als unantastbar und kann nicht erzogen werden. Stattdessen zielt Waldorfpädagogik auf »das leiblich-seelische Instrument des sich inkarnierenden Wesens«, damit sich dieses geistige Wesen entfalten könne.[79] Das impliziert, dass der Lehrer das ewige Wesen, frühere Erdenleben und karmische Schuld seiner Schüler erkennt. Insofern ist Waldorfpädagogik anmaßend.

Die Lehre von Karma und Reinkarnation gilt als »Grundlage allen wahrhaften Erziehens«.[80] Sie ist der Begründungszusammenhang. Waldorfpädagogik geht aus einem »durch geisteswissenschaftliche Forschung gewonnenen Menschenbild hervor, für das Reinkarnation und Karma geistige Erfahrungstatsachen sind, nicht aber Glaubensartikel oder Resultate visionsartiger Schauungen«. Darum sei »die gesamte Waldorfpädagogik in ihrem Kern auf einem Menschenbild (aufgebaut), für das Karma und Reinkarnation zentrale Tatsachen sind«.[81]

Über frühere Erdenleben anderer zu spekulieren gilt zwar als taktlos und als Eindringen in die Privatsphäre, für Waldorflehrer gibt es eine Ausnahme. Ihnen ist »behutsames Spekulieren« erlaubt.[82] Anthroposophen glauben, dass der Leib eines Kindes von Kräften geformt wird, die auf frühere Erdenleben zurückgehen. Wer in einem früheren Leben gelogen hat, dessen Leib ist in der nächsten Verkörperung davon geprägt, die Individualität wird als geistig Behinderter wieder geboren. »Jetzt *kann* der

Mensch die Wahrheit nicht mehr richtig erfassen, er wird schwachsinnig«, schreibt Wember (2004).[83] Dieser Zusammenhang sei »eine spirituelle Gesetzmäßigkeit, die der Geistesforscher Rudolf Steiner entdeckt hat«.[84] Der Erzieher solle sich vorstellen, dass er derjenige war, der im früheren Leben belogen wurde. Er müsse dem behinderten Kind verzeihen und ihm die Wahrheiten des geistigen Lebens beibringen. Ihrem Selbstverständnis nach ist die Waldorfschule eine »Schicksalsgemeinschaft«, weil das Karma jeden Lehrer oder Schüler in eine bestimmte Einrichtung gebracht habe.[85] Der Erzieher arbeitet auch die karmische Schuld von Kindern ab.[86]

Das Beispiel des geistig Behinderten, das von Steiner stammt, hat Wember für die Waldorfpädagogik gewählt. Das Prinzip gilt auch für anthroposophische Heilpädagogik: Behinderte gelten als Wesen, die aufgrund ihres Karma an einer »gesunden« Inkarnation gehindert wurden. Geistige Behinderung wird als »karmische Belehrung« ausgelegt, der Betroffene darf beim nächsten irdischen Aufenthalt auf ein besonders tiefes Lebensgefühl hoffen.[87] Heilpädagogik nach Steiner arbeitet darauf hin, dass »der Leib zu einem etwas besseren Instrument« wird, der angeblich gestörte Inkarnationsvorgang soll »gefördert« werden.[88] Im Prinzip ist Selbstbestimmung für Behinderte ebenso wie für Kinder und Jugendliche in Waldorfeinrichtungen ausgeschlossen, wenn Betreuer und Lehrer als eingeweihte Bewährungshelfer in Sachen karmischer Ausgleich aufgefasst werden. In der Praxis führt dies nach Ansicht Taubes dazu, dass die Lebensqualität dieser Menschen nicht als Selbstzweck gilt. Der als »seelenpflegebedürftig« klassifizierte Behinderte werde durch weltanschauliche Besserwisserei überformt.[89]

Mit schlechtem Karma argumentieren Waldorfpädagogen, wenn sie Linkshänder zwingen, mit der rechten Hand zu schreiben. Die Toleranz, die an staatlichen Schulen heute üblich ist, kennt die freie Waldorfschule nicht. Michaela Glöckler (1997) glaubt, es wäre »für jedes Kind eine Willensübung«, mit der rechten Hand schreiben zu lernen, für das linkshändige Kind jedoch in besonderer Weise. Es lerne »durch ständiges Überwinden eines leisen Unbehagens sich zusammenzunehmen«. Steiner zufolge hätten sich Linkshänder in einem früheren Leben verausgabt. Sie müssten in diesem Leben »mehr Innerlichkeit« ausbilden, wofür die linke Körperhälfte zuständig sei.[90]

Wie Rassen- und Karmalehre im Unterricht verknüpft werden können, schildert ein ehemaliger Schüler: Die Klassenlehrerin habe im Epochen-Unterricht zum Thema »Rasse« erzählt, es gebe »Menschen mit Gebrechen und unterschiedlicher Hautfarbe, die unsere Hilfe brauchen, damit sie ihr Karma verbessern und in einer nächsten Reinkarnation als helle Gestalten wiederkommen«. Toleranz auf dem Boden der Waldorfpädagogik, so berichtet er, sei kein Selbstzweck, sondern diene der Besserung des eigenen Karma. Diejenigen, die keine arische Substanz in ihrem Blut haben, zählen für Angehörige der arischen Rasse zu den karmischen Begegnungen, um ihr Karma abzuarbeiten.[91] Die Ethnologin Ute Siebert schildert einen Vorfall aus dem Konfirmandenunterricht der *Christengemeinschaft*. Sie habe den Pfarrer gefragt, ob sie als Papua wiedergeboren werden könne. »Er schaute mich entsetzt an, fragte, ob ich davor denn Angst hätte und beschwichtigte mich, ohne meine Reaktion abzuwarten: »Deine Sorge ist unbegründet. Nur wenn du jetzt körperlich schwer behindert wärest und an den Rollstuhl gefesselt, müsstest du wohl noch einmal als Eingeborener auf die Welt kommen, um ganz in deinem Körper zu leben, niedrige Arbeiten zu verrichten und der Erde nahe zu sein.«[92]

Temperamentenlehre, Phrenologie und Physiognomik

Den vier Elementen Erde, Feuer, Luft und Wasser entsprechen nach antiker Vorstellung vier Temperamente. Anthroposophen glauben, jede Individualität verkörpere sich in einem Temperament. Der Choleriker sei feurig und willensstark, der Sanguiniker lebhaft, zutraulich und unruhig, der Melancholiker scheu und schwermütig, ein kleiner Egoist und Eigenbrödler, der Phlegmatiker behäbig, träume mit offenem Mund und ziehe möglichst bald das Pausebrot aus dem Schulranzen. Jedes Temperament gilt als eine spezifische Form des Egozentrischen, die Individualität müsse lernen, ihr Temperament zu beherrschen, statt von ihm unterdrückt zu werden.[93]

Der Klassenlehrer bestimmt das Temperament eines Kindes und verfügt danach die Sitzordnung: links vor ihm die Phlegmatiker, dann die Melancholiker und die Sanguiniker und rechts die Choleriker. Kinder des gleichen Temperaments werden zusammengesetzt, damit sie sich »spiegeln«.[94] Die gleiche Funktion hat die Regel, Phlegmatiker-Choleriker sowie Melancholiker-Sanguiniker »polarisch« gegenüber zu setzen. Für jedes Temperament gibt es spezielle Erzähl- und Darstellungsweisen, bestimmte Übungen, sogar die vier Grundrechenarten werden temperamentspezifisch eingesetzt: Addieren sei dem Phlegmatischen verwandt, Subtrahieren dem Melancholischen usw. Steiner riet, der Lehrer solle sich Cholerikern gegenüber nie eine Blöße geben und vor Phlegmatikern ruhig mal kräftig mit dem Schlüsselbund auf das Pult hauen, damit sie aufwachen. Ein weiterer Tipp lautete: »Melancholiker behandeln mit Biographien großer Persönlichkeiten.«[95] Heydebrand rät, das melancholische Kind nie kalt abzuwaschen, ihm Salat und leichtes Gemüse zu geben, der

Choleriker solle Holz hacken, Nägel einschlagen und Steine schleppen und einem Phlegmatiker dürfe man morgens nicht erlauben, »sich aus reiner Genusssucht noch lange in den warmen Federn halb schlafend und dösend zu räkeln«. Der Sanguiniker brauche Abwechslung.[96]

Welches Temperament einen Menschen prägt, ist karmisch bestimmt. Kranich zitiert Steiner, wonach der Melancholiker im vorigen Leben allein leben musste, während der Choleriker viel erlebt habe. Wer ein angenehmes und oberflächliches Leben führt, wird beim nächsten Erdenaufenthalt Phlegmatiker oder Sanguiniker.[97] Weil die meisten Waldorflehrer keine großen Eingeweihten sind und nicht Hellsehen können, wird auf Phrenologie und Physiognomik zurückgegriffen. Schädel- und Gesichtsdeutung entstanden Ende des 18. Jahrhunderts als Mittel der neuen Wissenschaft Anthropologie. Sie verbanden empirische Methoden mit subjektiven ästhetischen Kriterien, die aus Schönheitsidealen des antiken Griechenland abgeleitet wurden. Die Hauptbeschäftigung der Anthropologen damals war, Menschen in Rassen aufzuteilen. Auf Phrenologie und Physiognomik gehen sowohl die berüchtigten Schädelmessungen der Nazis zurück als auch Zwangssterilisierung und Mord an Behinderten und Kriminellen. Der Arzt Franz Josef Gall (1758–1828) behauptete einen Zusammenhang zwischen Schädel- und Gehirnform sowie Charakter und Fähigkeiten. Der Gerichtsmediziner Cesare Lombroso (1836–1909) glaubte, eine bestimmte Schädelform oder zusammengewachsene Augenbrauen würden auf einen Gewalttäter schließen lassen. Um 1900 war die Phrenologie populär, ihre Anhänger behaupten, genetische Wertigkeit, rassische Zugehörigkeit, Charakter und Eigenschaften eines Menschen nach dessen Äußerem bestimmen zu können.[98] Steiner erklärte einmal über einen Waldorfschüler, man könne an ihm eine »ausgesprochene Anlage zum Verbrechertypus« ausmachen, der Junge könne ein Schriftfälscher werden.[99]

Phrenologie und Physiognomik sind längst widerlegt, was Anthroposophen nicht stört. Sie glauben, Choleriker hätten einen kurzen Hals und kurze Beine, Sanguiniker seien zart und wohlproportioniert, Melancholiker hoch gewachsen, schmal, hager und mit vorgebeugter Körperhaltung, Phlegmatiker rund und wohlgenährt.[100] Der Kopf eines Kindes gilt als »Offenbarung von Ich und Seele«, in dessen Form sich dessen »inneres Wesen aus dem vergangenen Erdenleben« ausdrücke.[101] Pirkko Helkangas und Robert Thomas zitierten auf einer internationalen Waldorflehrer-Tagung 1996 in Dornach die Ansicht des Meisters, Menschen, die keine Musik mögen, litten im nächsten Leben unter Lungenkrankheiten, während an Malerei interessierte Menschen einen sympathischen Gesichtsausdruck bekämen.[102] Der anthroposophische Klassiker zu Phrenologie und Physiognomik ist der Arzt Norbert Glas (1897–1986), der in fünf Bänden beschrieben hat, wie angeblich das Gesicht die Temperamente, die Füße den Willen, die Ohren den Charakter und die Hände den ganzen Menschen enthüllen. Musiker, Maler und Priester haben laut Glas große Nasen, Feldherren, Boxer und geschickte Metzger eine ausgeprägte Mund-Kinn-Partie. Hochsitzende Ohren verraten vergeistigte schrullige Intellektuelle, spitze Ohren einen Kleptomanen, anliegende Ohrmuscheln den geistig Zurückgebliebenen und schön geschwungene Ohren den Sprachbegabten.[103]

Die Temperamentenlehre ist vorwissenschaftlich und spekulativ. Waldorfpädagogik sortiert Kinder nach dieser Schablone und zeigt, dass es mit individueller Förderung nicht weit her sein kann. Kinder werden instrumentalisiert, insofern sie sich gegenseitig therapieren (abschleifen) sollen, der Lehrer spielt die Gruppen dazu auch gegeneinander aus. Die Mischung all dieser abstrusen Vorstellungen – Karma und Reinkarnation, Temperamente, Aussehen, Zahlenmagie und Geisterglauben – ergibt die anthroposophische Menschenkunde. Sie »bietet die Gewähr, dass ein einheitliches Element die verschiedenen Lehrerpersönlichkeiten verbindet und zu einer verantwortungsvollen Führung der Schule vereinigt«. Diese Menschenkunde ist Erkenntnis und »moralische Gesinnung« und für den Lehrer ein »Mittel der Selbsterziehung«, ihr sind alle Waldorfschulen verpflichtet. Die »Treue zur erkannten Wahrheit verbindet die Lehrerkonferenz zur Schicksals- und Lebensgemeinschaft«, erklärte Heinz Zimmermann, Leiter der Pädagogischen Sektion am Goetheanum. Der Lehrer solle in diesem Sinn »Repräsentant des freien Geisteslebens« sein, also idealerweise Anthroposoph.[104] Die Versicherung, Waldorfschulen seien keine Weltanschauungsschulen, ist eine reine Schutzbehauptung.

Waldorfpädagogik als Religion

Waldorfpädagogik hat »einen ethisch-religiösen Charakter, der den ganzen Unterricht durchzieht«, der Lehrplan ist »in seinem Kern christlich«, schreiben Tobias Richter und Johannes Tautz.[105] Ganz unverblümt war auf der Internetseite des österreichischen Waldorf-Verbandes zu lesen: »Religiöse Erziehung im weitesten Sinn des Wortes ist neben der Kunst ein durchgehendes Prinzip an den Waldorfschulen.« Denn Religion stelle für die Waldorfpädagogik »das Fundament des moralischen und sozialen Verhaltens dar. Kein Bildungsgang kann ohne Religion vollständig sein.«[106]

Steiner sprach vom »Erziehungsdienst« als religiösem Kult, eine Vorstellung, die er von Fichte übernahm.[107] Zurecht verlangten Lehrer und Eltern der Waldorfschule Kempten 1986, den Religionsunterricht abzuschaffen, weil Religion praktisch in jedes Fach einfließe. Der *Bund der*

Waldorfschulen konnte das nicht akzeptieren. Es wäre ein Präzedenzfall gewesen, der auf den Charakter dieses Schultyps verweist.[108]

Diese Religiosität richtet sich gegen einen Materialismus, der angeblich die moderne Welt beherrscht.[109] In einer Selbstdarstellung des *Bundes der freien Waldorfschulen* heißt es, der gesamte Unterricht werde so gestaltet, »dass ein religiöses Erleben der Schüler angesichts vorherrschender materialistischer Weltinterpretationen nicht dauernd in Frage gestellt wird«.[110] In einem *Verzeichnis anthroposophischer Ausbildungs- und Studienstätten* lautet die Maßgabe für Waldorfkindergärten: Eine »einseitige intellektuelle Verfrühung und die damit verbundene Belastung für die Gesundheit« werden in der Erziehung abgelehnt, statt dessen solle zusammen mit den Eltern an einem Menschenbild gefeilt werden, das kindliche Entwicklung »in Zusammenhang mit der Inkarnation eines Ich-Wesens« begreift.[111] Die Kinder sollten »nicht nur die zeitbedingten intellektuellen und materialistischen Deutungen« kennen lernen, sondern auch eine »geistoffene« Sicht. Dass dabei keineswegs neutral verfahren wird, kann man aus dem Satz schließen, dass den Waldorfschülern die »Hinwendung zum Geistigen eingepflanzt« werden soll.[112]

In einer Festschrift (1997) des Waldorfkindergartens in Gröbenzell, einem Vorort von München, begründen die Autoren die Wahl von »Naturmaterialien« zum Spielen und Basteln nicht ökologisch, sondern ideologisch: Die Kinder sollen von Kunststoffen ferngehalten werden, weil Plastik »aus der begrenzten Welt der modernen Technik« stamme, die dem Wesen des Kindes fremd sei. Legosteine sind darum in der Waldorfpädagogik verpönt. Anthroposophische Architektur und Möbel – durch ihre Uniformität leicht zu identifizieren – sollen bewirken, dass die Kinder aufgrund moderner Einflüsse nicht an Körper und Geist »verdorren und verderben«.[113]

»Geistoffen« meint den Aberglauben an allerlei Engel, Geister und Dämonen. Dazu gehört, dass die Schüler vor Unterrichtsbeginn einen »Morgenspruch« religiösen Inhalts aufsagen müssen.[114] Wie Religion den Unterricht »belebt«, schildert Wagemann. Er zitiert aus einem Schulheft zum Physikunterricht einer sechsten Klasse über Akustik:

»Die Stoffe enthüllen in Tönen und Klängen
Ihr innerstes Wesen, verborgenes Sein
Die Tiere sie fallen mit Rufen und Singen
Im Chore der Schöpfung lobpreisend mit ein.
Der Mensch als das Abbild der Gottheit auf Erden
Lässt tönen im Worte geistiges Werden
Und krönend den Erden und Himmelsgesang
Erfüllet die Welten der Schöpfungsklang.«[115]

Autoritäre Ziele und Methoden

Während unkritische Eltern glauben, die Waldorfschule sei die Ökovariante der antiautoritären Erziehung, plädierte ihr Begründer für einen autoritären Kurs. Die Kinder müssten einsehen, »dass einer in der Schule befehlen muss«.[116] Steiner kritisierte Lehrer, wenn sie mit Schülern diskutierten. »Gerade in Weltanschauungsfragen ist es von großer Wichtigkeit, dass unsere Waldorfschuljugend abkommt von der Diskutiererei. Die Sache ist doch diese, dass wir so eine Stimmung erzeugen müssen: Der Lehrer hat etwas zu sagen, worüber wir nicht urteilen können und worüber wir nicht diskutieren.«[117] Er konzipierte seine Schule als Paukanstalt; vorherrschend ist Frontalunterricht.

Kritiker berichten, wer den Morgenspruch nicht aufsagen wolle, müsse sich vor einem Lehrertribunal rechtfertigen, Schüler würden in die Ecke gestellt, auf die Eselsbank gesetzt, müssten Strafarbeiten schreiben, nachsitzen oder Arbeitsdienst in der Landwirtschaft leisten. Wer zappelt, muss sich auf einen Stuhl stellen, unruhige Hände werden mit Klebestreifen an der Tischplatte fixiert, berichtet Sybille Jacob, gelegentlich würden Kinder auch geschlagen. Wer »Scheiße« sagt, dem kann es passieren, dass er/sie sich vor der Klasse den Mund mit Seife ausspülen muss. Beliebt sind laut Rudolph auch Strafen, bei denen Kinder vor und/oder von einer Klasse oder dem Lehrerkollegium moralisch verurteilt werden.[118] Der Waldorflehrer Gabert spricht von einem »Recht auf Strafe«, denn wenn die moralische Entwicklung von Erwachsenen »auf diesen gnadenvoll strafenden Erlebnissen beruht«, verhalte es sich bei Kindern nicht anders.[119] Er zählt körperliche Strafen und Schmerzen, leibliche Entbehrungen wie Essensentzug und das Schamgefühl, welches geweckt werden sollte, auf.[120] Mit seiner Warnung, körperliche Züchtigung habe langfristig negative Folgen, war er der Praxis seiner Zeit (1951) voraus.[121] Sein Rat, neue Wege zu suchen, wurde verwirklicht durch intellektuelle Manipulation, soziale und ästhetische Normierung, Moralisieren und (angedrohten) Liebesentzug. Diese Art der Zurichtung entspricht eher den Bedürfnissen (und der Praxis) der Klientel aus der akademischen Mittelschicht. Schließlich geht es darum, bestimmte Werte und Normen zu verinnerlichen und sie »selbstbestimmt« zu leben.

Was Anthroposophen als superdemokratisch ausgeben, dass es keinen Rektor gibt und Waldorfschulen sich selbst verwalten, verschleiert Machtverhältnisse. Das Lehrerkollegium wird durch eine sogenannte »innere Konferenz« geführt, die nicht gewählt ist, sondern sich durch Kooptation ergänzt. So bleibt die ideologische Kontrolle gewahrt, auch wenn inzwischen viele Pädagogen keine Anthroposophen sind. Nicht einmal einen

Personalrat mit den üblichen bescheidenen Kompetenzen gibt es, weil Waldorfschulen, wenn es um ohnehin geringe »Arbeitnehmerrechte« geht, das sind, was sie sonst bestreiten: Religiöse Tendenzbetriebe wie jede katholische oder evangelische Einrichtung. Die minimale Mitsprache, die Eltern und Schüler an den geschmähten Staatsschulen besitzen, etwa eine Schülervertretung, gewähren ihnen Anthroposophen nur ausnahmsweise.[122] Fehlende Demokratie und eine Wagenburgmentalität der Lehrer werden auch von Eltern kritisiert. Sie beklagen mangelnde Transparenz sowie ein distanziertes Verhalten der Lehrer, die sich ihnen gegenüber wie Schulmeister aufführten.[123] Die bescheidene Schülermitverwaltung (SMV), die die staatlichen Schulen anbieten, ist in Waldorfschulen nicht die Regel, sondern nur in einigen Einrichtungen anzutreffen.[124] Nur in zwei von über 180 freien und selbstverwalteten Waldorfschulen der Bundesrepublik gibt es einen Schulrat, der über Schulordnung und pädagogische Probleme beschließt. In Essen sind nur Lehrer und Eltern beteiligt, in Lübeck auch Schülervertreter einbezogen.[125]

Anstelle demokratischer Verhältnisse wird in einer Einführung in die Waldorfpädagogik die »organische Gemeinschaft« beschrieben. Dort »opfern« starke Individualitäten ihre Interessen zugunsten der gemeinsamen Idee, freiwillig aus »Geisterkenntnis« heraus. Die »Verantwortung« und »Mitgestaltung« der Eltern reduziert sich auf Arbeitsdienst: Sie dürfen in der Schule kochen, putzen, einen Garten anlegen und pflegen, Spenden sammeln, Basare organisieren, sich um Bauarbeiten, Planungen, Public Relations und Kontakte zu den Behörden »zugunsten der Schule« kümmern.[126] Ein ehemaliger Vorstand des *Bundes der Freien Waldorfschulen* schreibt 2005, Waldorf-Eltern hätten das Bewusstsein, sie seien »gut für Kuchen und notwendig für Kinder sowie Beiträge«.[127] Dafür wachsen Sprösslinge aus dem Bürgertum in einer heilen Welt auf, ohne mit sozialen Problemen in Gestalt der Kinder von Sozialhilfeberechtigten, Erwerbslosen oder Einwanderern belästigt zu werden.[128]

Das Fußballverbot

Als Maxime für die angeblich so freie Waldorfschule ordnete von Heydebrand 1928 an: »Das Fußballspiel ist den Schülern auf dem Schulgelände verboten, es schädigt die körperliche, seelische und geistige Entwicklung des Kindes.«[129] Steiner schmähte Sport als »Veraffung, Affenhaftmachung unserer Kultur«.[130] Bloß »leibliches« Turnen mache müde und dick und träge. Diese Art des Turnens sowie der moderne Sport seien eine Erscheinungsform des Materialismus und züchteten »viehisch empfindende Menschen« heran.[131] Über Fußball äußerte er, dieser zerre den Körper weg vom Ätherleib, »so dass der Mensch nurmehr ein Erdentier wird.«[132] Anthroposophen rügen an Sportarten wie Fußball, sie würden Leistungs- und Konkurrenzdenken fördern, hätten kämpferischen Charakter und betonten einseitig den Willen zulasten des Fühlens und Denkens. Dass es sich dabei um ein Vorurteil handelt, weiß jeder, der selbst schon mal gekickt oder echten Ballkünstlern zugeschaut hat.

Die Kritik zielt auch nur scheinbar auf Konkurrenz- und Leistungsdenken. Was Steiner ablehnte, waren Sportarten, die aus England und den USA nach Deutschland kamen. Wie alle völkischen Ideologen wandte sich Steiner durchaus nicht prinzipiell gegen den Kapitalismus, solange es sich um dessen deutsche Ausprägung handelte, sondern wollte diesen »durchgeistigen«. Den englischen, später auch den US-Kapitalismus karikierten Anthroposophen dagegen als besonders raffgierig und brutal. Die Aversion gegen »undeutschen« Fußball war damals weit verbreitet, sie reichte von braunen Turnvereinen im Geiste Jahns bis in die sozialdemokratische Arbeitersportbewegung hinein: Das Spiel galt als Ausdruck eines angeblich besonders brutalen und rücksichtslosen englischen Nationalcharakters. Der Turnführer Karl Planck publizierte 1898 eine Hetzschrift gegen »Fußlümmelei – über Stauchballspiel und englische Krankheit«, allein der Bewegungsablauf »erniedrigt den Menschen zum Affen«. Die Wortwahl erinnert an Steiner.[133] Der *Versuchsring für biologisch-dynamische Wirtschaftsweise e.V.* entwickelte 1940 das Konzept einer »Goethe-Hochschule für Forschung und Bildung aus Bäuerlicher Lebensordnung«, in dem es hieß: »Die Übertragung englisch-amerikanischer Sportformen wirkt verhängnisvoll auf das Bauerntum.« Statt dessen sollten Turnen, Reiten auf Stieren, Mähen, Melken und Säcketragen gefördert werden.[134]

Die rigide Haltung gegenüber Sport führt auch in den eigenen Reihen immer wieder zu Irritationen. In einem Leserbrief outete sich 1928 ein Anthroposoph als aktiver Sportler und klagte, er würde deswegen von Miteingeweihten als geistlos verhöhnt. Der Mann beteuerte, Sport fordere nicht nur den Körper, sondern auch den Geist, »lästerlichen Trinksitten« würde vorgebeugt und Sportler seien »tüchtige Arbeiter« und »anständige Menschen«.[135] Die amerikanische Anthroposophin Betty Staley berichtete 1993, dass europäische Waldorfkollegen die Nase rümpfen, weil Sport an US-Waldorfschulen seinen Platz habe.[136]

Das Fußballverbot gilt noch.[137] Kinder sollten nicht in Fußballvereine gehen, weil dieser Sport brutalisiere, Technik und Taktik seien zu kompliziert, lauten die Gegenargumente. Erwähnt wird eine Gruselstory, wonach die Engländer einst mit Schädeln toter Dänen spielten und dass die Aufstellung vor dem Anstoss der ägyptischen Sphinx entspreche und eine magische Wirkung entfalte. Andererseits fürchten Waldorfpädagogen um das Image der Schule. Ein offen ausgesprochenes Verbot würde Eltern irritieren und Kritikern Munition liefern, darum solle man besser Alternativen anbieten und ein Auge zudrücken, wenn auf dem Pausehof mit einem Stein gekickt werde. Selbst diese Taktiker-Fraktion verlangt jedoch, dass der Lehrer die Schüler überwacht und sofort eingreift, sollte sich daraus ein richtiges Spiel entwickeln.[138]

Steiner propagierte Eurythmie als »beseeltes« Turnen sowie eine Kombination aus Turnen und antiker griechischer Gymnastik. An deutschen Waldorfschulen wird bis heute eine spezielle »Leibeserziehung« getrieben: Bis zur fünften Klasse Spiele wie das »Mond-Umkreisen« mit Turngeräten oder das »Bärenhäuter«-Spiel, ein Fangspiel. Das letzte Kind bleibt frei und symbolisiert den Menschen, der seine Seele vom Materiellen rein gehalten hat und den dunklen Mächten entgeht. Ab der sechsten Klasse folgen Übungen aus dem antiken Fünfkampf mit Laufen, Springen und Ringen, dazu kommen in der Oberstufe Kugelstoßen, Diskus- und Speerwerfen.[139]

Spirituelle und entartete Kunst

Eine weitere Maßgabe von Heydebrand lautete, Kindern ein Gefühl für »Schönes und Nicht-Schönes« beizubringen. Vorgesehen sind in ihrem Lehrplan Chorsingen, die Kunst von der Antike bis zu Rembrandt, Beethoven und Brahms, aber keine moderne Malerei oder Musik. Moderne Medien, Themen und Formen werden prinzipiell als seelenlos verdammt. Abgelehnt werden »künstliche« Sinneseindrücke, die »aus dem Ganzen der Natur herausfallen«.[140]

Die Waldorfschule bietet Musikerziehung (Chor und Instrumentalspiel), Eurythmie als »beseelte Bewegung«, Kunsterziehung (Malen, Zeichnen, Plastizieren) sowie das Puppenspiel als künstlerisches Handwerk.[141] Die musischen und praktisch-handwerklichen Fächer nehmen einen großen Raum ein, was zunächst positiv scheint, allerdings sind Anthroposophie und Waldorfpädagogik nicht kreativ und phantasievoll, sondern stereotyp und pedantisch. Die verwendeten Farben, Formen und Muster sind an allen Schulen gleich, ebenso wie die Architektur. »Die Bilder zeigen überall die genau gleichen Farben, die genau gleichen Themen für die gleichen Altersstufen, gemalt nach der genau gleichen Methodik des Aquarellierens.«[142] Der Bielefelder Kunstpädagoge Helmut Diederich kritisiert, dass Waldorfschülern Farben und Formen sowie die Reihenfolge des Farbauftrags in der

Regel vorgeschrieben werden. Er berichtet von sieben- bis neunjährigen Kindern, die wochen- und zum Teil monatelang zwei Ringe zeichneten, die ineinander verschlungen waren. Neben der Einseitigkeit des Themas fällt das Prinzip der endlosen Wiederholung auf. Diederichs sprich von einer repressiven Kunstpädagogik, die alles zugunsten eines umfassenden weltanschaulichen Systems ausschalte.[143]

Nach anthroposophischem Verständnis ist Kunst dem Denken entgegengesetzt. Der intellektuelle Kopfmensch reduziere die Welt auf Formeln und Begriffe, der Künstler hingegen produziere eine reichere sinnliche Wirklichkeit.[144] Die ästhetischen Vorstellungen basieren auf der Annahme, dass der Geist zwischen dem Tod und der nächsten Reinkarnation im Geisterland in einer völlig harmonischen Umgebung aus Farben und Tönen lebt und dass bestimmte Farben und Formen die Entwicklung des göttlichen Ich und der Bewusstseinsseele fördern.

In den 20er Jahren entwickelten Anthroposophen eine Ästhetik, die auf der faschistischen Kategorie der »entarteten« Kunst basiert. Uehli schrieb, wahre Kunst sei spirituell: Der »wahrhaft schöpferische Mensch muss seiner inneren Wesensbestimmung nach an einen geistigen Ur-Bestand, mit anderen Worten an die übersinnliche Welt angeschlossen sein, sonst kann er nicht künstlerisch gestalten.« Er warnte vor der »Abirrung«, die der Intellektualismus als »innere Armut« und »Abgrund« darstelle.[145] In der Malerei drücke sich dies durch die Lockerung von Form und Inhalt aus. Moderne Formen und Themen lehnte der Waldorflehrer als nicht religiös inspirierte Produkte des verhassten Materialismus und Intellektualismus ab.

Otto Julius Hartmann (1895–1989) behauptete, die moderne Kunst habe einen »sinnlich-animalischen, endlich einen maskenhaft-untermenschlichen, dämonischen Charakter«, weil sie nicht vom Geist durchleuchtet sei.[146] Hartmann war Professor für Biologie und Naturphilosophie an der Universität Graz und betätigte sich als Autor und Referent für die Anthroposophie.[147] Bereits im Januar 1934 trat er in Österreich der NSDAP bei, was auf einen Überzeugungstäter schließen lässt, weil die Nazipartei damals in der Alpenrepublik illegal war.[148] Jazzmusik und »Fratzenmalerei« waren für Friedrich Rittelmeyer (1872–1938), Erzoberlenker der *Christengemeinschaft*, »Einbrüche feindseliger Mächte«, die die Menschheit zerstörten.[149] Lena Maas warf dem amerikanischen Maler Lionel Feininger (1871–1956) kühl-zersetzenden Verstand vor. Seine Werke schmähte sie als erstarrende Gebilde, »zeit-angekränkelt«, maschinell und ahrimanisch, Ausdruck von »luziferischem Eigenseinwollen«. Eine Bauhaus-Woche in Weimar titulierte sie als »Fest Ahrimans und Luzifers« unter sozialistischer Schirmherrschaft. In den ausgestellten Werken erblickte sie ahrimanische Formen und Farben.[150] Feininger, der den »Blauen Reiter« mitbegründete und Lehrer am Bauhaus war, musste 1933 emigrieren, weil auch die Nazis seine Kunst als entartet einstuften.

Auch Kandinskys Werke rügte die Anthroposophin als abstrakt-mathematisch. Hilde Boos-Hamburger (1887–1969), die sich für Steiners Mysterienspiele als Kulissenmalerin betätigte, schlussfolgerte, dass die »trostlose Lage und Hilflosigkeit der heutigen malerischen Kunst« daher rühre, dass die Maler nicht auf Steiner, den »Inaugurator einer neuen Kunstepoche« hören wollten. Über den Kubismus urteilte sie, die Bilder zeigten keine »organischen Formen«, sondern »Maschinen«, »durchsichtige Gliederpuppen«, in welche »Dämonen« geschlüpft seien, »Animalisch-Unterseelisches« bzw. »Dämonisch-Untersinnliches«. Sie forderte, der Maler solle als »selbstbewusstes Werkzeug« fungieren, womit nicht Selbstbewusstsein gemeint war, sondern ein Sprachrohr für die Geisterwelt. Der Maler solle die »Imaginationen« der höheren Welten ausdrücken.[151]

Wahre Kunst bedürfe einer neuen »Täufer-Stimmung«, die nur die Anthroposophie vermitteln könne, unterstellte Uehli. Eine solche Spiritualität kündige sich »dem realen Erleben nach aus dem Unbewussten als Blutswirkung an«.[152] Das Manko des Intellektualismus sei, dass dieser sich »zur künstlerisch erlebbaren Blutswirkung« nicht »verdichten« könne.[153] Die »Kraft zur Blutserneuerung« liege darum in der Anthroposophie.[154] Rittelmeyer glaubte, dass die »höhere Welt in der Musik gegenwärtig sein kann«. Sehr beliebt in Anthroposophenkreisen ist die Musik des Antisemiten Richard Wagner (1813–1883), dessen Germanenmythen als Erbe alter germanischer Hellseherei und Prophezeiung künftiger deutscher Mission gepriesen wurden.[155]

Gute Geister wirkten, wenn Menschen Musik hören, die sie in eine andächtige Stimmung versetzt. Laut Rittelmeyer werden sogar Atheisten schwach. Durch moderne Musik wirkten hingegen böse Geister. Rittelmeyer schrieb 1936, es wäre ein »Verhängnis« gewesen, »wenn wir durch die Jazzmusik jahrzehntelang das Leben der Wilden in unser Blut geschüttet hätten«.[156] Michael Klußmann notierte 1996 (!) über die Kultur der 20er Jahre: »Das Rassenmäßige in der Form, wie es als ein ›Negerhaftes‹ erscheint, lebt sich nicht nur in den öffentlichen Ritualen der Metropolen, in den von manchen Zeitzeugen als Brutalität und Taumel erlebten Blue-Notes und Off-Beats des Jazz aus (...).«[157] Klußmann stellt die Eurythmie, in der sich Menschen in hüpfende Buchstaben verwandeln und als inkarniertes Wort Gottes gelten, den Tänzen Josephine Bakers gegenüber, die »luxuriöse Dekadenz, archaische Rhythmen und laszive Körpersprache amalgamiert«.[158]

Der Arzt Walther Bühler (1987) klagt, das Radio sei ein seelenloses Gerät, das Menschen manipuliere. Musik solle gezielt zur Persönlichkeitsentwicklung eingesetzt werden, was »ohne fortwährende Vertiefung und Besinnlichkeit nicht denkbar ist«. Bühler rät, Jugendliche sollten »öfter mit Erwachsenen gute Konzerte aufsuchen«.[159] Taube berichtet, dass in der anthroposophischen Dorfgemeinschaft, in der sie lebte, klassische Kammerkonzerte veranstaltet wurden. Plattenspieler, Radio oder Kassettenrecorder waren verboten. »Flotte Rhythmen und Liedtexte, die von Liebe, Alltag oder Politik handeln, erklangen nicht.« Den Behinderten wurde vorgegeben, welche Instrumente sie spielen sollten.[160] Auch Jazz, Pop oder Rockmusik und die elektrische Wiedergabe von Musik sind suspekt. Techno gilt manchem Anthroposophen als Menetekel böser Dämonen, die die Menschheit attackieren.[161]

Zweites Kapitel: Rudolf Steiner – Der Menschheitsführer

Das Wiener Milieu

Der Begründer der Waldorfpädagogik wurde am 25. Februar 1861 als erstes Kind von Franziska und Johann Steiner in Kraljevec im heutigen Kroatien, damals Teil Österreich-Ungarns, geboren. Der Vater arbeitete als Telegrafist, später als Stationsvorsteher der österreichischen Bahn, weswegen die Familie mehrmals umzog. Ab 1872 besuchte Rudolf Steiner die Landesoberrealschule in Wiener Neustadt, wo er 1879 das Abitur bestand. Der Vater vermittelte ihm ein Stipendium, das die Bahn Kindern ihrer Angestellten gewährte, so dass der junge Steiner an der Technischen Hochschule in Wien studieren konnte. Er belegte Mathematik, Physik, Botanik, Zoologie und Chemie und in den Nebenfächern Literatur, Geschichte und Philosophie mit dem Ziel, Realschullehrer zu werden. Steiner brach jedoch das Studium ab und betätigte sich als Journalist und Hauslehrer in Wien. 1890 übersiedelte er nach Weimar und arbeitete an der Sophien-Ausgabe von Goethes Werk im Goethe- und Schiller-Archiv mit. Sechs Jahr später ging Steiner als Redakteur einer Literaturzeitschrift nach Berlin. Mit knapp 40 Jahren schlug er sich als intellektueller Gelegenheitsarbeiter durch, bis ihm die Theosophen 1902 eine Stelle als Generalsekretär anboten.

Entscheidend für Steiners Denken waren die deutsch-nationale und antisemitische Szene in Wien, die Werke des klassischen deutschen Idealismus, die er als Student las, sowie Friedrich Nietzsche (1844–1900) und Ernst Haeckel (1834–1919).[1] Wie seine Lehrer und Kommilitonen glaubte auch Steiner, die Deutschen seien kulturell führend, weshalb ihnen eine herausragende Stellung zustehe, eine Haltung, die er während des Ersten Weltkriegs radikalisierte. Das Milieu der bürgerlichen Wiener Ober- und Mittelschicht prägte den jungen Steiner. Charakteristisch für die Bourgeoisie in Österreich und in Deutschland war, dass es ihr im Unterschied zu Westeuropa oder den USA nicht gelang, die politische Macht zu übernehmen, sondern sie nach der Revolution von 1848 mit Adel und Monarchie teilen musste. In Österreich beherrschte die Feudalaristokratie weiterhin das Land. Das Parlament, der Reichsrat, war eine scheindemokratische Ständeversammlung. Anders als in Deutschland konnte das österreichische Bürgertum die politische Niederlage nicht durch ökonomischen

Aufstieg kompensieren. Das Land blieb ein Agrarstaat mit wenigen industriellen Zentren in Böhmen und Mähren und um Wien. Außenpolitisch musste die Habsburgermonarchie schwere Niederlagen in den Kriegen gegen Italien und Frankreich (1859/60) und Preußen (1866) hinnehmen. Militärisch und ökonomisch wurde »Kakanien«, die K.u.K.-Monarchie, zum Juniorpartner des Deutschen Reiches und zum Expansionsraum des deutschen Kapitals.[2]

Ohne großen Einfluss, ohne Glanz und Gloria sah sich die deutschsprachige österreichische Bourgeoisie von vielen Feinden bedroht, von der Sozialdemokratie, der Frauenbewegung und von nationalistischen, panslawischen Bewegungen. Die Donaumonarchie, insbesondere Wien, wurde eine Brutstätte für antisemitische, völkische und obskure Lehren. Vom Liberalismus blieb in vielen Köpfen nur eine Abneigung gegen die katholische Kirche als Hort der Reaktion, die dem Bürger das Amüsement verdarb. Viele kompensierten ihre Minderwertigkeitskomplexe durch den Mythos vom arischen Übermenschen. Der Rassentheoretiker Jörg Lanz (1874–1954), der sich von Liebenfels nannte, brachte die Paranoia auf den Punkt, indem er gleichermaßen gegen »Parlamentarisierung, Feminisierung und Veraffung« hetzte.[3]

Die deutschen Nationalisten waren in der Donaumonarchie gut organisiert, wenngleich in mehrere Fraktionen aufgespalten. Alle, einschließlich der Deutsch-Liberalen, verteidigten die Privilegien, die die Deutschen besaßen, und bekämpften eine Gleichberechtigung der Slawen und Italiener. Der extreme Flügel, die Alldeutschen, lehnte die Doppelmonarchie ab und kämpfte für den Anschluß an das Deutsche Reich. Die Alldeutschen waren antisemitisch und antikatholisch aus Aversion gegen die Habsburger und die ihrer Meinung nach proslawische Haltung der Kirche. Sie verkündeten, das Blut und ein tiefschürfendes Wesen machten den echten Deutschen aus. Ihr Führer, der Abgeordnete Georg Ritter von Schönerer (1842–1921), verlangte, Blutszugehörigkeit zum Kriterium für das Bürgerrecht zu machen. Die Alldeutschen operierten in Vereinen, die Sport, Chorsingen, Bergsteigen und Gymnastik mit völkischen Ritualen verbanden und die ländliche Intelligenz und die Jugend anzogen. 1886 wurde der *Germanenbund* gegründet. Beteiligt war Guido List (1848–1919), der später, unter dem Beifall der Wiener Theosophen, über ariogermanische Gottmenschen und den Kampf zwischen Herren- und Sklavenrassen fabulierte. List und Lanz erfanden Ende des Jahrhunderts die so genannte Ariosophie, wörtlich »Weisheit der Arier«. Der 1908 gegründeten *List-Gesellschaft* schlossen sich Antisemiten und Jugendbewegte sowie deutsche und österreichische Theosophen an. Der Industrielle Friedrich Wannieck sponserte die Truppe.[4]

Als Steiner im August 1879 als Oberschüler nach Wien kam, hatten die Deutsch-Liberalen gerade die Reichstagswahl verloren. Sämtliche deutschnationalen Gruppen opponierten gegen den neuen Regierungschef Eduard Graf Taafe (1835–1895), der, wie Steiner in seiner Autobiographie notierte, gestützt auf »Polen, Tschechen und konservative Katholiken« regierte. Der junge Mann vom Land teilte die deutschvölkischen Ressentiments und nahm »an den Kämpfen lebhaften Anteil, welche die Deutschen in Österreich um ihre nationale Existenz führten«.[5] Er bewunderte den deutschliberalen Abgeordneten Bartholomäus Carneri (1821 bis 1909), einen Gegner Taafes, den er als edlen Denker und feinsinnigen Philosophen lobte. Dessen Reden würdigte Steiner als »Verteidigung des Deutschtums in Österreich«.[6] Gemeint ist die Verteidigung der Hegemonie der deutschen Minderheit. Nach der Niederlage gegen Preußen 1866 wurde Österreich aus dem Deutschen Bund ausgeschlossen, es folgte der Ausgleich mit Ungarn (1867), die Teilung in das Kaiserreich Österreich und das Königreich Ungarn und eine Verfassung, die dem deutschen Bürgertum in der westlichen Hälfte führende Positionen einräumte, während Slawen benachteiligt wurden. Allerdings war absehbar, dass mit jeder Wahlrechtsreform sich das Kräfteverhältnis zuungunsten der Deutschen verschieben würde.[7]

In Wien lernte Steiner Johann Kleinfercher (1828–1902) aus Kärnten kennen. Der Mann verfasste schwülstige nationalistische Verse und führte den Künstlernamen Fercher von Steinwand. Steiner schätzte Kleinfercher und beschrieb ihn als kernig, ideenvoll und idealistisch.[8] Kleinfercher beschäftigte sich mit der Idee der Wiedergeburt und glaubte an eine besondere »Kulturaufgabe« der Deutschen: »Vom Deutschen wird der Slave, wird die Welt/Noch durch Jahrtausende zu lernen haben;/So fügt es jene Macht, die über Sternen/Die Welten lenkt und der Nationen Bahn.«[9] Die Vorstellung einer besonderen Mission der Deutschen zählt zum Kern der Anthroposophie, der deutschtümelnde Kleinfercher gilt als einer ihrer Vorläufer.[10]

Orientiert an Kleinfercher und Carneri propagierte Steiner nicht den Anschluss an Deutschland wie die alldeutsche Fraktion, sondern meinte, die kulturell höher stehenden Deutschen müssten die ungebildeten Slawen der Donaumonarchie erziehen.[11] Als Redakteur der *Deutschen Wochenschrift*, deren Untertitel *Organ für die nationalen Interessen des deutschen Volkes* lautete, bezog der junge Steiner klare Positionen.[12] »Die Slawen müssen noch lange leben, bis sie die Aufgaben, die dem deutschen Volk obliegen, verstehen, und es ist eine ungeheuere Kulturfeindlichkeit, dem Volksstamm [gemeint sind die Deutschen, P. B.] bei jeder Gelegenheit Prügel vor die Füße zu werfen, von dem man das geistige Licht empfängt, ohne welches einem die europäische Bildung ein Buch mit sieben Siegeln bleiben muss«, kommentierte Steiner im Sommer 1888 Konflikte zwischen Deutschen und Tschechen.[13]

Slawen, die sich der deutschen Hegemonie widersetzten, bezichtigte er eines üblen Chauvinismus.[14] Liberalen, die eine gemeinsame österreichische Nationalität jenseits ethnischer Herkunft propagierten, warf er vor, sie hätten die »Kulturmission« der Deutschen in Österreich nicht begriffen. Einen politischen, nicht völkischen Begriff der Nation, lehnte Steiner ab. Es widerspreche dem deutschen »Volksgeist« und sei ein »abstraktes Staatsideal«.[15]

An den Ideen der österreichischen Deutsch-Liberalen hielt Steiner fest. Nachdem deutsche und österreichische Truppen im Sommer 1915 Warschau, Brest-Litowsk und Wilna erobert hatten, referierte Steiner im Februar 1916 in Berlin zustimmend die Ansicht seines Lehrers Karl Julius Schröer (1825–1900), die Deutschen Österreichs seien die Makedonen der Neuzeit: So wie diese unter Alexander dem Großen griechische Kultur nach Asien gebracht hätten, müssten die deutschen Österreicher dem Osten bzw. den Slawen Kultur beibringen.[16] Schröer unterrichtete als Pädagoge und Literaturprofessor an der Wiener Technischen Hochschule und war ein früher Mentor Steiners.[17] Von Schröer und Kleinfercher stammte die Idee, dass im christlichen Europa die Germanen die spirituell führende Kraft seien. Als Esoteriker propagierte Steiner eine Theorie aufeinander folgender Kulturepochen, wobei er Mitteleuropa eine führende Rolle zuschrieb. Auf eine germanische-nordische Epoche sollte eine slawische Epoche folgen, wobei die Slawen zuvor von den Deutschen geleitet werden müssten.[18]

Schröer sei das reinkarnierte Wesen Platons gewesen und Steiner habe als das reinkarnierte Wesen des Aristoteles das Werk des Literaturprofessors vollendet, behauptete der Anthroposoph Wilhelm Rath (1897–1973) später.[19] Steiner selbst notierte über seinen Lehrer: »Er lebte mit ganzer Seele in den Offenbarungen des Volkstums und wollte dessen Wesen durch Wort und Schrift zum Bewusstsein derjenigen Menschen bringen, die aus ihm durch das Leben herausgerissen sind.«[20] Schröer machte den angehenden Guru mit der romantischen Idee der Volksseele bzw. des Volksgeistes vertraut. Schröer »sprach von dieser als von einem wirklichen geistigen Wesen, das sich in der Gesamtheit der einzelnen Menschen, die zu einem Volk gehören, darlebt«.[21] Dieser ominöse Volksgeist ist für Steiner und seine Anhänger, ebenso wie die übrigen Geister, die durch sein Werk spuken, keine Metapher, sondern eine reale Figur.

Auf den Professor gehen auch jene Weihnachtsspiele zurück, die heute in den Waldorfschulen aufgeführt werden.[22] Schröer entdeckte in Ungarn »volkstümliche« Weihnachtsspiele, in denen die Vertreibung aus dem Paradies, Jesu Geburt und die Ankunft der Heiligen Drei Könige dargestellt wurden. Schröer und Steiner waren entzückt, weil sie darin deutsches Kulturgut sahen, das von Nachfahren deutscher Kolonisten in der Umgebung des ungarischen Preßburg aufgeführt wurden. Diese Deutschen feierten die Völkischen als Vorposten inmitten von Menschen, die als slawische und magyarische »Flut« diffamiert wurden. Schröer und Steiner teilten die verbreitete paranoide Vorstellung von einer »Überfremdung« der Deutschen.[23] So galten ihnen die Weihnachtsspiele als Ausdruck kultureller Selbstbehauptung. Steiner und Schröer glaubten, die Stücke seien vom deutschen Volksgeist inspiriert und würden darum das »Deutschtum« der Zuhörer beleben.

Steiner bearbeitete die Stücke. Sie wurden in seiner Version erst in Berlin und München, ab 1915 im Anthroposophen-Zentrum in Dornach aufgeführt. Im *Dreikönigsspiel* treten drei Juden auf, Kaifas, Pilatus und Jonas, Hohe Priester, die König Herodes die Geburt des Kindes in Bethlehem deuten, woraufhin dieser den biblischen Knabenmord anordnet. Den Regieanweisungen Steiners zufolge werden die Juden servil und schmeichlerisch dargestellt.[24] »Ihre Aussprache ist jüdisch, ihre Gebärden ungemein lebhaft; alle drei sind in steter Bewegung, küssen sich, nach rechts und links springend, in gebeugter Stellung auf die Schultern, küssen einander gegenseitig, schlagen die Hände zusammen und sprechen dem König mit karikierter, dem Gesagten immer entsprechender Gebärde das letzte Wort im Chore nach.«[25]

Die Selbstvergottung des Übermenschen

Auf Empfehlung Schröers übernahm Steiner 1882 im Rahmen von Joseph Kürschners *Deutscher Nationalliteratur* die Herausgabe der naturwissenschaftlichen Arbeiten Goethes. Ein Jahr darauf brach Steiner sein Studium ab und arbeitete als Hauslehrer bei der Wiener Familie Specht.[26] Nach ersten Veröffentlichungen über Goethe wurde ihm angeboten, an der Weimarer Goetheausgabe mitzuarbeiten, und er siedelte 1890 in die thüringische Kleinstadt über. Nach einigen Monaten klagte Steiner, die Archivarbeit sei »dumpf« und sein Chef, den er als »den Kleinlichsten der Kleinlichen« bezeichnete, behandle ihn aus Neid wie eine »Null«.[27] Während der Zeit in Weimar verfasste er drei Bücher, von denen zwei, die *Philosophie der Freiheit* (1894) und *Goethes Weltanschauung* (1897), als Grundlagen der Anthroposophie gelten.

In den beiden Werken versucht Steiner, eine »objektive« idealistische Erkenntnistheorie zu formulieren, und positioniert sich als Verfechter einer pantheistischen Philosophie in der Tradition des deutschen Idealismus.[28] Seine zentrale These lautet, Erkenntnis sei nur durch »reine Intuition« zu gewinnen. Aus der *Philosophie der Freiheit* zitieren Anthroposophen heute in Diskussionen gerne. Die Sprache ist nicht so verschroben wie in späteren Werken, der Meister bemühte noch keine Engel und Gespenster. Steiner wollte »eine Anschauung über die menschliche Wesenheit« finden, die die »Idee der Freiheit des Willens« begründen könnte.[29] Materialismus, Spiritualismus und »absoluten« Idealismus lehnte er ab. Er kritisierte Platon, weil der griechische Philosoph die Ideen als letzte Wahrheit ansah und nicht auf den Gedanken kam, »durch die Ideenwelt eine geistige Welt zu suchen«, die Steiners Ziel war.[30] Seiner Ansicht nach beseelt ein göttliches Prinzip alle Erscheinungen der Welt. Weil der Mensch und die Natur von den gleichen göttlichen Kräften bewegt werden, sei Erkenntnis überhaupt möglich und die Kluft zwischen dem Ich und der Welt überwindbar.[31] Erkenntnis ist damit als Selbsterkenntnis des Göttlichen definiert, die vom Individuum ausgeht, irrational, unbestimmt und willkürlich auslegbar.

Was Steiner in der *Philosophie der Freiheit* als idealistische Erkenntnistheorie formulierte, drückte er als Guru in einem Satz aus, den Esoteriker der legendären Figur des Hermes Trismegistos zuschreiben: »Es ist oben alles wie unten.«[32] Hermes Trismegistos war ursprünglich die griechische Bezeichnung für den ägyptischen Mondgott Thoth. Moderne Esoteriker halten ihn für den Schöpfer der gesamten ägyptischen Kultur, ein außerirdisches Wesen aus höheren Sphären oder Mitbegründer von Atlantis. Die zitierte Regel ist ein Dogma der Esoterik: Der Mensch könne die Wahrheit finden, weil er als Mikrokosmos die Gesetze des Makrokosmos widerspiegelt, weil die Menschen und ihre Umwelt, das gesamte Universum, eine »Ganzheit« bilden, in der ein, wie Steiner schrieb, göttliches »all-eines Wesen« wirkt.[33] Gott ist in allem und alles ist Gott, während die Realität als Illusion gilt.

Aus Goethes Schriften präparierte Steiner die Metamorphosenlehre so heraus, dass sie diese religiöse Sicht stützte. »Alle Glieder bilden sich aus nach ewigen Gesetzen/Und die seltenste Form bewahrt im Geheimen das Urbild«, heißt es in dem Gedicht »Die Metamorphose der Tiere«, das Steiner zitierte.[34] Goethe habe ein Urbild angenommen, das der Gestalt aller Pflanzen, Tiere sowie dem Menschen zugrunde liege.[35] Aus Steiners Sicht machte Goethe auf halbem Weg halt, weil er sich mit einem »Urphänomen« bzw. der Urpflanze begnügte und nicht »zu höheren Erklärungsprinzipien« vorstieß.[36] Steiner wollte mit der Metamorphosenlehre beweisen, wie sich der Geist aus der Materie entwickelt. Indem er eine »Metamorphose des Seelenlebens« ableitete, glaubte er auch die Vorstellung einer Seelenwanderung mit Goethe legitimieren zu können.[37] Der Bezug auf den Dichterfürsten zählt zu den Strategien, mit denen Anthroposophen Seriosität vortäuschen. Steiners Mysterientempel in Dornach heißt Goetheanum, das Zentralorgan der Anthroposophen trägt seit 1921 denselben Namen. In der Weimarer Republik hatten die Anthroposophen unter anderem deshalb Zulauf, weil ihre Ideen auf klassischem Bildungsgut und christlicher Tradition basierten und damit Standesbewusstsein und Selbstverständnis bürgerlicher Kreise eher ansprachen als Konkurrenten, die lediglich Bruchstücke asiatischer Religionen benutzten. Obendrein traten Anthroposophen nicht als schrille Aussteigertypen auf wie die »Barfußpropheten«, sondern pflegten bürgerliche Sekundärtugenden.[38]

Das Axiom der Anthroposophie lautet, dass ein kleiner Funken des Göttlichen in allem ist, insofern ist Steiners Lehre religiös. Durch intuitives Denken sei dieses Göttliche zu erfassen. Als Haupt der deutschen Theosophen propagierte er einen siebenstufigen Pfad der Erkenntnis mit allerlei Meditations- und Konzentrationsübungen und bezeichnete die Außenwelt als »maja«, als Illusion.[39] In seinem Goethe-Buch von 1897 gestand Steiner der Umwelt noch eine eigene objektive Realität zu.[40] Die Vorstellung, es handle sich um eine Scheinwelt, wies er als unsinnig zurück.[41] Er verfocht einen schlichten Positivismus: Die Sinnesorgane spiegeln die Umwelt, die Wahrnehmung liefere »ein Aggregat zusammenhangloser Einzelheiten«.[42] Das menschliche Denken verarbeite diesen Rohstoff oder wie Steiner formuliert, es »zieht seine Fäden von Wesen zu Wesen«.[43] Während die Sinne die Wahrnehmung vermitteln, »erscheint der Gedankeninhalt im Innern. Die Form, in der er zunächst auftritt, wollen wir als Intuition bezeichnen.«[44] Die Vorstellung, die jemand sich von einem Gegenstand oder einem Lebewesen macht, definierte er als »eine auf eine bestimmte Wahrnehmung bezogene Intuition«.[45] Begriffe interpretierte Steiner als Werkzeuge, mit denen Wahrnehmungen interpretiert werden. Auf die Frage, wie diese Begriffe zustande kommen, meinte er: »Wir bestimmen den Inhalt eines Begriffes durch reine Intuition aus der ideellen Sphäre heraus.« Als »höchste Stufe des individuellen Lebens« galt ihm »das begriffliche Denken ohne Rücksicht auf einen bestimmten Wahrnehmungsgehalt«.[46]

Steiner gelangte in der *Philosophie der Freiheit* zu einer individualistischen Ethik, im Grunde einer Anti-Ethik, weil jede Ethik, die diesen Namen verdient, eine soziale ist, insofern sie vorschreibt, dass die Interessen anderer berücksichtigt werden. Er definierte statt dessen: »Eine Handlung wird als eine freie empfunden, soweit deren Grund aus dem ideellen Teil meines individuellen Wesens hervorgeht; jeder andere Teil einer Handlung, gleichgültig, ob er aus dem Zwange der Natur oder aus der Nötigung einer sittlichen Norm vollzogen wird, wird als unfrei empfunden. Frei ist nur der Mensch, insofern er in jedem Augenblicke seines Lebens sich selbst zu folgen in der Lage ist.«[47] Erst jene ominöse »Ideenwelt«, das »all-eine Wesen«, das alles und jeden beseelt, stiftet die Verbindung zwischen Individuum und Gesellschaft.

Nur ein Jahr später, 1895, publizierte Steiner ein Buch über Nietzsche, in dem er den Pantheismus, den er in der *Philosophie der Freiheit* bezogen hatte, schroff zurückwies. Er vertrat darin eine atheistische Haltung, die so gar nicht zur späteren Heilslehre passte. Über neunzig Seiten hinweg referierte er Nietzsches Attacken gegen die Religion als eine Sklavenmoral, die den Starken nur fessele und schlussfolgerte: »Man kann sich keiner größeren Verirrung hingeben, als wenn man hinter den Erscheinungen dieser Welt Wesenheiten annimmt, die der menschlichen Erkenntnis unzugänglich sind, und die als der eigentliche Urgrund, als das Bestimmende alles Daseins gelten sollen.«[48] Solches Denken brandmarkte Steiner als Schwäche und Perspektive der Leidenden und Kranken. Jene, »die unzufrieden sind mit diesem Leben, nehmen ihre Zuflucht zum Jenseits. (...) Aus dem Leiden und der kranken Sehnsucht ist der Glaube an das Jenseits geboren. Aus dem Unvermögen, die wirkliche Welt zu durchschauen, sind alle Annahmen von ›Dingen an sich‹ erwachsen. Alle, welche Grund haben, das wirkliche Leben zu verneinen, sagen Ja zu einem erdichteten.«[49] Steiner pries Nietzsche als Schöpfer eines Übermenschen, der den Willen zu Macht und Herrschaft ausleben will und auf Schwächeren herumtrampelt.[50] Weder kritisierte noch distanzierte er sich von ihm. Im Gegenteil: Ausdrücklich rühmte Steiner den »lebens- und wirklichkeitsfreundlichen Sinn Nietzsches«.[51]

In diesem Werk interpretierte Steiner den Menschen nicht als göttlichbeseeltes, sondern als instinktgeleitetes Wesen. Ausdrücklich bezog er sich auf den Darwinismus und Haeckel.[52] Seine Briefe an den Zoologen aus den Jahren 1899 und 1900 sind servil und schmeichlerisch: Er rühmt Haeckel und den Darwinismus als Gipfel der philosophischen Entwicklung des 19. Jahrhunderts und verspricht, ihm sein nächstes Buch zu widmen.[53] Öffentlich lobte er des Zoologen »Geistesschärfe« und »steten kühnen Denkermut«.[54] Als Esoteriker rückte Steiner von Haeckel ab und behauptete, dessen Ansichten seien falsch und karmisch bedingt. Der Zoologe habe frühere Erdenleben »mit fanatischem Einschlag« verbracht.[55] In seiner Autobiographie behauptet Steiner, der Darwinismus sei ihm schon in Wien als Student der Naturgeschichte »unmöglich« erschienen, lediglich den Gedanken der organischen Entwicklung höherer aus niederen Organismen habe er übernommen.[56]

Das Nietzsche-Buch entstand in einer Zeit, in der Steiner weltanschaulich schwankte und mit dem Atheismus kokettierte. So kündigte er im

März 1894 in einem Brief an, er wolle gemeinsam mit Haeckel gegen »die volksverdummenden religiösen Vorurteile« kämpfen.[57] Er pries die »allseitig entwickelten Lebenskräfte« Nietzsches und Max Stirners[58] und sah in Gestalt dieses Anarchisten, des angeblich »freiesten Denkers«, schon den Übermenschen auf Erden wandeln.[59] Die *Philosophie der Freiheit* stellte er als Krönung der Ideen Nietzsches hin und behauptete, es beinhalte eine »radikale Diesseitslehre.«[60] Letzte Zeugnisse der kurzen atheistischen Sturm-und-Drang Periode Steiners findet man in einer Rezension von Haeckels Buch *Die Welträtsel* (1899).[61] Darin rühmte Steiner das Werk als »erhebend ... wegen der Höhe der Einsicht« und vertrat den Standpunkt, die Materie bringe den Geist hervor. Dies, so schrieb Steiner, sei eine klare naturwissenschaftliche Weltanschauung, alles andere entspringe »veralteten theologischen Ideen«.[62]

Der Einfluss Nietzsches auf Steiner ist nicht zu unterschätzen. So wie sich dessen Übermensch seine Ziele selber setzt – scheinbar unabhängig von gesellschaftlichen Normen – und sich befreit, wollte auch Steiner die Maßstäbe festlegen. Er schrieb: »In Nietzsches Persönlichkeit sind diejenigen Instinkte vorherrschend, die den Menschen zu einem gebietenden, herrischen Wesen machen. Ihm gefällt alles, was Macht bekundet; ihm mißfällt alles, was Schwäche verrät.«[63] Nietzsches Lob der Regel »Nichts ist wahr, alles ist erlaubt«, sei Ausdruck einer »Herrennatur ... die sich die Erlaubnis, frei nach ihren eigenen Gesetzen zu leben, durch keine Rücksicht auf ewige Wahrheiten und Vorschriften der Moral verkümmern lassen will«. Nietzsches und Steiners Ideal ist der »starke, wahrhaft freie Mensch«, der die Wahrheit nicht empfangen, sondern sie selbst schaffen wolle.[64] »Jede Art von Unterordnung unter eine fremde Macht empfindet Nietzsche als Schwäche. (...) Der Starke bestimmt die Art seines Denkens und Handelns aus seinem eigenen Wesen heraus.«[65] Genauso agierte Steiner als Guru. In unzähligen Reden präsentierte er seine Ideen als Ergebnis eines bewussten Hellsehens und schuf auf dieser Grundlage eine Weltanschauung, der sich seine Anhänger und die Waldorfpädagogik verpflichtet fühlen.

Als seine Guru-Karriere begann, qualifizierte Steiner Nietzsches Philosophie als »psychopathologisches Problem« ab. Dessen Ideen hätten »den Charakter von Zwangsvorstellungen«, der Mann verfechte eine »biologische Auffassung der Moralbegriffe«. Auf einmal entdeckte Steiner den »Übermenschen« als negative Figur: »Er will eine Kaste vornehmer Menschen erziehen, die aus dem Bereiche ihrer völligen Willkür heraus sich ihre Lebensziele setzen.«[66] Plötzlich störte Steiner der Kampf gegen den »Jenseitsglauben« als »Form des Kampfes, den die materialistische und monistische Naturlehre führt«.[67] Die Werke, auf die Steiner seine Kehrtwende stützte, *Der Antichrist*, *Der Wille zur Macht* und *Ecce homo*, kannte er seit Jahren.[68] Er ließ das einstige Idol nur noch als »Märtyrer« im Kampf gegen den Materialismus gelten.[69] Einst attestierte Steiner Nietzsche großen Wirklichkeitssinn, nun hielt er ihm »Mangel des Sinnes für objektive Wahrheit« und »Inkohärenz der Vorstellungen« vor.[70] Bezeichnend für den Esoteriker Steiner ist, dass er Nietzsche zum Verrückten und von Dämonen Besessenen stempelte.[71]

Seine Meinung zu ändern ist legitim, nur versuchte Steiner, dies zu vertuschen.[72] »Der Verfasser will sich von seinen früher ausgesprochenen Überzeugungen nicht etwa trennen, sondern nur das Problem von einer anderen Seite erfassen«, behauptete er 1900 in einem Nietzsche-Verriss.[73] Notorisch versuchte er, sein Leben als eine gradlinige Entwicklung darzustellen, seherische Fähigkeiten seien ihm quasi in die Wiege gelegt worden.[74] Treue Anhänger hegen an solchen Legenden keinen Zweifel, sondern verbreiten sie als Beweis für die Auserwähltheit des Meisters.[75] Rosa Mayreder (1858–1938), eine Freundin aus frühen Wiener Tagen, warf ihm »Schönfärberei« vor.[76] Steiner bemühte sich, in Vorworten zu späteren Auflagen der frühen Werke inhaltliche Diskrepanzen zu verschleiern.[77] Die Haltung ist konsequent, weil sich der Meister mit der Aura der Hellseherei und Unfehlbarkeit umgab. Seine Anhänger glauben, Steiners »Wesenheit« habe ihren irdischen Lebenslauf im Jenseits mit vorbereitet. Ein solcher Eingeweihter schlägt auf Erden keinen Zickzackweg ein.

Steiner stellte Nietzsches Übermenschen in einen religiösen Kontext, ein typisches Verfahren der völkischen Sinnstifter der Zeit. Materie als Manifestation eines schöpferischen Geistes zu begreifen wie Goethe, ließ Steiner nur als Vorstufe gelten. Er und seine Nachfolger beanspruchen, den »Goetheanismus« weiterzuentwickeln.[78] Der große Weimarer Dichter sei an Gegenständen hängengeblieben, statt das menschliche Denken zu reflektieren und über diese »Selbstbetrachtung der eigenen Wesenheit« zugleich »die höchste Metamorphose« des Göttlichen, sich selbst, zu entdecken.[79] Diese Weiterung des Pantheismus lässt die auf Rousseau zurückgehende romantische Naturverbundenheit zurück, die Anthroposophie wertet Tiere und Pflanzen als niedere Naturreiche. Nietzsches Doktrin »Gott ist tot« verbunden mit der Übermenschen-Idee, gnostisch gewendet als Lehre von der Auserwähltheit der Erleuchteten, führte dazu, dass Esoteriker den Menschen selbst als Gott interpretierten.[80] Diese Annahme sei ein verbindendes Element von New Age und faschistischer Ideologie, schreibt Peter Kratz (1994). In Verbindung mit der Karmalehre wird das Individuum von moralischen Bindungen gelöst, denn als göttliches Wesen ist der Mensch unfehlbar oder hat ein »tragisches« Schicksal zu vollziehen. Kratz spricht von einer faustischen Selbstvergottung, mit der sich

Handlungen, die der gängigen Ethik widersprechen, rechtfertigen lassen.[81]

Der »Menschheitsführer« bezeichnete seine Anhänger als erleuchtete Kämpfer gegen die Mächte der Finsternis, als diejenigen, die am Ende des 20. Jahrhunderts reinkarnieren würden, um das Abendland vor dem Untergang zu retten.[82] In den 20er- und 30er-Jahren predigten seine Nachfolger ein heroisches, germanisches Christentum, gereinigt vom jüdisch-christlichem Gesetz, insbesondere von der Moral der Zehn Gebote. 1993 schreibt der Anthroposoph und Psychotherapeut William Bento, »Anthroposophie ist weniger eine Lehre, als die Mission der Götter«.[83]

Vom »bürgerlichen Nichts« zum Guru

1896 endete Steiners Mitarbeit am Goethe-Schiller-Archiv in Weimar. Im folgenden Jahr zog er nach Berlin, wo er als Redakteur für das *Magazin für Litteratur* arbeitete. Er freundete sich mit dem Stirner-Kenner und Herausgeber John Henry Mackay (1864–1933) an, mit dem er schon in Weimar korrespondiert hatte. Unter Mackays Einfluss bekannte sich Steiner zu einem individualistischen Anarchismus. Das Wort selbst vermied er, weil es an Umsturz und Bombenwerfer gemahnte.[84] Steiner fasste Anarchismus so auf, dass die Menschen »in völlig freiem Konkurrenzkampfe sich zur Geltung bringen« sollten, was Manchesterkapitalismus und nicht Emanzipation bedeutet.[85] Damit hat er Stirner keineswegs verfälscht. Dessen Anarchismus hat mit sozialrevolutionärer oder linksradikaler Politik nichts zu tun, er fundierte eher das Image eines Boheme und ähnelte einem extrem sozialdarwinistischen Liberalismus. Stirner hatte in seinem Hauptwerk *Der Einzige und sein Eigentum* (1844) die Maxime ausgegeben, »was Du zu sein die Macht hast, dazu hast Du das Recht«, womit er Nietzsche vorwegnahm.[86] Mit revolutionärer Politik und kommunistischen Bestrebungen wollten Steiner und Mackay sowieso nichts zu tun haben.[87] Ihre »schöne Freundschaft« endete, als Steiner ins Lager der organisierten Esoterik wechselte.[88]

In Berlin beteiligte sich Steiner an philosophischen Debatten in bürgerlichen Kreisen. Er war Mitbegründer eines *Giordano-Bruno-Bundes*, dessen Teilnehmer über Haeckel debattierten.[89] Der Zoologe bekämpfte zwar den Katholizismus, weil er mit der Darwinschen Theorie unvereinbar sei, verstand sich aber nicht als Materialist oder Atheist. Haeckel predigte die »ewige Dauer alles Seienden« und plädierte für eine neue Religion auf »wissenschaftlicher Grundlage«.[90] Die Mitglieder des *Giordano-Bruno-Bundes* glaubten, dass der Geist das Prinzip sei, das die Welt erkläre, über die Gestalt dieses Geistes aber wurde heftig gestritten. Steiner geriet in Verdacht, katholische Ansichten zu vertreten. In seinem letzten Vortrag vor diesem Kreis im Herbst 1902 warb Steiner bereits für die Theosophie. Ein Teilnehmer berichtete, die Mitglieder hätten seine neuesten Offenbarungen mit eisigem Schweigen aufgenommen, der Bruch war perfekt.[91]

Dagegen »drängte« es Steiner, »das Esoterische, das in mir lebte, zur öffentlichen Darstellung zu bringen«.[92] Im September 1900 beendete er die Mitarbeit an dem *Magazin für Litteratur*, das als Organ für Esoterik nicht taugte. Ihm blieb noch die Parteischule der SPD, wo er bis 1904 mit Vorträgen über Geschichte und die Naturwissenschaften Geld verdiente. Der fast 40-Jährige »stand vor dem bürgerlichen Nichts«, resümiert sein Biograph Lindenberg.[93] Zwar hatte er im Oktober 1891 als Externer an der Universität Rostock in Philosophie promoviert und seitdem eine Menge bedrucktes Papier verursacht. Sein Buch *Die Philosophie der Freiheit* war von der philosophischen Fakultät der Universität Jena als Habilitationsschrift abgelehnt worden. Die Aussicht auf eine akademische Karriere hatte sich zerschlagen.[94] Steiner hangelte sich von Job zu Job. Ein Glücksfall war die Beziehung zu Anna Eunike (1853–1911). Er hatte sie in Weimar kennen gelernt und war in das Haus gezogen, in dem die wohlhabende Witwe mit ihren Kindern lebte. Eunike folgte ihm nach Berlin und Steiner vermerkt ein befriedigendes »äußeres Privatleben«, weil er bei »Familie Eunike« wiederum »in bester Pflege wohnen konnte«. Im Oktober 1899 heirateten Steiner und Anna Eunike.[95]

Der erste Kontakt mit der Esoterikszene Mitte der 1880er-Jahre war für Steiner ernüchternd verlaufen. Er verkehrte damals in Wien in einem Kreis um Marie Lang (1858–1934), einer führenden Frauenrechtlerin Österreichs, der mediale und telepathische Fähigkeiten zugeschrieben wurden. Die illustre Runde aus Feministinnen, Liberalen und Theosophen debattierte über Wagner und Nietzsche, über Spiritismus und Vegetarismus und die Befreiung der Frau.[96] Steiner lernte die Theosophen Friedrich Eckstein (1861–1939) und Franz Hartmann (1838–1912) kennen. Jahre später erzählte Steiner, er habe in Wien im mystischen Element »fast besorgniserregend geschwommen«.[97] Sein Skepsis überwog und er amüsierte sich zusammen mit der Feministin Mayreder, die ebenfalls zum Lang-Kreis gehörte, über die Phantastereien. Mayreder berichtete, Steiner habe damals die »Schwachgeistigkeit« der Theosophie gerügt und ihr geraten, sich fernzuhalten, weil sie »Gefahren für die geistige Entwicklung« berge.[98] Im *Magazin für Litteratur* zog Steiner mit Hohn und Spott über die Theosophen her. Er riet seinen Lesern, sich zum Schein als Esoteriker auszugeben, um Abstrusitäten herauszukitzeln, die Eingeweihte nur ihresgleichen anvertrauten.

Die »schwachgeistigen« Theosophen verschafften dem intellektuellen Gelegenheitsarbeiter in Berlin eine Plattform für sein esoterisches Coming-out und das Sprungbrett für die Karriere als Guru. Graf Cay Lorenz von Brockdorff (1844–1921) und seine Frau Sophie (1848–1906) baten Steiner im Herbst 1900, in der Theosophischen Bibliothek über Nietzsche zu sprechen. Brockdorff, preußischer Rittmeister a.D., nebst Gattin hatten die Theosophie über den Kolonialisten Wilhelm Hübbe-Schleiden (1846–1916) kennen gelernt. Das Ehepaar leitete die Loge in Berlin und Cay Lorenz von Brockdorff fungierte als Sekretär der Gesellschaft.[99] Die Zuhörer waren von Steiner so angetan, dass er als Nächstes über »Goethes geheime Offenbarungen« referieren durfte. Er wurde beauftragt, regelmäßig Vorträge zu halten.[100]

In seiner Autobiographie versuchte Steiner den Sinneswandel zu rechtfertigen. Die Wiener Bekanntschaften hätten ihn veranlasst, »abfällig« über Publikationen des Theosophen Hartmann zu schreiben. »Und was ich sonst von der Literatur kannte, war mir zumeist in Methode und Haltung ganz unsympathisch.«[101] Richtig beeindruckt sei er damals nur von den englischen Theosophen gewesen. »Intime Beziehungen« zu den Wienern bestritt Steiner. Immerhin wandte er sich im Oktober 1890 in einem Brief an den »liebsten Freund« Friedrich Eckstein, den Führer der Gruppe.[102] Seiner Frau schrieb er 1904, »ich habe mich der Theosophie zugewandt, weil sie mir *immer* [Hervorhebung durch Steiner, P. B.] in der Seele und im Blut steckte. Und ich weiß, dass ich erst in ihr an den rechten Platz gestellt werden könnte.«[103] Ausschlaggebend dürfte gewesen sein, dass, wie Steiner selbst einräumt, die Berliner Theosophen die Einzigen waren, die von seiner »Geistesschau« hören wollten, während alte Freunde sich abwandten und der SPD-Vorstand ihn nicht mehr an der Parteischule dozieren ließ.[104]

Die Theosophie Blavatskys

Die Grundlagen der Anthroposophie stammen nicht, wie Steiner behauptete, aus seiner »Geistesschau«. Er hat sie von der Begründerin der modernen Theosophie Helena Petrowna Blavatsky und ihren Anhängern übernommen. Dazu zählen die Vorstellung, der Mensch sei in grauer Vorzeit ein Zwitter gewesen, die esoterische Interpretation von Märchen, Mythen und Sagen und die Behauptung, in der »Akasha«-Chronik, einem imaginären »Weltenäther«, lesen zu können. Die Geschichte von den zwei Jesusknaben entwickelten Annie Besant (1847–1933) und Charles Webster Leadbeater (1847–1937), und das Material für sein Christusverständnis fand Steiner bei Blavatskys Sekretär George Robert Stow Mead (1863–1933). Weil Steiner es vermied, die Urheber zu nennen, wirft ihm Juliane Weibring »Verrat« an Blavatsky und unsauberen Umgang mit Quellen vor.[105]

Blavatsky war aus Russland vor ihrem wesentlichen älteren Ehemann, einem General, geflüchtet und einige Jahre als Zirkusreiterin, Klavierlehrerin und Medium durch Westeuropa und Nordamerika getingelt. In Frankreich und den USA lernte sie den grassierenden Okkultismus und Spiritismus kennen. Später behauptete Blavatsky, in Tibet eine dreijährige Lehrzeit bei einem anonymen Meister absolviert zu haben. Außerdem sei sie in New Orleans in den Voodoo-Kult und in Südamerika in den indianischen Schamanismus eingeweiht worden. 1867 war sie Mitbegründerin einer spirituellen Gesellschaft in Kairo, die nach einigen publik gewordenen Schwindeleien aufgelöst wurde. Skandale solcher Art pflasterten Blavatskys Weg.[106] 1873 ging sie in die USA und schlug sich wiederum als Medium durch, bis sie den Ex-Obersten und Rechtsanwalt Henry Steel Olcott (1832–1907) kennen lernte. Die beiden gründeten einen Zirkel namens *Miracle Club*, den sie 1875 in *Theosophical Society* umtauften, mit dem Anspruch, eine »von göttlicher Weisheit erfüllte« Weltreligion zu schaffen. Die Organisation sollte laut Statut dem »Sammeln und Verbreiten von Wissen um die Gesetze, die das Universum beherrschen« dienen. Den Namen fanden die Gründer in einem Lexikon; er geht vermutlich auf den Neoplatoniker Saccas (um 160–242) zurück und bedeutet göttliche Weisheit.[107] Blavatsky und Olcott reisten 1879 nach Indien und verlegten drei Jahre später das Hauptquartier der *Theosophischen Gesellschaft* nach Adyar, südlich von Madras, wo es sich noch heute befindet. Die Organisation breitete sich nach einiger Zeit vor allem in den USA und in Großbritannien aus, wo sich, wie Ellic Howe schreibt, Verrückte, Bourgois und begüterte adelige Ladies anschlossen.[108] Allmählich entstanden etwa 500 Gruppen in 40 Ländern. In den 20er-Jahren dürfte die *Theosophische Gesellschaft* weltweit etwa 40.000 Mitglieder umfasst haben.[109]

Anfangs beeindruckte Blavatsky mit Tischerücken und Poltergeisteffekten und etikettierte den Hokuspokus als altägyptisch. Schließlich behauptete sie, ihre Lehren von indischen Mahatmas empfangen zu haben, später nannte sie tibetische Mahatmas als Quellen, einer von ihnen, Koot Hoomi, soll Mönch der Gelbmützensekte gewesen sein.[110] Die Theosophen-Führerin Alice Ann Bailey (1880–1949) erzählte ebenfalls von einem Tibeter, der ihr Botschaften überbracht habe. Die Theosophen glauben bis heute, dass irgendwo im Himalaya die irdische Kontaktstelle einer »Großen Weißen Bruderschaft« ist, die unser Sonnensystem durch geistige Energien regiert. Die Gelbmützensekte herrschte jahrhundertelang im feudalen Gottesstaat

Tibet mit brutaler Gewalt über die Bauern und rivalisierende Mönchsgruppen. Der amtierende Dalai Lama gehört ebenfalls dieser Sekte an und demonstriert seine Verbundenheit mit den Theosophen durch Beiträge zu Neuauflagen von Blavatsky-Werken.[111]

Unter ihren Anhängern genoss Blavatsky enormes Prestige, bis Richard Hodgson von der Londoner *Society for Psychical Research* sie als Schwindlerin entlarvte. Blavatsky hatte behauptet, sie empfange in einem abgeschlossenen Okkult-Zimmer in Adyar geheime Botschaften von den Meistern. Hodgson berichtete, der Raum sei mit ihrem Schlafzimmer verbunden und die Botschaften würden durch eine Schublade gereicht. Die Schrift der Meister in den Briefen gleiche ihrer eigenen.[112] Hodgson charakterisierte Blavatsky folgendermaßen: »Wir halten sie weder für das Sprachrohr verborgener Seher noch für eine gewöhnliche Abenteuererin. Wir glauben vielmehr, dass sie sich einen bleibenden Namen als perfekteste, erfindungsreichste und interessanteste Hochstaplerin der uns bekannten Geschichte gemacht hat.«[113] Diese Einschätzung erscheint vielleicht etwas übertrieben, aber immerhin gehen viele Vorstellungen, die heute in der Esoterikszene kursieren, auf Blavatskys Phantastereien zurück. Ihre Werke fehlen in keiner einschlägigen Buchhandlung. Geschäftstüchtige Theosophen begannen schon Ende des 19. Jahrhunderts Horoskope zu erstellen und lösten einen anhaltenden Boom aus.

In dem Werk *Die entschleierte Isis* (1877) hetzte Blavatsky gegen den Rationalismus und Materialismus des Westens. Ihr Hauptwerk *Die Geheimlehre* (1888) enthält die hinduistische Lehre von der Seelenwanderung, von Karma und Wiedergeburt, vermischt mit einer eigenen Wurzelrassen-Lehre, die sich aus europäischem Rassismus und sozialdarwinistischen Evolutionsideen speist. Den Weltenlauf beschreibt sie als zyklischen Vorgang. Der Geist verbindet sich mit der Materie, worauf in vier Kreisläufen der Fall von der göttlichen Einheit in die als nieder bewertete materielle Welt erfolgt. In drei darauf folgenden Stadien wird die Einheit mit dem Göttlichen wiederhergestellt. Dann beginnt das Karussel von vorn.[114] Die Höherentwicklung des Göttlichen, das im Menschen verborgen ist, verwirklichen laut Blavatsky eine fünfte, sechste und siebte Wurzelrasse. Führend sei derzeit die arische fünfte Wurzelrasse auf dem Planeten Erde, der den vierten kosmischen Zyklus durchlaufe.[115]

Steiner und die Theosophische Gesellschaft

Die erste deutsche theosophische Organisation wurde im Juli 1884 im Haus von Marie Gebhard (1832–1892), einer Fabrikantengattin in Elberfeld, gegründet. Zu den Führern zählten der schon erwähnte Franz Hartmann und Wilhelm Hübbe-Schleiden. Hartmann war Soldat und Mediziner und lebte lange Jahre im Ausland. Er lernte Blavatsky in Indien kennen und geriet in den USA in den Dunstkreis des Spiritismus. 1885 wurde er Direktor eines Sanatoriums für Lebensreform in Hallein bei Salzburg, vier Jahre später gründete er ein theosophisches Laienkloster im schweizerischen Ascona, dem Mekka der deutschen Aussteigerszene. Hübbe-Schleiden war promovierter Jurist, versuchte sich mit einer Handelsfirma in Gabun in Westafrika, damals eine französische Kolonie, wo er nach einem Einbruch gemeinsam mit Polizisten drei Diebe so schwer misshandelte, dass zwei von ihnen starben. Er wurde zu fünf Jahren Gefängnis verurteilt, konnte aber 1877 aufgrund diplomatischer Bemühungen nach Deutschland zurückkehren. In Hamburg arbeitete er in der Steuerverwaltung, verfolgte diverse koloniale Projekte und plädierte für eine expansive deutsche Kolonialpolitik, bevor er sich 1883/84 ganz der Theosophie verschrieb.[116]

Die Enthüllungen Hodgsons über Blavatsky führten in Deutschland dazu, dass Mitglieder enttäuscht austraten und sich die Sektion 1886 auflöste. Hübbe-Schleiden organisierte die Zeitschrift *Die Sphinx*, um die sich neue Zirkel und Lesegruppen formierten. 1892 gründete er in Berlin eine neue Theosophische Vereinigung und 1893 einen ersten »Esoterischen Kreis«, einen abgeschotteten inneren Zirkel, wie er typisch ist für solche Gruppen. 1894 formierte sich in Berlin die *Deutsche Theosophische Gesellschaft* als Zweig der Europäischen Sektion, im Beisein von Henry Steel Olcott. Erster Vorsitzender wurde Hugo Göring, ein *Sphinx*-Redakteur. 1899 übernahm Sophie Gräfin von Brockdorff das Amt, der Zirkel, den sie in Berlin aufbaute, bildete das Zentrum der Theosophen in Deutschland.

Eine Welle theosophischer Publikationen sorgte ab 1900 dafür, dass die Lehren Blavatskys verbreitet wurden. Zu den Lesern zählten vor allem Angehörige aus der Mittelschicht, die sich in der Lebensreformbewegung gegen die Industrialisierung und Urbanisierung wandten. Die *Theosophische Gesellschaft* konnte keinen Mitgliederzuwachs verbuchen und zerfiel in kleine, sich heftig befehdende Gruppen.[117] So befand sich die Bewegung wieder in einem desolaten Zustand, als Steiner im Herbst 1901 seine Vorträge in Berlin hielt und dabei Marie von Sivers (1867–1948) kennen lernte, seine künftige Mitstreiterin und zweite Ehefrau.[118]

Verschiedene Theosophen, darunter die Brockdorffs, drängten zu einer Neugründung der deutschen Sektion. Hübbe-Schleiden war skeptisch und warnte vor der »Büro-Plackerei«. Umstritten war, wer die Führung übernehmen sollte, für den Posten des Generalsekretärs gab es mehrere Anwärter. Steiner wurde von Graf Brockdorff vorgeschlagen. Am 13. Januar 1902 wurde Steiner im Generalregister in Adyar als Mitglied mit der Nummer 20.952 eingetragen. Vier Tage später, am 17. Januar, übernahm er den Vorsitz der *Theosophischen Gesellschaft* in Berlin. Am 19. Oktober 1902 gründeten die Theosophen in Berlin die deutsche Sektion zum dritten Mal. Steiner wurde Generalsekretär, weil sich die Theosophen nicht auf ein älteres Mitglied einigen konnten.[119]

Zuvor hatten Steiner und Sivers einen theosophischen Kongress in London besucht und führende Köpfe der Szene kennen gelernt, darunter Besant, die Nachfolgerin Blavatskys.[120] Steiner notierte über diese Zusammenkunft: Dort »fand ich inneren Gehalt, der noch von Blavatsky herrührte und der damals von Besant und anderen sachgemäß gepflegt wurde«.[121] In der deutschen Sektion fungierte Sivers als Managerin, Steiner reiste durch das In- und Ausland, hielt Vorträge und griff in lokale Streitigkeiten ein. Bis zum Ersten Weltkrieg waren Berlin und München die Zentren der Theosophen. Die ersten Mysterienspiele wurden ab 1907 in der bayerischen Landeshauptstadt aufgeführt. Gezeigt wurden Stücke von Schuré und Steiner. Ursprünglich sollte sogar das Hauptquartier der Anthroposophen in München eingerichtet werden; das Projekt scheiterte 1913 endgültig an den städtischen Behörden. Steiners Baupläne hatten in der Künstlerszene für Hohn und Spott gesorgt.[122] Dennoch bildete die Schwabinger Boheme ein hervorragendes Reservoir für neue Anhänger.[123]

Der Freiherr Alexander von Bernus (1880–1965), ein ehemaliger badischer Dragonerleutnant, hatte in München Philosophie und Medizin studiert und mixte später Präparate auf astrologisch-alchimistischer Grundlage auf seinem Stammsitz Schloß Neuburg bei Heidelberg. In München gründete er 1907 die »Schwabinger Schattenspiele« sowie die Zeitschrift *Die Freistatt* und ließ sich im »Vergnügungsgewerk« registrieren.[124] In »Wahnmoching«, wie Franziska Gräfin von Reventlow, die als Königin von Schwabing galt, die Welt dieser Boheme spöttisch titulierte, verschmolzen antibürgerliche Attitüde, Esoterik und Rassenwahn zu einer protofaschistischen Ideologie. So predigte die Gruppe *Die Kosmiker* von Stefan George, Alfred Schuler, Ludwig Klages und Karl Wolfskehl, mit denen Bernus bekannt war, eine »Renaissance des Heidentums«. Mit Ausnahme von Wolfskehl, der jüdischer Herkunft war, entwickelten die übrigen eine Blut-und-Boden Ideologie und wurden Antisemiten. Klages behauptete, künstlerische Kreativität sei bei den nordischen Urvölkern rassisch verwurzelt, die die Juden zugunsten eines patriarchalen Rationalismus unterdrückt hätten. George sprach in seinen Gedichten von Blutschande und Rassenreinheit.[125] Bernus gründete 1916 die anthroposophische Zeitschrift *Das Reich*, um die Heimatfront zu stärken. Nach dem Krieg propagierte der Adlige ein neues »Drittes Reich« als Alternative zur bürgerlichen Republik.

Die Anhänger Steiners waren begeistert von ihrem Guru. Ihren Schilderungen zufolge hatte er faszinierende, dunkle Augen, die bis auf den Grund der Seele blickten, eine voll tönende Stimme und ein inneres Feuer und äußert tiefschürfende Gedanken. Der Dichter Bernus schwärmte für Steiner: »Tiefer als aus Deinem Munde/Hat mich kein Wort je berührt.«[126] Die Begegnung mit ihm wurde zur schicksalhaften Lebenswende verklärt, die Berufung zur Anthroposophie mit dramatischen Umständen ausgeschmückt, so dass die Nachwelt über das Walten höherer Schicksalsmächte spekulieren darf.[127] Rittelmeyer, der spätere erste Erzoberlenker der *Christengemeinschaft*, stürzte im Sommer 1918 bei einem Spaziergang in den Schweizer Bergen sechs Meter tief, nach der Rekonvaleszenz wurde er ein Aktivist Steiners. Ähnlich erging es Fritz Lemmermayer (1856–1932), einem Jugendfreund und Journalisten, der im September 1924 von Hunden fast zerfetzt wurde. Als er sich am Todestag Steiners im April 1925 wieder vom Krankenlager erhob, hatte er angeblich beschlossen, Anthroposoph zu werden, und meinte: »Die Hunde waren das Werkzeug freundlicher Mächte.«[128]

Unabhängige Beobachter schilderten Steiner weniger enthusiastisch. Der Journalist der *Münchner Neuesten Nachrichten*, der im Januar 1922 einem Vortrag im Hotel »Vier Jahreszeiten« lauschte, meldete ein »geschicktes Zusammentragen aus den Übungs- und Experimentiersystemen des Buddhismus, des Yoghasystems, der Orphiker, der Mystiker usw.« Die dunklen Augen und die tiefe Stimme verfingen bei ihm nicht, insgesamt »blieb der Vortrag im Allgemeinen in Schlagwort und Versprechen befangen«.[129] Wenig schmeichelhaft hat Steiners alte Freundin Mayreder einen Auftritt des Meisters 1922 auf einem Wiener Anthroposophenkongress überliefert: »Die Tatsache seiner Wirkung ist mir einfach unerklärlich. Er erscheint in pastoraler Kleidung, schwarz, hochgeschlossen; der dichtgefüllte Saal empfängt ihn mit frenetischem Applaus. Er redet mit klangvoller Stimme, eintönig pathetisch salbungsvoll nach Art der Kanzelredner. Was er sagt, lässt sich in drei Kategorien fassen: geistreiche Aphorismen aus vielseitigem Wissen, leeres Gerede in vorrätigen Phrasen und unverständliche Andeutungen übersinnlicher Fähigkeiten aus einem Gebiete, in dem die Kontrolle des wissenschaftlichen Denkens, auf das er sich beruft, völlig versagt. Ich halte es für ausgeschlossen, dass die große Mehrzahl seiner Zuhörer diesen Ausführungen folgen kann.«[130]

Auch Hübbe-Schleiden war unzufrieden und schalt Steiner unfähig, unzulänglich, jung und unreif. Die graue Eminenz der deutschen Theosophie beklagte, dass Steiner von Blavatsky und anderen abschreibe, ohne Quellen zu nennen. Die Folge sei, dass »das ihn blind anbetende Publikum ihn selbst für den Propheten hielt«. Steiners Betonung von Offenbarung und magischem Können werde zu Autoritätsgläubigkeit führen. Vorstandsmitglied Deinhard rügte »abstruse Gedankengänge« und dass er in seinen Vorträgen so schreie. In diesen Urteilen mag Neid und Eifersucht mitschwingen und auf jeden Fall eine Menge Frauenfeindlichkeit. Hübbe-Schleiden vertrat die Ansicht, die Theosophie müsse auf objektiv nachweisbaren naturwissenschaftlichen Tatsachen beruhen und für einen solchen Ansatz seien Frauen ohnehin ungeeignet. In Briefen schimpfte Hübbe-Schleiden über die »Weiberwirtschaft« und die »halbgebildeten Schwärme«, die Steiner anlocke, und warnte, am Ende würden »ein paar Tausend hallucinierte Frauenzimmer in Extase umherlaufen und in Deutschland eine theosophische Heilsarmee insceniren«.[131]

Die Abspaltung der Anthroposophie

Wahnmoching war überall, der Anhang wuchs langsam aber stetig. In den ersten Jahren als Generalsekretär musste der Meister nebenbei die theosophische Literatur durchackern, von der er bis dato keine Ahnung hatte.[132] In seinen Schriften aus dieser Periode spielen christliche Elemente keine große Rolle. Die christliche Version der Theosophie entwickelte Steiner erst allmählich. Daraus ergab sich später die Begründung für die Spaltung.[133]

Rühmte Steiner anfangs die Theosophen als »Akkumulatoren von Astralkräften«, folgte bald das Verdikt, sie seien verwestlicht und materialistisch. Hatte er dem alten Hübbe-Schleiden im Sommer 1902 eine »geistesentwicklungsgeschichtliche Potenz« attestiert, so schmähte er ihn und andere alte Theosophen wenige Monate später als »Hemmschuhe« und Schwätzer.[134] Als die Differenzen zunahmen, verfügte Steiner bereits über ein eigenes Organ, die *Lucifer-Gnosis* (seit 1903), um seine Position zu verbreiten, und betrieb eine geschickte Personalpolitik.[135]

Passend zur hierarchischen Vorstellung einer spirituell erleuchteten Elite, existierte innerhalb der Theosopischen Gesellschaft ein abgeschotteter, innerer Zirkel, die sogenannte »Esoterische Schule«, die von Besant persönlich geleitet wurde. Steiner schaffte es 1904, die Leitung des deutschen Zweiges zu übernehmen. Auf dem vierten Kongress der Föderation der Europäischen Sektionen der Theosophischen Gesellschaft, der vom 18.

bis 21. Mai 1907 in München tagte, erlaubte Annie Besant Steiner, eine eigene Esoterische Schule zu gründen. Vermutlich machte Besant dieses Zugeständnis, weil sie die Stimmen der Deutschen brauchte, um Präsidentin der internationalen Gesellschaft zu werden.[136] Innerhalb dieser »Esoterischen Schule« organisierte Steiner nochmals einen »eigenen engeren Kreis«. Er sprach von einer »höheren Klasse«; diese Personen waren auf seine Linie eingeschworen und bildeten einen inneren Kern seiner Anhänger.[137]

Pfingsten 1909 erklärte Besant auf einem Kongress in Budapest, Christus werde um 1960 wieder in einem Körper erscheinen, Steiner lehnte diese Ansicht ab und behauptete, die Wiederkunft werde sich in den Ätherregionen abspielen und nur für okkult Geschulte sichtbar.[138] Steiner platzierte den Christusgeist oberhalb der okkulten Hierarchie, damit ordnete er alle Religionen christlichen Motiven unter. Während Kreuzigung und Auferstehung, das »Mysterium von Golgatha« in Steiners Diktion, für die Theosophen nur für die Epoche der fünften Wurzelrasse wichtig waren, erhöhte er Christus zum Welt- oder Planetengeist.[139] Hübbe-Schleiden verwarf diese Ansicht als schwarze Magie.[140] Als Charles Leadbeater im selben Jahr in Adyar den jungen Brahmanensohn Jiddu Krishnamurti (1895–1986) zum wiedergeborenen Messias ausrief, brach der Konflikt offen aus. Steiner protestierte, die Anhänger Krishnamurtis sammelten sich in der Gruppe *Stern im Osten*. Ihr Führer in Deutschland war Hugo Vollrath (1877–1943), der sich mit einem *Theosophischen Verlagshaus* etabliert hatte und als einer der Begründer der modernen Astrologie in Deutschland gilt. Vollrath war 1908 wegen Unterschlagung und nach Streitereien bei den Leipziger Theosophen aus der Sektion ausgeschlossen worden. Besant akzeptierte den Ausschluss, beließ Vollrath aber in der internationalen Organisation und ernannte ihn nun zum deutschen Repräsentanten des Ordens vom *Stern im Osten*.[141]

Steiner warf Leadbeater vor, ein Gurutum zu propagieren, das für Europäer ungeeignet sei. Eine neue Verkörperung von Christus sei ausgeschlossen. Der wahre spirituelle Weg, so lehrte er, führe über einen siebenstufigen Pfad der Meditiation und Konzentration zu innerer Erleuchtung und »geisteswissenschaftlicher« Erkenntnis der Geisterwelt. Diese Methode sei die einzige, die Europäern, insbesondere den Germanen, gemäß sei und er behauptete mit Bezug auf Fichte, die Deutschen seien für diese »Geisterkenntnis« prädestiniert. Ihrem Selbstverständnis nach ist Anthroposophie eine okkulte Lehre, die dem hohen geistigen Niveau Europas angemessen ist, während die Theosophische Gesellschaft religiöse Lehren aus Asien importiere, die als zurückgeblieben und dekadent abgelehnt werden. Die Anhänger Steiners wiesen die Idee, Krishnamurti sei der reinkarnierte Jesus, als platte Vorstellung zurück, die sie auch darauf zurückführten, dass die Theosophen vom westlichen Materialismus infiziert seien.[142]

Wahre Schimpfkanonaden ließ Steiners Nachfolger Albert Steffen (1884–1963) auf die Konkurrenz niedergehen: Blavatsky habe »atavistisches Hellsehen« mit »unglaublichem Unsinn und Aberglauben vermengt«, ihre Anhänger betrieben Spiritismus, »Schwarmgeisterei« und »Personenkultus«.[143] Marie Steiner schrieb, man werde Steiner einst »Dank wissen, dass er dem Einbruch der indisch orientierten Theosophie nach Mitteleuropa und Deutschland die aus deutschem Geist in Anknüpfung an Goethe geborene Anthroposophie entgegengestellt hat«.[144] Die Waldorflehrerin Monika Neve schrieb 1989, Steiner habe aus taktischen Gründen bei den Theosophen mitgearbeitet, sich jedoch »recht bald und konsequent zu den europäisch angemessenen und die Weltenentwicklung und Menschheitsgeschichte ganz anders einbeziehenden Begriffen« hingewandt.[145] Steiner habe sich von der Theosophie entfernt, weil diese am indischen Okkultismus festhielt. Asiatischer Okkultismus resultierte laut Neve aus gruppenegoistischen Interessen. »Orientalisches« Guru-Wesen widerspreche europäischem »Freiheitsbewusstsein«. Deshalb würden östliche Religionen strenge detaillierte Lebensregeln vorschreiben, die mit der »Kulturaufgabe« des Europäers unvereinbar seien.[146] In der Darstellung von Platos heißt es, die Differenz habe sich »aufgrund der Tatsache ergeben, dass der von Rudolf Steiner vertretene Erkenntnisweg und die von ihm geleitete esoterische Schule auf christlich-abendländischen Grundlagen aufbauten – anders als die zunehmend an Buddhismus und Hinduismus orientierte Theosophische Gesellschaft«.[147]

Auf der Generalversammlung der deutschen Sektion 1911 erklärte Steiner, er bestimme, was geschehe, und nicht mehr die Zentrale in Adyar.[148] Auf der Vorstandssitzung vom 8. Dezember 1912 ließ Steiner alle Anhänger des Stern-Ordens ausschließen, die Berliner Loge verlangte zwei Tage später per Telegramm den Rücktritt Besants. Ende Dezember gründeten Steiners Gefolgsleute in Köln die *Anthroposophische Gesellschaft*, ein Jahr zuvor hatten sie schon einen *Bund für Anthroposophische Arbeit* formiert, dem fast der gesamte Vorstand der deutschen Sektion der Theosophen angehörte. Am 14. Januar 1913 verlangte Besant eine Erklärung, die deutsche Generalversammlung antwortete am 2. Februar, man werde nichts zurücknehmen. Daraufhin entzog Besant der Sektion die Charter. Etwa 2.400 Mitglieder folgten Steiner, 320 blieben für die Neugründung einer Theosophischen Sektion übrig. Die Anthroposophen behielten Bibliothek und Vermögen des alten Verbandes.[149]

Ursache des Streits waren persönliche Ambitionen, Rivalitäten und Animositäten, aber auch eine nationale und rassistische Perspektive, ideologisch ausgedrückt im Streit über Christus und Krishnamurti, der auf verschiedenen Auslegungen der Wurzelrassenlehre basierte. Die Mehrheit folgte Steiner und seiner deutsch-christlichen Esoterik, die vertrauter war als die Richtung der internationalen Theosophischen Gesellschaft. Günther Wagner vom Vorstand der deutschen Theosophen schrieb, die meisten würden die These bejahen: »Da wir die fortgeschrittenste Rasse sind, haben wir eben die fortgeschrittenste Religion.«[150]

Drittes Kapitel: Wahn & Waldorf

Anthroposophie als gnostische Religion

Theosophie und Anthroposophie stehen in der Tradition von gnostischen Bewegungen, die in der Spätphase der römischen Sklavenhaltergesellschaft im dritten Jahrhundert entstanden.[1] Das Wort Gnosis stammt aus dem Griechischen und bedeutet Erkenntnis des Übersinnlichen oder Gotteserkenntnis. Ihren Anhängern gilt die menschliche Seele als geistiger Funke, der in der Materie gefangen und durch (Selbst-)Erkenntnis befreit werden kann. Die einzig wahre Welt ist jene des Göttlichen. Die Lehre geht zurück auf den griechischen Philosophen Plotinos (205–270). Im Nahen Osten predigte Mani (216–277) eine radikalere Version, den nach ihm benannten Manichäismus. Er behauptete, am Anfang hätten sich ein gutes Prinzip, Gott, und ein böses, die Materie, gegenübergestanden. Die Dämonen der Finsternis griffen das Reich des Lichts an und die beiden Prinzipien vermischten sich. Das Ziel ist, den göttlichen Geist wieder von der Materie zu lösen. Jeder Mensch kann diese schuldhafte Verstrickung durchschauen und durch sittliches Handeln die in ihm vorhandenen Lichtteile von der Materie befreien.

Anthroposophen schätzen den Manichäismus als vorchristliche Spiritualität. Steiner behauptete, Mani sei der leitende Geist, der das Böse zu bekehren habe. Der Abstieg des Geistes in die Materie gilt als Sündenfall und Notwendigkeit, um sich höher zu entwickeln. Die Welt ist bloß der »physiognomische Ausdruck (…) eines dahinterliegenden geistigen Lebens«, wie Steiner glaubte.[2] Der Gläubige muss diesen Sinn erkennen und sich durch sein Handeln bewähren. Die Materie bleibt das negative Prinzip, schon das irdische Dasein bedeutet einen Sieg der Mächte der Finsternis. Drastisch formulierte ein Anthroposoph, das »Himmelslicht« müsse sich im »Erdenhause« wie in einem Sarg fühlen.[3] Sigismund von Gleich schrieb, der »göttliche Geistesfunke« sei »am Beginne der Erdenzeit in die halbtierische Hülle eingezogen«.[4] Auf dem Weg der Reinkarnation in zahllosen Lebensläufen können sich die göttlichen Funken aufwärts entwickeln, bis sie sich wieder zu einem körperlosen Geistigen vereinen.[5]

Die Seele gilt als Schlachtfeld zwischen Gut und Böse, in ihr manifestiere sich der Kampf zwischen Erzengel Michael und bösen, ahrimanischen Mächten.[6] »Der Mensch muss durch die Selbstsucht durchgehen, um auf einer höheren Stufe wieder zur Selbstlosigkeit zu kommen, dann aber bei völlig hellem Bewusstsein«, lehrte Steiner.[7] Die Geschichte wird als Kampf aufgefasst, der auf Erden und im Himmel zwischen den Mächten der Finsternis einerseits und Engeln, Erzengeln und spirituell Erleuchteten andererseits tobt.[8] So erklären Anthroposophen den Sieg der Kirchenoberen über die Gnostiker auf dem Konzil von Konstantinopel 869 als Teufelswerk, als sichtbares Zeichen einer Rebellion von Engeln, die sich dem Erzengel Michael nicht mehr unterordnen wollten. Offizielle Kirchendoktrin ist seither, dass der Mensch aus Leib und Seele besteht, während die Anthroposophie in der Tradition der Gnostik auf der Dreiheit Leib-Seele-Geist beharrt. Seit dem Konzil, so Steiner weiter, verwalte Michael die »Sonnenintelligenz« und führe die Menschen, die aufsässigen Engel hingegen bildeten eine »kosmische Opposition« und brachten »Unordnung« in das menschliche Karma. Darum herrschte Chaos, bis unter Führung Michaels ab 1879 eine neue Epoche anbrach.[9]

Schlechtes Karma verhindere den spirituellen Aufstieg, weshalb Steiner seine Anhänger aufforderte, im allgemeinen »Kulturchaos« ihr Karma in Ordnung zu bringen.[10] Die Gefahr bestehe, dass sich der Mensch im Irdischen verliere, wenn er sich dem Sinnlichen hingebe. Albert Steffen (1884–1963) predigte »Überwindungen, Entsagungen, Läuterungen«, um Instinkte, Triebe und Leidenschaften zu veredeln.[11] Steiner schrieb, dass die Erde als Materie zerstört werden müsse, um den Geist zu befreien: »Und je mehr wir von dieser Kraft anwenden, desto eher wird die Erde zu einem Leichnam werden, damit das, was das Geistige der Erde ist, sich hinüberwirken kann zum Jupiter. Die Kräfte müssen angewandt werden, um die Erde zu zerstören, damit der Mensch frei wird von der Erde und damit der Erdenleib abfallen kann. (...) Wir müssen den Entwicklungsprozess verstehen, die Menschen werden dadurch lernen, unsere Kultur in richtiger Weise zu bewerten. Wir werden dadurch lernen, dass es notwendig ist, die Erde zu zerstören, sonst wird der Geist nicht frei.«[12]

Was Waldorfschüler lernen: Sexualität hängt unten dran

Die antiken Gnostiker forderten Verzicht auf Fleisch, Alkohol und Sex. Steiner unterschied schon in den frühen Schriften »niedere« Instinkte, die der Ernährung und Selbsterhaltung dienen, und konzentrierte sich auf jene »höchsten Antriebe der menschlichen Natur, zum Beispiel den Erkenntnistrieb, den Trieb nach sittlichen Maßstäben zu handeln, den Trieb sich an Kunstwerken zu ergötzen und so weiter«.[13] Auch in der *Philosophie der Freiheit* verdammte Steiner ausdrücklich so genannte niedrige

Instinkte, Leidenschaften und Triebe, deutlicher: jede Form sexueller Betätigung, die nicht der Fortpflanzung dient. Das höchste Glück bestehe in der »Verwirklichung rein intuitiv erfasster Sittlichkeitsziele«. Individualität reduzierte er darauf, den göttlichen Geist in sich zu entdecken.[14]

Der Mensch müsse sich von der »niedersten Geschlechtsliebe« zur »höchsten vergeistigtesten Liebe« entwickeln, forderte Steiner 1906, inzwischen zum Esoteriker avanciert. Geradezu »ungeheuere Mengen von Wesen«, die der Liebestrieb hervorgebracht habe, würden im »Kampf ums Dasein« zugrunde gehen, weil Liebe »notwendigen Kampf« mit sich bringe.[15] Als Ideal stellte er die »Keuschheit« der Pflanze dar, deren »Befruchtungsorgane«, die Blüten, nach oben gestreckt sind und von der »Liebeslanze«, den Sonnenstrahlen, befruchtet würden. Der Mensch müsse sich läutern, forderte Steiner, bis er »so keusch und rein wie der Blütenkelch der Pflanze« sei.[16] Wer das auf Erden nicht schafft, muss im Jenseits büßen. In einer phantastischen Darstellung schilderte Steiner, wie sich die Seele nach dem Tod im Fegefeuer von irdischer Genusssucht lösen muss. So gereinigt zerfließt die Seele und der Geist zieht ins Geisterland. Als Beispiel wählte er einen Gourmet, dessen Verhalten ihm auch als sündig galt.[17] Als Grundregel gilt: »Ein Mensch ist um so vollkommener, je mehr seine Seele mit den Äußerungen des Geistes sympathisiert; er ist um so unvollkommener, je mehr ihre Neigungen durch die Verrichtungen des Leibes befriedigt werden.«[18]

Die Haltung von Anthroposophen zu Sexualität ist so frei und lustbetont wie die der katholischen Kirche. Sie lehnen nicht nur Abtreibung, sondern auch Homosexualität und Empfängnisverhütung ab.[19] Denn Sexualität ist nach anthroposophischer Auffassung nur zur Fortpflanzung erlaubt, um einem Geistwesen aus dem Jenseits einen »Leibeskeim« zur Verfügung zu stellen, wie Werner Hassauer (1994) meint.[20] Wer sich dieser Mission verweigert, zieht negatives Karma auf sich, drohen Wolfgang Goebel und Michaela Glöckler (1986).[21] Homosexualität gilt darum ebenso als egoistisch wie heterosexuelle Beziehungen zum gegenseitigen Lustgewinn.[22] Nur Enthaltsamkeit gilt als korrekte Form der Verhütung. Dies verlange Disziplin und »ziemt dem Menschen im Gegensatz zum Tier durchaus«.[23] Nur so werde auch keine »Anziehungskraft« auf die Geistwesen ausgeübt, beim Sex mit Pille oder Kondom dagegen schon.[24]

Um Jugendliche vom Thema Sexualität abzulenken, empfehlen Goebel und Glöckler Musik, Handwerk, Sport, Malen oder Umweltfragen.[25] Kinder, die onanieren, solle man von ihrem Körper ablenken: »Bewährt haben sich körperliche Anstrengungen durch Spiele und Wandern, das Vermeiden intellektueller Überforderungen und das abendliche Vorlesen, was das Kind an den Rand des Schlafes bringt.«[26] Sie behaupten, 16- bis 18-Jährige seien tief befriedigt, nachdem sie ihnen erklärt hätten, sie sollten sich aufheben, bis ihnen jemand begegnet, »den sie wirklich ganz erkennen wollen und mit dem sie zusammen dann auch bereit wären, Kinder aufzuziehen«.[27] Empfohlen wird von Goebel und Glöckler auch die Geschichte vom Klapperstroch, um zu illustrieren, wie die noch unverkörperte Seele auf die Erde kommt.

Die Sozialpädagogin Taube hat über ein Jahr lang in einer anthroposophischen Dorfgemeinschaft gearbeitet, in der geistig behinderte Kinder und Erwachsene mit Nichtbehinderten zusammenlebten. Zum Thema Sexualität zitiert sie einen (nichtbehinderten) Anthroposophen mit den Worten: »Das hängt unten so dran.« Behinderten wurde eine erotische Betätigung untersagt, weil Sex nur »im Lichte eines Ideals, einer Aufgabe, einer Intention aus der geistigen Welt« erlaubt sei. Auch die nichtanthroposophischen Mitarbeiter durften im Dorf kein Sexualleben haben. Taube schildert eine zweite Dorfgemeinschaft, in der Kontakte zwar gestattet, aber reglementiert waren: Die behinderten Partner mussten sich einen »Paten« suchen, sich treu sein und die Zeit ihres Zusammensein wurde begrenzt.[28]

Von einer »erziehungsbrünstigen« Atmosphäre an den Waldorfschulen berichtet Wagemann und führt das darauf zurück, dass das Thema Sexualität verdrängt werde. Er erinnert an Steiners Ansicht, dass es krankhaft sei, wenn ein Mensch vor seinem 20. oder 21. Lebensjahr überhaupt von Sexualität und Erotik spreche. Der Meister vertrat die Meinung, nicht nur Sex, selbst Fortpflanzung sei etwas »Niedriges«, wenn der Mensch sie »in den Dienst seiner Leidenschaften und Triebe zwingt«. Fortpflanzung sei nur positiv, wenn der Mensch sie »durch die Einsicht adelt, dass göttliche Geisteskraft in ihnen liegt«.[29] Der Mensch müsse diese Kraft deshalb in den Dienst der spirituellen Erdentwicklung stellen. Rittelmeyer empfahl Keuschheit sowie ehelichen Verkehr, um irdische Hüllen für die Reinkarnation bereitzustellen: Durch die Gabe der Fortpflanzung sei dem Menschen anvertraut dabei »mitzuhelfen, dass die rechten Mitarbeiter der göttlichen Welt auf der Erde leben können«.[30] Steiner konstruierte eine Vergangenheit, in der Sex eine edle Tat war, ein »Opferdienst zur Fortführung des menschlichen Daseins«.[31] Die Gegenwart erschien ihm düster, der Ausschweifung hingegeben. Er prognostizierte, die Geschlechtsorgane würden in der Zukunft verkümmern und die Menschen sich durch ihre Sprachorgane fortpflanzen. Wagemann spottet, mit Steiners Prophezeiung könnte die betonte »Sprachgestaltung« in der Waldorfpädagogik zusammenhängen.[32]

Auf einer internationalen Waldorflehrertagung im Sommer 2002 in Finnland beschäftigte sich eine Arbeitsgruppe mit dem Thema sexuelle Aufklärung an Waldorfschulen und erarbeitete ein Konzept unter dem verschämten Titel »Lebenskunde«. Die anthroposophischen Ärzte Nicola Fels und Bartholomeus Maris vertreten diesen Ansatz in Deutschland.[33] Ihre Berichte lassen auf ein großes Defizit schließen: So wünschten viele Lehrer, Eltern und Schüler, dass die Themen »expliziter« behandelt werden. Über konkrete Fragen der Verhütung seien Waldorfschüler »eher weniger informiert«.[34] Ihre Vorschläge beinhalten, dass in der 6. Klasse über körperliche Aspekte der Pubertät und in der 9. Klasse über Verhütung gesprochen werden soll – was für ein Fortschritt in der freien Waldorfpädagogik nach fast 80 Jahren. Ihr Anliegen, Sexualität »menschenkundlich« zu behandeln, bedeutet, sich nach den verschrobenen Ideen der Anthroposophie zu richten. Fels und Maris empfehlen, an den Waldorfschulen Arbeitsgruppen einzurichten: »Dadurch kann vermieden werden, dass Institutionen wie pro familia eingeladen werden, was nicht selten geschieht, die zwar ›technisch‹ gut sind, aber isoliert und ohne Berücksichtung der seelisch-geistigen Zusammenhänge eine Verhütungs-Aufklärung vermitteln.«[35]

Von Pflanzen- und Tiermenschen

Nach Steiner hat sich der Planet Erde zuvor in den Planeten Saturn, Sonne und Mond inkarniert und wird in Zukunft noch als Jupiter, Venus und Vulkan wiedergeboren. Diese sieben aufeinander folgenden planetarischen Entwicklungsstufen oder großen Kreisläufe gliedern sich wiederum in jeweils sieben Lebenszustände oder kleine Kreisläufe und weiter in jeweils sieben Formzustände. Dass es sich um jeweils sieben Zustände handelt, geht auf traditionsreiches Hokuspokus zurück, und lange vor Anthroposophen, New Agern und Eso-Feministinnen hat Plotinos die Erde als Gaia, als durchseelten und durchgeistigten Organismus betrachtet.[36]

Der Geist des Menschen entwickelt sich laut Steiner von einem dumpfen Bewusstsein, einem tiefen Trancezustand, auf dem Saturn bis zur »Gottseligkeit« auf dem Vulkan.[37] Auf dem Saturn umschwirren allerlei Geister den Menschen, der noch eine Art Automat ist. Geister formen seinen Körper und sorgen für den Verstand.[38] Auf der Sonne erreicht der Mensch das Niveau heutiger Pflanzen, er wird, schrieb Steiner, ein »Pflanzenmenschengebilde«, dessen Füße nach oben ragen, während der Kopf nach unten hängt.[39] Auf dem Mond ist er ein Tiermensch mit knorpelartigem Gerüst, der sich »springend-schwebend« fortbewegt.[40]

Auf dem Planeten Erde entfaltet sich laut Steiner das »Tagesbewusstsein«, Vorstellungen über die Dinge und ein gegenständliches Bewusstsein. Die Höherentwicklung verkörpert sich in sieben Wurzelrassen, die sich in je sieben Unterrassen aufteilen und teilweise nebeneinander existieren (siehe Kapitel 4). Auf dem reinkarnierten Jupiter werde der Mensch eine erleuchtete Seele sein, Herr über Leben und Tod, und mit höheren Wesen verkehren.[41] Der Mensch sei zum Engel aufgestiegen. Auf der Venus könne der Mensch nicht bloß Bilder, sondern auch Gegenstände und Wesen erschaffen.[42] Auf dem siebten Planeten, dem Vulkan, gelangen wir auf den Gipfel der Vollkommenheit. An anderer Stelle relativierte Steiner diese Angabe und sprach von einem »vorläufigen Ziel«. Er halluzinierte fünf weitere Bewusstseinzustände, deren Ausschmückung der Leser entbehren muss.[43] Diese phantastische Darstellung ist in dem Werk *Aus der Akasha-Chronik* nachzulesen, das Waldorflehrern empfohlen wird.

Auf allen Stufen werden Menschen selektiert. Schon auf der Sonne würden nicht alle »Menschenmineralien« vom Ätherleib, einer Geistgestalt, belebt.[44] Auf dem Mond entwickeln sich nicht alle »Pflanzenmenschen« bis zur Tierstufe, nur ein Teil wird vom Astralleib beseelt. Auch die »Astralmenschen« auf der Erde teilen sich gleich am Anfang in zwei Gruppen. Diese Menschen seien mit einer Wolke vergleichbar, sie schwebten noch ohne Verstand auf vier Gliedern und würden von »höheren Wesen« geleitet.[45] Die eine Gruppe bearbeite eine »luftförmige Stofflichkeit« und schaffe als Abbild von sich selbst tierartige Wesen,[46] die andere könne auch chemische Elemente und Äther bearbeiten. Die zweite Gruppe erlange diese Fähigkeiten, indem sie die Angehörigen der ersten Gruppe »von sich ausgeschieden und zu niedriger Arbeit verurteilt hat«.[47]

Das Entwicklungsgesetz in dieser von Geistern und Gespenstern bevölkerten Welt lautet, »dass sich etwas Höheres auf Kosten eines anderen entwickelt, das es aus sich ausscheidet«.[48] Der Mensch »steigt in ein höheres Reich auf, indem er einen Teil seiner Genossen hinabstößt in ein niederes«.[49] Der Mensch war auf der Sonne eine Pflanze und der Engel ein Tier. Auf dem Jupiter wird der Mensch zum Engel und der Engel zum Erzengel befördert werden, vorausgesetzt, die Wesen lassen sich erleuchten. Wer sich verweigert, sich seinen Trieben hingibt oder sich nicht in die Hierarchien einfügt, wird zum Tiermenschen oder Teufel.[50] Heyer nannte es das »Gesetz der Differenzierung«, wonach »nicht alle Menschen gleichmäßig fortschreiten können«, sondern bestimmte Gruppen zurückbleiben und später »emporgehoben werden«.[51] Er und Steiner rechtfertigten damit auch das indische Kastensystem. Die Menschen seien einst von göttlichen Eingeweihten gemäß dem Karmagesetz in Kasten eingeteilt worden. Später habe sich jede Seele selbst eine Kaste für ihre Reinkarnation ausgewählt.[52] Das Herrschaftssystem der Kasten sei deshalb gerecht und sporne den Zurückgebliebenen an, »sich so zu verhalten, dass er in späteren Verkörperungen sich hinaufzuheben vermöchte«.[53]

Was Waldorfschüler lernen: Der Affe stammt vom Menschen ab

Auf Grund dieses elitären Entwicklungsgesetzes stellen Anthroposophen die Evolutionslehre auf den Kopf. Sie bestreiten die »animalische Abstammung« des Menschen und glauben, Tiere seien eine Art von Exkrementen, die das menschliche Geistwesen bei seinem Höhenflug ausgeschieden habe. Steiner behauptete, wirbellose Tiere, Fische und Reptilien bis zu den höheren Säugetieren hätten sich als Seitenlinien von der Entwicklung des Menschen zum Arier abgespalten. Die Tiere seien »unsere degenerierten Nachkommen«.[54] Affe und Mensch stammten von einer Lebensform mit »anderer Gestalt« ab, von einer »Urform«, die auf der Entwicklungslinie des Menschen liege. Eine Skizze, die Steiner im November 1907 anfertigte, dokumentiert seine Vorstellung, die Affen hätten sich in Atlantis von der menschlichen Linie abgespalten. Als letzte »dekadente« Abzweigung nach den Affen zeichnete Steiner die Indianer ein.[55]

Vor Lehrern der Waldorfschule Stuttgart behauptete Steiner 1919, Mineralien, Pflanzen und Tiere würden ohne den Menschen nicht existieren. Der Mensch müsse einen Teil seiner selbst »abwerfen«, um aufzusteigen. Darum habe der Mensch die Tiere »wie einen Bodensatz ausgeschieden«.[56] Steiner erzählte den Lehrern, die Evolution der Erde, insbesondere der Minerale und Pflanzen, würde durch Kräfte vorangetrieben, die aus menschlichen Leichen stammen, Mineralien und Pflanzen wären längst »erstarrt«, würde durch den Menschen nicht ständig Übersinnliches aus höheren Welten in die sinnlich-physische Welt tropfen.[57] Auch diese Vorträge zählen zum theoretischen Fundus der Waldorfpädagogik.

Karutz (1926) behauptete, die Evolution der Tiere könne »als ein Abtropfen aus dem sich verdichtenden Geistigen, ein Abtropfen dessen, was das Menschenwesen während seines Entwicklungsprozesses innerhalb der Ideenwelt für sich nicht brauchen kann, vielmehr abstoßen, aus sich heraussetzen muss, weil es ihn an der Erfüllung der Idee hindert«.[58] Lauer (1928) meinte, Tiere seien ein »abgesplittertes Stück« der menschlichen Entwicklung, wie Geröll, das ein Fluss an den Biegungen seines Laufes zurücklässt.[59] Der österreichische Anthroposoph Ludwig Thieben (1891–1947) schrieb, die Menschen warteten in übersinnlichen Gebieten, während die Tiere in die Inkarnation drängten und dadurch plastische Bildsamkeit verlören. »Der Mensch ist der Grundstamm der tierischen Schöpfung; die Punkte aber, an denen sich die Zweige vom Stamm trennen, liegen in außerirdischen Bereichen.«[60]

Der Zoologe Hermann Poppelbaum (1891–1979), ein Spitzenfunktionär der Anthroposophie,[61] glaubte, Tiere seien »herabgekommene Menschenbrüder, sind degenerierte Seitenäste des Menschenstammbaums«.

Als Beweis diente ihm der aufrechte Gang. Die menschliche Gestalt verrate damit eine »eigentümliche Zurückhaltung. Der Tierleib ist, wie behände er auch bewegt werden mag, niemals ganz frei vom Boden.« Er unterstellte, die Menschenhand sei die »Urform« der Tierextremitäten, die sich vor extremen Metamorphosen bewahrt habe. Poppelbaum legt nahe, dass nicht die Menschen das Gehen auf zwei Beinen lernen mussten, sondern umgekehrt einige Menschenwesen in grauer Vorzeit auf den Boden sanken und zu Tieren wurden. Der Mensch habe sich »vor vorzeitiger Verfestigung seiner Leibesgestalt« zurückgehalten. »Die Tiere konnten nicht so lange wie er im Übersinnlichen warten, stiegen herunter vor ihm und gerieten in Verhärtung und Verfall.«[62] Der tierische Leib sei darum eine »einseitige und verkümmerte Bildung«, die der »zentralen Menschenform« entspringe, die Menschenseele erklärte Poppelbaum zum »Urbild und Mittelpunkt«, die Tierseelen seien hingegen »Abfall und Verirrung«.[63]

Die darwinistische Evolutionstheorie wird von Anthroposophen abgelehnt. Der Arzt Karl König (1902–1966) schrieb, Darwin sei ein Werkzeug finsterer Mächte gewesen, der »die göttlichen Schöpfungsakte« verleugnet habe.[64] Poppelbaum konstruierte zwar ähnlich wie Darwin eine aufsteigende Entwicklungslinie der Tiere, die ihrerseits aber als »herausgesetzte« Nebenprodukte eines »geistigen Kernes« gelten, der sich vom göttlichen Urgrund entfernt. Ausdrücklich stellte Poppelbaum Esoterik gegen Darwinismus: »Das spirituelle Evolutionsbild hat Krisen und Katastrophen, Aufstieg und Abstieg, Triumph und Fall; und diese nicht als Auswirkung eines bloßen Streites um Raum und Nahrung, wie Darwin meinte, sondern als Abbild eines mächtigen Geistringens um die Erfüllung eines großen Zieles: der Erdenwerdung des Menschenbildes.«[65]

Die »nicht überlieferbaren Vorfahren« des Menschen seien die »Ursprungsformen aller Lebewesen«, glaubt Wolfgang Schad, der als Biologie-Professor an der Privatuniversität Witten-Herdecke ein Institut für Evolutionsbiologie und Morphologie leitet. Von einem »sich entwickelnden Menschenvorfahr spaltete sich schrittweise die überwältigende Fülle der Naturreiche ab«.[66] Der ehemalige Waldorflehrer behauptet, Tiere verkörperten einseitig entwickelte Prozesse beim Menschen. Nagetiere seien scheu und nervös, Huftiere phlegmatisch und gefräßig. Er schließt daraus: »Das Nagetier ist zu oberflächlich, das Huftier zu tief inkarniert.«[67] Der Arzt Walther Bühler (1913–1995) entwickelte unter Bezug auf Poppelbaum einen »Stufenbau der Schöpfung«. Durch das Wirken übersinnlicher Kräfte finde in der Evolution ein »Ent-tierungsprozess« statt, das Ich-Wesen baut an seiner körperlichen Hülle mit, bis es sich beim heranwachsenden Kind inkorporiert. Mit seinem Willen müsse der Mensch den »aus der Tierverwandtschaft« übernommenen Trieben und Begierden entgegentreten.[68]

In einem Kurs für Waldorflehrer sprach Steiner 1922 über den Biologieunterricht: Der Kopf des Menschen stehe niederen Tieren wie der Auster, der Brustbereich den Fischen und das Stoffwechsel- und Gliedmaßensystem höheren Säugetieren nahe. Insgesamt sei »jede Tierform ... als eine einseitige Ausbildung eines menschlichen Organsystems« aufzufassen, »das ganze Tierreich ist ein ausgebreiteter Mensch ...«[69] Entsprechende Maßgaben finden sich in den Lehrplänen von Heydebrand (1925) und Richter (2003). So schrieb Heydebrand, in der 12. und letzten Klasse der Waldorfschule solle den Schülern das Tierreich »als eine Auseinanderfaltung der einzelnen Organsysteme des Menschen zu den einzelnen Organisationen der Tiergruppen verständlich gemacht« werden.[70]

Schad und Kranich (2003) schreiben, in der dritten Klasse sollen sich die Kinder in Naturkunde mit der Schöpfungsgeschichte des Alten Testaments beschäftigen. Die physische Organisation des Menschen wird als Ausgangspunkt für die Tierkunde behandelt und den Schülern soll in der vierten Klasse ein Bild vom Tierreich als fächerförmig über die Erde ausgebreitetem Menschen vermittelt werden. Die »Zellen-Lehre« soll nach einem Wort Steiners in der elften Klasse »kosmologisch« behandelt werden, was immer das heißen mag.[71]

Karma, Seelenwanderung und Reinkarnation

Welche Bedeutung Karma und Wiedergeburt für die Waldorfpädagogik haben, habe ich im ersten Kapitel beschrieben. Hier sollen diese Lehren ausführlich dargestellt werden, weil sie wichtig sind, um die Rassenlehre Steiners zu begreifen. Die Karmalehre stammt aus dem Hinduismus und dem Buddhismus. Karma meint ein universelles Gesetz, wonach das Leben jedes Menschen von seinen Handlungen in früheren Leben geprägt ist, ebenso wie die Taten in diesem Leben künftige Wiederverkörperungen beeinflussen. Die indischen Priester und Adligen legitimierten mit dieser Lehre das Ausbeutungs- und Herrschaftssystem der Kasten und die besondere Unterdrückung der Frauen. Die Karmalehre wird seit den Tagen Blavatskys von der Esoterik-Szene weidlich ausgenutzt, ideologisch und kommerziell. Gurus erklären Hunger und Elend, Krankheit und Behinderung, Vergewaltigung und Mord als karmisch bedingt. Wer mit seinem Schicksal hadert, handelt sich nur »seelischen Unfrieden« ein, warnt Walther Bühler. Die Übel dieser Welt bekämpft nur der als Ungerechtigkeit, der ein reiner Verstandesmensch ist, während der Eingeweihte sie als »Entwicklungschance der Individualität« preist.[72]

Der Tod bedeutet für Anthroposophen nur das Verlassen einer Hülle. »Wenn die Sonne hier untergeht, geht sie in der anderen Erdenhälfte auf«, formuliert der Arzt Otto Wolff, der Krankheiten als Entwicklungshilfe für geistig-seelische Mängel deklariert.[73] Allerdings lehnen Anthroposophen Freitod und Euthanasie als Eingriffe in das Schicksal ab. Bei einem solchen vorzeitigem Tod könne der Geist zu wenig Stoff sammeln, um sich im Jenseits ausreichend zu beschäftigen. Diese Lehre vom frühzeitigen und schicksalswidrigen Tod hat für Soldaten tröstliche Konsequenzen. Wolffs Arztkollege Bühler schreibt, dass Kriegsopfer mit einem »gesteigerten Aufwacherlebnis« im Jenseits belohnt würden. Die Anthroposophen gönnen ihnen ebenso wie Opfern von Unfällen und Naturkatastrophen eine »vorgezogene Wiedergeburt, womöglich noch im gleichen Jahrhundert«. Obendrein seien sie »gegen jede materialistische Verdunkelung« wie gegen eine Krankheit »geimpft«.[74]

Ähnliches scheint für die Opfer des Tsunami vom 26. Dezember 2004 zu gelten. Die Toten hätten ein Opfer für die Menschheit erbracht, weil die Katastrophe die Frage nach einem Leben nach dem Tod belebt habe, hieß es im *Goetheanum* zweieinhalb Wochen danach.[75] Wer durch Erdbeben und seine Folgen umkomme, werde als geistgläubiger, spiritueller Mensch wiedergeboren, trösten Autoren des Schweizer *Perseus-Verlages* auf ihrer Homepage. Die Opfer seien so weit gewesen, dass es nur noch dieses einen Schlages bedurfte, um ihnen die Vergänglichkeit des Irdischen zu zeigen. Schuld an solchen Katastrophen sei aber auch die materialistische Gesinnung von Menschen, die sich in zeitlicher Umgebung solcher Beben inkarnierten.[76]

Steiner lernte die Karmalehre vermutlich in den Wiener Kreisen um Marie Lang kennen und machte sich darüber lustig.[77] Als Theosoph und Anthroposoph verkündete er später, die seelischen Anlagen, das Aussehen und Befinden, das Geschlecht und die soziale Position eines Menschen sowie sein Lebensweg seien karmisch determiniert.[78] Er spricht sogar von einem Karmakonto: »Durch alles, was Sie im verflossenen Leben Gutes oder Böses getan haben, sind Ihre Posten nach Soll und Haben gestimmt.«[79] Heute leugnen Anthroposophen in Debatten diesen Determinismus. Dabei lehrte Steiner, selbst ein Ziegelstein, der einem auf einer Baustelle auf den Kopf fällt, wäre kein Zufall, sondern Karma. Es wäre, als hätten wir selbst einen Menschen künstlich geformt, der den Ziegelstein auf der Baustelle so deponierte, dass er runterfallen musste.[80] Professor Bodo Hamprecht spricht von einem karmischen »Geworfensein in ein bestimmtes Geschlecht, eine bestimmte Rasse, in bestimmte Gesundheits- und Krankheitsanlagen, robuste oder schwächliche Konstitution usw.«. Erst aufgrund dieser Voraussetzungen könne das Ich »eventuell« seine

Freiheit entfalten.[81] Denn der Mensch kann sein Karma, sein »Lebenskonto«, wie Walther Bühler es nannte, beeinflussen. Karmische Schulden können durch Spiritualität und tugendhaften Lebenswandel getilgt werden. Jedes als Versäumnis oder Untat gewertete Handeln belastet dagegen das Konto. Insofern gilt Karma als eine »höhere, unbestechliche Gerechtigkeit«.[82]

Krankheit und Behinderung sind karmisch vorherbestimmt: Wer im früheren Leben ausschweifend gelebt hat, muss jetzt gegen Luzifer kämpfen und bekommt eine Lungenentzündung, behauptete Steiner.[83] Kritische und neidische Menschen kennzeichne im nächsten Leben ein »schwacher Leib«. Sie würden mit denen zusammen wiedergeboren, auf die sie neidisch waren.[84] Die Cholera in den Slums der Dritten Welt oder die Malaria haben nach dieser Karmalehre auch nichts mit den miserablen Lebensverhältnissen vieler Menschen zu tun. Steiner behauptete, Menschen mit »schwachem Ich-Gefühl« würden sich bei der nächsten Inkarnation Gegenden aussuchen, in denen Cholera auftritt, um ihr Selbstgefühl an »derbsten Widerständen« zu kräftigen. Menschen mit starkem Selbstgefühl favorisieren dagegen in der kommenden Erdenrunde Malariaregionen.[85] Diese zynische Haltung ist logische Konsequenz der Karmaideologie, die Menschen nicht als Wesen betrachtet, die unter gesellschaftlichen Bedingungen leben, die sie verändern können, sondern als arme Sünder, die sich unterordnen, leiden und büßen sollen. Die anthroposophische Medizin basiert auf der Behauptung Steiners, schlechtes Karma bilde im Leben die Krankheitsanlagen, gutes Karma die Anlagen für Gesundheit.[86] Im Unterschied zur hinduistischen Lehre kann der Mensch laut Steiner nicht als Tier, sondern nur als Mensch wiedergeboren werden.

Dafür nutzen Anthroposophen die Reinkarnationslehre, um patriarchale Klischees zu legitimieren. Seelenleben und Eigenschaften von Männern und Frauen gelten als grundverschieden, diese »Polaritäten« sollen sich anregen und ausgleichen. Männer könnten sich besser konzentrieren, abstrakt denken, seien in ihrer Stimmung beständiger, ruhiger, weniger emotional, aber auch träger, weil in ihnen keine Eier heranreifen. Dafür seien Frauen schöpferischer, impulsiver und flexibler, sie seien für Pflege, Ernährung und Umhüllung des Nachwuchses zuständig.[87] Denn den Frauen stünden Kräfte zur Verfügung, die »beim Mann hineingebunden sind in die Spermienbildung und Funktion der männlichen Fortpflanzungsorgane«.[88]

Die weiblichen Geschlechtsorgane würden ein deutliches Bild des Seelenlebens abgeben: »Sie sind nach innen gerichtet, ohne große Außendynamik«, schreibt Bartholomeus Maris.[89] Steiner lehrte: »Der männliche Körper hat eine Gestalt angenommen, die aus dem Element des Willens bestimmt ist, der weibliche trägt hingegen mehr das Gepräge der Vorstellung.«[90] Den Mann charakterisierte er als schaffend und dem äußern Leben zugewandt, während Aufopferung und Hingabe weibliche Tugenden seien. »Die Frau wirkt in hingebungsvoller Passivität in der Welt«, sagte er. Außerdem »schaute« der Guru, dass der Ätherleib des Mannes weibliche, und der der Frau männliche Züge trage. Als Lösung der »Geschlechterfrage« schwebte ihm eine »übergeschlechtliche Harmonie« vor. Zur »übergeschlechtlichen Harmonie« trage auch bei, dass jedes Wesen abwechselnd als Mann und Frau wiedergeboten werde.[91]

Anthroposophen wettern gegen eine selbstbestimmte Lebensführung, die sich Stereotypen verweigert, und sprechen stattdessen von »Gleichschaltung«. Männliches »Gebaren«, kurze Haare und Hosen bei Frauen sind verpönt, umgekehrt sind lange Haare und Ohrringe bei Männern von Übel. Der Mann solle sich intellektuell und beruflich verausgaben, rät Walther Bühler, dagegen möge eine Frau feinfühlig, fürsorglich und mütterlich sein.[92]

Ausführlich beschrieb Steiner die Seelenwanderung: Nach dem Tod sind Geist und Seele noch aneinander gefesselt und durchlaufen ein siebenstufiges Fegefeuer. Dem Astralleib fehlen die physischen Organe, um seine Gelüste zu befriedigen, weshalb der Mensch nach dem Tode laut Steiner einige Zeit im »Kamaloka«, dem Ort der Begierde, zu schmachten habe. In diesem Fegefeuer müsse der Mensch leiden, bis er »die Begierde und Sucht, die im astralischen Leibe wurzeln und nur in der physischen Welt befriedigt werden können, ausgerottet hat«.[93] Die Reinkarnationstherapeutin Marianne Carolus schildert, wozu widerspenstige Seelen fähig seien. Ihr Spezialgebiet sind »Anhaftungen« von Energien verstorbener Menschen an lebenden Personen, wobei anscheinend Alkoholkonsum zu solcher Trägerschaft besonders disponiert. »Alkoholiker sind die natürlichen, aber fast immer unbewussten »Wirte« für abgesonderte Energien inklusive der Persönlichkeitseigenschaften des vorigen Besitzers«, schreibt sie. So lauern die Geister verstorbener Säufer »im Gedränge an einer Bar« auf lebende Betrunkene und »besetzen« diese, um weiter zu bechern.[94]

Hat die Seele keine irdischen Gelüste mehr, darf sie zerfließen und der befreite Geist wandert durch die sieben Regionen eines Geisterlandes. Dieses Geisterland präsentierte Steiner als eine Art spirituelle Tankstelle.[95] Der Geist rüstet sich für die nächste Wiedergeburt. Alles, was im Leben geschieht, wird hier vorgedacht. Steiner vergleicht den Geist im Geisterland mit einem Architekten im Planungsbüro, das Leben ist die Baustelle (»Schauplatz des Schaffens und Lernens«), auf der Erfahrungen gesammelt werden. Lernt der Mensch bei mehreren Aufenthalten im Geisterland genug, erreicht er eine Stufe, wo er die göttlichen Wesenheiten verstehen kann. Ein solcher erleuchteter Geist überblickt die Vergangenheit vollständig und kann »von dem Ewigen aus die Richtung für die Zukunft bestimmen«, versprach Steiner.[96]

Die Wende auf der Reise durch das Geisterland, zwischen Tod und neuer Geburt, beschreibt der Waldorfpädagoge Ernst Michael Kranich so: Der Mensch trage nach dem Tod »die Kräfte, die in seinen Verdauungsorganen tätig waren, in die Sphären der geistigen Welt hinein. Sie weiten sich hier aus, und an dem Höhepunkt des Sich-Vereinigens mit den kosmischen Sphären kommt es zu jenem Umschlag, durch den der Mensch sich wieder der Erde zuzuwenden beginnt.« Die Kräfte, die die Muskulatur der Verdauungsorgane bildeten, würden umgestülpt und bildeten im nächsten Leben die Physiognomie eines Menschen. Darum könnten Waldorflehrer im Gesicht von Kindern und Jugendlichen deren inneres Wesen aus dem früheren Leben erkennen.[97]

Goethes Metamorphosenlehre wandte Steiner auf physische Aspekte der Reinkarnation an: »Das was wir heute als Kopf an uns tragen, das ist der umgestaltete Erdenleib aus der früheren Inkarnation, dem früheren Erdenleben, während unser jetziger übriger Organismus zum Kopf im nächsten Erdenleben wird. Diese Metamorphose machen wir von einem Erdenleben zum anderen durch. Der Kopf ist daher der übrige umgestaltete Organismus. Der ist gewissermaßen mehr vollkommen, mehr fertig. Und weil er das ist, sind die Beine so fein geworden, dass sie sich als Sehfühlfäden aus den Augen heraus erstrecken, um da höchst beweglich auf die Farben zu treten. Die Arme des vorigen Lebens sind so ätherisch geworden, dass sie sich jetzt bei den Ohren herauserstrecken und die Töne berühren.«[98]

Zum Beweis benutzte Steiner einen Zirkelschluss: Er setzt voraus, dass der Mensch »mit bestimmten seelischen Anlagen in die Welt eingetreten« ist, weil diese den Lebensweg determinieren. Deshalb könne »die Arbeit an mir nicht bei meiner Geburt begonnen haben. Ich muss als geistiger Mensch vor meiner Geburt vorhanden gewesen sein.«[99] Für seine Vorträge erfand Steiner lange Reinkarnationsketten, vorzugsweise mit Prominenten. Garibaldi ist ihm ein reinkarnierter irischer Eingeweihter. Der österreichische Kronprinz Rudolf, der 1889 in Mayerling Selbstmord beging, hatte die Seele Neros.[100] Kolumbus sei aufgrund seines Karmas nach Amerika gefahren und diese Tat habe sich »für die Individualität, die in Kolumbus wirksam war« so ausgewirkt, dass sie dadurch »gestiegen (…) vollkommener geworden« ist.[101] Vermutlich nicht trotz, sondern sogar wegen des Massenmordes in der Karibik, den Kolumbus verursachte, denn Indianer galten Steiner als minderwertige und zum Aussterben bestimmte Rasse.

Die Jünger Steiners bemühen sich eifrig um Erkenntnisse über frühere Erdenleben. Auffällig oft haben sie früher als Prominente gelebt, dabei waren wohl 90 Prozent unserer Vorfahren arme Bauern.[102] Anthroposophen unterscheiden sich in dieser dümmlich-eitlen Selbstbespiegelung nicht vom Besucher einer Esoterikmesse, der einen Computerausdruck kauft und mindestens ein Pirat oder eine Hexe gewesen sein möchte. Steiner selbst gilt seinen Anhängern als Reinkarnation von Aristoteles und Thomas von Aquin, der ihre Lehren vollendete.[103]

Was Waldorfschüler lernen: Von Marx und Mäusen

Wie die Karmalehre im Waldorfunterricht eingesetzt wird, schildert Charlotte Rudolph, eine ehemalige Schülerin. In ihrem Buch ist nachzulesen, was sie im Sozialkundeunterricht der Oberstufe gelernt hat.[104] Karl Marx habe schon einmal im frühen Mittelalter als Adliger in Nordfrankreich gelebt. Er verfügte über großen Grundbesitz, den er außerordentlich systematisch bewirtschaftete. Weil er ein Abenteurer war, veranstaltete Marx immer wieder kleine Kriegszüge. Als der Feudalherr einmal von einem solchen Zug heimkehrte, hatte sich ein anderer auf seiner Burg festgesetzt. Der Usurpator war stärker, er hatte mehr Krieger um sich, deshalb unterwarf sich Marx und diente fortan »wie ein Leibeigener« auf seinem früheren Besitz. Verständlicherweise hassten Marx und seine Mannen den neuen Herrn, sie entwickelten eine »dem Herrschaftsprinzip abträgliche Gesinnung«. »Und es brannten in diesen Gegenden, die bewaldet waren, in mancher Nacht die Feuer da, wo man zusammenkam und wo man allerlei Verschwörungen besprach gegen diejenigen, welche sich des Eigentums bemächtigt hatten.« Über das Pläneschmieden kam Marx nicht hinaus, die Expropriation des Expropriateurs blieb eine Wunschvorstellung und zeitigte ihr Karma: »Diese beiden Persönlichkeiten von damals gingen in ihren Individualitäten durch die Pforte des Todes (...) und erschienen im neunzehnten Jahrhundert wiederum. Derjenige, der Haus und Hof verloren hatte und zu einer Art von leibeigenem Sklaven geworden war, erschien als Karl Marx, der Begründer des neueren Sozialismus. Und der andere, der ihm dazumal seinen Gutshof abgenommen hatte, erschien als sein Freund Engels. Was sie dazumal miteinander auszumachen hatten, das prägte sich um während des langen Weges zwischen dem Tode und einer neuen Geburt in dem Drang, das was sie einander zugefügt hatten, auszugleichen.«[105]

Weil also Engels in einem früheren Leben die Burg von Marx okkupiert hatte, musste er im 19. Jahrhundert in der Fabrik seines Vaters arbeiten und den Unterhalt von Marx und seiner Familie finanzieren, der im British Museum in London jahrelang seine Studien trieb. Diese Fantasystory stammt von Steiner selbst, Anthroposophen sind damit weder zum Lachen noch zum Nachdenken anzuregen. Ihnen gilt solcher Unfug als Frucht der »geisteswissenschaftlichen« Methode ihres Guru oder, um dessen Eigenlob zu zitieren: »Sehen Sie, so kann Geschichte studiert werden, so sehen wir die lebendigen Menschenkräfte in die Geschichte hineinwirken.«[106] Die Analysen von Marx erklärt Steiner als Folge des Karma: »Aber versuchen Sie einmal sich vorzustellen den Wald im Nordosten Frankreichs im neunten Jahrhundert: da sitzen die Verschwörer, die Flucher, die Schimpfer in ihrer damaligen Sprache. Und übersetzen Sie sich das ins Mathematisch-Dialektische des neunzehnten Jahrhunderts, dann haben Sie dasjenige, was bei Marx und Engels steht.«[107]

Mit Hilfe von Fabeln, die sie erfunden haben, versuchen Anthroposophen, den Kindern die Karmalehre zu vermitteln. Irene Johanson, Pfarrerin der *Christengemeinschaft*, hat Märchen über Tiere und Pflanzen veröffentlicht. Eines davon handelt von einem Gespräch zwischen Murmeltier, Wildmaus und Wildkatze. Dabei erzählt die Maus: »Wir Mäuse leben gerne in der sichtbaren Welt, aber genauso gern leben wir auch in der unsichtbaren Welt beim großen Mäusegeist. Der holt uns immer wieder zu sich. Er lässt uns auf der Erde sterben, damit wir ganz bei ihm sind. Eine Weile leben wir beim großen Mäusegeist. Dann lässt er uns wieder auf Erden leben. Damit wir aber recht oft zu ihm gelangen, hat er mit dem Katzengeist verabredet, dass seine Katzen auf Erden uns fressen sollen. Wenn eine Katze eine Maus frisst, spielt sie vorher eine Weile mit ihr, so lange bis der Maus schwindelig wird und sie nicht mehr wegläuft, sondern sich auf die Heimkehr zu ihrem Mausegeist freut. Dann läuft sie selber in die Fänge der Katze, lässt sich fressen und kommt mit ihrer Seele zum Mausegeist zurück. Sobald irgendwo eine Muttermaus Junge bekommt, schickt der Mausegeist uns wieder auf die Erde.«[108]

Engel, Dämonen und Teufel

In Steiners Welt spuken allerlei »geistige Wesenheiten« verschiedener Hierarchien, Volks- und Rassengeister, Engel, Erzengel und gefallene Engel, luziferische und ahrimanische Wesen. Der Mensch, den sie umschwirren, ist im Vergleich mit ihnen ein unterentwickeltes Geistwesen. Die höheren Wesen gestalten seinen Körper und führen ihn durch das Leben und besorgen die karmische Kontoführung. Dem Menschen bleibt nur ein kleiner Spielraum, in dem er frei entscheiden kann. Das Leben, so formuliert Mario Betti, sei ein »Plan anstehender Ereignisse«, den höhere Wesen und unser Genius aus früheren Leben zusammengestellt haben. Der ehemalige Waldorflehrer behauptet, in der Kindheit und im Alter sei die »Engelführung« eng, dazwischen lassen die Engel die Zügel locker und der Mensch muss sich bewähren.[109]

Die Geister der dritten Hierarchie, Steiner spricht in christlicher Tradition von Angeloi, Archangeloi und Archai, bringen den Menschen aus dem Jenseits in die physische Welt. Sie vollenden bis zum 21. Lebensjahr den Körper des Menschen, gestalten die Verstandes- und Sinnesorgane und fixieren dabei im Kopf die Forderungen des Karma. In einer Aufbauphase vom 14. bis zum 35. Lebensjahr umgeben den Mensch die Exusai, Dynamis und Kyriotetes der zweiten Hierarchie. Mit 28 Jahren greifen dazu noch die Seraphime, Cherubime und Throne der ersten Hierarchie ein und pochen darauf, dass das Karma erfüllt wird. Der Guru redete seinen Gläubigen ein, dass diese Geister dem Menschen im Unterbewusstsein zuflüstern, was er in diesem Leben nicht erfülle, müsse er weitertragen. Diese Geister seien »die karmischen Mächte, die schicksalsbildenden Mächte«.[110] Auf der Erde beteiligen sich die Engel an der »Erdenregierung«, in dem sie erleuchtete und inspirierte Menschen als Werkzeuge nutzen. Steiner nannte diese Engel »Übermenschen«, die nichts Falsches denken können, weil ihre Gedanken »unmittelbare Inspiration« sind.[111]

Andere Wesenheiten schlossen ihre Entwicklung auf dem Mond nicht ab und wurden luziferische Geister der untersten Stufe; sie stehen in der himmlischen Hierarchie zwischen Mensch und Übermensch.[112] Die Figur des Luzifer war Ende des 19. Jahrhunderts in okkulten bürgerlichen Kreisen als zwiespältige Figur angesagt, als Lichtbringer und Aufrührer, der sich gegen Gott gewandt hatte. Steiner benannte eine Zeitschrift nach ihm.[113] Luzifer bringt demnach die Freiheit und das klare Denken und beschwingt den Menschen, verwehrt ihm aber den Blick auf die geistige Welt.[114] Luzifer und Ahriman gestalten den Prozess der Vervollkommnung, den hohe geistige Mächte für den Menschen vorgesehen haben, zu einem Hindernislauf.[115] Im äußersten Fall könnten Luzifer und Ahriman die spirituelle Höherentwicklung unterbrechen und ihr eigenes Reich aufbauen.[116]

Ahriman kann sich nicht reinkarnieren, sondern nur inkorporieren, wusste Geisterforscher Steiner. Ahrimanische Wesen nutzten dazu vorzugsweise begabte und intelligente Menschen, was den Anthroposophen kein gutes Zeugnis ausstellt: »Dann ist es Ahriman, der ihm aus den Augen schaut, es ist Ahriman, der ihm die Finger bewegt, dann ist es Ahriman, der sich schneuzt, dann ist es Ahriman, der geht.«[117] Steiner entlarvte US-Präsident Woodrow Wilson, Lenin und Trotzki als Werkzeuge ahrimanischer

Mächte und die Jesuiten als Schüler Luzifers. Konservative seien Anhänger Ahrimans und Liberale huldigten Luzifer, in der Kirche wirkten luziferische, in der Technik ahrimanische Wesen.[118] Marx sei »von Ahrimans Klauen ergriffen (...) und in die tiefsten Tiefen des materiellen Sumpfes hineingerissen« worden, sagte Steiner.[119]

Aus dem Wirken von Ahriman und Luzifer erklären sich Anthroposophen eine Welt, die sie als verderbt und dem Niedergang geweiht betrachten.[120] Die Lehre von den Atomen verurteilte Steiner als Werk von »zurückgebliebenen übermenschlichen Engelwesenheiten«: Atome gehörten dem Reich Ahrimans und Luzifers und nicht der Erde an.[121] Eugen Kraus behauptete, es sei kein Zufall, dass der Bau der ersten Asphaltstraße in Washington und der Beginn des Michael-Zeitalters im Jahr 1879 zusammenfielen. Er interpretierte die Straße als ahrimanische »Erdmumifizierungstendenz«.[122] Bernus dichtete 1918 einen Gesang an Luzifer, in dem er den Teufel als großen Versucher beschrieb: Im Bündnis mit Ahriman zwinge Luzifer den Menschen unter das Joch des Materialismus. Ihre Werkzeuge seien die Briten und die Befreiung vom Materialismus bringe der Krieg.[123] Ahriman-Experte Frans Carlgren ist überzeugt, dass der böse Geist in den USA lebt und von dort aus wirkt.[124] Reinhard Falter schlägt die Brücke zum faschistischen Lebensphilosophen Oswald Spengler (1880–1936), wenn er behauptet, der Atheismus habe ahrimanischen Mächten den Platz bereitet.[125]

Waldorfpädagogen vermuten bei Comics, Fernsehen und Computern ahrimanische Dämonen am Werk. Der Waldorflehrer Robert Thomas warnte seine Kollegen: »Die Infiltration und die Angriffe des Bösen in verschiedenen Formen nehmen zu und gefährden mit gewaltiger Kraft die Qualität des Jugend-Seins von Generationen erdenreifer Menschen.«[126] Rudolph zitiert aus einem Seminarpapier für den Physikunterricht der Oberstufe, wonach Schüler lernen sollen, dass in einer Kerze »gute Wesenheiten zu Hause sind«, während in der Neonröhre »dämonische Geister sich wohlfühlen«.[127]

Steiner predigte den Kampf gegen Ahriman und verhieß überzeugten Materialisten seelische Schäden, die sich in den nächsten Inkarnationen negativ auswirkten.[128] Er prophezeite anstelle der materialistischen Naturwissenschaft eine künftige »spirituelle Chemie« und eine »spirituelle Physik«.[129] An vorderster Front kämpfte der Anthroposoph Peter von Siemens (1911–1986), zehn Jahre lang Aufsichtsratsvorsitzender des gleichnamigen Atom- und Rüstungskonzerns. Während er den Garten seiner Villa im Münchner Nobelviertel Grünwald nur bei Vollmond düngte, setzte Siemens im Kampf gegen Ahriman auf Atomkraft.[130] Der Konzernherr glaubte aufgrund »meditativer Beschäftigung« zu wissen, dass Ahriman, der

»Herrscher der festen Materie«, die Elektrizität »eingemacht« habe, und verkündete, er werde die Energie mit der Atomtechnologie befreien und »die Erde stufenweise in neue Daseinsformen« überführen. Siemens spielte auf Steiners Wort von der Elektrizität als »dritter Kraft« an, die die Kultur in »wunderbarer Weise« beeinflussen werde. Steiner erklärte damals, und meinte dies positiv, damit könne man die Erde zerstören und den Menschen vom Erdenleib befreien.[131] Während Steiner in Jahrzehntausenden dachte, meinte Siemens, schon im Jahr 3500 werde die Erde beginnen »sich zu astralisieren, das heißt sie wird in eine Form der Schwerelosigkeit übergehen«. Atomkraft sei nichts anderes als jene ominöse »Dritte Kraft«, die dabei auftreten werde, weswegen der Profiteur »nichts Verwerfliches« darin sehen konnte, diese Energie schon im Hier und Jetzt zu nutzen.[132]

Der Konzernchef konnte dank Steiners Dämonenlehre die mörderische Atomkraft rechtfertigen und entspannte sich zuhause im Biogarten. In der bürgerlichen Presse wurde der Mann als großer Vordenker gelobt, der Ökonomie und Ökologie verknüpfe.[133] Zwölf Jahre vor der ersten rot-grünen Bundesregierung verkündete Siemens eine Leerformel, die den Koalitionsvertrag von Gerhard Schröder und Josef Fischer hätte zieren können: »Ökonomie muss sich ökologisch ausrichten, wenn sie sich nicht selbst zerstören will. Auf der anderen Seite muss die Ökologie auch ökonomische Gesichtspunkte berücksichtigen, wenn sie realisierbar bleiben will.«[134]

Glaubenskrieger gegen das Böse

Unter dem Banner Erzengel Michaels werden die Anthroposophen die Mächte der Finsternis besiegen, prophezeite Steiner.[135] Auf diese Mission werden sie vor der Geburt im Geisterland vorbereitet. Sie haben dort in einer übersinnlichen Michaelsschule gelernt und halten auf Erden Kontakt mit allen Geistern oben.[136] Es ist ein karmischer Impuls, der die Auserwählten zur Anthroposophie treibt, sie arbeiten nicht nur altes Karma auf, sondern arbeiten an der Erlösung der Menschheit. Der Eingeweihte ist gefeit vor neuen Schulden auf dem Karmakonto, ihm verheißt der Guru, gute und böse Geister identifizieren zu können. Erleuchtete fallen nicht auf Teufel herein.[137] Während Normalsterbliche laut Steiner in 2100 Jahren nur zweimal reinkarnieren, versprach er seinen Anhängern eine Extrarunde. Sie würden Ende des 20. Jahrhunderts wiederkehren und in den Kampf Michaels gegen Ahriman eingreifen, weil dann »jene Rettung der Erde, der Erdenzivilisation vor dem Verfall letztgültig entschieden werden muss«.[138]

Einige seiner Nachfolger interpretierten die »weltbewegenden Ereignisse der achtziger Jahre« als »die äußeren Realisierungen« von Millionen von Anthroposophen, die ihre irdische Reife auf der Sonne erlangt hätten und bald reinkarnierten. Der »Befreiungskampf«, an dem die »Michaeliten«, wie der Generalsekretär der niederländischen Anthroposophen, Bernhard Lievegoed (1905–1992), sich und seine Brüder und Schwestern im Geiste nennt, beteiligt sind, zeitigte erste Erfolge.[139] Die Sowjetunion, das »Reich des Bösen«, wurde also nicht von Ronald Reagan allein bezwungen. Der »Höhepunkt der Anthroposophie« am Ende des Jahrhunderts stehe darum kurz bevor, prognostiziert 1993 der Anthroposoph Jesajah Ben Aharon.[140]

Während einige Esoteriker annahmen und Massenmedien den Aberglauben schürten, das Ende des zweiten christlichen Jahrtausends würde mehr bringen als ein paar besonders große Partys und extra Sylvesterknaller, konzentrierten sich Anthroposophen auf das Jahr 1998. Aufgrund zahlenmystischer Spekulationen gilt ihnen die Zahl 666 als unheilverkündend. Das Jahr 1998 enthielt dreimal die Zahl 666 und so erwarteten Steiner-Jünger, böse Geister könnten sich zum Sonnendämon Sorat vereinigen, als dessen Zahl die 666 gilt.[141] Eine Gruppe verlangte, die Anthroposophische Gesellschaft neu zu gründen. Immerhin stünde die »Menschheitszukunft« auf dem Spiel und die Bewegung sei »kein wirkliches Gegengewicht« gegen die Kräfte, die »in den Niedergang« trieben.[142] Im Oktober 1998 organisierten deutsche Anthroposophen einen Kongress unter dem Motto »Schattenwürfe des Bösen und Auferstehungskräfte«. Sie stützten sich auf düstere Prophezeiungen des Meisters und fürchteten, dass die »Stunde des apokalyptischen Tieres aus dem Abgrund« kommen könnte. Stefan Leber und Friedhelm Dörrmann schrieben in der Einladung zum Kongress von einer »Bewegung des Zerfalls«, vom »Angriff des Bösen«. Dagegen stünden die »Keime des Künftigen«, die zu einer neuen Entwicklungsstufe führten.[143]

Als Symptome für diabolische Attacken gelten die moderne Technik sowie »unbedachte Eingriffe« in die Natur.[144] Eine solche Argumentation findet sich häufig. Sie erinnert an apokalyptische Szenarien der deutschen Ökologie- und Friedensbewegung der 70er- und 80er-Jahre oder vor dem Irak-Krieg von 2003. Einerseits versuchen Esoterik-Gruppen neue Anhänger zu rekrutieren, indem sie reale Probleme als Aufhänger benutzen. Andererseits bieten sie einen gewissen Komfort: Man muss sich nicht mit der Staatsmacht und dem Kapital anlegen, wenn alles Satanswerk ist und nur innere Umkehr hilft. Zur Apokalypse wiederum gehört das Heilsversprechen. Und so erinnert Mario Betti Pessimisten und ängstliche Gemüter, dass die Rettung noch in letzter Stunde nahen kann.[145]

Als 1998 nichts wirklich Apokalyptisches geschah, verwies Betti auf eine Prophezeiung Steiners, die in ihrer Genialität an die Philosophie Sepp Herbergers heranreicht: »Es beginnt ja das dritte Jahrtausend bekanntlich im Jahr 2000«, soll der Meister einst seinen Anhängern erläutert haben.[146] Nach den Terroranschlägen in New York und Washington am 11. September 2001 interpretierten einige Anthroposophen den Mord an 3000 Menschen als Zeichen. Trotzdem hat sich ein gewisser Katzenjammer breitgemacht: Die ganz große Katastrophe ist ausgeblieben und auch die Vorhersage des Meisters, seine Anhänger würden in der Welt großen Einfluss genießen.

Der Anspruch der Wissenschaftlichkeit

»Zu den wesentlichen Grundannahmen (...) gehört die reale Existenz einer geistigen Welt«, in der »unsichtbare Wesen« leben, heißt es in einer Rubrik »Anthroposophie für Einsteiger« der Zeitschrift *Novalis*. Gemeint sind Engel, durch deren Tätigkeit sich die Welt und der Mensch entwickeln. Diese Geisterwelt könne durch ein Bewusstsein wahrgenommen werden, das durch Übungen geschult sei.[147] Trotzdem behaupten Anthroposophen, sie pflegten eine Geisteswissenschaft«, eine »wissenschaftliche Erforschung der geistigen Welt«.[148] Den Begriff übernahm Steiner von dem Philosophen Wilhelm Dilthey (1833–1911), der eine »Wissenschaft der geistigen Welt« begründen wollte. Dilthey sah zwar keine Gespenster, verfocht aber einen subjektiven Idealismus. Er meinte, die Außenwelt sei eine Schöpfung »unserer Seelenkräfte« und Erkenntnis schauendes Begreifen. Dilthey behauptete, die Geisteswissenschaften müssten auf »innerer Erfahrung« beruhen, während rationale Methoden nur in den Naturwissenschaften gültig seien. Das »Medium der Gemeinsamkeit« zwischen dem Menschen und den »Objektivationen« des Lebens sei ein objektiver Geist, der alles durchzieht. Steiner radikalisierte diese Position und versprach, man werde durch »Seelenerlebnisse« zu seiner Lehre und zur Wahrheit des Geisterlandes geführt.

Anthroposophie bezieht sich nach Steiner »auf das in den Welterscheinungen für die gewöhnliche Erkenntnisart Unoffenbare, Geheime«; er predigte »eine Wissenschaft von dem Geheimen, von dem offenbaren Geheimnis«.[149] Der Meister beteuerte, er würde die »nichtsinnlichen Weltinhalte« mit derselben »seelischen Verfassung« erleben wie Naturwissenschaftler ihre Erkenntnisse. Aufgrund der gleichen »Strenge der Vorstellungsart« beanspruchte Steiner das Gütesiegel der Wissenschaft.[150]

Seine Lehre gründet auf einem Zirkelschluss: Dass eine verborgene Welt existiert, sei dadurch bewiesen, dass alle sichtbare Welt vom Geist beseelt ist. Wissenschaftlichkeit im Sinne einer intersubjektiven Überprüfbarkeit von Ergebnissen zählt nicht. Geboten wird eine »Methode« der Einweihung und Erleuchtung. Die Voraussetzungen und Ergebnisse von Steiners »Geistesschau« sind nicht überprüfbar, sondern Glaubenssache. Mehrfach haben Kritiker Steiner aufgefordert, seine Erkenntnisse im Experiment testen zu lassen: Mehrere Anthroposophen sollten berichten, was sie zu einem Thema »schauen«. Der Meister lehnte ab, mit der Begründung, das »Schauen« sei eine individuelle Angelegenheit, und die Wissenschaftlichkeit werde dadurch bewiesen, dass jeder es bei entsprechender Seelenverfassung betreiben könne.[151] Poppelbaum meinte, das »geordnete« Vorgehen und die »Öffentlichkeit der benutzten Methoden« müssten als Beweise genügen. Steiners Pfad der Erleuchtung führe zu einem »leibfreien Denken«, durch das man übersinnliche »Tatsachen« wahrnehme.[152]

Der Guru und seine Jünger haben sich gegen Kritik und Diskussion immun gemacht. »Es wird dabei vorausgesetzt, dass jeder Leser, der auf das Ausgeführte einzugehen vermag, ganz notwendig, auf diese Tatsachen stößt«, schrieb Steiner.[153] An anderer Stelle formuliert er: »Das Urteil über seine Berechtigung [gemeint ist das Buch, P. B.] können nur andere, aber auch nur solche Personen sich bilden, welche unter Vermeidung aller Machtansprüche sich einzulassen vermögen auf die Art seiner Mitteilungen über die offenbaren Geheimnisse des Weltgeschehens.« Rationale Kritik wies Steiner von vornherein zurück. In der Vorrede zur dritten Auflage von *Theosophie*, einem grundlegenden Werk, schrieb er: »Vom Standpunkt der landläufigen Wissenschaft kann das Buch nicht beurteilt werden, wenn nicht der Gesichtspunkt zu solcher Beurteilung aus dem Buche selbst gewonnen wird. Wenn der Kritiker diesen Gesichtspunkt einnehmen wird, dann wird er freilich sehen, dass durch diese Ausführungen wahrer Wissenschaftlichkeit in nichts widersprochen werden soll.«[154] Das heißt, nur wer die Prämissen dieser Art von Geisteswissenschaft akzeptiert, wer die religiöse Sicht übernimmt, der darf kritisieren. »Unbefangen« habe man sich der »Geisteswissenschaft« zu nähern, lautet das Gebot.[155] Im Kreise seiner fortgeschrittensten Schüler behauptete Steiner 1924, das Verständnis der Anthroposophie sei eine Frage des Karmas. Gegner seien »karmagemäß nicht in der Lage« ihren »gesunden Menschenverstand soweit abzulösen von der Körperlichkeit und den Sinnen, um eben eine sinnenfreie Wahrheit, eine sinnenfreie Erkenntnis zu begreifen«.[156]

Der Anspruch der Wissenschaftlichkeit, den Anthroposophen erheben, nährt sich aus der Wissenschaftsgläubigkeit des 19. Jahrhunderts und aus dem Versuch, Konkurrenten in der Esoterikszene als Scharlatane zu kritisieren. Er spiegelt auch eine Verunsicherung wider, die durch die Säkularisierung entstanden ist. Rudolf Hauschka (1891–1969) klagte über die materialistische, mechanistische und atomistische Wissenschaft, die Teile der Wahrheit in Philosophie und Religion verbannt habe. Dass der Mensch bloß das zufällige Produkt herumschwirrender Atome und Elektronen sein solle, sei eine Verneinung aller menschlichen Würde.[157] Poppelbaum meinte, die Großartigkeit und Schönheit der Natur würde durch den Darwinismus zu einer »beleidigenden Sinnlosigkeit« degradiert.[158] Die moderne Wissenschaft habe den Menschen dreifach gedemütigt, indem sie die Erde als relativ kleinen Planeten aus dem Mittelpunkt des Universums katapultierte, den Mensch als von »niederen« Trieben gelenkt und die höheren Säugetiere als der Umwelt teilweise besser angepasst beschreibe. Wie zum Trost würde Anthroposophie die einzigartige Stellung des Menschen enthüllen, der zum gottähnlichen Schöpfer aufsteigen könne.[159]

Hinter dem Anspruch der Wissenschaftlichkeit steckt vor allem Arroganz. Erst die Anthroposophie werde der Wissenschaft den Weg weisen, indem sie die Kluft zwischen Glauben und Wissen, die sich im Mittelalter aufgetan habe, schließe. Wissenschaft sollte auf anthroposophischer Grundlage betrieben werden, sie würde damit zur Magd obskurer Ideen.[160] Was herauskäme, zeige die anthroposophische Evolutionstheorie oder die Ansichten zur Astronomie. So meinte Poppelbaum, die Planeten seien »Lichtoffenbarungen der außerirdischen Weltkörper«.[161] Die moderne Astronomie versuche dagegen in naiv-realistischer Weise die Erdverhältnisse fortzuspinnen, statt zu begreifen, dass es sich bei den Himmelskörpern um geistige Manifestationen handelt. Poppelbaum spottete über Pläne, mit einem »als Kabine eingerichteten Geschoss« zum Mond fliegen zu wollen.[162] Damals kreisten erste Raketen um die Erde, die Sowjets schossen Raketen mit Tieren in die Erdumlaufbahn. Als Astronauten aus den USA den Mond betraten, löste das in der Anthroposophenszene Verwirrung und interne Debatten aus. Auf einem Geistwesen kann man ja schlecht spazieren gehen.[163]

Einweihung und Erleuchtung

Anthroposophie soll allen zugänglich sein.[164] Der Novize, von Steiner »Geheimschüler« genannt, brauche auf einem siebenstufigen Weg zur Erleuchtung die »sichere Führung durch einen erfahrenen Geheimlehrer«.[165] Und er muss vor allem demütig sein. Der Guru verlangte »heilige Scheu«, »kindliche Ehrfurcht« und »hingebungsvolle Verehrung«. Eine kritische Haltung schmähte Steiner als Zivilisationskrankheit, am schlimmsten sei das »Ausspinnen müßiger, abstrakter Gedankenfolgen«.[166] Der Schüler muss geduldig meditieren und lernen, sich selbst wie einen Fremden zu betrachten. Er erhält dann quasi göttliche Anweisungen für die Meditations- und Konzentrationsübungen.[167]

Auf der ersten Stufe muss der Schüler die Erkenntnisse anderer Eingeweihter studieren, es folgt die Initiation, er unterstellt sich der Führerschaft geistiger Welten. Auf der dritten Stufe, der Einweihung, gilt es drei Proben zu bestehen: Der Novize muss beweisen, dass er bereits eine andere als die gängige Sichtweise entwickelt hat (Feuerprobe), er muss gewisse Pflichten übernehmen »wie ein Beamter« (Wasserprobe) und die bisherigen Motive seines Denkens und Handelns überwunden haben (Luftprobe).[168] Zur Belohnung erwerbe man – wie Steiner selbst – die Fähigkeit, in »lebenden« Schriften wie der »Akasha-Chronik«, einem Weltenäther, lesen zu können.[169]

Ein turbulentes Innenleben stellt sich auf der vierten Stufe ein. Körper und Seele erscheinen als leuchtende Wolke, die »sinnliche Begierde« leuchte dunkelrot und edle Gedanken rötlichviolett. Die Seele bilde sechs »Räder« oder Chakren, auch Lotusblumen genannt, aus, die in hellen Farben gehalten sind. Diese neuen »Sinnesorgane der Seele«, wie Steiner mit Bezug auf Fichte schrieb,[170] fangen an, sich zu drehen. Wer soweit ist, für den ist vermutlich Steiners Mahnung überflüssig, bloß nicht den »spekulierenden Verstand« einzuschalten.[171] Nun müsse der Schüler seinen Leib dem »reinen« Denken unterwerfen, so dass die Sinnlichkeit ihre Macht verliert, den Geist »herabzuziehen«.[172] Diese Chakren meinte der Guru, wenn er Anthroposophie als »wissenschaftliche Erforschung der geistigen Welt« ausgibt, für die allerdings »in der erkennenden Seele erst die im gewöhnlichen Bewusstsein und in der gewöhnlichen Wissenschaft noch nicht tätigen Kräfte« zu entwickeln seien.[173]

Auf der fünften Stufe erzeugt die Meditation Halluzinationen, die nur der Geheimlehrer richtig deuten könne. Denn die Gefühle, Wünsche und Leidenschaften des Schülers würden Gestalt annehmen.[174] Auf der sechsten Stufe der Inspiration höre der Geheimschüler »geistige Töne«. Das Ich lebe »ganz in einer rein geistigen Welt«, der Mensch entwickle ein inneres »Doppelleben«, neben der Außenwelt entstehe eine selbständige »zweite Welt«. Mit der intuitiven Erkenntnis, dem »geistigen Schauen«, ist die siebte und höchste Stufe erreicht.[175] Der Schüler begreife, dass er in Träumen nicht sein Leben verarbeite, sondern Tatsachen aus geistigen Welten erfahre. Der Unterschied zwischen Traumbewusstsein und Wachzustand verschwinde.[176] Auf einer höheren Stufe erweitert sich das Bewusstsein laut Steiner bis in den Tiefschlaf. In einem Kapitel mit der Überschrift

»Die Spaltung der Persönlichkeit während der Geistesschulung« beschrieb der Guru, wie Seele und Geist im Schlaf den Körper verlassen. Der »Geheimschüler« habe das Ziel erreicht, wenn er rund um die Uhr bewusst in »höheren Welten« lebe.[177]

Richtig gruselig ist die vom Meister vorhergesagte Begegnung des Geheimschülers mit den beiden »Hütern der Schwelle«. Der kleinere Hüter ist ein schrecklich anzusehendes Monster, es verkörpert alle Missetaten des Schülers und folgt diesem wie ein Schatten. Je mehr karmische Schuld der Eingeweihte abgetragen hat, umso mehr wird aus dem Monster eine strahlende Schönheit. In Michael Endes Geschichte von Jim Knopf und Lukas dem Lokomotivführer wandelt sich der bösartige Drache Mahlzahn, der entführte Kinder in einer Drachenschule quält, zum goldenen Drachen der Weisheit. Der zweite Hüter ist eine »erhabene Lichtgestalt« und fordert den Eingeweihten auf, an der spirituellen Entwicklung des Menschen mitzuarbeiten.[178] Fortan soll der Geheimschüler »wissentlich mitarbeiten an denen seines Volkes, seiner Rasse.« Dabei erwirbt er Fähigkeiten, die die Volks- und Rassengeister auszeichnen, so dass diese ihn nicht mehr beaufsichtigen müssen.[179]

Wird die Anweisung, sich selbst fremd zu werden, im Lauf der Einweihung erfüllt, verändert sich die Persönlichkeit. Steiner behauptete, das Gehirn zerfalle in drei völlig separate Teile und der Schüler verspüre keinen Zusammenhang mehr zwischen einer Vorstellung, einem Gefühl und einer Handlung. Ereignisse, die vorher Liebe oder Hass auslösten, werden nun kalt registriert, der Eingeweihte erlangt »vollkommene Herrschaft« über seine Seelenregungen.[180] Steiner versprach, dass Eingeweihte mithilfe der Erkenntnisse aus dem Geisterlande die Erde umgestalten könnten und auch sollten.[181] Die Beschreibungen und die Wortwahl Steiners (Veränderung und Spaltung der Persönlichkeit) lassen auch eine pathologische Interpretation zu: Das Ergebnis der Einweihung ist emotionale Selbstentfremdung oder eine Bewusstseinsspaltung.

Das spirituelle Führerprinzip

Laut Steiner bedeutet Anthroposophie »Gesundheit des Seelenlebens« durch »echtes Denken«.[182] Voraussetzung sei eine »rückhaltlose, unbefangene Hingabe an dasjenige, was das Menschenleben oder auch die außermenschliche Welt offenbaren. (…) Der Lernende muss in jedem Augenblick sich zum völlig leeren Gefäß machen können, in das die fremde Welt einfließt.«[183] Die Gefäßmetaphorik beinhaltet schon, dass der Novize nicht mehr selbständig denken soll. »Will einer den Pfad der höheren

Erkenntnis betreten, so muss er sich darin üben, sich selbst mit allen seinen Vorurteilen in jedem Augenblicke auslöschen zu können. Solange er sich auslöscht, fließt das andere in ihn hinein. Nur hohe Grade von solch selbstloser Hingabe befähigen zur Aufnahme der höheren geistigen Tatsachen, die den Menschen überall umgeben.«[184]

Zwar suggerierte Steiner, er wolle keinen blinden Glauben, andererseits sagte er: »Schon der Einwand: ich kann auch irren, ist störender Unglaube. Er zeigt, dass der Mensch kein Vertrauen hat in die Kraft des Wahren. Denn gerade darauf kommt es an, dass er sich nicht vermisst, von seinem eigensüchtigen Standpunkte aus sich die Ziele zu geben, sondern darauf, dass er sich selbstlos hingibt und von dem Geiste sich die Richtung bestimmen lässt. Nicht der eigensüchtige Menschenwille kann dem Wahren seine Vorschriften machen, sondern dieses Wahre selbst muss in dem Menschen zum Herrscher werden, muss sein ganzes Wesen durchdringen, ihn zum Abbild machen der ewigen Gesetze des Geisterlandes.«[185] Was der Guru eigentlich wollte, kommt in diesen Sätzen zum Ausdruck, nämlich Unterordnung. Zum Beweis des Gegenteils zitieren Anthroposophen gern folgenden Satz ihres Meisters: »Nicht glauben sollst du, was ich dir sage, sondern es denken, es zum Inhalte deiner eigenen Gedankenwelt machen, dann werden meine Gedanken schon selbst in dir bewirken, dass du sie in ihrer Wahrheit erkennst.«[186] Steiner forderte damit keineswegs zu Kritik oder Diskussion auf, sondern wünschte sich als Produkt seiner Indoktrination aktive, überzeugte Anhänger.

Die Lehre beinhaltet eine Elitetheorie, insofern eingeweihte Erleuchtete, sogenannte »Menschheitsführer«, zu denen mystische Figuren wie der Arierführer Manu und Hermes Trismegistos sowie Zarathustra und Steiner selber gerechnet werden, im Auftrag höherer Wesen die Geschicke der Menschen leiten.[187] Die Art, wie Anthroposophie vermittelt wird, rechtfertigt durchaus das Markenzeichen Geheimwissenschaft: Die Anhänger sollen nur schrittweise mehr erfahren. »Gewisse Teile der Geheimkunde können allerdings auch heute nur solchen mitgeteilt werden, die sich den Prüfungen der Einweihung unterwerfen«, sagte schon der Meister.[188]

Anthroposophen sprechen gern von Freiheit – ihre Einrichtungen tragen Namen wie Freie Waldorfschule, Freie Hochschule für Geisteswissenschaft. Ihr Freiheitsbegriff entspricht aber weder dem gängigen Alltagsverständnis noch liberalen, humanistischen oder gar revolutionären sozialistischen Vorstellungen. Freiheit bedeutet in der Anthroposophie, dass jeder Mensch die Chance hat, sich für Steiners Heilslehre, den angeblich einzig wahren spirituellen Weg zur ewigen Glückseligkeit und Erlösung, zu entscheiden. Wer Anthroposophie ablehnt, kann in ihren Augen keine freie Entscheidung getroffen haben. In Steiners Worten: »Die Welt steht unter göttlicher Führung; aber der Mensch soll nicht gezwungen werden, das zuzugeben, sondern er soll in freier Überlegung es einsehen und begreifen.«[189]

Wer ihm folge, versprach Steiner, werde stark sein und alles bewältigen, »was das Leben hemmt und schwach macht«.[190] Anthroposophie ist eine Heilslehre, die Halt in Sinnkrisen verspricht. Sie ist hierarchisch und elitär. Steiner schrieb: »Hinter den Alltagsmenschen stehen die Erfinder, Künstler, Forscher und so weiter. Hinter diesen stehen die geheimwissenschaftlich Eingeweihten – und hinter diesen stehen übermenschliche Wesen.«[191] Die »großen Erfinder unserer Rasse«, behauptete er, seien inkarnierte Seher von Atlantis.[192] Bezeichnend für die anthroposophische Bewegung sind Titel wie »Menschheitsführer«, »großer Führer« (Steffen) oder »Christusbote« (Rittelmeyer) für Steiner oder dessen Stilisierung als neuer Erlöser.[193] Einer Anekdote zufolge soll Steiner einmal mit einem Freund in Dornach spazieren gegangen sein. Steiner hinkte. Als die beiden zum Goetheanum zurückkehrten, legte Steiner die letzten Meter festen Schrittes wie unverletzt zurück. Als der Freund ihn darauf ansprach, was das zu bedeuten habe, antwortete er: »Sonst humpelt morgen ganz Dornach.«[194] Zum Personenkult gehören die Steiner-Bilder in Waldorfschulen und die Redewendung »der Doktor sagt« zu diesem und jenem Thema und dass Anthroposophen ihren Führer in Haltung und Mimik nachahmen.[195]

Der Doktor schaffte es seiner Gemeinde eine Struktur aufzuerlegen, die auf informellen Hierarchien und Hörigkeit basiert und von einem erleuchteten Kern geführt wird. Anfang der 20er-Jahre waren die Anthroposophen heftig zerstritten: Persönliche Rivalitäten, Konflikte zwischen Jüngeren und Älteren und die Gefahr, dass sich neu gegründete Organisationen verselbständigen könnten, gefährdeten Steiners Lebenswerk. Im Dezember 1923 informierte Steiner den Vorstand, dem er nicht angehörte, dass er gedenke, eine neue internationale Organisation zu gründen und selbst den Vorsitz zu übernehmen. Die neue *Allgemeine Anthroposophische Gesellschaft* war als internationaler Dachverband für die einzelnen Landesorganisationen gedacht. Einige Tage später gab er in Dornach bekannt, wer mit ihm im Vorstand sitzen dürfe und in welcher Funktion.[196] Steiner setzte seine Personalpolitik erpresserisch durch: entweder die Mitglieder akzeptierten oder er werde nicht mitarbeiten.

Nach Steiners Tod befehdeten sich die Anthroposophen erneut. Die britische und die niederländische Sektion und Teile der deutschen Sektion schlossen sich im Sommer 1934 in Stuttgart zu den *Vereinigten Freien Anthroposophischen Gruppen* zusammen. Sie protestierten gegen den Beschluss, dass nur noch der Vorsitzende der internationalen Organisation, Steffen, neue Mitglieder aufnehmen durfte, wodurch die Sektionen ihre Autonomie bedroht sahen. Walther Bühler, Poppelbaum und andere verlangten daraufhin in einer Denkschrift den Ausschluss der freien Gruppen, was die Generalversammlung der internationalen Organisation 1935 tat.[197]

Steiner hatte besonders Erleuchtete in einer neuen »Esoterischen Schule« um sich geschart, in Anlehnung an den inneren Zirkel, den er einst in der deutschen Sektion der *Theosophischen Gesellschaft* leitete.[198] Im Verhältnis zur »Esoterischen Schule« galt die *Anthroposophische Gesellschaft* als »exoterische« Organisation, berichtet Walter Kühne (1885 bis 1970). Er beschrieb, wie ihn Mitglieder der »E. S.« von oben herab behandelten, weil er diesem inneren Zirkel nicht angehörte.[199] Die alte »Esoterische Schule« wurde Ende 1923 als »Freie Hochschule für Geisteswissenschaften« neu konstituiert. In den »Klassenstunden«, die Steiner bis zu seiner Erkrankung hielt, behauptete er, seine Schüler hätten die Mission, die »geistigen Weistümer und geistigen Lebensimpulse« in die Welt »einfließen« zu lassen. Diese Aufgabe sei ihnen von den geistigen Mächten, welche »die Welt lenken und leiten«, vorherbestimmt worden.[200] Er schmeichelte den Absolventen seiner Kaderschmiede, dass normale Mitglieder bloß »Zuhörer« seien, sie selbst aber die auserwählten »Repräsentanten« der Bewegung.[201] Die Schule sei eine »Institution der geistigen Welt für die Gegenwart«, die auf »Ratschluss der geistigen Welt« eingerichtet worden sei.[202] Über die Aufnahme neuer Novizen entschied der »esoterische«, also eingeweihte Vorstand der Gesellschaft.[203] Über die okkulten Inhalte, darunter Mantren und Gedichte, die endlos wiederholt wurden, sollte nichts nach außen dringen, was allerdings durch Mitschriften unterlaufen wurde.[204]

Diese »Freie Hochschule« sollte nach dem Willen Steiners die Waldorfschule lenken. In einer Konferenz mit Waldorflehrern in Stuttgart im Februar 1924 riet er, aus Rücksicht auf die Behörden auf eine formale Bindung oder Unterordnung zu verzichten. Die Waldorfschule wirke zwar »auf der Grundlage der anthroposophischen Pädagogik«, solle aber »formell« gegenüber »dem Publikum« und den »gesetzlichen Institutionen« nicht als anthroposophische Schule erscheinen, das würde die Öffentlichkeit »störrisch« machen, sondern als eine »freie Schöpfung« auftreten. Die Bindung werde dadurch gewährleistet, dass viele Lehrer der *Anthroposophischen Gesellschaft* angehörten und eine »gewisse moralische Verpflichtung« hätten, sich »an Dornach« zu wenden. Offizielle Beziehungen oder gar ein Verwaltungsrat, der »von Dornach« ernannt werde, seien unmöglich. Wenn die Unterordnung »in offizieller Weise« erfolge, würden die Behörden »der Waldorfschule das Genick« brechen, warnte der umsichtige Meister übereifrige Adepten.[205]

Auch die anthroposophische *Freie Christengemeinschaft* ist hierarchisch gegliedert. An der Spitze steht der »Erzoberlenker«, den zwei weitere »Oberlenker«, die »Lenker« und eine Priestersynode beraten. Den Ritus der Glaubensgemeinschaft entwarf Steiner selbst. Gegründet wurde der Verband im September 1922 von unzufriedenen jungen protestantischen Theologen um Rittelmeyer und Michael Bauer (1871–1929). Als Initiator gilt Johannes Werner Klein (1898–1984), ein Kriegsfreiwilliger des Ersten Weltkrieges und Freikorps-Kämpfer, der in dem Werk *Baldur und Christus* (1923) ein germanisches Christentum propagierte. Klein verließ die Anthroposophie später, trat 1932 in die NSDAP ein und wurde Gauredner.[206] Der Organisation gehören heute etwa 20.000 Mitglieder an, ihre Vertreter erteilen einen sogenannten freichristlichen Unterricht an den Waldorfschulen.

Autoritäre Strukturen gehören zur Esoterik. Es wäre absurd, würden sich Eingeweihte einer demokratischen Kontrolle durch ihre Schüler stellen. Unverblümt lehnte Steiner-Biograph Lindenberg demokratische Strukturen in Gruppen, die »geistige Aufgaben« haben, ab.[207] Geheimniskrämerei und abgeschottete innere Zirkel entsprechen dem gegliederten Pfad der Einweihung. Steiner begründete, warum Eingeweihte selbst gegenüber intim Befreundeten schweigen, »weil Du auf der Stufe Deiner Entwicklung dem Geheimnis noch nicht den rechten Empfang in Deiner Seele zu bereiten verstehst«.[208] Albert Steffen, Steiners Nachfolger als Vorsitzender der Gesellschaft, behauptete, Menschen seien aufgrund ihres »vorgeburtlichen« Verhaltens zu »Herdenmenschen« oder als »Einspänner« prädestiniert.[209]

Viertes Kapitel: Von Wurzelrassen, Ariern und der Bürde des erleuchteten weißen Mannes

Die Systematik der Wurzelrassenlehre

Die Fülle rassistischer Zitate von Steiner und seinen Anhängern widerspricht der Annahme, es handele sich um einzelne Entgleisungen. Solche Sätze sind die Folge einer Lehre, die in diesem Kapitel systematisch dargestellt werden soll. Danach entwickelt sich der menschliche Geist auf der Erde in sieben Wurzelrassen mit je sieben Unterrassen. Die fünfte arische Wurzelrasse ist laut Steiner mehrere Jahrtausende lang, vom Untergang des mythischen Atlantis bis in eine ferne Zukunft, zur Führung ausersehen. Die Arier sind, wie Heyer sagte, »zur Erringung der Freiheit durch die denkende Urteilskraft bestimmt«.[1] Unter den sieben arischen »Unterrassen« ist die nordisch-germanische Rasse von 1415 bis zum Jahr 3573 die auserwählte Rasse. Die Deutschen seien von 1879 bis ins 23. Jahrhundert prädestiniert, die Mission der Ich-Entdeckung zu verwirklichen.

Diese Wurzelrassenlehre übernahm Steiner von den Theosophen Blavatsky und Alfred Percy Sinnet (1840–1921), ohne jedoch seine Quellen zu nennen. Die ersten fünf Wurzelrassen sowie einige Unterrassen beschrieb Steiner in dem Buch *Aus der Akasha-Chronik* zum Teil ausführlich. Diese Akasha-Chronik gilt Esoterikern als eine lebende Schrift, die nur Eingeweihte schauen können. In dieser ätherischen Schrift, so sagte Steiner, spielen sich die Vorgänge »in vollem Leben« ab, und man könne ferne Vergangenheiten erkennen, die weiter zurückreichen als die bekannte »äußere Geschichte«. Was die Zukunft betrifft, verstand sich der Mann als Prophet. Hellsehen galt ihm als die Quelle der Wahrheit, während er »verstandesmäßiges Philosophieren« als Ausdruck der »niedrigeren Menschennatur« schmähte.[2] Die Epigonen übernahmen diese Methode. Lauer bastelte an einem »geistig-geschichtlichen Horizont von weitestem Umfang« und klagte, die naturwissenschaftlichen Methoden seien in die Geschichtswissenschaft »verwirrend eingedrungen«. Deswegen erkenne niemand in der Fachwelt Steiners Leistungen an.[3] Guenther Wachsmuth (1893–1963) freute sich, dass die »zufälligen Funde« spärlicher werden »je weiter wir da zurückgehen«. An die Stelle archäologischer Arbeit kann die Spekulation treten, genannt »geisteswissenschaftliche Forschung«. Wachsmuth leitete Geschichte aus einer »kosmischen Periodik und

Rhythmik« ab.[4] Uehli konzentrierte sich auf Sagen und Mythen und behauptete, diese schilderten eine »umfassendere Realität«.[5]

Nach Blavatsky und Steiner gehen den Ariern vier Wurzelrassen voraus. Die ersten beiden, die polarische und die hyperboräische Rasse, hatten kaum menschliche Züge. Bei den Hyperboräern, sagte Steiner, schwand die Fähigkeit zur Selbstbefruchtung, Ernährungs- und Fortpflanzungsorgane wandelten sich zu Sprech- und Denkorganen. Die irdische Materie verdichtete sich, weshalb die Seele den Körper nicht mehr beliebig formen konnte.[6] Die dritte Wurzelrasse, die Lemurier, lebte auf einem später versunkenen Kontinent Lemuria im Indischen Ozean. Die Lemurier hausten in Erdhöhlen und atmeten eine wässrige milchartige Substanz ein. Sie waren geborene Magier, konnten Gedanken lesen und ungeheure Lasten durch ihren bloßen Willen heben. Ihr Aufgabe war es, den Willen auszubilden, wofür nach Steiner eine gewisse Brutalität notwendig war. Der Guru behauptete, dass in der lemurischen »Kinderzucht« das »Durchstechen des Körpers mit spitzen Gegenständen (...) ganz gewöhnliche Prozeduren« waren. Wer solche Foltern nicht ertrug, sei als unnütz angesehen worden. Die Lemurier ließen solche Schwächlinge »unter Strapazen zugrunde gehen«. Außerdem lernten sie, gut und böse zu unterscheiden.[7]

Für den Untergang der Lemurier lieferte Steiner verschiedene Erklärungen, einmal schrieb er von Vulkanen, an anderer Stelle ist die zweigeschlechtliche Fortpflanzung der Grund. Demnach wuchsen in der dritten lemurischen Unterrasse die getrennten Körper von Mann und Frau, wobei der männliche vom Willen, der weibliche von der Vorstellung geprägt wird, jedenfalls war Selbstbefruchtung nicht mehr möglich. Die Folge war ein triebartiges Leben, ein traumartiges, dumpfes Bewusstsein.[8] Ob es an den Vulkanen oder am Sex gelegen hat, jedenfalls erklärte Steiner, die spirituelle Evolution habe die Lemurier überrollt und ihr wenig entwickeltes Inneres in die körperliche Starrheit gezwängt. Dieses Verdikt, das Anthroposophen über Lebewesen, Menschen oder Tiere, aussprechen, meint, sie seien nicht (mehr) entwicklungsfähig und degeneriert. Steiner schrieb, die lemurische Wurzelrasse verfiel, die meisten sanken herab, gemäß seiner Regel, wonach der Aufstieg einer Minderheit immer den Abstieg der Mehrheit bedeute, in diesem Fall »bis zur Stufe der Wildheit«.[9]

Die Nachkommen dieser dritten Wurzelrasse bezeichnete schon Blavatsky als die »wilden Stämme« und Menschenaffen. Als das »Aussterben einer niedren Rasse« rechtfertigt sie damit den Völkermord der europäischen Kolonialisten in Afrika, Asien und Amerika: »Die Flutwelle der inkarnierten Egos ist über sie hinweggerollt (...) und ihr Verlöschen ist daher eine karmische Notwendigkeit.«[10] Auch Steiner entschuldigte den Massenmord mit Karma: »Nicht deshalb, weil es den Europäern gefallen hat, ist die indianische Bevölkerung ausgestorben, sondern weil die indianische Bevölkerung die Kräfte erwerben musste, die sie zum Aussterben führten.«[11]

Nur eine kleine Gruppe der Lemurier habe sich unter dem Einfluss höherer Wesen zum Keim der nächsten Wurzelrasse entwickelt.[12] Diese benannte Steiner nach Atlantis. Plato hatte einst einen Inselstaat Atlantis beschrieben. Der Mythos findet sich in den Werken vieler faschistischer Autoren, etwa bei Julius Evola, Alfred Rosenberg oder Hermann Wirth. Alle Lokalisierungstheorien gelten als widerlegt, was Esoteriker und Nazis nicht anficht. Unter Anthroposophen gilt Atlantis als historische Realität, die sie verteidigen und die in Waldorfschulen gelehrt wird. Uehli und Wachsmuth fertigten sogar Skizzen an, in denen sie Atlantis zwischen Europa und Amerika einzeichneten.[13] Steiner zufolge war Atlantis eine Million Jahre lang Schauplatz der Kultur. Er behauptete, aus einer Zeit zu berichten, die über zehntausend Jahre zurückliege.[14] Seiner Vision zufolge trieben die Atlantier Ackerbau und besaßen hoch entwickelte Kenntnisse der Tier- und Pflanzenzucht. Sie verfügten über eine besondere Lebenskraft, die es ihnen erlaubte, mit Pflanzensamen zu heizen und mit speziellen Fahrzeugen über dem Boden zu schweben. Die Luft sei dichter und das Wasser dünner gewesen, »alles mit der Natur im Bunde«, fabulierte Steiner. Die Bewohner von Atlantis konnten nicht logisch denken, hatten dafür ein tolles Gedächtnis: »Man dachte nicht, man erinnerte sich.«[15]

Die Ordnung war theokratisch. Führer mit enormen Fähigkeiten, die sie »von höheren, nicht unmittelbar zur Erde gehörenden Wesenheiten«, von Götterboten, erhalten hatten, herrschten über die Masse. In Mysterientempeln wurden die Führer eingeweiht, dort entstanden auch die verschiedenen Rassen. Die Religion sei das neue spirituelle Element, das auf Atlantis entstehe. Ominöse »hochentwickelte Wesenheiten« waren am Werk, die mit den »Gesetzen der Rassenbildung« bekannt waren. Den atlantischen Frauen räumte Steiner großen Einfluss ein, sie hätten »die Willensnatur, das Kraftstrotzende der Männer veredelt«. Ihre emotionale Kompetenz gipfelte laut Steiner in einer »Vorherrschaft der Frauenseele«, die bis in die vierte Unterrasse angehalten habe, also sich auf jene Gruppen erstreckte »aus welchen später die eigentlich fortgeschrittenen Rassen hervorgegangen sind«. Auch die Masse der Atlantier verfiel, nur ein kleiner Teil bildete den Kern für die fünfte arische Wurzelrasse.[16]

Bei Atlantiern und Ariern schilderte Steiner auch Eigenarten und Aufgaben der jeweiligen sieben »Unterrassen«. Die erste atlantische Unterrasse, die Rmoahals, konnten mit Worten zaubern. Sie zähmten dadurch Tiere und brachten Pflanzen zum Wachsen. Ihre Nachfolger, die Tlavatli, entwickelten ein Bewusstsein vom Wert des Individuums. Sie waren ehrgeizig und schufen Ahnenkult und Königswürde. Die Tolteken gründeten Staaten mit Regierungen und führten die Erbfolge für die spirituell eingeweihten Herrscher ein. Wachsmuth beschrieb diese Tolteken als Vorläufer aller indianischen Gruppen: Sie seien durch eine »stark einseitige Ausbildung des Kopf- und Sinnessystems« frühzeitig der »Verknöcherung« und »Vergreisung« verfallen.[17] Mit dieser dritten Unterrasse sehen Anthroposophen schon den Verfall der Atlantier einsetzen, weil die Menschen »selbstsüchtig« wurden. Die Nachfahren der Tolteken, die Ur-Turanier, beschrieb Steiner als eigensinnig, egoistisch und triebhaft.[18]

Die fünfte Unterrasse entwickelte als Gegengewicht zum Egoismus die logische Denkkraft und die Urteilskraft, verlor dafür aber die Lebenskraft. In dieser Darstellung spiegelt sich die ambivalente Haltung gegenüber Rationalität wieder, die Steiners Werk durchzieht. Diesen Zwiespalt stellte er gelegentlich als kosmischen Kampf zwischen dem Dämon Ahriman und dem Erzengel Michael dar. Bildung und Wissenschaft waren für den Kleinbürgersohn einerseits Mittel und Ausweis des sozialen Aufstiegs; selbst seine verrücktesten Spekulationen verkaufte er noch als Wissenschaft. Andererseits teilte er die völkische Aversion gegen den Intellektualismus, den er als zersetzendes Gift schmähte und als jüdisch identifizierte. Die Synthese lautet, dass logisches Denken eine wichtige Etappe auf dem Weg zur spirituellen Erleuchtung darstelle.

Diese zwiespältige Haltung findet sich auch in der Charakterisierung der fünften Unterrasse der Atlantier, die Steiner bezeichnenderweise Ur-Semiten taufte. Deren begabtesten Teil lässt er zum Keim der arischen Rasse aufsteigen, »welche die vollständige Ausprägung der denkenden Kraft mit allem, was dazugehört, zur Aufgabe hat«. Die Masse der Ur-Semiten trifft aber laut Steiner der Fluch der Ratio, sie produzieren »unruhige Zustände«, beherrschen Techniken wie das Feuer, aber ohne religiösen Charakter, und gehen schließlich an »Neuerungssucht und Veränderungslust« zugrunde.[19] Wieder griff Steiner ein Motiv auf, das deutsche Romantiker formuliert hatten: Rationales Denken zerstört die Religion als ideologisches Fundament von Herrschaft.

Die letzten zwei atlantischen Unterrassen, Akkadier und Mongolen, seien für eine weitere Entwicklung ungeeignet, schrieb Steiner.[20] Bevor Atlantis im Ozean versank, wanderten einzelne Gruppen aus. Die Nachkommen derer, die in den Westen, nach Amerika gingen, diffamierte Steiner als »dekadente« Abzweigung. Sie seien eine jener Gruppen, bei denen das Knochensystem zu früh verhärtete. Solche Menschen blieben als »degenerierte Menschenrasse zurück«. Bei der »malaiischen Rasse« diagnostizierte der Geisterseher Steiner ein zu früh verhärtetes Nervensystem, bei den Schwarzen ein verhärtetes Ernährungssystem und bei den Mongolen verhärtetes Blut sowie einen naiven Glauben an das Leben.[21] Er stellt Indianer, Malaien, Schwarze und Mongolen mit Tieren auf eine Stufe, indem er physische Verhärtung und damit spirituellen Stillstand unterstellte.[22] Die Indianer würden auf dem Weg zum Arier und zum Übermenschen »herausgesetzt« wie die Affen.

Die Übergangsphase zwischen Atlantiern und Ariern schilderte Steiner als Wanderung und permanente Auslese. Die Flüchtlinge aus Atlantis seien erst von Westen nach Osten gewandert und hätten Europa, Nordafrika und Asien besiedelt. Außer einigen Götterboten, menschlich-göttlichen Doppelwesen, habe die große Masse in einer naturwüchsigen und dumpfen Art vegetiert und sei dem »allmählichen Aussterben geweiht« gewesen. Eine kleine Gruppe aber habe das Denken entwickelt, aus ihnen wählte »Hauptführer« Manu, ein göttliches Wesen in Menschengestalt, »die Befähigsten heraus, um aus ihnen eine neue Menschheit hervorgehen zu lassen«. Diese Auserlesenen wurden in Innerasien isoliert: Sie sollten dort die göttlichen Kräfte erkennen, denen sie bisher unbewusst gefolgt waren und sich als »ausführende Organe der göttlichen Vorsehung« begreifen. Die Gruppe musste zwei weitere Selektionen bestehen. Manu wählte nochmals eine kleine Schar aus, von denen wiederum die »Befähigsten« unmittelbar in seine »göttliche Weisheit« eingeweiht wurden. Dieser Elite entstammten die »heiligen Lehrer«, die Priesterkönige und Führer. Diese Priester seien ohne jede Begierde, »karmafrei« gewesen und installierten kraft ihrer »überpersönlichen Weisheit« das Kastensystem.[23]

Auf einer zweiten Wanderung, diesmal von Osten nach Westen, schufen die neuen Arier bei den zurückgebliebenen Gruppen sämtliche Hochkulturen.[24] Die Anthroposophie Steiners unterscheidet sich in dieser rassistischen Hypothese von Guido List und dessen Leser Adolf Hitler: List glaubte, die Arier stammten von einem Kontinent am Nordpol und seien durch die Eiszeit vertrieben worden, bevor sie die Menschheit mit Kultur beglückten.[25] Die Funktion der Arier, »zu denen unsere heutige Kulturmenschheit gehört«, ist laut Steiner, »die Denkkraft« zu entwickeln,[26] wobei der Gipfelpunkt eine »Geistesschau« ist, so dass »ein größerer Teil der Menschheit dazu kommen wird, einem menschlichen Manu frei zu folgen, wie das die Keimrasse dieser fünften mit dem göttlichen getan hat«. Ist dieser Zustand erreicht, werde sich den Menschen »der größte Eingeweihte« öffentlich enthüllen«.[27]

Menschen, die nicht europäischer Abstammung und nicht weißer Hautfarbe sind, wurden von List, Blavatsky und Steiner als minderwertig angesehen. Schon beim Auszug aus Atlantis sei die europäische Bevölkerung »mit der stärksten hellseherischen Anlage begabt« gewesen. Deshalb hätten, so Steiner, die alten Europäer im Unterschied zu Afrikanern und Asiaten ein starkes Bewusstsein von Persönlichkeit und Freiheit gehabt.[28] Sigismund von Gleich behauptete, die Ich-Entwicklung habe »im fortgeschrittensten Menschheitsteil innerhalb der ersten weißhäutigen Rasse der Atlantier« begonnen.[29] 1910 entwickelte Steiner vor Zuhörern in Oslo zwei Rassentypologien. Die eine funktioniert nach dem Schema Jugend-Aufstieg-Verfall, das auch Spengler benutzte. Die Afrikaner seien von Kräften aus dem Inneren der Erde geprägt und wiesen kindliche Züge auf, während die Asiaten jugendliche Merkmale ausgeprägt hätten. Reife habe nur Europa erreicht, während Amerika, gemeint sind die Indianer, vom Alter gezeichnet sei.[30] Bei der zweiten Typologie sind »normale und abnormale Geister der Form« am Werk. Steiner orientierte sich am Stereotyp der Hautfarbe und entwickelte eine Systematik, die nicht ganz mit dem Wurzelrassenschema übereinstimmt. Zur weißen Jupiterrasse beispielsweise rechnet er Gruppen, die nach der Wurzelrassenlehre verschiedenen Unterrassen angehören.

Das Konzept der Wurzelrassen behielt Steiner bei, auch wenn er später von Kulturepochen sprach. Im Streit mit den Theosophen (1907 bis 1913) betonte er die Rolle der Europäer und Weißen bzw. christlich-abendländischer Spiritualität gegenüber den asiatischen Religionen, die als dekadent abqualifiziert wurden. Während und nach dem Ersten Weltkrieg spitzte Steiner seine Lehre zu: Die Deutschen seien zur spirituellen Mission prädestiniert, während die Entente-Mächte als dekadent (Franzosen und Italiener), dem Materialismus verfallen (Briten) oder kindlich-brutal (Russen) karikiert wurden. Die übelsten rassistischen Ausfälle leistete sich der Guru 1923 während der Rheinlandbesetzung durch französische und belgische Truppen, die zum Entsetzen aller nationalen deutschen Strömungen auch aus Soldaten aus den afrikanischen Kolonien bestanden.[31]

Trotz mancher Unterschiede blieb der Tenor stets gleich: Steiner betonte die Überlegenheit der Weißen und die Minderwertigkeit nicht-weißer Menschen. Diese Eigenschaften führte er auf physische Merkmale zurück, die ihrerseits das Werk von Geistern seien. So sei eine schwarze »Merkurrasse« dadurch entstanden, dass bestimmte Geister das Drüsensystem von Menschen »durchkochen«. Andere Geister hätten sich an Nerven und Atmung zu schaffen gemacht, was die malaiische »Venusrasse« ergab, die dritte Gruppe von Geistern wirkte über das Blut und produzierte die mongolische »Marsrasse«.[32] Bei Indianern und Afrikanern wirkten die »abnormen Geister der Form« auf das Drüsensystem. Steiner titulierte die Indianer als »die Rasse des finstern Saturn« und Amerika als den Ort, »an dem die Rassen oder Kulturen sterben«.[33] Die Prognose, dort finde die »Abenddämmerung der Menschheit« statt, ihr »Hinsterben in einer Art Verknöcherung«, ist doppeldeutig.[34] Sie kann sich sowohl auf die Indianer als

Nachkommen der Atlantier beziehen als auch darauf, dass die Amerikaner der Zukunft (ab 5733 bis 7893) die siebte und letzte der prophezeiten arische Unterrassen sein werden, also wie auf Atlantis jene vor dem Untergang.[35] Bis dahin müssen die Arier nach Steiners Weltenplan ihre Mission erfüllt haben. Denn in der europäischen »Jupiterrasse« wirken die Kräfte über jenen Teil des Nervensystems, der auf Hirn und Rückenmark zentriert ist, woraus laut Steiner ihre besondere Aufgabe erwächst: »Sie soll den Weg machen durch die Sinne zum Geistigen, denn sie ist auf die Sinne hin organisiert.«[36]

Für den Begründer der Antroposophie stand fest: »Die weiße Rasse ist die zukünftige, ist die am Geiste schaffende Rasse«, während Schwarze »alles Lichte und alle Wärme vom Weltenraum aufsaugen« und im Hinterhirn und Rückenmark verarbeiten. »Der Neger«, schwafelte Steiner, werde »drinnen fortwährend gekocht« und habe deshalb ein »starkes Triebleben«.[37]

Die Mission der Arier

Die sieben arischen Unterrassen entwickeln laut Steiner stufenweise das Ich-Bewusstsein. Heyer behauptete, ihre Kulturen seien direkt aus dem Kosmos gestaltet worden, was er anhand der Tierkreiszeichen beweisen wollte.[38] Die erste Unterrasse, die Ur-Inder (7227 bis 5067 v.u.Z.), verfügte noch über ein »natürliches Hellsehen«, war aber nur »in gewissen Grenzen entwicklungsfähig«, behauptete Steiner. Der Volksgeist arbeitete an ihrem Ätherleib, ohne dass das Ich erwachte, und deshalb entwickelte der Osten nur eine instinktive Weisheit.[39] Otto Fränkl und Albert Steffen lehnten deshalb Gandhi als Vertreter einer zurückgebliebenen Spiritualität ab. Steffen behauptete, Gandhi könne nur in Indien wirken, weil Religiosität dort »im Blute« liege, »ererbter Instinkt« sei.[40] Der Europäer hingegen benötige (geistes-)wissenschaftliche Erkenntnis. Fränkls Aussagen sind in sich nicht stimmig: Einerseits warnte er, Gandhis Ashram-Regeln würden in Europa »zum Untergang der Kultur führen«, weil sie auf »passiven orientalischen Tugenden« basierten, andererseits warf er dem Mahatma vor, eine »starre hinduistische Traditionstreue« rationalistisch auszulegen. Deshalb, so kritisierte Fränkl, mangle es Gandhi an »einem auch nur ahnungsvollen Verständnis für den spirituellen Ursprung vom ›Schutz des Rindes‹ und des Kastenwesens«.[41]

Von den Ur-Indern abgesehen, die als Arier gelten, sind Asiaten für Steiner dekadente Mongolen.[42] Die Chinesen wiederholten bloß, was in Atlantis geschah, bevor sie erstarrten.[43] Das Geistige im Osten sei in der

Dekadenz, im »Zustand des Faulens«, der Asiate »senil und greisenhaft«, hetzte Steiner 1920 in Stuttgart.[44] Asiaten könnten nicht selbständig denken, behauptete er. Zum Beweis erzählte er eine Anekdote über Japaner, die ohne die Hilfe englischer Ingenieure mit einem Schraubendampfer immer nur im Kreis fuhren. »Die Japaner werden daher alle europäischen Erfindungen ausbilden; aber selber etwas ausdenken, das werden die Japaner nicht«, prognostizierte der Seher.[45]

Als zweite arische Unterrasse gelten die alten Perser (5067 bis 2907 v.u.Z.). Sie entwickelten angeblich die Wahrnehmung im Empfindungs- oder Astralleib, entdeckten den Gegensatz zwischen Licht und Welt, zwischen Ormuzd und Ahriman. Je mehr Steiner sich der Phase der Geschichte nähert, aus der schriftliche und steinerne Zeugnisse überliefert sind, desto schwieriger lässt sich der Unsinn von den Unterrassen aufrechterhalten. Deshalb fasste Steiner Ägypter, Chaldäer und Babylonier in einer dritten Epoche zusammen (2907 bis 747 v.u.Z.), in der die »Empfindungsseele« reifte. Wieder herrschten die Eingeweihten, die Menschen lebten noch in bewusstem Zusammenhang mit früheren Inkarnationen.[46] Durch Astrologie und Geometrie hätten die Eliten dieser Völker das Geistige hinter dem Sinnlichen erkannt. Dazu schrieb von Gleich in seinem Werk *Marksteine der Kulturgeschichte*, das Waldorflehrern zur Vorbereitung des Unterrichts empfohlen wurde, die Chaldäer hätten ein instinktives »hellseherisches Eisen-Mars-Bewusstsein in der Kehlkopfgegend« gehabt. Wer damals als Eingeweihter hochpotenziertes Kupfer gelutscht hätte, habe die Seelen von Verstorbenen bis zur Venus begleiten können.[47]

In Steiners vierter, der griechisch-lateinischen Kulturepoche (747 v.u.Z. bis 1413) bastelte der Volksgeist an der Verstandes- oder Gemütsseele. Die Römer hätten dem Ich im physischen Bereich Geltung verschafft, beispielsweise durch das Recht. Diese Errungenschaft gilt als zwiespältig, weil zugleich unter der Herrschaft »intellektualistischer« Priester das Wissen um den göttlichen Ursprung des Geistes verlorengegangen sei und damit die Basis der Priesterherrschaft.[48] Heyer sprach von einer »Verdunklung des Geistbewusstseins«, an dem das egoistische Ego der Römer schuld sei.[49] Die spirituelle Mission der romanischen Völker bestand darin, das Ich durch Impulse der Empfindungsseele in verschiedenen Nuancen auszubilden.[50] So sorgte Frankreich in der Übergangsphase bis zur germanisch-nordischen Epoche ab 1413 dafür, dass sich die romanische Verstandes- und Gemütsseele mit dem Ich mischte.

Die Leistungen der ersten vier arischen Unterrassen bzw. Kulturepochen sind reine Vorarbeit. Entscheidend ist nach anthroposophischer Ansicht die Bewusstseinsseele. Mit ihrer Hilfe erschließe sich dem Menschen sein wahres göttliches Ich, und diese spirituelle Aufgabe müssen die Germanen erbringen. Die germanisch-nordischen Völker können laut Steiner durch intuitives »Schauen« das Geistig-Göttliche in der Außenwelt finden und zugleich den Verlockungen Ahrimans widerstehen. Ihre Aufgabe sei die Rückkehr zur Spiritualität.[51]

Den Germanen folgen ab 3573 die »Westasiaten« und Slawen als sechste Unterrasse, prophezeite Steiner. In ihnen werde das Geistselbst in die Bewusstseinsseele dringen. Diese Prognose war für manche Nazis ein Grund, die Anthroposophie abzulehnen. Dass die Germanen in etwa 1500 Jahren das Zepter abgeben sollen, schien ihnen ein unerträglicher Gedanke.[52] Bis dahin jedoch gelten die Menschen Osteuropas und Westasiens der Anthroposophie als »Kultur im Vorbereitungsstadium«. Steiner beschrieb die Polen als schlampig und verlogen.[53] Herbert Hahn (1890–1970), ab 1919 Lehrer an der ersten Waldorfschule in Stuttgart, bezeichnete Slawen als naiv, melancholisch und in einer östlichen »Ergebensheitsstimmung des Nicht-Handelns« versunken.[54] Rittelmeyer schilderte russische Kriegsgefangene im Ersten Weltkrieg als schwermütig und »wie Kinder« und führte dies auf deren Rasse zurück: »Sie könnten uns eher verstehen, wenn sie nicht so unterentwickelt wären.«[55] Slawen im Allgemeinen und Russen im Besonderen seien fanatisch, unmenschlich und von Dämonen getrieben, schrieb er 1932. Durch den Bolschewismus würden sie zur Weltgefahr. Das Ich, in der Anthroposophie das entscheidende Glied, sei bei »dem Russen« noch nicht entwickelt, »darum spielen mit ihm auch alle Geister der Besessenheit«.[56] Paul Bühler (1903–1966) schmähte Russen als barbarisch, roh und unfertig. Ihre Kultur habe aufgrund der asiatischen und byzantinischen Einflüsse und des normannisch-slawischen »Blutimpulses« etwas »Verwesungsduftendes«.[57]

Die Entwicklung nach Steiner

Führende Anthroposophen wie Wachsmuth, Karutz, Poppelbaum, Uehli, Heyer, Lauer und Arnold Wadler betätigten sich in den 20er- und 30er-Jahren als Rassenkundler und feilten an Details. 1916 verfasste von Bernus unter dem Titel *Vorgesang der Neuen Zeit* eine lyrische Version der Wurzelrassen-Geschichte zur Erbauung der Deutschen im Schützengraben und an der Heimatfront.[58] Karutz rückte die Menschen »primitiver« Rassen, vor allem Afrikaner, auf die Stufe der Tiere. Sie hätten, schrieb er, »ihre seelische Entwicklung durch den Ich-Impuls zu früh unterbrochen«. Deshalb verfügten sie über kein richtiges Ich, sondern nur über eine Gruppenseele in der Geisterwelt, die sie von außen führe. Physisch zeige der »Primitive« deshalb tierische Züge, sei widerstandsfähig gegen Schmerzen und rhythmisch veranlagt. Die Ich-Entwicklung Schwarzer bedürfe der »Erziehung« durch Weiße und einer Reinkarnation als Weißer.[59]

Der Zoologe Poppelbaum leitete Rassen und ihre Sexualität aus Kosmos, Boden und Klima ab. Seiner »Äthergeographie« zufolge sind in gemäßigten Breitengraden sogar die Pflanzen keusch, während im tropischen Urwald »überstürzende Triebkräfte« herrschen: »Ein Chaos ungezähmten Eigenwillens, geiler Strebungen lebt sich aus.« Der Mensch in den Tropen werde »widerstandslos« hineingerissen und von der »irdischen Erde« umklammert.[60] An Bewohnern der Tropen »verraten« schon der »vorspringende Unterkiefer und die aufgeworfenen Lippen« die »Übermacht des Stoffwechselsystems«. Poppelbaum kommt zu dem aus anthroposophischer Sicht verheerenden Ergebnis: »Die Erde hat sich ihrer bemächtigt.«[61] Schwarze klassifizierte er als heitere, sorglose Naturkinder, faul, geduldig im Ertragen von Strapazen, harmlos und emotional, was sich in Spiel und Tanz ausdrücke, aber auch unberechenbar und grausam.[62]

Noch stärker als die Vererbung präge der »Bildekräfteleib« der Erde, den sich der Zoologe als Geist vorstellte, den Menschen. Deshalb würden die Nachkommen englischer Einwanderer in den USA dem »indianischen Typus« ähnlich.[63] Poppelbaum stellt sich die Erde wie siamesische Zwillinge vor, die am Hintern zusammengewachsen sind: Die Polarkreise seien dem Kosmos zugewandte Köpfe, die Menschen dort, die Eskimos, angeblich lebensunmutig und kugelförmig. Die Tropen stellten zwei ineinander verflochtene Unterleiber dar und die gemäßigte Zone ist das Herz, der Ausgleich.[64] »Wir verstehen, warum die große Entwicklung des Menschen zur Freiheit im wesentlichen von Völkern der gemäßigten Zone getragen wurde.«[65] Der welthistorische Anstoß zum »Ich-Menschen« erfolgte in den mittleren Breiten, Völker anderer Regionen reduzierte Poppelbaum auf »Helfer« dieser evolutionären Entwicklung.[66] Die rassistische Logik des Zoologen ist in sich widersprüchlich, weil es zwei gemäßigte mittlere Breiten gibt, in denen die Ich-Entwicklung stattfinden müsste. Allerdings diffamieren Steiner und seine Jünger die Indianer Argentiniens und Chiles sowie die Buschmänner Südafrikas als degenerierte Wesen.

Der Rassenlehre gewidmet war auch das dritte Jahrbuch *Gäa-Sophia* (1929) der naturwissenschaftlichen Sektion der *Freien Hochschule* in Dornach, der von Steiner gegründeten Kaderschmiede. Aufgabe einer anthroposophischen Völkerkunde sei das »geistige Erkennen« von unsichtbaren »höheren Geisteswelten«, die die »Entwicklung der Völker, Rassen und Zeitepochen planvoll und willensstark leiten«, schrieb Herausgeber Wachsmuth. Diese Völkerkunde trachte nach einer »vollständigen Registratur von ›Rassenmerkmalen‹« sowie der Metamorphose des Lebendigen, hin »zur Ausbildung bestimmter Erkenntniskräfte und immer höherer

Bewusstseinsstufen«. Wachsmuth bezeichnete diesen Ansatz als Volksseelenlehre.[67] Er referierte, wie nach Steiner Rassen entstanden. Die Indianer hätten eine überentwickelte Egoität, während die schwarzen Rassen Afrikas »wie die Pflanzen Ich-los und dumpf vegetierend den Wirkungen der Sonnenstrahlen hingegeben sind«. Rote und schwarze Farbnuancen der Haut entspringen laut Wachsmuth einer zu starken oder zu schwachen, auf jeden Fall anormalen Ich-Entwicklung. Die Veranlagung zum »normalen, mittleren Ausgleich der Extreme zeigt sich in der weißen Hautfarbe der europäischen Rassen, welche die Aufgabe haben, die richtige ausgeglichene Ich-Entwicklung herbeizuführen«.[68]

Phrenologie und Physiognomik benutzt Poppelbaum, um über Schädelformen und den Wert von Menschen zu spekulieren. Sein Beitrag ist illustriert mit Fotos und Bildtexten im Stil der Nazi-Propaganda, die Angehörige verschiedener »Rassen« zeigen sollen. Das Gesicht eines »indogermanischen« Tamilen wird, entsprechend der Wurzelrassenlehre, als harmonisch, das eines Indianers als »überaltert« gewertet. Den Kopf eines »Negers aus Togo« stuft Poppelbaum als knabenhaft ein, den Ausdruck eines Mongolen als träge und starr.[69]

Die Wurzelrassenlehre nach dem Ende des Nationalsozialismus

Diese abstruse Rassenkunde überstand den Zusammenbruch des Faschismus. Der Begriff der Wurzelrasse, den Steiner selbst schon nach einiger Zeit nicht mehr benutzte, taucht in der Regel nicht mehr auf. Baumann (1991) schreibt in Bezug auf den Begriff Unterrassen, es handele sich um einen theosophischen Ausdruck für diejenige »Menschenart«, die den Charakter einer rund 2000 Jahre dauernden Epoche bestimme. Steiner habe die Begriffe Kulturepochen oder Kulturen bevorzugt, weil seit dem atlantischen Zeitalter die Eigenheiten, die durch Blut und Rasse bestimmt seien, gegenüber geistigen Quellen an Bedeutung verlieren.[70] Baumanns Darstellung ist nicht ganz korrekt, weil bei Steiner der Rassenbegriff bis zum Ende der fünften arischen Wurzelrasse gilt und die Rassen erst in Zukunft überwunden werden. Hinter den verschiedenen Worten verbirgt sich stets dieselbe Idee, wonach bestimmte Rassen und Völker in bestimmten historischen Epochen ihre Mission für die Entwicklung der Menschheit ausführen.[71] Selbst wenn es um ganz andere Themen geht, nehmen Autoren Bezug auf diese Theorie. So verweist Hauschka in seinem Werk über Heilmittel zweimal auf die verschiedenen Kulturperioden und ihre Folgen.[72] Es gibt allerdings durchaus Autoren, die weiterhin den Begriff Wurzelrasse verwenden, etwa Monika Neve (1989), eine Waldorflehrerin, oder Wolfgang Peter (1997) aus Wien, der die Webseite *Anthroposophie.net* betreibt.[73]

Die »Grundtatsachen auch einer Völkerkunde und Rassenlehre« seien in Steiners *Die Geheimwissenschaft im Umrisse* enthalten, schreibt Wolfgang Moldenhauer (1950) zurecht. Er paraphrasiert dessen Lehre, wonach sich auf Lemuria die Leiber verfestigt und auf Atlantis verschiedene Rassen gebildet haben, wobei einige Gruppen-Engel als Erzengel die Kulturvölker führen, andere Völker tauchen tiefer in die Ätherleiber ein: »So entstehen die Naturvölker, deren Glieder zwar physische Menschenform zeigen, aber in einer den Tiergattungen bis zu einem gewissen Grade vergleichbaren Gruppenseelenhaftigkeit leben.« Moldenhauer fabuliert über »sieben Stufen gruppenmäßiger Entwicklung der Menschheit«, wobei er eine »räumlich-zeitliche Mischung und Differenzierung von Rassen und Völkern durch Fortschreiten und Zurückbleiben« als »Grundtatsache der Völkerkunde« bezeichnet.[74] Aus dem Nachlass des Rassenkundlers Karutz veröffentlichte *Das Goetheanum* 1950 einen Text mit dem Titel »Die Rassen der gestalteten Erde und Vorgeschichte«. Nach Auffassung von Karutz war es die Mission der atlantischen Epoche, die Menschenform so zu harmonisieren, dass sie das Ich aufnehmen und »gestaltete Formen« so über die Erde ausstreuen kann, dass sie sich in verschiedenen Gegenden zu Rassetypen festigen konnten. »Von den passiven Seelen, deren Hingabe an die Umgebung bis zur Aufnahme der physischen Sonnenwirkungen in die Tiefen der Haut, bis zum pflanzenhaften Kohlenstoffprozess in der Haut ging, bis zu den aktivsten Seelen der weißen Rassen hängen die Farbenschattierungen von der Entwicklung des Ich-Gefühls ab.« Die Gruppen, die früher von Atlantis auswanderten, wie die Buschmänner oder die Chinesen, seien darum nicht so hoch entwickelt wie die Arier, die länger ausgeharrt hätten.[75] Generalsekretär Wachsmuth publizierte 1953 ein Buch, in dem er die Stereotypen Steiners über »zurückgebliebene« und »erstarrte« Völker wiederholte.[76]

Auch an der führenden Rolle der Germanen halten Anthroposophen fest. So schreibt Fritz Wörsching (1945), dass die Seelenart der Menschen im Norden Europas »diese Völker besonders geeignet macht, ein tiefes gemüthaftes und unmittelbar menschlich-persönliches Verständnis dem Christentum entgegenzubringen«. Ihre Kultur sei zwar primitiver als die der griechisch-lateinischen Völkern, aber deren Kultur sei tot, eine »alternde Geistesströmung vertrocknet und verstroht«.[77] Mit dem Wirken von Mönchen im Norden beginne jene Kulturepoche, »der wir heute angehören, in der Europa die Führung übernahm und die wir als die V. nachatlantische Kulturepoche (beginnend 1413) kennen«.[78] Uehli (1952) führt die italienische Renaissance auf »die germanische Blutmischung« zurück:

Rom sei unschöpferisch und dekadent gewesen, erst die Germanen brachten während der Völkerwanderung ein Geistesleben nach Italien, das sie durch Ahnung, Träume und Kulte noch mit der übersinnlich-göttlichen Welt verband. Die römische Oberschicht paktierte mit der Kirche gegen die Germanen und beseitigte deren Herrschaft in Italien. »Nicht untergegangen sind deren Blutskräfte, nicht das Mutartige und Freiheitliche der germanischen Seelenhaftigkeit.« Und deshalb hätte, schreibt Waldorflehrer Uehli, die Renaissance ohne den Anteil des »germanischen Volkstums« nicht stattgefunden. Germanisches Blut habe einem Dante »das Kühne, das Mutartige« in seinem Denken gegeben.[79]

Die Behauptung der amerikanischen New-Age-Konkurrenz, wonach das »Wassermannzeitalter« schon jetzt beginne, wies die Waldorflehrerin Neve zurück. Die Epoche der germanisch-angelsächsischen Kultur unter dem Sternzeichen der Fische sei erst zur Hälfte abgelaufen, schrieb Neve. Das New Age bricht nach anthroposophischer Berechnung nicht vor dem Jahr 3573 aus.[80] Baumann schreibt in seinem Anthroposophie-Wörterbuch (1991), dass die Völker des germanischen Kulturkreises ab 1413 die Bewusstseinsseele ausbilden, ihnen folgen ab 3573 die Slawen, die das Geistselbst entwickeln.[81] Patrick Dixon (1993) entwarf eine eigene Ethno-Geographie: Demnach liegen der Kopf und die oberen Teile des Körpers der Erde in der nördlichen Hemisphäre des Planeten, die unteren Gliedmaßen im Süden. Daraus folgt für ihn, alle »führenden« Kulturen hätten ihr Zentrum im Norden gehabt.[82]

Indianer, Schwarzafrikaner und Asiaten behielten auch nach dem Holocaust in der Anthroposophie einen minderen Status. Hiebel notiert 1957: »Die Saturnrasse der Indianer und die Marsrasse der Mongolen entwickelten ein zu starkes Ich-Gefühl, während die Merkurrasse der Neger und die Venusrasse der Malaien ein zu schwaches Persönlichkeitsempfinden ausbilden konnten. Während die Indianer ein einseitig melancholisches, die Mongolen ein extrem cholerisches Rassentemperament ausleben, erscheinen die Neger vorwiegend sanguinisch und die Malaien phlegmatisch. Die Jupiterrasse der Kaukasier, die sich am spätesten entfaltet hatte und deshalb am geringsten verhärten musste, zeigt hingegen die glücklich-harmonische Mischung aller vier Temperamente.«[83] Auch die heutigen »sogenannten Wilden« sind für Neve »Degenerationen vormals höherer Kulturen«.[84] Martin Barkhoff (1992) schreibt über das »Erwachen der türkischen Völker« nach dem Zusammenbruch der Sowjetunion. Er beschreibt die alten Turaner als Nomaden mit einer »ererbten dekadenten magischen Geistesart«, die als Räuber nur von der Erde nahmen, aber nichts gaben. Diesen »Wüstenbringern« seien die Iraner als Gartenbildner gegenüber gestanden. Diese Epoche der urpersischen Kultur – in anderer

Terminologie die zweite arische Unterrasse – werde sich in einer künftigen slawischen Epoche widerspiegeln, in der es gelte, die Impulse der Gartenbauer und Wüstenbringer zu vereinen.[85]

Die Kulturmission der Slawen hat der russische Anthroposoph Prokofieff (1995) weiter ausgesponnen. Er bezieht sich auf die Prognose Steiners über die sechste Kulturepoche, in der das Geistselbst ausgebildet werden soll. Prokofieff beschreibt, warum dafür die Russen prädestiniert seien. Demnach stammen sie von atlantischen Auswanderern ab, die unter Führung eines großen Eingeweihten namens Skythianos nach Norden zogen. Deren Nachkommen, besonders im Norden des europäischen Russland, hätten ihre Seelen rein und von Luzifer unberührt gehalten.[86] Äußerlich seien die Russen auserwählt dank einer »normannisch-slawischen Blutsmischung«, die die Waräger (Schweden) verursacht hätten.[87] Dank dieser Wikinger, die im 9. Jahrhundert kamen, erhielt »das Blut, das in den Adern des ostslawischen Volkes floss, nun eine bestimmte Zugabe (...), die es in höherem Maße zum Träger des Impulses macht«.[88] Prokofieff entwirft ein Verschwörungsszenario, das bis ins frühe 17. Jahrhundert zurückreicht, in dem die katholische Kirche und westliche Logen, Jesuitismus und Amerikanismus, als das Böse fungieren.[89] Dennoch werde das ostslawische Volk, das heißt die Russen, »früher oder später in aller Objektivität die Notwendigkeit einsehen, dass es die höchste Frucht der gesamten geistigen und kulturellen Entwicklung Mitteleuropas, die anthroposophisch orientierte Geisteswissenschaft, in den Kreis seines inneren Lebens aufnehmen muss«.[90] Prokofieff nimmt damit den völkischen Dünkel Steiners und seines Lehrers Schröer aus den 1880er-Jahren auf, der als Lehre von der Kulturmission Mitteleuropas in die Anthroposophie eingeflossen ist.

Im Unterschied zu Slawen gelten Asiaten als nicht entwicklungsfähig. Emil Bock (1948) schmähte ihre Spiritualität als unzeitgemäß, dekadent und luziferisch.[91] Bock (1895–1959) war ab 1938 Nachfolger Rittelmeyers als Erzoberlenker der *Christengemeinschaft*. »Die Chinesen blicken auf eine alte Kultur zurück und sind die Nachkommen der siebten Unterrasse, der letzten innerhalb der Entwicklung der atlantischen Zeit. Nach ihrer Auswanderung in das heutige China setzten sie diese Kultur in ihrer Abgeschlossenheit in unsere heutige nachatlantische Zeit fort, ohne den Keim einer neuen Entwicklung in die Zukunft legen zu können«, behauptet Helmut Knauer (1956). »Dasselbe gilt auch für die Japaner, die sich in den östlichen vorgelagerten Inseln festsetzten, und in den chinesischen Kulturkreis hereingezogen wurden.«[92] Die gelbe Gefahr ist das Thema von Walter Harmsen (1973). China gilt ihm als »Prototyp der gelben Rasse im Gegensatz zur weißen Rasse«. Die mongolische Marsrasse habe Europa immer wieder bedroht, er verweist auf die »Rassenstürme« der Turk-Völker, Mongolen und Araber. Die Bedrohung gehe von China aus, weil es Kommunismus, Nationalismus und »das befeuernde Element der Rasseninstinkte der mongolischen Marsrasse, die das Ich nur im Blut erleben, in das es untertaucht«, kombiniere.[93] Arnold Ith (1974) behauptet, Asien kennzeichne eine erstarrte Geistigkeit. Er lobt das hinduistische Kastenwesen, das in der Frühzeit eine sinnvolle Einrichtung gewesen sei, denn »die Menschheitsführer besaßen damals noch die geistige Fähigkeit, den Menschen in den sozialen Zusammenhang so einzugliedern, wie es seinem Schicksal auf Grund seiner früheren Erdenverkörperungen entsprach«.[94]

Blonde und Schwarze, Blut und Boden

Steiner teilte die Menschheit in weiße Herren und minderwertige Schwarze, dekadente Asiaten und vergreiste Indianer. Er behauptete, die Arier hätten alle Hochkulturen gegründet und das Äußere eines Menschen offenbare dessen Charakter, Temperament und Karma.[95] Er übernahm gängige sozialdarwinistische Ansichten, verknüpfte sie mit esoterischen Motiven und seiner kulturpessimistischen Sicht vom materialistisch verderbten Abendland. Demnach würde bei der Reinkarnation eine »Auslese der Schlechtesten« zu Herrschertypen stattfinden, eine »Selektion der Minderwertigen« also, anstatt einer »Auslese der besseren Menschentypen«. Charakteristisch dafür sei die Rückkehr auf die Erde nach kurzer Zeit geistigen Lebens.[96] Damit findet sich in Steiners Vorstellungswelt auch die sozialrassistische Hypothese von der Degenerierung des zivilisierten Menschen, die damals en vogue war.

Im Blut finde das göttliche Ich seinen körperlichen Ausdruck. Das Ich präge sein Wesen im Blut aus und gestalte auf diese Weise den menschlichen Leib. Blut sei »ein ganz besonderer Saft«, meinte Steiner, weil in ihm »das Prinzip für die Ich-Werdung« liege. Früher hätten die Menschen mithilfe des Blutes die Erlebnisse ihrer Ahnen nachempfinden können.[97] Zwar rangiere, so Prokofieff, der Geist vor dem Blut, allerdings gelte das Blut als »der äußerlich-physische Träger des individuellen Ich«.[98] Darum warnte Rittelmeyer, »entartete« Musik wie der Jazz vergifte auf dem Umweg über das Blut das Ich und Karutz wandte sich gegen »Rassenmischung« von Weißen und Schwarzen. Für Steiner ist der Mensch als erdgebundenes Wesen abhängig von den Kräften der Erde, die durch den jeweiligen Ort bestimmt seien, in ihm wirkten und seinen »Rassencharakter« prägten.[99] Darum dächten die Asiaten mit der Seele, während Europa die Bewohner körperlich darauf vorbereitet habe, »Träger des intelligenten Wesens zu werden«.[100] Selbst das Klischee vom blonden Germanen ließ der »Menschheitsführer« nicht aus: »Die blonden Haare geben eigentlich Gescheitheit. Geradeso wie sie wenig in das Auge hineinschicken, so bleiben sie im Gehirn mit ihren Nahrungssäften, geben sie ihrem Gehirn die Gescheitheit. Die Braunhaarigen und Braunäugigen, und die Schwarzhaarigen und Schwarzäugigen, die treiben das, was die Blonden ins Gehirn treiben, in die Haare und Augen hinein.«[101]

Die besondere Abneigung von Steiner, Karutz und Poppelbaum galt Menschen dunklerer Hautfarbe. Die Malaien seien ausgewanderte Mongolen, die zuviel Wärme und Licht bekämen und »am Menschenkörper zerbröckeln«, eine »absterbende Rasse.« Indianer bezeichnete Steiner als ausgewanderte »eigentlich zugrunde gehende Neger«. Weil sie in Amerika nicht so viel Licht und Wärme aufnehmen könnten, würden sie aussterben. Steiner verschleiert und rechtfertigt damit den Völkermord. Die Indianern sind nicht einfach ausgestorben, sondern wurden von den europäischen Kolonialisten und später von den unabhängigen Staaten Nord- und Südamerikas angegriffen.[102]

Dieser rassistische Unsinn wird von Anthroposophen aufrechterhalten. Ein Beitrag, der vor den Gefahren des Rauchens handelt, endet mit dem Hinweis, die Indianer hätten Nikotin als »Einweihungsgift« genutzt. Warum sie das taten begründet der Arzt Udo Renzenbrink (1969) folgendermaßen: »Die Rasse der Indianer hat eine starke Tendenz zur Erstarrung in der Materie.«[103] Wachsmuth (1953) und Ith (1978) erklären den Federkopfschmuck der Indianer mit ihrer angeblichen Vergreistheit. »Die amerikanischen Indianer sind jene Menschen, bei denen das Drüsensystem degenerierte und als Folge davon eine zu starke Verknöcherung eintrat, die zu ihrem Aussterben führte«, schreibt Ith.[104] Leber (1998) hält die Indianer für eine »Rasse des Alters«, der »gedämpften Vitalität und kontemplativen Bewusstseinsanlage«. Diese Alterung gelte für die »Kollektivseele und die ihr zugehörige Leiblichkeit«.[105]

Dass Steiner die »Naturreligiosität« der Indianer hervorhob, verwenden seine Anhänger heute als Beweis gegen den Vorwurf des Rassismus und fügen hinzu, die amerikanischen Ureinwohner hätten besonders ökologisch gelebt.[106] Diese »Naturreligiosität« ist in der Logik der Anthroposophie eine überholte Form der Spiritualität. Steiner und Karutz zeichneten das Stereotyp des naiven, unschuldigen und spirituellen Wilden und hielten es dem von der Zivilisation verderbten Weißen vor. Dagegen sollte der spirituell erleuchtete Weiße zum Erzieher der Afrikaner werden, forderte Karutz.[107] In der »Primitiven-Politik« müsse die »tropische Kolonialwirtschaft« durch »Erziehung und Führung« allmählich »selbständige Eigenkulturen« fördern. Der »Seelenentwicklungsprozess« der so genannten Primitiven müsse von Weißen geleitet werden und zwar parallel zur europäischen Seelenentwicklung zwischen dem 14. und dem 21. Lebensjahr. Dabei dürfe der Intellekt nicht die »Reste überkommener Spiritualität« ertöten, sondern müsse die Seele der Primitiven dazu führen, die Rasse zu überwinden.[108]

Die übelsten rassistischen Aussagen Steiners stammen aus den frühen 20er-Jahren. Er glaubte, Europa sei durch »Negerromane« und »Negertänze« rassisch gefährdet und warnte davor, schwangeren weißen Frauen »Negerromane« zu geben: »... da entsteht durch rein geistiges Lesen von Negerromanen eine ganze Anzahl von Kindern in Europa, die ganz grau sind, Mulattenhaare haben, die mulattenähnlich aussehen werden.«[109] Sein Fazit: »Die Negerrasse gehört nicht zu Europa, und es ist natürlich nur ein Unfug, dass sie jetzt in Europa eine so große Rolle spielt.«[110] Anlässlich der Besetzung des Ruhrgebietes 1923 durch die französische Armee echauffierte sich der Menschheitsführer über den Einsatz schwarzer Kolonialsoldaten: »Die schreckliche Kulturbrutalität der Verpflanzung der schwarzen Menschen nach Europa, es ist eine furchtbare Tat, die der Franzose an anderen tut.« Allerdings schaden sich »die Franzosen« selbst, glaubte Steiner: »Auf das Blut, auf die Rasse wirkt das unglaublich stark zurück. Das wird wesentlich die französische Dekadenz fördern. Das französische Volk als Rasse wird zurückgebracht.«[111]

Karutz definierte Rasse als materielles Substrat der geistigen Ich-Entwicklung. Minderwertige Rassen wie Afrikaner und Indianer seien solche, die zur Ich-Entwicklung nicht fähig seien und deshalb im Lauf der Geschichte zerstört würden. Rassenmischung sei insofern Verwischung, als der »Bastard« ein labiles, disharmonisches Wesen sei. Sie führe zu »seelischem Durcheinander«, weil jede Seele ihre Erfahrungen in einer bestimmten reinen Rasse sammeln müsse.[112] Karutz wollte das Verbot der »Mischehe« auf Nicht-Europäer beschränken, allerdings ordnete er Weiße diversen Unterrassen und Völkern zu. Laut Steiner zählen Menschen aus Frankreich, Spanien, Portugal und Italien zu den »untergehenden romanischen Völkern Europas«, wobei die Franzosen »das am wenigsten fähige Element« seien.[113]

Verdrängen und Verleugnen

Anthroposophen beteuern in der Regel, sie seien keine Rassisten. Von der Wurzelrassenlehre und den antisemitischen und völkischen Elementen ihrer Weltanschauung hat sich die Bewegung aber nie abgewandt. Allenfalls distanzieren sich manche von einzelnen Aspekten. Etwa Michael Eggert, der Uehlis Buch über *Atlantis und die Rätsel der Eiszeitkunst* scharf kritisiert hat. Er verlangt eine aktive Medienpolitik von der *Anthroposophischen Gesellschaft*: Von manchen Passagen sollte man sich distanzieren, einige wenige Klassiker sollten redigiert und aktualisiert werden. Indem Ballast über Bord geworfen wird, soll die Lehre vor »Generalangriffen« geschützt werden.[114] Walter Liebendörfer kritisiert, dass schon »die Akzeptanz der Rassenzugehörigkeit eines einzelnen Menschen eine Zugabe an die widerstrebenden Mächte« sei. »Wenn wir Rasse ansprechen, schaffen wir ein Hindernis gegenüber der Wahrnehmung und Erkenntnis der Individualität.« Auch er verwirft die Kategorie Rasse nicht ausdrücklich und zu den Rassismen Steiners schweigt er in dem hier zitierten Aufsatz, die »Geister der Finsternis« seien schuld, wenn bis heute Rassenzusammenhänge existierten.[115] Leber schreibt im selben Sammelband zwar, der Begriff Rasse sei genetisch völlig »belanglos«, fordert aber, man solle Steiners »Gesamtübersicht über die Leibeigentümlichkeiten« nicht »zu schnell abwehren«, es könnte sich »über lange Zeiträume betrachtet, möglicherweise herausstellen, dass dieser Interpretation ein realer Gehalt eignet«.[116] Leber meint die Aussagen über Indianer.

Die Redaktion der *Flensburger Hefte* widmete dem Thema 1993 ein ganzes Heft. In der Einleitung bezieht sich die Redaktion auf Vorwürfe Jutta Ditfurths, die als unsachlich bezeichnet werden.[117] Es ging darum, Kritik abzuwehren oder abzuschwächen.[118] Die Redaktion vertritt die Auffassung, »dass einige Aussagen Rudolf Steiners aus heutiger Sicht und für die heutige Zeit tatsächlich keine Berechtigung mehr haben und abgelehnt werden müssen.«[119] In welcher Zeit war es wohl berechtigt, Afrikaner als erhitzte Triebtäter, Indianer als erstarrt oder Asiaten als senil zu schmähen?

Thomas Höfer räumt ein, dass die Vorwürfe stimmen: »Es gibt sie wirklich, jene angeblichen Äußerungen Rudolf Steiners«, sie seien »im Dickicht der über dreihundert Bände« versteckt, und würden »aus ideologischen Gründen« von Gegnern »genussvoll und voller Schadenfreude zitiert«.[120] Höfer distanziert sich von der »Negerroman«-Geschichte und wertet die Aussagen des Gurus als »milde gesagt nicht ausgesprochen fortschrittlich«.[121] Wolfgang Weirauch bekennt, über die »diskriminierende Betrachtungsweise« der Afrikaner erschüttert zu sein: »Ich kenne keine Stelle im Gesamtwerk, wo er irgendetwas Positives über die Schwarzen sagt.«[122] Bernd Hansen findet »bestimmte Aussagen« Steiners »sachlich nicht zutreffend bzw. unzeitgemäß«.[123] Es sind, glauben wir den Anthroposophen, nur bestimmte Aussagen, »problematische Einzelheiten«, wie Wenzel Michael Götte, ein Dozent für Waldorfpädagogik, formuliert.[124]

Welche Krämpfe ein Anthroposoph aushalten muss, um wenigstens zu so einem Urteil zu kommen, können wir daran ermessen, dass Höfer auf Steiners »Methode« der übersinnlichen Erkenntnis verweist, die »nur sehr schwer nachprüfbar« sei. Deshalb sei es »nicht leicht«, sich eine »Urteilsgrundlage für eine angemessene Auseinandersetzung mit diesen Aussagen zu schaffen«.[125] Schade, dass Höfer den Lesern nicht verrät, wie Erkenntnisse aus der Akasha-Chronik überprüft werden können.

Das Problem für Anthroposophen ist, dass Rassismus ein tragendes Element einer Evolutionslehre ist, ohne die von ihrer Weltanschauung wenig Spezifisches übrig bliebe. Außerdem beruht das Wahnsystem vollständig auf der »Geistesschau« des Führers. Die folgende Einschätzung Höfers zeigt das Dilemma: Er will Steiner entlasten, unterminiert damit aber dessen Anspruch, Seher und Prophet zu sein. Höfer schreibt, Steiner sei »ein Kind seiner Zeit« gewesen und habe die Klischees seiner Zeitgenossen übernommen, Wolfgang Schad und Klaus Peter Endres (1995) benutzten die Formel »zeitverhaftet«.[126] Eine von den niederländischen Anthroposophen beauftragte Kommission zur Untersuchung der Rassismusvorwürfe führt als Entschuldigung an, Steiner habe zu Lebzeiten nicht ahnen können, dass die beanstandeten Formulierungen später moralisch und juristisch verboten würden.[127] Sicher lässt sich Steiners Rassismus als zeitbedingt erklären, aber nicht entschuldigen. Schon deshalb nicht, weil keineswegs alle Zeitgenossen so dachten. Steiner unterrichtete wie Rosa Luxemburg einige Zeit an der Berliner Parteischule der SPD, diese Zeitgenossin kämpfte vehement gegen Antisemitismus, Rassismus und Nationalismus, auch in den eigenen Reihen.

Weirauch klagt, man habe bei Steiner jedes Wort mitstenographiert: »Man versetze sich nur einmal in seine Lage! Wenn man mit uns und mit allen so verfahren würde! Nicht auszudenken, was da teilweise für ein Unsinn zusammenkäme!«[128] Der Autor spekuliert auf Unwissenheit und Nachsicht. Von Steiner ist nicht jedes Wort überliefert, sondern es geht um seine Vorträge, die mitstenographiert wurden. Viele dieser Vorträge wurden ab 1921 im Zentralorgan *Das Goetheanum* abgedruckt, ohne den sicher zutreffenden Hinweis, dass es sich um Unsinn handelt. Die Vorträge wurden in der Steiner-Gesamtausgabe veröffentlicht, vorne mit dem Hinweis versehen, die Nachschriften seien anfangs ohne, später mit Steiners Einverständnis angefertigt, die meisten aber aus Zeitgründen nicht überarbeitet worden.[129] Die *Akasha-Chronik* ist obendrein kein Vortrag, sondern ein Buch, bestehend aus einer Serie von Aufsätzen, die Steiner zuerst in seinem Blatt *Lucifer-Gnosis* zwischen 1904 und 1908 veröffentlichte.

Eine Variation dieser Entlastungstaktik ist die Behauptung, Steiner habe nur locker zu ein paar ungebildeten Proleten gesprochen. Demnach stammten die rassistischen Passagen nur aus Referaten, die er vor Bauarbeitern des Goetheanums in Dornach hielt.[130] Leber spricht von einem

»humorvollen Ton« und einer »Überzeichnung ins Leibliche«. Diesen Arbeitern habe der Meister in »sehr bildhafter, ja holzschnitthafter Weise« die Hautfarben und deren Ursachen erklärt.[131] Einmal abgesehen von der arroganten Haltung, die Leber gegenüber diesen Bauarbeitern einnimmt, ist die Behauptung, rassistische Sätze seien nur in diesen so genannten Arbeitervorträgen enthalten, falsch. Steiners »Arbeitervorträge« waren im übrigen so »bildhaft« und verquer wie jene, in denen er vor seinem akademischen Anhang über Reinkarnation, Engel und Teufel fabulierte.

Verdrehen, verdrängen oder leugnen: das ist die Strategie der Anthroposophen. In Diskussionen habe ich immer die gleiche Taktik erlebt: Zuerst bestreiten Anthroposophen die Existenz bestimmter Zitate und bezichtigen Kritiker der Lüge. Es folgt der Vorwurf, die Worte seien aus dem Zusammenhang gerissen. Wenn ich dazu auffordere, für die Geschichte von der schwangeren Frau, die einen »Mischling« gebiert, weil sie »Negerromane« liest, einen nicht-rassistischen Kontext zu erfinden, heißt es, ich würde »das Positive« ausblenden: Der Mensch gehe per Reinkarnation durch alle Rassen hindurch und sammle in jeder Körperhülle wertvolle Erfahrungen. In Wien erklärte mir eine Anthroposophin: »Aamoi bist a Neger und aamoi bist a Weißer, aamoi bist a Frau und aamoi a Mann, aamoi bist untn und aamoi obn.« Und in ferner Zukunft gestalten erleuchtete Anthroposophen ihren Körper selber. Das beschert Weirauch zwar eine »leichte Gänsehaut«, er verteidigt aber die Ansicht, durch individuelles spirituelles Bemühen könne man die Physiognomie beeinflussen.[132] Er preist das »befreiende Prinzip der Reinkarnation«. Denn: »Wahrscheinlich war jeder von uns schon einmal Indianer, Schwarzer oder Chinese.«[133]

Und so reproduzieren die Autoren in ihren Plädoyers rassistisches Denken. In einer Serie von Beiträgen, die im Herbst 1996 im *Goetheanum* abgedruckt wurde, weist Michael Klußmann den Begriff Rassismus zurück, weil der sich »ausschließlich auf eine innerweltliche Sphäre« beziehe. Solch konventioneller Rassismus sei »blind für eine überirdische Region, von der aus bestimmte geistige Wesenheiten der geistigen Hierarchien auch gegenwärtig Rassebildungen und Rassementalitäten impulsieren«.[134] Steiner habe »die natürliche Ungleichheit der ›Populationen‹ nicht anders erklärt als die moderne Biologie und Anthropologie«, behauptet Klußmann wahrheitswidrig, um uns damit zu trösten, dass Erzengel Michael seit rund einhundert Jahren daran arbeite, die Rassentrennung zu überwinden.[135] Der *Bund der Freien Waldorfschulen* schrieb an die Kultusministerien im März 1997, der große Inspirator habe »Differenzierungen in der Naturanlage von Menschengruppen nicht geleugnet«.[136]

Das Maximum an Einsicht, zu der einige Anthroposophen fähig sind, ist, einzelne Aussagen »problematisch« zu finden. Allerdings verdrängt auch diese kleine Gruppe, produziert Entlastungsstrategien und verteidigt ihren Guru. Der habe, behauptet Höfer, niemals die »gegenwärtig lebenden« Menschen in Rassen einteilen, sondern die Entwicklung der Menschen nach »übersinnlicher Schau« darstellen wollen. Die Wurzelrassen-Terminologie sei 1904 unter Theosophen üblich gewesen.[137] Richtig ist, dass Steiner den Begriff in späteren Jahren nicht mehr verwendete, weil der biologische Rassenbegriff seiner Kosmologie zufolge nur (!) für die dritte bis zum Anfang der sechsten Wurzelrasse tauge, also bis zum Ende des achten Jahrtausends nach (!) Christus. In einem Brief vom 14. März 1905 präzisierte Steiner seinen Rassenbegriff und behauptete, dieser habe »streng genommen nur eine Bedeutung zwischen der Mitte der lemurischen und dem Ende unseres Zyklus (5. Wurzelrasse). (...) Recht betrachtet gibt es nur 16 wirkliche Menschenrassen: 5 lemurische, 5 atlantische + 5 arische + 1 nacharische. Was vorher und nachher auftritt, ist etwas anderes als ›Rasse‹.«[138] Davor existierte der Mensch als ätherisches Gespenst und danach als erleuchtetes Wesen oder als zurückgebliebener Bösewicht.

Schon in der *Philosophie der Freiheit* (1891) behauptete Steiner, der Mensch sei Glied eines »natürlichen Ganzen«, einer Rasse, eines Volkes, eines Stammes und einer Familie, und werde in seinen Eigenschaften und Funktionen von diesem Ganzen bestimmt. Freiheit bestehe darin, dass das Individuum darüber hinaus besondere Merkmale entwickeln könne.[139] Bis 1924 findet man in seinen Schriften und Vorträgen rassistische und antisemitische Äußerungen. Das »Negerroman«-Beispiel stammt von 1922. Höfer und Hansen bestätigen wenigstens Details der Vorwürfe. Ihre Glaubensbrüder verteidigen hingegen den Rassismus. Weirauch beharrt auf jener wirren Evolutionslehre Steiners, wonach sich »die einzelnen Arten und Rassen von der fortschreitenden Entwicklungslinie abspalteten«. Je eher sich eine »Rasse« abspaltete, desto früher sei sie »in die Verhärtung« geraten, wiederholt Weirauch.[140] Nur dass der Meister nach den Affen die Indianer als nächste dekadente Abzweigung auf dem Weg zum Europäer an die Tafel zeichnete, sei »unsensibel« gewesen: »Man stelle sich nur vor, unter diesen theosophischen Zuhörern hätten auch einige Indianer gesessen.«[141]

Manche sind weniger sensibel. Klußmann rechtfertigt besonders prägnante Formulierungen Steiners durch esoterische Haarspalterei. So sei das Verdikt der »Dekadenz«, das Steiner über Indianer fällte, »kein überhebliches Urteil einer weißen Herrenschicht«, sondern entspringe »okkulten Tatsachen«. Demnach sei die »gewaltige Geistigkeit des indianischen Menschen mit einer vorzeitigen Verhärtung des physischen Leibes verbunden gewesen.« Aufgrund des Hirngespinstes, Indianer hätten frühzeitig »verhärtete« Körper, schließt Klußmann, spätere »Entwicklungskräfte« könnten an der indianischen »Saturnrasse« nicht »plastizieren«.[142] Eingeweihte wissen, was damit gemeint ist: Die Geister und das göttliche Ich können eine indianische Körperhülle im Unterschied zu einer weißen-arischen nicht formen, weshalb das Ich erst in einem weißen Körper inkarnieren müsse.

Weitere offensive Vertreter des anthroposophischen Rassismus sind Wolfgang Schad und Klaus-Peter Endres. Von 1989 bis 1991 hat Endres im Auftrag der *Pädagogischen Forschungsstelle* beim *Bund der Freien Waldorfschulen* das »Problem der menschlichen Rassen natur- und geisteswissenschaftlich bearbeitet«. Das Projekt wurde von der *Anthroposophischen Gesellschaft* finanziert.[143] Schad und Endres halten die Existenz von Rassen für karmisch bedingt und vertreten eine »Rassenkunde« als »abstrahierende Wissenschaft«.[144] Für Kritiker des Rassenbegriffes haben sie nur Hohn und Spott übrig: In den USA würde ein kollektives »autogenes Training« betrieben, um die Existenz von Rassen zu leugnen.[145]

Die Einteilung von Menschen in Rassen ist eine Erfindung europäischer und nordamerikanischer Intellektueller, die auf das Zeitalter der Aufklärung zurückgeht. Die Ideologen der aufstiegsorientierten Bourgeoisie attackierten die feudale Vorstellung von der gottgewollten herrschenden Ordnung mit Erfolg. Nur brauchte die Bourgeoisie Ersatz, eine neue Legitimation für die koloniale und imperialistische Ausbeutung in den Ländern Afrikas, Lateinamerikas, Asiens und Ozeaniens und den Sklavenplantagen der USA. In diesem Kontext entstand auch die fixe Idee, diesen konstruierten Rassen jeweils eine Farbe zuzuordnen, was mit dem tatsächlichen Aussehen von Menschen sehr wenig zu tun hat. Die Einteilung schwankte jahrhundertelang, erst der Botaniker Carl von Linné (1707–1778) nahm jene bis heute gebrauchte Einteilung vor, wonach ein Chinese gelb, ein Indianer rot und ein Afrikaner schwarz zu sein hat.[146]

»Neger haben dicke Lippen«

Typisch für die Umgangsweise mit Kritik ist eine Auseinandersetzung in den Niederlanden. Dort hatten die Medien 1995 über einen Vorfall in der Waldorfschule der Stadt Zutphen berichtet: Angelique Oprinsen protestierte, weil ihr Kind lernte, »Neger haben dicke Lippen und viel Gefühl für Rhythmik« und »das immerwährende Lächeln des gelben Menschen verbirgt seine Emotionen«. In einem Schulheft mit dem Titel »Rassenkunde« fand sie folgende Beurteilung der Menschheit: Die schwarze Rasse sei kindlich, die gelbe Rasse heranwachsend, die weiße Rasse erwachsen und die rote Rasse gealtert und vergreist. Der Mutter wurde seitens der Waldorfschule vorgeworfen, sie habe Steiner nicht richtig verstanden. Eine Reaktion, die wir aus den Debatten hierzulande kennen.

Frau Oprinsen ließ sich nicht beirren und nicht einschüchtern und informierte die Presse. Der stellvertretende Vorsitzende der niederländischen Anthroposophen, Christof Wiechert, tat die Affäre als »Einzelfall« ab und stempelte den Lehrer zum Sündenbock. Kurz darauf fabulierte er im Radio über die »speziellen Qualitäten« dunkelhäutiger Fußballspieler bei Ajax Amsterdam. Wiechert trat als nächster Einzelfall einige Tage später von seinem Posten zurück, der Vorstand der niederländischen *Anthroposophische Gesellschaft* sprach sich in Zeitungsanzeigen gegen Rassismus aus und bezog prophylaktisch den Guru mit ein: »Soweit bei Rudolf Steiner die Rede von Rassenlehre sein sollte, distanzieren wir uns davon ausdrücklich.« Aufgrund von Protesten gegen dieses Vorgehen des Vorstandes setzte die niederländische Sektion im März 1996 eine Kommission ein, die die Vorwürfe insbesondere gegen Steiner prüfen sollte.[147]

Die Kommission bestand aus sieben Mitgliedern der *Anthroposophischen Gesellschaft*.[148] Von unabhängiger Prüfung kann also nicht die Rede sein. Den Vorwurf der Befangenheit konterten die Kommissionäre, indem sie darauf verwiesen, wie vorteilhaft »große Sachkenntnis auf dem Gebiet der Anthroposophie« sei. Nur so sei gewährleistet, dass umstrittene Passagen im Kontext beurteilt würden. Die Kommission bezeichnete es im Gegenteil als gefährlich, Experten heranzuziehen, die einer anderen Weltanschauung anhingen. Wieder finden wir hier die Haltung, eine kritische Auseinandersetzung abzuwehren und Nicht-Anthroposophen die Urteilsfähigkeit abzusprechen.[149]

Im Februar 1998 legte die Kommission einen Zwischenbericht vor: Insgesamt waren 150 Zitate Steiners untersucht worden. Dabei habe man zwölf Stellen gefunden, »die, würden sie heute ausgesprochen, geeignet wären, Menschen wegen ihrer Rassenzugehörigkeit zu diskriminieren.« Sie wären nach niederländischem Recht vermutlich strafbar.[150] In weiteren 50 Fällen attestierte die Kommission eine »unglückliche Wortwahl«, die Zitate beinhalteten entweder eine »leichte Form der Diskriminierung« oder könnten, »aus ihrem Zusammenhang gerissen, zum Missverständnis einer Diskriminierung führen«.[151] Im April 2000 veröffentlichten die Anthroposophen ihren Schlussbericht, der insofern vom Zwischenergebnis abweicht, als 16 statt 12 Zitate als strafbar und 67 statt 50 Zitate als missverständlich oder leicht diskriminierend eingestuft werden. Darunter finden sich auch Steiners Behauptung, die Zionisten würden die Gefahr des Antisemitismus übertreiben (1897) und seine Aussage, das Judentum habe sich überlebt (1888).[152] Ingesamt will die Kommission für den Schlussbericht 245 Zitate von Steiner geprüft haben.

Die Kommission behauptet, Steiners Werk enthalte weder eine Rassenlehre noch Äußerungen, die darauf abzielten, jemanden wegen seiner Rasse zu beleidigen. Auch der Vorwurf des Antisemitismus wird zurückgewiesen.[153] Enthalten sei lediglich »eine bestimmte Anschauungsweise, wie im Werdegang der Menschheit Unterschiede entstanden sind«.[154] Rassenlehre definieren diese Anthroposophen als »scheinbar wissenschaftliche Theorie, aufgrund derer die angebliche Superiorität der einen Rasse auf Kosten anderer legitimiert wird«. Der Begriff der Wurzelrasse habe demgegenüber einen anderen Inhalt. Das ist Haarspalterei. Zwar behauptete Steiner im Unterschied zum NS-Rassismus keine dauernde und biologisch bedingte Überlegenheit der Arier oder der Germanen. Dafür erklärte er Arier und Germanen zur am Geist schaffenden Rasse und meinte, die Germanen hätten für die nächsten 1500 Jahre eine spirituelle Führung inne.

Am Rassenkonzept hält die Kommission fest. Das belegt die oben zitierte Aussage, wonach Menschen aufgrund ihrer »Rassenzugehörigkeit« diskriminiert würden. Die Autoren meinen, »dass eine Rassenlehre durchaus nicht immer jene negative Bedeutung beinhaltete, die dieser Begriff seit dem Zweiten Weltkrieg bekommen hat«.[155] Das mag sein, macht die Sache aber nicht besser. Denn es geht nicht um Assoziationen zu einem Begriff oder einer Lehre oder um eine Frage des guten oder schlechten Geschmacks, sondern darum, dass es immer falsch war und ist, Menschen in Rassen einzuteilen, dass diese Kategorien Verbrechen legitimierten und eine reine Erfindung von Rassisten waren, so wie das Bild des geldgierigen, allmächtigen Juden eine Erfindung der Antisemiten ist. An dieser Erkenntnis sind Steiner, seine Anhänger und ihre Lehre zu messen. Das Argument der Kommission, Steiner habe nichts Strafbares formulieren können, weil das Diskriminierungsverbot in den Niederlanden erst nach seinem Tod verabschiedet wurde, ist irrelevant und eine plumpe Strategie der Verdrängung. Im Schlusskapitel des Zwischenberichtes wird der Rassismus des Meisters verteidigt. Dort heißt es, Steiner habe versucht, »anthropologische Unterschiede in einem beschreibenden Begriffsrahmen zu erklären. Eine solche Sichtweise kann grundsätzlich verifiziert oder falsifiziert werden.«[156] Die Kommission plädiert also für Beliebigkeit.

Der Zwischenbericht listet einzelne Passagen auf und die Kommission hat sich viel Mühe gegeben, sie zu rechtfertigen. Dass schwangere weiße Frauen keine »Negerromane« lesen sollten, interpretieren die Autoren als einprägsames »überzogenes Beispiel«, anhand dessen Steiner sein Publikum davon überzeugen wollte, dass die Wahrnehmungen einer Mutter die geistigen und körperlichen Eigenschaften des werdenden Kindes beeinflussen.[157] Auch die Charakterisierung der Indianer als dekadent sei nicht rassistisch gemeint. Sie müsse im Kontext der anthroposophischen Evolutionslehre betrachtet werden und beziehe sich nur auf deren »Bewusstseinsentwicklung«. Steiner habe die Indianer als dekadent bezeichnet, weil sie die »nachatlantische Bewusstseinsentwicklung« vom »Traumbewusstsein« zum »Tagesbewusstsein« nicht mitvollzogen hätten.[158]

In der deutschen anthroposophischen Zeitschrift *Info Drei* wurde dieses vorhersehbare Ergebnis mit Genugtuung aufgenommen. »Kein Rassismus bei Rudolf Steiner«, lautete die Überschrift. »Von einem Straftatbestand keine Spur«, schrieb Ramon Brüll, als sei das entscheidend. Dem Gründer und Geschäftsführer des *Info-Drei*-Verlages passte die ganze Untersuchung nicht. Brüll kommentierte im Februar 1998 Wiecherts Aussagen über die Qualitäten schwarzer Kicker. »Statt Wiechert medienwirksam zu entlassen (...) schüttet man mit teueren Anzeigen Steiner mitsamt dem Bade aus. Was bleibt von einer Anthroposophischen Gesellschaft übrig, die ihren Gründer dermaßen in Frage stellt?«[159] Brüll rügte also nicht Wiecherts Äußerung, sondern die holländischen Gesinnungsgenossen, die es versäumt hätten, ein Bauernopfer zu bringen.

Die Kommission holte dieses Versäumnis nach: Sie rügte, dass im Fach Geographie an niederländischen Waldorfschulen »Rassenkunde« mit diskriminierenden Inhalten betrieben werde.[160] Als Schuldiger wurde Max Stibbe (1898–1973) ausgemacht. Er sei während seiner Zeit in Südafrika von der Apartheid-Idee beeinflusst worden und habe diese gelegentlich verteidigt. Stibbe habe auch den Lehrplan für Geographie beeinflusst und das Unterrichtsfach Rassenkunde initiiert.[161] An den meisten niederländischen Schulen wurde seit den 30er-Jahren in der siebten und achten Klasse im Geographieunterricht »Rassen- und Völkerkunde« betrieben.[162] Die Kommission kam zu dem Ergebnis: Aus Nachlässigkeit und Mangel an Sorgfalt würden »Klischeevorstellungen vermittelt (...) die zu Diskriminierungen führen können«. Zitiert werden Klagen von Eltern nicht-weißer Kinder über ethnozentristische Verhaltensweisen. Die Kommission empfahl, »das zeitgebundene und belastete Wort ›Rassenkunde‹ nicht länger zu gebrauchen« und einige Werke niederländischer Anthroposophen nicht mehr im Unterricht zu verwenden.[163]

Im Umgang mit Stibbe offenbart sich ein Muster, das aus der Politik bekannt ist. Kann öffentliche Kritik nicht zum Verstummen gebracht oder ausgesessen werden, folgt ein Bauernopfer. Statt sich mit der eigenen Weltanschauung kritisch zu beschäftigen, fühlen sich Anthroposophen schwer beleidigt, wenn man ihnen Rassismus vorwirft, und verweisen zur Entlastung auf Waldorfschulen in Südafrika und in einem Indianerreservat in den USA.

In Südafrika entstanden während der Apartheid die ersten Waldorfschulen in weißen Bezirken für Kinder der Mittelschicht. Erst in den 80er-Jahren wurden verstärkt farbige Kinder aufgenommen, heißt es in einer anthroposophischen Publikation. Drei Waldorfschulen in Townships kamen hinzu.[164] Dieses Engagement steht auch nicht im Widerspruch zur Rassenlehre, weil der anthroposophische Rassismus nicht eliminatorisch, sondern paternalistisch ist. Das Ziel ist nicht wie bei den Nazis, als minderwertig definierte Menschen zu ermorden oder zu versklaven, sondern karmische Entwicklungshilfe zu leisten und damit zugleich sein eigenes Karmakonto zu verbessern. Gleichwohl ist es Rassismus: Die falsche Prämisse ist, Menschen könnten aufgrund bestimmter objektiver Kriterien in Rassen aufgeteilt werden, und die Lehre ist diskriminierend, weil die Anthroposophie den von ihr definierten Rassen und Völkern und ihren Angehörigen verschiedene Aufgaben oder »Missionen« zuschreibt und weiße Europäer Erzieher und Lehrer sein sollen.[165]

So heißt es über »Waldorfimpulse« in Afrika, es gelte auf dem Kontinent eine Erziehung auf der Grundlage der Anthroposophie zu gestalten, dabei aber auf die Bedürfnisse zu lauschen, die aus der schwarzen Seele aufsteigen. »Hoffen wir, dass es gelingen wird, die Herzenskräfte der schwarzen Rasse mit den Haupteskräften der weißen in unserem anthroposophischen, pädagogischen Impuls zu verbinden«, schrieb Claartje Wijnbergh aus Johannesburg 1987 im *Goetheanum*.[166] Schwarze Afrikaner gelten in der Anthroposophie als kindliche, triebgesteuerte Wesen. Diese Ansicht findet sich über Jahrzehnte in einschlägigen Publikationen. So schreibt Helmut Knauer (1958) über die »Beweglichkeit, Kindlichkeit und unbeschwerte Fröhlichkeit« der Eingeborenen, die »außerordentlich anstellig (sind) und lernen wie die Kinder«.[167] Paul Bühler (1964) notiert, in Afrika seien den Menschen »Kindheitsmerkmale« eingeprägt.[168]

Van Houten (1971) beschreibt Afrika als Unterleib und Europa als Kopf des Planeten. In Europa sei das Zentrum der künftigen Menschheit, dort würden die Völker durch ihre Volksgeister auf ihre jeweilige Mission vorbereitet. Die Portugiesen, Holländer und Briten, die in Südafrika gelandet seien, hätten die Aufgabe gehabt, dem noch schlafenden Riesen Afrika die »Impulse der europäischen Bewusstseinsseele« zu bringen. Die Kolonialisten hätten den Afrikanern geholfen, ihr Stammesbewusstsein zugunsten einer »freien Volksgemeinschaft« zu überwinden. Die Begegnung mit den Völkern aus dem Norden, schreibt van Houten, könne in den Afrikanern »eine neue, bisher unbekannte völkische Seelenverfassung entstehen lassen«.[169] Andreas Suchantke (1972) bezeichnet sie als Kinder, was man schon an ihren pausbäckigen Gesichtern erkenne, die nicht erwachsen werden können. Der Wille sich zu betätigen sei noch »ungeführt« und äußere sich als Bewegungsdrang und in der Vorliebe für Musik. Der kindliche Schwarze brauche darum Führung durch den Weißen.[170] Wilhelm Neurohr (2001) schreibt von einer »Erinnerung an unsere menschheitliche Kindheit, die uns aber quasi äußerlich auf dem afrikanischen Kontinent entgegentritt«.[171] Auch sein Plädoyer für ein karitatives Engagement steht im Kontext einer neuen »Afrika- und Weltpolitik« die die EU betreiben solle, weil dies »dem geistigen Auftrag Europas« entspreche.[172] White man's burden.

Im Rundbrief des anthroposophischen *Netzwerks Dreigliederung* schreibt ein Autor 1993, es sei eine »Wahrheit«, dass »verschiedenen Rassen auf der Erde eine differenzierte Bedeutung als biologische Grundlage für das Seelenleben zukommt«. So habe die »schwarze Rasse« die Aufgabe, die »Willens- und Triebnatur des Menschen besonders auszubilden«, während sich die »weiße Rasse« für eine »besondere Entfaltung der Seelenfähigkeit des Denkens« eigne. Der Autor freut sich auf eine nächste Inkarnation als Schwarzer: »Ich hoffe, dass mir gerade diese Inkarnation dazu dient, das ins Willens- und Triebwesen zu gießen, was gegenwärtig nicht von der »Blässe« des Gedankens angekränkelt bleibt.«[173] Leber (1998) versucht diffamierende Aussagen sinnstiftend zu veredeln: »Das 'Triebleben' des Schwarzen mit seiner stoffwechselhaften, bewegungsfähigen Natur wird [von Steiner, P. B.] nur scheinbar abschätzig beurteilt; in Wirklichkeit erweist es sich als Überlegenheit und Vorzug, nämlich als Schutz vor dem Fall in den Materialismus (...) dem der Weiße leicht erliegt.«[174]

Die Überwindung der Rassen durch die Erleuchteten

Die Redaktion von *Info Drei* hat einige Kompetenz in Sachen Rassismus. Bereits 1994 hat Jost Schieren den Rassismus als »tiefgreifendes Erkenntnisproblem« ausgemacht. Seit den »Ereignissen des zwanzigsten Jahrhunderts« sei mit der »Frage einer rassischen, völkischen oder wie man will gattungsmäßigen Unterscheidung eine so große Sensibilität verknüpft, dass man sich kaum getraut, darüber auch nur Verständnisfragen zu äußern«. Schieren betätigt sich also als Tabubrecher, er fragt nicht nur, sondern weiß auch die Antwort: »Trotzdem kann wohl niemand leugnen, dass wir als Menschen je und je einem unterschiedlichen Erbstrom entstammen, der uns zum Beispiel in unterschiedliche Mentalitäten hineinstellt.«[175]

Im folgenden Jahr wiegelte Henning Köhler die Vorwürfe gegen Steiner als »inkompetente, vorurteilsverstopfte Miesmacherei« ab. Von »gewissen Entgleisungen ihres Meisters« sollten sich Anthroposophen nicht kirre machen lassen. Das seien bloß »gewisse Unstimmigkeiten«, die »im Gesamtkontext des Steinerschen Werkes kaum ins Gewicht fallen«. Zwar habe Steiner, schreibt Köhler, einem »gelegentlichen nationalen Überschwang« gefrönt, doch die »Unstimmigkeiten« seien historisch bedingt. Er will uns sagen, dass Rassismus früher eine normale, harmlose Sache war: »(…) ein Blick auf die letzte Jahrhundertwende zeigt, dass ›Rassenkunde‹ damals ein ebenso etablierter und zunächst wertneutraler Wissenschaftszweig war wie heute etwa die Ethnologie.«[176] Das ist insoweit zutreffend als Rassenkunde in Deutschland um 1900 etabliert und normal war, aber keineswegs wertneutral. Höchstens der Autor selbst findet es »objektiv«, bestimmte Gruppen als minderwertig zu klassifizieren und ihre Drangsalierung zu fordern, was Rassenkundler damals taten.[177]

Im März 1997 bot die Redaktion den Waldorflehrer Sterling Latimer aus den USA zur Verteidigung auf.[178] Latimer hat viel Verständnis für Steiners Tirade gegen »Negertänze« und behauptet, das sei nicht diskriminierend gemeint: »Das Ganze spielt mehr in einer Art von wunderschönem Mosaik zusammen, in dem jede Gruppe, jede Rasse, jede Kultur eine sehr helle Sonne hinter sich hat.« So dient die organizistische Idee einer ganzheitlichen Ordnung, in die sich jeder einzufügen hat, in diesem Fall zur Rechtfertigung des Rassismus. Die Redaktion wies darauf hin, dass Latimers Vorfahren von den Bahamas stammten. Als wäre der Vorwurf des Antisemitismus oder Rassismus dadurch widerlegt, dass vermeintlich Betroffene das bestreiten. Das Verfahren ist selbst ein Beleg für ein Denken in Schablonen, dass nämlich Schwarze nicht rassistisch und Juden nicht antisemitisch sein können.

Latimer glaubt an Atlantis und die hellseherischen Qualitäten des Meisters und rühmt die europäische Eroberung Amerikas. Wie die Wikinger bei ihren Raubzügen in Europa, so hätten die Kolonisatoren »Impulse zur Weiterentwicklung« gebracht. Der Waldorflehrer hofft, »dass immer mehr gerade schwarze Amerikaner fähig sein werden, solche Entwicklungen in einem mehr objektiven und vielleicht auch spirituell-geschichtlichen Licht zu sehen«.

Eine beliebter Trick von Anthroposophen ist die Behauptung, Steiner habe gesagt, Rassen würden künftig eine geringere Rolle spielen, die Individuen würden sich aus Blut und Rasse hinausentwickeln.[179] Das stimmt, hat allerdings einige Haken: Erstens ist es eine Prognose, die zweitens auf der rassistischen Prämisse basiert, dass der Mensch bis dahin durch Rasse und Blut gebunden sei und drittens meinte Steiner gewaltige Zeiträume, die zehntausende von Jahren dauern, nämlich die Phase von der dritten lemurischen bis zum Anfang der sechsten Wurzelrasse.[180] Steiner verkündete, dass die Gliederung der Menschen in Rassen allmählich nachlässt und dieser Prozess erst in einigen tausend Jahren abgeschlossen sein wird.

Liest man einschlägige Texte von Anthroposophen zu diesem Thema, fragt man sich, ob die Autoren beschränkt sind oder ihre Leser dafür halten. So schreibt Cornelius Bohlen (1995), »die noch vorhandene Gliederung der Menschheit in Rassen (wird) in der näheren Zukunft der Menschheit ganz aufhören«.[181] Ausführlich zitiert er seinen Meister, wonach sich diese angeblichen Rassen auf Atlantis gebildet haben, bis »in unsere Zeit des fünften Hauptzustandes« existieren und »schon am Ende unseres fünften Zeitalters (...) allen Sinn verlieren«. Entweder meint Bohlen mit dem Hauptzustand die germanisch-nordische Epoche, die laut Steiner etwa um das Jahr 3573 endet oder die gesamte nachatlantische Epoche vulgo fünfte Wurzelrasse der Arier, die bis Ende des achten Jahrtausends dauert. Nur wenige Zeilen später behauptet Bohlen im Widerspruch dazu, Rassen hätten »für die anthroposophische Weltsicht nur in einer mehr als zehntausend Jahre zurückliegenden, vorgeschichtlichen Epoche« eine Bedeutung.[182]

Abgesehen von dieser zeitlichen Dimension können sich laut Steiner nicht alle von der Rasse lösen. Die Träger des Heils sind zuerst blonde Germanen, die zu Anthroposophen mutieren. Steiner verkündete: »Aber mit der Zeit verliert sich die Blondheit, weil das Menschengeschlecht schwächer wird. Und die Erdenmenschheit würde vor der Gefahr stehen, dass die ganze Erdenmenschheit eigentlich dumm würde, wenn nicht das kommen würde, dass man eine Geisteswissenschaft haben wird, eine Anthroposophie, die nicht mehr auf den Körper Rücksicht nimmt (...).«[183] Die Rassenzugehörigkeit als physische Prägung überwinden nur Anthroposophen, die schon bei der nächsten Reinkarnation eine eigene spirituell fundierte Rasse bilden, behauptete Steiner 1924: »Und indem der Mensch in dieser Erdeninkarnation, in der er jetzt hier Anthroposoph wird, vom Spirituellen ergriffen wird, wird er vorbereitet dazu, eben nicht mehr nach solchen äußeren Merkmalen, sondern so, wie er in seiner jetzigen Inkarnation war, zu sein. Es wird einmal der Geist an diesem Mensch zeigen (...) wie er physiognomiebildend sein kann, menschengestaltend sein kann.«[184]

Aus spirituell Erleuchteten – im Wesentlichen also aus Anthroposophen in späteren Reinkarnationen – würde eine künftige »Michaels-Rasse« entstehen.[185] Harmsen betont, es sei »letzten Endes nicht die weiße Rasse als solche, die die Rassen-Charaktere allmählich überwindet, sondern die Wissenden dieser Rasse werden (...) in ihrer Zugehörigkeit zur neuen Michaels-Rasse mit anderen Angehörigen dieser Rasse die Rassenprobleme der Gegenwart und die Rassen selbst überwinden«.[186] So genannte Rassenmischung wurde von Anthroposophen in den 20er- und 30er-Jahren abgelehnt. Was sonst passieren würde, schilderte Poppelbaum am Beispiel der Amerikaner. In den USA würde eine neue Rasse »indianischen Typs« entstehen, »in der die Blutsgrenzen getilgt sind, aber in der auch kein Raum mehr bleiben soll, für das Menschlich-Individuelle«. Das ferne Ziel der Anthroposophie sei zwar die Rassen aufzuheben, aber Poppelbaum bestand darauf, dass nur bestimmte Rassen in der Gegenwart als Träger der Ich-Entwicklung fungierten. Die unterstellte neue US-Rasse diffamierte der Zoologe als »maschinenmäßige Einheit« und »Zerrbild«, weil die wahre Aufhebung der Rassen »dem Menschengeschlechte erst in fernen Zeiten einmal als spirituelle Einheit beschieden sein sollte«.[187] Auch Steiner behauptete, weiße Amerikaner würden »verindianisieren«, weil sich ihre Körper physisch dem Boden anpassen würden. Darin steckt die Vorstellung von der prägenden Kraft des vom jeweiligen Volksgeist beseelten Bodens.[188]

Auch Leber stützt sich auf Steiners Wort, wonach Anthroposophen die sechste planetarische Epoche vorbereiten und dabei den »Rassencharakter« abstreifen.[189] Rassen sind laut Leber »jeweils ein Instrument oder Organ der seelischen Entwicklung des einzelnen«. Die Angehörigen »niedriger« Rasse tröstet der Waldorfpädagoge mit der Aussicht, dass reinkarnierte Anthroposophen in einigen tausend Jahren den »Rassencharakter« überwinden werden.[190] Pietro Archiati (1997) schreibt, Rasse und Volk seien die »zweifach notwendige Grundlage und Bedingung« für das Auftreten des Menschen als Geist und Ich.[191] Die selbstgestellte Frage, wo Menschen zu finden seien, die sich am höchsten über Rasse und Volk emporgehoben hätten, beantwortet Archiati mit dem Verweis auf Deutschland bzw. Mitteleuropa, weil »selbst diese höchsten Geister noch die Grundlage einer geeigneten Kultur oder Sprache brauchten«.[192] Archiati, früher katholischer Ordenspriester, rechtfertigt Steiners Behauptung, schwangere weiße Frauen, die »Negerromane« lesen, würden Mulattenkinder gebären, damit, dass der Meister über »die Notwendigkeit der Läuterung des rein Triebhaften« gesprochen habe.[193] Zu Steiners Gerede über Indianer, die aussterben müssten, meint er, dass sei die Entscheidung höherer geistiger Wesen über eine »gewisse Leibesart« die für die weitere Entwicklung der Menschheit nicht mehr in Frage käme.[194]

Freiheit setze die Existenz verschiedener Rassen voraus: »Um aber Freiheit entstehen zu lassen, musste zugleich die Möglichkeit gegeben werden, mit unterschiedlichem Tempo sich zu entwickeln. Dies aber bedeutet, dass jeweils nicht nur eine einzelne Leibesart und eine einzige Entwicklungsstufe für alle gleich sein konnte. (...) Um das Langsamere zu ermöglichen, musste die vorige Leibesstufe neben der neuen bewahrt bleiben. Die Differenzierung der Leibesarten – die Entstehung der Rassen und ihr Fortbestehen nebeneinander – war also das Werk göttlicher Wesen, die dadurch die Freiheit der Menschen ermöglichen wollen.«[195] Im Unterschied zu anderen, aber im Einklang mit Steiner behauptet Archiati nicht, dass Anthroposophie die Rassen vollständig überwinden wird. Er prophezeit vielmehr, es werde in Zukunft »zwei moralische Rassen« geben, eine Rasse derjenigen, für die das Moralische, das Geistig-Seelische maßgebend ist, und eine andere Rasse der Materialisten.[196]

Steiner forderte »vorurteilsfreies Verständnis«, man solle die »objektive Charakteristik« einer Rasse oder eines Volkes nicht »persönlich« nehmen. Dank Karma und Reinkarnation würden wir alle »an den Sonnen- oder vielleicht auch Schattenseiten aller Rassen, aller Volkstümer« teilnehmen. Jedes Volk liefere seinen Beitrag zur »Gesamtharmonie der Menschheitsevolution«.[197] Steiner gab die Linie vor: »Da alle Menschen in verschiedenen Reinkarnationen durch die verschiedenen Rassen durchgehen, so besteht, obgleich man uns entgegenhalten kann, dass der Europäer gegen die schwarze und gelbe Rasse einen Vorsprung hat, doch eigentlich keine Benachteiligung.«[198] Götte zitiert Steiner, der Rassenzugehörigkeit als Ausdruck einer »Gruppenseele« wertete, die durch die Anthroposophen in der sechsten Wurzelrasse überwunden werde, Endres und Schad verweisen darauf, dass das Ich ewig sei und sich wiederverkörpere, Christof Lindenau erklärt, jeder suche sich vor der Wiederverkörperung seine Rasse selbst aus. Er rechtfertigt die rassistische Hypothese, die Weißen seien für das Denken und die Schwarzen für die Triebe prädestiniert, mit Steiners unhaltbarer Ansicht, die menschliche Anatomie werde durch Rassenzugehörigkeit verschieden ausgeprägt. Nach dieser Rassenanatomie wären die Weißen auf das Sinnes-Nerven-Systems und das Vorderhirn hin organisiert, »Gelbe« auf Herz-Lunge und das Mittelhirn und Schwarze bevorzugten wegen des Stoffwechsel-Gliedmaßen-Systems das Hinterhirn. Lindenau wehrt Kritiker ab: Nur wer die Lehre von der Wiedergeburt akzeptiere, dürfe mitreden.[199]

Quelle dieser Äußerungen ist ein Sonderheft der *Mitteilungen aus der anthroposophischen Arbeit in Deutschland*, das im Sommer 1995 publiziert wurde, um den Rassismusvorwürfen zu begegnen. Herausgeber ist die deutsche Anthroposophische Gesellschaft. Bereits im Editorial schreibt Karl Martin Dietz von »haltlosen Anwürfen«, mit denen Steiner als Rassist diffamiert werde, und wertet diese Kritik als »Zeichen eines verkommenen Geisteslebens«.[200] Dieses Heft belegt einmal mehr, dass Rassismus in der Anthroposophie nicht erledigt ist. Im Gegenteil: Die Autoren, allesamt Akademiker, Waldorfpädagogen und Funktionäre, verteidigen den anthroposopischen Rassismus in seiner charakteristischen Verbindung mit der Karmalehre offensiv. Nimmt man den Inhalt dieser Broschüre und anderer Verteidigungsschriften (Archiati, Klußmann, Leber, Ravagli) zum Maßstab, so gewinnt der rassistische Flügel an Boden. In der Anthroposophie spiegelt sich, ausgedrückt in der Sprache dieser Subkultur, die Regression des Massenbewusstseins in der Bundesrepublik wider, die auf Krisenängsten insbesondere bürgerlicher Schichten beruht. Eine historische Parallele zu den frühen 20er-Jahren zeichnet sich ab. Das Verdrängte kehrt zurück.

Die Aufklärung über Anthroposophie kulminierte im Frühjahr 2000 in zwei Berichten in der ARD-Sendung *Report*, die belegten, wie die Rassenlehre in den Waldorfunterricht einfließt. Der *Bund der Freien Waldorfschulen* bestritt wie immer alle Vorwürfe und tönte, eine neue »wissenschaftliche Studie« belege, dass Steiner sein Leben lang jegliche Form des Rassismus und Antisemitismus »aufs Schärfste« bekämpft habe. Aus der Studie sind drei Broschüren geworden, die die Organisation selbst herausgegeben hat. Wie wissenschaftlich diese Pamphlete sind, möge jeder Leser selbst entscheiden. Jedenfalls sind sie nicht von unabhängigen Experten verfasst worden. Zwei der drei Autoren sind bzw. waren Waldorf-Funktionäre. Der Dritte, Lorenzo Ravagli, war Waldorflehrer und hat sich inzwischen als Verteidiger des wahren Glaubens profiliert. Seit Januar 2005 ist er Redakteur der Waldorf-Zeitschrift *Erziehungskunst*.[201]

Die Berichte in *Report* wertete er als geistigen Terrorismus und Ausdruck der Political Correctness, womit Ravagli einen Kampfbegriff verwendet, den auch Nazis schätzen und nutzen. In Sachen Rassenkunde ist der Mann eine Koryphäe. So widerspricht Ravagli den Genetikern Francesco und Luca Cavalli-Sforza, die es ablehnen, Menschen in Rassen zu sortieren. Das Argument der modernen Genetik, dass die genetischen Unterschiede zwischen Menschen, die angeblich verschiedenen Rassen angehören, nicht größer sind als die zwischen Menschen, die gleicher Rasse sein sollen, lässt der Waldorfpädagoge nicht gelten. Ausschlaggebend sei das »sinnlich-ästhetische Erscheinungsbild«, schreibt Ravagli.[202]

Für ihn und seine Co-Autoren sind die Vorwürfe unsachlich, verleumderisch, unwahr und entstellend.[203] Selbst die minimalen Zugeständnisse der niederländischen Kommission gehen ihnen zu weit. Von einem »möglicherweise diskriminierenden Aspekt« zu reden sei »primär aus einer speziellen niederländischen Eigenart zu verstehen«, weil dort eine Äußerung schon als diskriminierend eingestuft werden könne, wenn sich auch nur ein Leser oder Hörer diskriminiert fühle. Das habe in Deutschland zu »viel Verwirrung und vorschneller Verurteilung« geführt.[204] Es sei »auf jeden Fall abwegig und sachlich unangemessen, sich von vorgeblich rassistischen Äußerungen Rudolf Steiners offiziell zu distanzieren«.[205]

Sie versuchen es mit definitorischen Tricks. Rassismus bedeute, schreiben Bader, Leicht und Ravagli, dass der Inhalt einer Persönlichkeit aus Vererbungsmerkmalen abgeleitet und der Mensch als durch biologische Merkmale determiniert aufgefasst wird.[206] Das ist eine sehr enge Definition von Rassismus, weil heutzutage auch Ansätze einbezogen werden, die sich auf kulturelle Differenzen kaprizieren.[207] Vor allem schließt eine solche ausschließlich biologistische Definition historisch ältere Ansätze über Geist-Rassen, in deren Nachfolge die Anthroposophie steht, aus. Obendrein gehen Steiner und andere anthroposophische Autoren (einschließlich Ravagli) von phänotypischen Merkmalen von Menschen aus, um sie in Rassen einzuteilen und ihnen Eigenschaften zuzuschreiben.

Gestützt auf diese fragwürdige Definition und vor dem Hintergrund der Annahme von Seelenwanderung und Reinkarnation bestreitet Ravagli den rassistischen Charakter der Anthroposophie: »Steiners Reden über Rassen ist von der Fragestellung geleitet, welche Fähigkeiten die Seelen jeweils ausbilden müssen, um sich von den differenzierten Einseitigkeiten zu befreien, die durch die Beschaffenheit der jeweiligen Leiblichkeit bedingt sind.«[208] Die Darstellung von Kulturepochen sei nicht im Sinn eines linearen Fortschrittes gemeint, behauptet Ravagli und verfälscht damit Steiners Intention. Die europäischen Zivilisationen stellten keineswegs die höchste Entwicklungsstufe des Menschheitsbewusstseins dar, sondern eine Durchgangsstufe, wie alle vorhergehenden und alle folgenden. Das ist Tautologie, weil eine Entwicklungsstufe im Regelfall auch Durchgangsstufe ist. »Es ist deswegen unsinnig, Steiner Eurozentrismus oder ähnliches vorzuwerfen und davon zu sprechen, er habe den Europäern das größte ›Vergeistigungspotential‹ zugesprochen. Denn diese Europäer: sie waren auch schon Indianer, sie waren Afrikaner und werden es vielleicht auch wieder sein. Entscheidend ist für Steiner sowieso nicht mehr die ethnische Zugehörigkeit von Menschen, sondern deren Individualentwicklung.«[209]

Demnach »verteilt sich die einheitliche Idee des Menschen für Steiner auf Weiße, Gelbe und Schwarze, die nach Nerven-Sinnes-System, Rumpfsystem und Gliedmaßensystem anthropologisch differenziert sind und ihre (...) Einseitigkeit zum ganzen Menschen ergänzen müssen«, schreibt Ravagli.[210] Die Wurzelrassenlehre Steiners fasst er so zusammen: »In der abendländischen Gesellschaft sah er übrigens eine Gesellschaft, die sich dank des jüdischen Einflusses – der Emanzipation der Juden von ihrem Gesetz und ihrer ›Rasse‹ – am ehesten dazu eignete, der Individualität des Menschen zum Durchbruch zu verhelfen. Im fernen Osten sah Steiner hingegen Populationen oder Völker, die vom Glanz ihrer spirituellen Vergangenheit überleuchtet wurden, die sinnliche Welt, die Welt des Körpers, das Diesseits verachteten, aber gleichzeitig in unmenschlichen, despotischen Lebensformen gefangen und daher ›dekadent‹, in der Entwicklung zurückgeblieben waren. Im Süden, in Afrika sah er südlich des Saharagürtels Menschen, die – anthropologisch gesprochen – über eine Fülle von Jugendkräften verfügten, bzw. die – soziologisch gesprochen – sich auf den Weg machten, den Tribalismus zu überwinden. Im Westen, in Amerika sah er die Tendenz des Ersterbens aller anthropologischen und kulturellen Gestaltungskräfte.«[211] Wir sehen an diesen Passagen, dass auch Ravagli die Menschen in Rassen aufteilt und ihnen unterschiedliche Eigenschaften zuschreibt, gleichzeitig aber den Vorwurf des Rassismus zurückweist.

Das anthroposophische Verdikt des Ersterbens in Amerika trifft nicht bloß die Indianer, sondern auch die weißen Siedler und ihre Nachfahren in den USA. Die Amerikaner müssen sich laut Steiner mit »Todeskräften« auseinander setzen, deswegen sei dort auch die Inkorporation Ahrimans zu erwarten. »Die Notwendigkeit dieser Auseinandersetzung mit den aus der geistigen Geologie des Kontinents hervorströmenden Todeskräften besteht, gleichgültig, ob es sich um Indianer oder eingewanderte Europäer oder Mestizen oder Afroamerikaner handelt. Das liegt in den geologischen und äthergeographischen Gegebenheiten begründet«, schreibt Ravagli.[212] Kehrseite dieses Antiamerikanismus, ebenfalls ein typisches Merkmal der völkischen Szene in Deutschland, ist der Glaube an die Auserwähltheit Europas und Deutschlands. Ravagli setzt Nationalsozialismus mit Kommunismus und »Amerikanismus« gleich (»drei Antlitze des Bösen«) und relativiert damit die deutschen Verbrechen. Er fabuliert von den »drei Verwüstungen Europas«, als wäre der rassistische NS-Eroberungskrieg und der Holocaust mit der sowjetischen Dominanz in Osteuropa bis 1989 oder gar dem Konsum von Filmen, Comics oder Musik aus den USA auch nur irgendwie vergleichbar. Der Amerikanismus, so behauptet er, schaffe ein »Reich der konsumistischen Glückseligkeit«, in dem die »fortgeschrittenen Völker« ihre Seelen verlören. Darum sollten die europäischen Völker erwachen und sich auf ihre schöpferischen Potentiale besinnen.[213] Und schließlich fordert er, Mitteleuropa solle »aus dem Schatten ihrer (!) Geschichte hervortreten, die Last der Schuld von den Schultern schütteln und mit dem durch die Verwüstungen des vergangenen Jahrhunderts gestählten Bewusstsein der Menschenwürde, des göttlichen, unantastbaren Kerns in jedem Menschenwesen als das lebendige Gewissen Europas fungieren«.[214] So spricht Ravagli zwar von Europa, meint aber eigentlich, Deutschland erwache.

Fünftes Kapitel: Die »zersetzende Kraft« des Judentums

Alles Verleumdung oder ein großes Missverständnis?

Im Frühjahr 2000 berichtete Paul Spiegel, Vorsitzender des Zentralrats der Juden in Deutschland, ihm würden aus Waldorfschulen antisemitische Vorfälle gemeldet.[1] Die *Allgemeine Jüdische Wochenzeitung* zitierte im März den Rabbiner Joel Berger, Sprecher der Rabbinerkonferenz, der von weiteren Fällen wusste.[2] Schon vorher hatten die Theologen Jan Badewien (Karlsruhe) und Ekkehart Stegemann (Basel) antisemitische Stereotypen im Werk Steiners gerügt.

Gegen diese Vorwürfe schaltete Evelyn Hecht-Galinski Anzeigen in Tageszeitungen, in denen sie zu »Solidarität gegen gezielte Diffamierungen und Verleumdungen der Waldorfschulen« aufrief. Sie selbst habe als Waldorfschülerin nur gute Erfahrungen gemacht, die Schule sei liberal, tolerant und antirassistisch. Ihr Vater habe sie »bewusst und wohlüberlegt« in die Waldorfschule geschickt. Ihre positiven Erfahrungen in einer Berliner Waldorfschule sollen nicht bestritten werden. Ein Interview zeigt jedoch, dass Hecht-Galinski von Anthroposophie keine Ahnung hat: »Während meiner Schulzeit habe ich sehr wenig mit Anthroposophie zu tun gehabt, denn im Unterricht wird sie ja nicht vermittelt. (...) Nach meiner Schulzeit habe ich mich auch nicht mit der Anthroposophie beschäftigt.«[3]

Vielleicht sollte Evelyn Hecht-Galinski das nachholen. Für die Kampagne der Anthroposophen war sie als Tochter des langjährigen Vorsitzenden des Zentralrates der Juden und Auschwitz-Überlebenden Heinz Galinski wichtig, worauf in der Anzeige ausdrücklich hingewiesen wurde. Im November 2000 teilte der *Bund der Freien Waldorfschulen* mit, die Anschuldigungen seien durch eine »neue wissenschaftliche Studie« widerlegt. Ravagli hatte ein erstes Pamphlet zusammengebastelt, in dem er einige Texte Steiners aus den Jahren 1897 bis 1901 referierte.[4] In der Broschüre, die Ravagli, Bader und Leicht 2001 veröffentlichten, sind weitere Passagen berücksichtigt. Das Trio versucht, deren Inhalt zu verharmlosen oder zu rechtfertigen. Selbst die Anthroposophen-Kommission in den Niederlanden hatte eingestanden, dass Steiner den Antisemitismus unterschätzte.[5]

Was der Guru über angeblich egoistische, ausgedörrte, materialistisch und intellektualistisch verdorbene Juden und ihr »semitisches Zersetzungsferment« verbreitete, deuten Ravagli, Bader und Leicht kreativ um:

Steiner habe bloß von der zersetzenden Wirkung des einseitig ausgebildeten Verstandes gesprochen, aber nicht ausdrücken wollen, Materialismus sei typisch jüdisch.[6] Im Gegenteil, Steiner habe eine positive Mission des Judentums angenommen. Die Autoren verschweigen, dass diese Mission laut Steiner seit zweitausend Jahren vollendet ist.[7] Steiner könne auch deshalb kein Antisemit gewesen sein, argumentieren Ravagli & Co., weil er jüdische und zionistische Freunde und Bekannte gehabt habe.[8] Und ein Antizionismus, wie ihn Steiner pflegte, sei damals auch von Juden vertreten worden.[9] Ziemlich jämmerlich ist der Einwand, Steiner habe den Holocaust nicht voraussehen können, vorgetragen von Leuten, die an dessen hellseherische Fähigkeiten glauben.[10]

Die Verteidigungsschriften von Ravagli & Co. werden selbst von Anthroposophen gerügt. Selbstgerecht, manipulativ und nicht sorgfältig gearbeitet, eine reine Kampfschrift, in der Nazi-Funktionäre als akzeptable Experten zitiert werden, schreibt Dierk Lorenz. Ihn stört auch, dass die Autoren meinen, die Juden hätten es nötig gehabt, von Steiner belehrt zu werden.[11] Ralf Sonnenberg kritisiert die »retrospektive Glättung und Harmonisierung«. Negative Aussagen Steiners würden »in der Regel übergangen«.[12] Obendrein habe Ravagli »keine textkritische Analyse« geliefert. Die Frage müsse gestattet sein, ob sich der junge Steiner »eben auch vom zeitgenössischen antijudaistischen Diskurs hat beeinflussen lassen«.[13]

Assimilation und Antizionismus

Anhand der veröffentlichten Briefe, Zeitungsartikel, Vorträge und Bücher lässt sich belegen, dass Steiners Haltung gegenüber Juden sich im Lauf der Zeit veränderte. In einem zentralen Punkt blieb sich Steiner treu. Ob als deutschnationaler Student und Journalist, als Verfechter eines idealistischen Individualismus, der sich für Dreyfus engagierte, oder als Esoteriker: Er war überzeugt, dass das Judentum sich überlebt habe; Assimilation bedeutete für ihn, dass jede eigenständige jüdische Identität verschwinden sollte. Daraus resultierte auch seine scharfe Abneigung gegen den Zionismus. Nach der Wende zur Esoterik um 1901 leitete Steiner seine Sicht des Judentums aus der Wurzelrassenlehre ab, kombiniert mit Motiven des traditionellen christlichen Antisemitismus. Je mehr er sich von der Theosophie entfernte und christliche Elemente in die Anthroposophie aufnahm, desto stärker betonte Steiner, die Juden leugneten Christus und seien eine verderbte, wurzellose Rasse.

Aus seiner Studienzeit in Wien berichtete Steiner, dass viele seiner Freunde Nationalisten mit antisemitischer »Nuance« gewesen seien.[14] Ersten Kontakt mit Antisemiten hatte er in der Kindheit. Steiners Vater Johann war 1869 als Bahntelegrafist nach Neudörfl versetzt worden, einem kleinen Ort im Burgenland, das zur ungarischen Hälfte der Doppelmonarchie gehörte. Der Junge besuchte die Dorfschule und »liebte« den Pfarrer, der den Religionsunterricht erteilte. Dessen Tatkraft habe ihm imponiert und er verdanke dem Pfarrer viel »für meine spätere Geistesorientierung«.[15] In seiner Autobiographie berichtete er, dieser Priester sei ein »energischer, ungarischer Patriot«[16] gewesen, der Predigten folgendermaßen beschloss: »Geliebte Christen, merket, wer ein Feind dieser Wahrheit ist, zum Beispiel ein Freimaurer oder ein Jude.«[17]

Von 1882 bis 1891 schrieb Steiner für die deutsch-nationale Presse in Österreich. Er behauptete, die Juden gehörten einem Volk an, »dessen Religion keine Freiheit des Geistes kennt« und das die deutsche Sprache mit jüdischen Wendungen verhöhne.[18] 1888 rezensierte Steiner den Roman *Homunculus* von Robert Hamerling (1830–1889). Der Schriftsteller verteufelte in seinen Werken den Materialismus einer »entgötterten« Gegenwart und bewunderte den alldeutschen und antisemitischen österreichischen »Führer« von Schönerer.[19] In dem Roman zeichnet Hamerling bösartige Karikaturen von Wucher- und Börsenjuden, die nach der Weltherrschaft streben, weswegen sein Werk als antisemitisch kritisiert wurde. Steiner dagegen feierte Hamerling. Er behauptete, der Mann habe die objektive Perspektive eines Weisen eingenommen, bloß »überempfindliche Juden« würden sich daran stören.[20] Steiner erhob den Autor später in den Rang eines Inspirators, weshalb die Anthroposophen Hamerling in Ehren halten.[21] Die Begeisterung bescherte Steiner Ärger mit seinem Arbeitgeber Ladislaus Specht, dessen Kinder er seit 1884 in Wien als Hauslehrer betreute. Die jüdische Familie sei aufgrund des »aufflammenden Antisemitismus« etwas »empfindlich« gewesen, berichtete Steiner. Der Hausherr bezichtigte ihn des Antisemitismus.[22]

Steiner schrieb in der Rezension: »Es ist gewiss nicht zu leugnen, dass heute das Judentum noch immer als geschlossenes Ganzes auftritt und als solches in die Entwickelung unserer Zustände vielfach eingegriffen hat, und das in einer Weise, die den abendländischen Kulturideen nichts weniger als günstig war. Das Judentum als solches hat sich aber längst ausgelebt, hat keine Berechtigung innerhalb des modernen Völkerlebens, und dass es sich dennoch erhalten hat, ist ein Fehler der Weltgeschichte, dessen Folgen nicht ausbleiben konnten. Wir meinen hier nicht die Formen der jüdischen Religion allein, wir meinen vorzüglich den Geist des Judentums, die jüdische Denkweise.«[23]

Bader, Leicht und Ravagli versuchen Steiner mit dem Argument zu entlasten, dass auch liberale Juden im 19. Jahrhundert für Assimilation plädierten.[24] Steiner habe angeblich den radikalen Standpunkt der Aufklärung vertreten, wonach jede traditionelle Religion überwunden werden sollte.[25] Nur der Vater der Familie Specht habe das als Jude nicht verstehen können. Auch der Steiner-Biograph Christoph Lindenberg, ein Anthroposoph, liege insofern falsch, wenn er von einer Entgleisung des jungen Steiner spreche.[26] Diese Interpretation gehe an der Sache vorbei, weil Steiner ja betont, es ginge ihm nicht bloß um die Religion. Auch die Auslegung Ravaglis (2004), Steiner habe auf die künstliche Absonderung und Ghettoisierung der Juden gezielt, oder von Detlef Hardorp (2004), orthodoxes Judentum und Zionisten seien gemeint, lassen sich mit dieser Passage nicht belegen.[27] Obendrein würde die Sache dadurch nicht besser, allenfalls wenn Steiner explizit diejenigen kritisiert hätte, die für die Ghettoisierung verantwortlich waren. Die Darstellungen Steiners zeigen, dass er bestenfalls keine Ahnung von den Lebensbedingungen von Juden in Deutschland und Österreich hatte, und schlimmstenfalls, wie stark er von antisemitischen Vorurteilen geprägt war. Denn die Juden in Wien und Berlin, zwei Städte, in denen Steiner jahrelang gelebt hat, waren alles andere als eine homogene Gruppe. Oberschicht und akademische Mittelschicht hatten sich, gerade nach der rechtlichen Gleichstellung, stark assimiliert. In den Städten traten tausende aus der Religionsgemeinschaft aus. Nach Einführung der Zivilehe stieg die Zahl der Eheschließungen mit nichtjüdischen Partnern. In Wien, dem Zentrum des Antisemitismus, konvertierten Juden, um diesem Druck zu entgehen.[28] Ein noch größerer Teil hatte bereits eine säkulare jüdische Identität entwickelt, wie Sigmund Freud, dessen Lehre von Anthroposophen als typisch jüdisch geschmäht wurde.

1897 zog Steiner von Weimar nach Berlin. Er freundete sich mit dem jüdischen Dichter Ludwig Jacobowski an, der im Dezember 1900 starb, und unterrichtete ab 1899 an der Arbeiter-Bildungsschule der SPD. Unter dem Einfluss Jacobowskis engagierte sich Steiner kurze Zeit im *Verein zur Abwehr des Antisemitismus*, allerdings mit bedenklichen Argumenten. So behauptete er, die zionistische Bewegung sei schuld am Antisemitismus. Er bescheinigte nicht den Antisemiten, sondern den Zionisten eine »überreizte Phantasie« sowie ein »gekränktes Gemüt«, das ihnen »den Verstand umnebelt«. Die Antisemiten seien ungefährlich »wie Kinder« und »viel schlimmer« seien »die herzlosen Führer der europaweiten Juden« wie Theodor Herzl.[29] Nun kann man sagen, als Seher war Steiner eine Niete, entscheidend ist, dass er die Propaganda und Stärke der Antisemiten verharmloste. So verabschiedete die Deutsche Konservative Partei 1892 ein Programm »gegen den zersetzenden jüdischen Einfluss auf unser Volksleben«. Ein Jahr später errangen radikale Antisemiten bei den Reichstagswahlen 16 Mandate.

Kurz nach dieser Fehleinschätzung, die von manchen Anthroposophen eingeräumt wird,[30] beteiligte sich Steiner an der Kampagne für Alfred Dreyfus (1859–1935). Der Artilleriehauptmann war von einem Militärgericht im Dezember 1895 als deutscher Spion verurteilt worden. Intellektuelle und Politiker sammelten Beweise für die Unschuld von Dreyfus und bekämpften den Antisemitismus. Sie erzwangen 1899 eine Revision, bei der Dreyfus unter Zubilligung »mildernder Umstände« zu zehn Jahren Gefängnis verurteilt wurde. Der Präsident begnadigte Dreyfus, der seine vollständige Rehabilitation 1906 erreichte, als der Kassationshof das Urteil aufhob. Steiner plädierte auf »vollkommene Schuldlosigkeit des unglücklichen Gefangenen« und rühmte Dreyfus als »Märtyrer der Ungerechtigkeit, Verblendung und Korruption«.

Allerdings protestierte er mit keinem Wort gegen den Antisemitismus. Als Ursache der Affäre interpretierte er chauvinistische »Instinkte« der französischen »Volksseele«.[31] Er wertete den Fall als Beweis gegen das System der bürgerlich-demokratischen Republik und ihrer Grundwerte, die der ihm verhassten Aufklärung und der Revolution entstammten. Er schrieb, als Person sei ihm Dreyfus »unsympathisch«, weil dieser »ein bornierter Chauvinist« und eine »verbohrte Soldatennatur« sei. Gerade dies aber beweise seine Unschuld und sei ein »Zeugnis« dafür, »dass heute in der Republik Frankreich das Recht der Persönlichkeit, dass die Freiheit zerstampft werden kann, dass der Mensch rechtlos sein kann in einem Staate, der sein Dasein auf sogenannte Freiheitsrechte stützt«.[32] Albert Steffen ärgerte sich noch 1931, dass der Gerechtigkeitssinn eines Zola an einen »unbedeutenden Kapitän« verschwendet wurde, während niemand im Westen gegen die »Ungerechtigkeit« protestiere, die den Deutschen durch den Vorwurf der Kriegsschuld und die Bestimmungen des Versailler Vertrages widerfahre.[33]

1900 und 1901 verfasste Steiner Artikel, in denen er den Antisemiten »mangelhaftes ethisches Urteilsvermögen« und »Inferiorität des Geistes« vorwarf.[34] Er verwandte völkische Kategorien, wenn er meinte, jeder Mensch sei zwar einer Rasse und einem Volk zugeordnet, andererseits spreche der Antisemitismus »der Idee Hohn, dass der Mensch höher steht als jede einzelne Form«.[35] Er bekannte sich zu einer »idealistischen deutsch-nationalen Tendenz« und lehnte den Antisemitismus der Alldeutschen als materialistisch ab.[36] Dennoch hielt Steiner daran fest, dass das Judentum sich assimilieren sollte. Sein Freund Jacobowski favorisierte für das Judentum ein »restloses Aufgehen im deutschen Geist«.[37] Steiner lobte an Jacobowski, dass er »längst über das Judentum hinausgewachsen« sei.[38] Auch der Abwehrverein, für dessen Mitteilungen Steiner schrieb, war nicht pluralistisch ausgerichtet, sondern bürgerlich-patriotisch und hing jenem »unbeugsamen liberalen Credo von der vollständigen Assimilation der deutschen Juden an die deutsche Kultur« an.[39]

Selbst dieser völkische Anti-Antisemitismus blieb eine Episode. Mit der Wende zur Theosophie gelangte Steiner auch an eine ausgefeilte Rassenlehre, die seinen schon in Wien vorhandenen Ansichten über Volk, Rasse und Nation eine neue systematische Basis bot: Die Lehre von den planetarischen Zeitaltern, den aufeinander folgenden Wurzelrassen und der besonderen spirituellen Mission einzelner Volksgeister und Völker führte Steiner zu jenem antisemitischen Stereotyp vom intellektuell-zersetzenden Juden, das in der Dreyfus-Affäre geprägt wurde. Heinrich Mann ging den umgekehrten Weg. 1895 bis 1896 arbeitete er in Berlin als Chefredakteur des *Zwanzigsten Jahrhunderts*, dem Zentralorgan der Antisemitenparteien.[40] Mann unterstützte in der Dreyfus-Affäre die französischen Rechten. Er löste sich vom Antisemitismus, indem er Intellektualität, die die Rechten seit Dreyfus mit den Juden identifizierten und ablehnten, entschieden verteidigte.

Steiners Kosmologie

Sechs Elohim sind laut Steiner die Schöpfer des Universums. [41] Sie schickten von der Sonne Licht und Liebe und bildeten die Christus-Wesenheit, die sich später auf der Erde verkörperte. Der siebte Elohim ist Jahwe, der sich von den anderen trennte und auf dem Mond residierte. Dieser Jahwe – Steiner benutzte auch den Namen Jehova – brachte den Menschen zur vollen Reife und fungierte als Spiegel, indem er das Sonnenlicht oder Christuslicht reflektierte.[42] Er sei der Gott der Schöpfung und des Gesetzes, werde aber durch Christus abgelöst, dessen Kreuztod und Auferstehung die »hebräische Geologie« laut Steiner »durchchristet«.[43] Jahwe steht in Steiners Welt ebenso wie Luzifer für Intellektualität, welche die Gefahr des Atheismus und des Materialismus in sich birgt, wozu die moderne Zivilisation, Technik, Genuss und Sexualität gehören. Auf der Erde ist es die atlantische Unterrasse der Ur-Semiten, die das abstrakte Denken entfaltet, behaupteten Steiner, Wachsmuth[44] und Rittelmeyer.

Steiner erklärte, die Juden hätten den Monotheismus samt einem menschenähnlichen Ich-Gott erfinden müssen. Das Alte Testament stelle dar, wie der Mensch aus göttlichen Sphären herabsteige und wie Jahwe ihm das »Ich-Bewusstsein« einträufelte. Am Ende der dritten ägyptisch-chaldäisch-babylonischen Epoche, also etwa um 1000 v. Chr., habe Jahwe ein kleines Häuflein ausgewählt, darunter einige Eingeweihte, und Moses zum Führer bestimmt. »Und so wird dieses Volk in seiner Jehovareligion in der Tat das auf den Christus vorbereitende Volk«.[45] Es folgt der negative Umschlag des Monotheismus: Der Impuls musste »überspannt« sein, um zu wirken, meinte Steiner, und so sei daraus ein »abstrakter bildloser Gott«, ein »Ich-Gott« geworden.[46] Endgültig erfüllt sei die jüdische Mission mit Christus, für die Reinkarnation des Sonnengeistes durften die Juden die leibliche Hülle bereitstellen.[47]

Die Semiten entstanden der anthroposophischen Rassenlehre zufolge aus der Kooperation von Jahwe und den Marsgeistern, die übrigen Elohim waren ausgeschlossen.[48] Wie andere völkische Ideologen behaupten Steiner und seine Anhänger, dass die Juden besonders rassisch dächten und sich von der fixen Idee der Reinheit des Blutes leiten ließen, »es liegt bei ihnen im Blut, den Einheitsgott, das Monon zu vertreten«.[49] Hans Razum meinte, »jahrtausendelange Inzucht charakterisiert die Rassenpolitik der Juden«; aber diese Reinheit des Blutes helfe nichts, wenn die »geistige Kulturaufgabe« eines Volkes erfüllt sei. Mission erfüllt, Verfall programmiert, lautet die anthroposophische Grundregel.[50] Aus einer angeblich besonders starken Blutsbindung der Juden schlussfolgerte Steiner abstrakte Strenge und Unerbittlichkeit.[51] Er leitete daraus allerlei Klischees ab: Monotheismus gleich geistige Erstarrung, die Juden lebten nach einem »unfruchtbaren Gesetz«, seien ausgedörrt und versteinert. Steiner nannte wie üblich keine Quellen für seine Ansichten, vor ihm hatten Lagarde und Eugen Diederichs (1867–1930), der völkische Verleger, ähnliche Vorstellungen verbreitet.[52]

In Blavatskys Theosophie werden Juden, im Gegensatz zu Ariern, als bösartige, verschlagene, machthungrige Rasse dargestellt. Steiner verknüpfte diese Lehre mit dem christlichen Motiv der jüdischen Gottesmörder und Gottesleugner und erklärte seinen Zuhörern (1907), dass die Juden darum rassisch nicht aufsteigen könnten: »Wie könnte man das klarer ausdrücken als in dem Bild dessen, der den Führer von sich weist und der nicht aufzusteigen vermag! Das ist die Sage von Ahasver, dem Ewigen Juden, der da saß und den größten Führer, den Christus Jesus, von sich stieß, nichts wissen wollte von der Entwickelung, und der deshalb bei seiner Rasse bleiben muss, immer wiederkehren muss in seiner Rasse.«[53] Nach der antisemitischen christlichen Überlieferung ist der Jude Ahasver auf ewig verflucht, weil er Jesus auf dem Kreuzweg eine Ruhepause verweigerte.

Der phantasierte Zusammenhang zwischen spiritueller Entwicklung und rassischer Höherentwicklung und die Vorstellung, die Juden als Gottesleugner seien Angehörige einer zurückgebliebenen Rasse, werden noch deutlicher in einem Vortrag, den Steiner ein Jahr später hielt. Die Passage zitiere ich hier in ganzer Länge, weil sie seine irre Weltanschauung komprimiert enthält: »Und wenn andere Menschen, welche auf die großen Führer der Menschheit hören und die Seele mit dem ewigen Wesenskern bewahren, in einer vorgeschrittenen Rasse wiedererscheinen, so wird der, der von dem großen Lehrer nichts hat wissen wollen, der den großen Menschheitsführer von sich stößt, immer in derselben Rasse wiedererscheinen, weil er nur die eine Gestalt hat ausbilden können. Das ist die tiefere Idee des Ahasver, der immer in derselben Gestalt wiederkehren muss, weil er die Hand des größten Führers, des Christus, von sich gewiesen hat. So ist die Möglichkeit für den Menschen vorhanden, mit dem Wesen einer Inkarnation zu verwachsen, den Menschheitsführer von sich zu stoßen, oder aber die Wandlung durchzumachen zu höheren Rassen, zu immer höherer Vervollkommnung. Rassen würden gar nicht dekadent werden, gar nicht untergehen, wenn es nicht Seelen gäbe, die nicht weiterrücken können und nicht weiterrücken wollen zu einer höheren Rassenform. Schauen Sie hin auf Rassen, die sich erhalten haben aus früherer Zeit: Sie sind bloß deshalb da, weil da Seelen nicht höher steigen konnten.«[54]

Führende Anthroposophen hetzten in den 20er-Jahren gegen eine jüdische Gesetzesstrenge, die angeblich das deutsche Recht durchdringe und deshalb überwunden werden müsse. Heyer suggerierte eine Art jüdische Weltherrschaft, hinter der ominöse Mondkräfte steckten, die sich der mosaischen Gesetze bedienten. Als Alternative prophezeite Heyer ein künftiges theokratisches Reich.[55] »Erzoberlenker« Rittelmeyer rügte die jüdische Gesetzesstrenge als fremdes Element im Christentum. Zwar betonte er wie Steiner das historische Verdienst der Juden, verlangte aber vor und nach 1933 eine »Reinigung« des Christentums vom »semitischen Wesenscharakter«. Die Ethik der Zehn Gebote und der Gedanke der Sühne widersprach seinem Bild eines heroischen Christus. [56] Rittelmeyer predigte wie Guido List die Erlösung durch ein »germanisches Christentum«, das seinen »semitischen Wesenscharakter« abstreift: »Der germanische Geist bringt Anlagen mit, die sich noch nie im Christentum haben ureigen auswirken können.«[57] Der heroische Christus sei ein Kämpfer gewesen, ohne jüdisch-katholische Weichheit.

Dennoch müsse man um »die Größe und Ewigkeit dessen wissen, was das Semitentum dem Christentum gegeben hat«, verlangte Rittelmeyer.[58] Einst hätten sie die Ich-Anlage, den Erdenverstand und durch Auslese und Rassenreinheit den Leib des Christus hervorgebracht. Dies sei ihr bleibendes historisches Verdienst, die Juden hätten ihre Mission jedoch schon zur Zeit von Christi Geburt erfüllt und befänden sich seitdem im Niedergang.[59] Diese Juden, so schrieb er, seien pure Egoisten, für die der Kapitalismus »ein willkommener Tummelplatz war«. Die Verstandesbegabung, den Hebräern einst als Gottesgabe gereicht, »entartete zur zersetzenden Kritik und unfruchtbaren Dialektik«. So bezichtigte Rittelmeyer die Juden, Materialismus, Intellektualismus und Egoismus als »Festungen des Ungeistes« geschaffen zu haben.[60] Zwar könne man an »Rassenmerkmalen« allein die »Feindmächte« nicht erkennen, denn nicht nur Juden hätten diese Eigenschaften, sie seien aber deren »besonders fähige Vertreter«.[61]

Aus dem gnostisch-pantheistischen Gehalt der Anthroposophie folgt der Vorwurf, die Juden leugneten als Monotheisten, dass Naturerscheinungen von geistigen Wesenheiten belebt seien.[62] Außerdem bewirke ihr Monotheismus und das Bilderverbot, »diesen einen Gott ganz nur mit dem Inneren der Seele, mit dem Verstande zu begreifen. Aber es ist auch leicht einzusehen, dass sich damit eigentlich der Egoismus im höchsten Grad verdichtete«, lehrte Steiner.[63] Der Menschheitsführer leitete aus solchen Spekulationen einen »Volksegoismus im Judentum« ab und behauptete, die Juden könnten zwar gute Musiker, aber keine Bildhauer sein.[64] Über die Kette Monotheismus gleich Materialismus gleich Egoismus gelangte Steiner zum antisemitischen Bild des allmächtigen, negativ-zersetzenden jüdischen Einflusses. In Briefen (1905) an seine spätere Frau Marie von Sivers klagte Steiner über das »Zersetzungsferment« des »semitischen Einschlags«. Dieses materialistisch-analytische »Zersetzungsferment« zeige sich bei den Juden Marx und Lassalle ganz deutlich, ebenso destruktiv sei »das rein analysierende Denken in der Zoologie, Botanik und Medizin; Wundt und seine Anhänger in der Psychologie; die Sozialdemokratie und der Liberalismus in der Politik. Alle unsere Theologie, Jurisprudenz, Pädagogik sind von Zersetzungsgiften angefüllt. Die Zersetzung ist ja schon zum Kindergift pädagogisch in den Kindergärten geworden.«[65] Begriffe wie »semitisch« und »Gift« widerlegen die Schönfärberei eines Ravagli, sein Guru habe bloß ganz allgemein über den Materialismus geurteilt. In Vorträgen klagte Steiner 1924 über jüdischen Einfluss auf die Medizin: »Die Medizin ist zwar geistig geblieben, aber sie ist, ich möchte sagen, monotheistisch geblieben.«[66] Waldorfpädagogik und anthroposophische Medizin konzipierte Steiner als »ganzheitliche« Ansätze gegen Materialismus und Intellektualismus.

Einerseits diffamierte Steiner die Juden als besonders nationalistisch, andererseits hielt er ihnen vor, kosmopolitisch zu sein. Allen Völkern schwebe »ein leitender Volksgeist« voran, nur den Juden nicht. Denn bei ihrer spirituellen Mission, den Monotheismus zu entwickeln, wären alle Volksgeister beteiligt gewesen, weshalb die Juden bis heute kosmopolitisch und wurzellos seien.[67] Steiner und andere Anthroposophen erklärten den Ersten Weltkrieg als Folge einer Einkreisungs- und Verschwörungspolitik gegen Deutschland, hinter der Freimaurer, Jesuiten und Juden steckten.[68] Marie von Sivers glaubte an eine jüdisch-bolschewistische Weltverschwörung: Hinter dem Kommunismus und der Sowjetunion stecke »eine Handvoll jüdischen Russentums«, schrieb sie im anthroposophischen Zentralorgan.[69] Rittelmeyer polemisierte gegen Internationalismus und Pazifismus, sie seien abstrakte und blutlose Produkte des jüdischen Geistes.[70]

Besonders dreist waren Steiners Versuche, die Opfer jahrtausendelanger Verfolgung auch noch zu Schuldigen zu stempeln. So hielt er den Juden vor, im Exil eine Gemeinschaft zu bilden (»Das liegt im ganzen Charakter des Judentums«[71]), weshalb ihre Situation besonders auffalle, obgleich es anderen ebenso schlecht ergangen sei. Steiner relativierte damit, dass Juden von ihrer christlichen Umgebung geächtet und verfolgt wurden. Steiner bezichtigte die Juden, den Antisemitismus hervorzurufen, indem sie auf dem Eingottglauben beharrten, was Abneigung und Antipathie erzeuge; obendrein belege der Zionismus, dass die Juden noch im »Rassenmäßigen« und nationalen Denken »befangen« seien.[72] »Völker verlieren von der jetzigen Zeit an ihre Bedeutung«, hielt Steiner den Zionisten vor, die im Gegenteil erlebten, dass ein wachsender Nationalismus und Antisemitismus in Europa die in einigen Staaten wie Deutschland gerade erreichte bürgerliche Gleichstellung bedrohten und in anderen wie im zaristischen Russland zu blutigen Pogromen führten.[73] Dieser »Antizionismus« ihres Gurus gilt manchen Anthroposophen heute als Ausweis einer antinationalen Haltung, obwohl Steiner Ursache und Wirkung verkehrte. Der Zulauf für die zionistische Bewegung war eine Reaktion auf den wachsenden Antisemitismus in Europa.

In der Zeitschrift *Die Christengemeinschaft* widmete sich Christoph Rau 1995 der Frage, wie »eine Feindschaft zwischen Christen und Juden entstehen konnte«. Wer die Frage so stellt, suggeriert, Verantwortung und Schuld seien gleich verteilt. Dabei waren es Christen, vom Papst bis zum Pöbel, die in den vergangenen Jahrhunderten jüdische Menschen diskriminierten und ermordeten. Rau konzentriert sich auf eine angebliche jüdische Schuld. Er fragt: »Was führte dazu, dass die führenden Juden Jesus den Römern ans Kreuz lieferten? Und warum wurden im Mittelalter europäische Juden von den Christen ins Abseits gedrängt?«[74] Zur Erklärung verweist er auf jüdische Gesetze und Vorschriften, die die Menschen einengten. Jesus stilisiert er zum Befreier, der mit der »pharisäischen Tradition«, diesem »Trend zum Nebensächlichen«, brach.[75] Die Gesetze des Judentums seien dem Christentum »wesensfremd« und würden es einsperren, behauptet Rau.[76]

Auch die Lehre vom arischen Jesus, der das Judentum überwindet, hat das Ende des NS-Faschismus überlebt.

Thiebens *Rätsel des Judentums*

Der Österreicher Ludwig Thieben (1891–1947) entwickelte eine »individuelle« anthroposophische »Lösung« der »Judenfrage«. Thieben war jüdischer Herkunft und hatte als kriegsgefangener Offizier während des Ersten Weltkrieges Steiners Schriften entdeckt. Seit den 20er Jahren zählte er zu den führenden österreichischen Anthroposophen. Zusammen mit Hans Erhard Lauer, dem Vertreter einer anthroposophischen »Völkerpsychologie«, war er der wichtigste Redner der Sektion und publizierte eine Reihe von Artikeln und Büchern. Gemäß der anthroposophischen Doktrin ließ Thieben die Auserwähltheit des jüdischen Volkes für die Hebräer des Alten Testaments gelten, was wiederum die Nazis den Anthroposophen übel nahmen. Die Juden hätten als »Volkssubstanz« die höhere Aufgabe gehabt, den Leib des Christus hervorzubringen, meinte Thieben. Mit dessen Erscheinen sei ihre Mission erfüllt.[77]

Die Tragik der Juden bestehe darin, dass sie Christus nicht als den Messias anerkennen: »Man könnte (...) von einer spirituell-zeitlichen Verblendung der Juden sprechen.«[78] Die Juden brächten dadurch zwar ein Opfer für die Menschheit, weil das Christentum als jüdische Religion von den Heiden nicht akzeptiert worden wäre. Sie selbst aber würden dadurch »entwurzelt« und zu Ahasver, dem umherwandernden Ewigen Juden.[79] Durch die Negation des Messias, so Thieben, habe sich das Judentum vom »Grundimpuls der Menschheitsentwicklung losgelöst«. Ein »entwurzelter Intellektualismus« wurde zum »Hauptwesenszug« ihres nachchristlichen, als tragisch bezeichneten Schicksals. Die »falsche Unsterblichkeit« Ahasvers ist für Thieben die Strafe für die »Verleugnung der Auferstehung«.[80]

Thieben griff wie Steiner das christliche Motiv von den jüdischen Gottesleugnern auf. Ausdrücklich betonte Thieben, das angebliche Rätsel bzw. »Geheimnis des Judentums« bestehe »einzig und allein aus seinem inneren Verhalten zum Christentum«.[81] All die »merkwürdigen, oft gehassten, oft verspotteten, manchmal vergötterten Eigenschaften des Judentums und der Juden« seien Folge jener »Ahasvertragik«, was darauf hinauslief, die Stereotypen, die Antisemiten erfunden hatten, als reale Eigenschaften einer ganzen Gruppe von Menschen anzusehen.[82] Thieben identifizierte die Juden in völkischer Manier mit den Metaphern Wüste und Großstadt und die germanischen Arier mit Wald und Scholle.[83] Auch die Gesetzesstrenge und die Blutreinheit, die die Anthroposophen unterstellen, bewerteten Thieben und seine Gesinnungsfreunde positiv, solange die Juden damit die körperliche Hülle für den Sonnengeist Christus vorbereiteten. In diesem Sinn bezeichnete Thieben die alttestamentarischen Speisevorschriften als »diätetische Regeln«.[84] Nach der Geburt des Christus verkomme das Regelwerk in einem »krankhaften Wucherungsprozess«, als dessen Höhepunkt der österreichische Anthroposoph das »mittelalterliche Talmud-Judentum« schmähte.[85] Der Impuls des Zarathustra, der einst die Juden angetrieben habe, sei zum »Diener der ahrimanischen Widermächte« geworden, nachdem die Mission erfüllt war.[86]

Zu den dämonischen Mächten gehört für ihn auch die Intellektualität, die Moses einst als geistiger Mittler gebracht habe. Über den verhassten Intellektualismus gelangt Thieben dazu, eine jüdische Verschwörung und Weltherrschaft zu suggerieren, die gefährlich und zerstörerisch sei: Aufgrund ihrer »Wesensverwandtschaft« mit jenem bösen Geist, der die »Welt des modernen Intellektualismus« regiere, seien die Juden die Träger dieser Moderne und würden den Untergang des Abendlandes herbeiführen. Darum fand Thieben es »durchaus verständlich«, wenn in nichtjüdischen Kreisen vom »zersetzenden Einfluss des jüdischen Geistes« geredet wurde.[87]

Als »Lösung der Judenfrage« empfahl der Anthroposoph eine individuelle und spirituelle Assimilation. Antisemitismus und Pogrome rügte er als ineffektiv, sie würden »den übelsten Elementen des Judentums« nicht den Weg zu Macht und Geld, aber den »edleren Naturen« den Zugang zum »wahren Christentum« versperren.[88] Thieben glaubte, die Rettung für die Juden und für die Welt vor ihnen liege im »wahren Christentum«, der Anthroposophie. Zwar definierte er die »Judenfrage« als »Gruppenphänomen«, allerdings gebe es eine individuelle »Lösung«, wenn das Ich bei der nächsten Wiedergeburt Christus nicht mehr zurückweise.[89] Er verwickelte sich in den Widerspruch, dass Anthroposophen einerseits behaupten, ihre Lehre sei prinzipiell jedem zugänglich, andererseits das »ahasverische Element« jeden Juden in diesem Leben dazu bestimme, Christus zurückzuweisen. [90] Thieben schrieb, »die Stimmen des Blutes« im Juden sträubten sich gegen Christus, während die »im arischen Blute waltenden Kräfte« die Seele dahin brächten, ihre Ich-Entwicklung selbst in die Hand zu nehmen.[91] Nach dieser Rassisten-Logik können Anthroposophen jüdischer Herkunft eigentlich nur Steiner-Jünger minderer Klasse werden.

Das »erschütternde Rätsel des Judentums« bestand für Thieben darin, dass »aus dem Vorglanz des Christentums dessen Schatten wurde«. Darum müsse das Judentum sich aus seiner »düsteren, gebeugten Gestalt in eine Lichtwesenheit (...) verwandeln, die dem Christus freudig dient«.[92] Als »Lösung« empfahl er, der selber zum Christentum konvertiert war, Taufe und eine völlige Assimilation. Den Status als gleichberechtigte Bürger jüdischer Religion verweigerte der Anthroposoph den Juden, die bürgerliche Gleichstellung sei ein abstraktes Ideal, das die spirituelle Trennmauer zum Arier nicht beseitige.[93] Die zionistische Strategie, als verfolgte

Gruppe einen eigenen Staat zu gründen, um sich verteidigen zu können, wies er mit der Begründung ab, das Judentum habe keine zweite Mission, sondern es sei an den Germanen, die ihre zu erfüllen.[94] Thieben empfahl die Identifikation mit dem Aggressor, die er für sich gewählt hatte: Konversion und Mitarbeit an der Mission der Germanen.

Dass Anthroposophie wie eine endlose Gebetsmühle funktioniert, in der Steiners Ideen reproduziert werden, zeigt eine Artikelserie im *Goetheanum* aus dem Jahr 1948, drei Jahre nach dem militärischen Sieg über den NS-Faschismus. Der Autor Uehli nannte Jahwe als Gegenspieler Luzifers und hielt den Juden zugute, das Denken als erste entwickelt zu haben.[95] Nur sei ihre Zeit längst abgelaufen und die Jahwe-Volksreligion werde durch den »Romanismus« fortgesetzt, als juristisches, »nicht durchchristetes Denken«. Uehli schrieb: »Alles einseitige, sich in die lebensfremde Abstraktheit verlierende Denken besitzt in seinen Untergründen einen monotheistischen Charakter, den Jahwe-Charakter, der auf Blut und Vererbung beruht und in der Kraft des Embryonalen, des Vorgeburtlichen besteht. Es ist seit dem Christus-Ereignis ein in der Zeit rückläufiges Denken.«[96] Demnach verursachten die Juden den Romanismus, der seinerseits durch den Intellektualismus fortgesetzt werde, ebenso wurzelten der Internationalismus, das Kommunistische Manifest und die Oktoberrevolution im alttestamentarischen Denken. Uehli konstruierte eine Verschwörung finsterer Mächte, er spricht von den »Vernichtungskräften des alten unrechtmäßigen Denkens«, gegen die Anthroposophen angehen müssten.[97]

Der Holocaust als karmischer Ausgleich

Der Anthroposoph Karl König war Arzt, stammte wie Thieben aus Wien und war jüdischer Herkunft. Ab 1928 leitete er die anthroposophische heilpädagogische Einrichtung Pilgramshain bei Striegau in Schlesien, die wie andere Heime dieser Art mit dem klinisch-therapeutischen Institut in Arlesheim in der Schweiz verbunden war, das Ita Wegmann leitete. 1935 wurde König zusammen mit Wegmann und anderen aus der *Anthroposophischen Gesellschaft* ausgeschlossen, weil er die zentralistischen Bestrebungen des Vorstands ablehnte. Im selben Jahr verließ König Pilgramshain und ging zurück nach Wien. 1938 emigrierte er mit anderen anthroposophischen Ärzten und Heilpädagogen nach England.[98]

Im Exil gründeten die Emigranten die anthroposophische Camphill-Bewegung, die heute vor allem in angelsächsischen Ländern Einrichtungen und Dörfer für Behinderte unterhält. Während die Nazis Behinderte als lebensunwert verfolgten und ermordeten, glaubte König, dass die Behinderung für das betroffene Individuum wichtig sei für seine Entwicklung durch viele Inkarnationen hindurch. Diese Lehre ist abstrus, sie führt zu allerlei Bevormundungen von Behinderten, wie Kathrin Taube beschreibt, aber sie ist immerhin dem Euthanasie-Programm der Nazis diametral entgegengesetzt.

In den 50er Jahren schrieb König Monographien, gespickt mit astrologischen Spekulationen. In einem dieser Aufsätze charakterisierte er Sigmund Freud als menschenverachtend, irreligiös und selbstzerstörerisch und bot dafür zwei Erklärungen: Zum einen habe sich der Begründer der Psychoanalyse aufgrund karmischer Schuld den Dämonen Ahriman und Luzifer verschrieben.[99] Zum anderen sei Freud Jude gewesen, was König zu dem Urteil bringt: »Er kann sich von der Blutsgemeinschaft des jüdischen Volkes weder gedanklich noch triebmäßig befreien und fällt dadurch immer wieder in uralte Vorstellungen zurück, die für seine Zeit keinerlei Geltung mehr haben.«[100] Die Aufsätze von König, darunter der über Freud, wurden Waldorflehrern 1998 als Erzählstoff für die achte Klasse empfohlen.[101]

Im November und Dezember 1965 hielt König drei Vorträge zum Thema »Geschichte und Schicksal des jüdischen Volkes«. Zunächst referierte er die gängige anthroposophische Auffassung, die Juden hätten ihre Mission erfüllt und weigerten sich, Christus anzuerkennen. Er zitiert Steiner zustimmend, wonach die Zionisten schlimmer seien als die Antisemiten. Und er interpretiert den Holocaust als karmischen Ausgleich: Durch den Verrat des Judas habe ein »Drama« begonnen, das zur Kreuzigung Christi führte. »So etwas Ähnliches musste wieder geschehen, es war sozusagen eingeschrieben in das Menschheitskarma. Und so wenig wir auch heute begreifen können, was das gewesen ist, dieser Verrat des Judas, so wenig begreifen wir dasjenige, was sich in unserem Jahrhundert vollzogen hat«, erklärte König. In diesem Sinne forderte er Verfolger und Verfolgte, also Nazis und ihre Opfer auf, zu verstehen, »was gespielt hat und noch immer spielt«.[102] Die Taten der Nazis, so schreibt König, könnten nicht durch Gerichte gesühnt werden. Das ist insofern richtig, als angesichts der Dimension dieser Verbrechen keine Strafe wirklich gerecht wäre, andererseits haben gerade deutsche Gerichte kaum versucht, die Täter zu richten. Aber darauf kam es König nicht an, ihm ging es um den karmischen Ausgleich: »Denn es sind Taten, gleich der des Judas; Taten die geschehen mussten. Und der, der sie tat, ist ja viel schlimmer dran als diejenigen, die sie erleiden mussten.«[103]

Selten wird der Holocaust in anthroposophischen Publikationen so offen als karmischer Ausgleich dargestellt. Es gibt jedoch einige, die nach derselben Logik agieren. Im Mai 1998 hatte die Schwedin Barbro Karlén, die von sich behauptet, die wiedergeborene Anne Frank zu sein, einen Auftritt in Ilona Christens Talkshow bei RTL. Der Auftritt verlief in jenem Quasselstil, der solche Sendungen auszeichnet. Christen fragte: »Barbro, wann haben Sie gemerkt, dass Sie Anne Frank waren?« Antwort Karlén: »Als ich zwei Jahre alt war.« Nach einigem Geplauder über Anne Franks Leben dann die Frage der Talkmasterin: »Können Sie uns sagen, wie Sie den Tod der Anne Frank erlebt haben?« Karlén antwortet: »Das einzige, woran ich mich erinnere, ist, dass ich furchtbar gefroren habe und dass ich lebendig verbrannt wurde.«[104]

Karlén wurde 1954 in Göteborg geboren. Bereits als zweijähriges Kind, so sagt sie heute, ahnte sie von ihrer Reinkarnation. In dem autobiographischen Roman *...und die Wölfe heulen* beschreibt Karlén angeblich ihr Leben: Ihr alter ego Sara Carpenter hat ständig Alpträume und Ahnungen. Sie heiratet früh, aber der Ehemann behandelt sie mies. Karlén/Carpenter arbeitet bei der schwedischen berittenen Polizei, angeblich um ihre panische Angst vor Uniformen in Eigentherapie zu bewältigen. Sie wird von Kollegen gemobbt, quittiert den Dienst und wird Zirkusreiterin. Aber ihre Verfolger sind hartnäckig und treten diesmal als Journalisten auf, die sie wegen Tierquälerei anprangern. Schließlich, so schreibt die Frau, habe sie sich dazu durchgerungen, ihre Träume als Erinnerungen zu akzeptieren: Karlén »erkennt« in den miesen Typen ihrer Umgebung die ebenfalls reinkarnierten Nazi-Schergen der Anne Frank.[105]

Für Esoteriker ist alles Karma, schicksalhafte Folge von Verfehlungen oder guten Taten in früheren Leben, sogar der Holocaust. Karléns Verleger Thomas Meyer vom anthroposophischen *Perseus-Verlag* in Basel schreibt im Nachwort: Karléns Glaube ändere nichts an den Misslichkeiten in ihrem Leben, aber sie »kann diese nun verstehen und daher innerlich freier werden«. Ihre Seele gehe dank des Wissens um die karmischen Zusammenhänge »gestärkt« aus dem Kampf hervor.[106] Karlén/Carpenter bilanziert, »dass es Zusammenhänge gibt zwischen den verschiedenen Leben des Menschen. (...) Man musste es einfach akzeptieren, dass es schon vorher etwas gegeben hatte, und dass sich das auf das ganze Leben auswirkte.«[107] Wenn Karlén das Mobbing, das ihr widerfahren sein soll, als Karma interpretiert, gilt diese Logik auch für ihr angebliches früheres Leben als Anne Frank. Deren Ermordung in Bergen-Belsen wird zum vorherbestimmten Schicksal, das verständnisvoll anzunehmen ist. Obendrein geht die Seele aus dem Vernichtungslager »gestärkt« hervor.[108]

Im Dezember 1997 protestierte die Gruppe *Aktion Kinder des Holocaust* in Basel gegen die Neuauflage von Thiebens *Die Rätsel des Judentums* im *Perseus-Verlag*. Verleger Meyer hat ein Nachwort verfasst, in dem er das Werk verteidigt und wie zuvor Karl König den Holocaust mit dem angeblichen Gottesmord verrechnet. Meyer behauptet, die Deutschen hätten das Wirken des Christus im »ätherisch-übersinnlichen Geistbereich« zu propagieren und damit eine ähnliche Mission zu erfüllen wie einst die Juden. Insofern seien die Deutschen »die Juden der Moderne«.[109] Die Juden sollten den Holocaust darum als eine der »Verirrungsmöglichkeiten« eines Volkes verstehen. Meyer bezieht sich wieder auf den Vorwurf, die Juden hätten Christus getötet und leugneten den Messias, und formuliert eine perfide Gleichsetzung: Jedes Volk könne unter das Niveau eines »normalen Nationalismus« sinken, hier gebe es durchaus »bemerkenswerte Parallelen« zwischen Juden und Deutschen.[110] Der Verleger findet, der Nationalsozialismus sei kein Phänomen des »wahren Deutschtums«, sondern Folge eines »inneren Abfalls« gewesen.[111]

Der Protest gegen die Thieben-Neuauflage wurde von etlichen Gruppen und Persönlichkeiten unterstützt. In Hamburg engagierten sich das *Auschwitz-Komitee*, *Pax Christi* und die *Gesellschaft für christlich-jüdische Zusammenarbeit* gegen den Verkauf des Thieben-Werkes. Professor Ekkehart Stegemann, Dozent an der Theologischen Fakultät der Universität Basel, kritisierte das Thieben-Werk als die »abwegige und widerwärtige antisemitische Seite der Steinerschen Anthroposophie«.[112] Ignatz Bubis, damals Vorsitzender des Zentralrats der Juden, schrieb der *Aktion Kinder des Holocaust*, es wäre wünschenswert, wenn antisemitische Bücher wie das von Thieben erst gar nicht publiziert würden. Denn die Nachfrage sei »immer noch vorhanden; und dieses Käufer- und Leserpotential ist das eigentlich Erschreckende«.[113] Thomas Lysser vom Schweizerischen *Israelitischen Gemeindebund* bezeichnete Thiebens Thesen als »wirr« und antisemitisch. Skandalös und »viel bedenklicher« seien Meyers Ansichten.[114] Denn der geht so weit, den Holocaust sinnstiftend zu deuten: »Wenn – durch die Leiden des Holocaust – innerhalb des Judentums immer mehr Menschen die Augen aufgehen werden für die Tatsache, dass die erneuten ›Großtaten‹ Christi, von denen Herzl geträumt hat, in Wirklichkeit im ätherisch-übersinnlichen Geistbereich der Erde zu suchen sind (…) so könnte es gerade der beste, sich fortentwickelnde Teil des Judentums sein, der dem Deutschtum in Zukunft bei der Verwirklichung seiner wahren Aufgabe beisteht.«[115] Als Ergebnis des Holocaust soll also eine auserlesene Gruppe von Juden ihre Religion ablegen und den Deutschen bei jener Christus-Mission helfen dürfen, an der die Welt nach anthroposophischer Meinung genesen wird.

Die *Aktion Kinder des Holocaust* verlangte von Meyer vergeblich, das Thieben-Buch zurückzuziehen. Die Buchhandlung *Pegasus* in Basel setzte ihren Anwalt in Marsch, die antifaschistische Gruppe solle von »weiteren Nötigungsversuchen« absehen.[116] Meyer verteidigte sich mit dem Hinweis,

Juden wie Thieben und Amnon Reuveni, der das Vorwort zur Neuauflage verfasst hatte, könnten keine Antisemiten sein.[117] In einem Brief an die *Aktion Kinder des Holocaust* bezichtigte Meyer die Kritiker gar, eine Pogromstimmung zu entfachen und rückte sie in die Nähe der Nazis. Außerdem drohte er mit einem Verfahren auf Schadenersatz.[118] Leserbriefschreiber bezichtigten die Kritiker der Hexenjagd und »inquisitorischer Allüren«.[119] In Hamburg weigerten sich anthroposophische Buchhändler das Buch aus dem Sortiment zu verbannen.[120] Reuveni wies alle Vorwürfe zurück und sprach von einer Kampagne gegen die Anthroposophen. Thieben habe als »assimilierter Jude« bloß um seine Identität gerungen und sich dabei »auf christliche Dogmen bezogen«.[121]

Der Vorstand der *Anthroposophischen Gesellschaft* reagierte im Februar 1998 mit einem Statement im *Goetheanum*, in dem es heißt, die Vorwürfe beruhten auf einem grundlegenden Missverständnis: »Aus dem Geist und dem Wesen der Anthroposophie ist es vollkommen unmöglich, zu irgendwelchen antisemitischen Äußerungen zu kommen.« In einer weiteren Stellungnahme räumte der Vorstand ein, einzelne Äußerungen seien diskriminierend, das Buch »insgesamt betrachtet« jedoch nicht antisemitisch. Vorsichtshalber ging die Zentrale auf Distanz und erklärte, der *Perseus-Verlag* sei unabhängig von der Gesellschaft.[122] In einer Rezension im *Goetheanum* war die Neuauflage zuvor als aktuell und prägnant gelobt worden. Thiebens Werk belege die »Gefahr totaler Abhängigkeit von dem Buchstaben des Gesetzes«, gemeint ist die jüdische Religion.[123]

Zur Entlastung führte Ralf Sonnenberg an, Thieben schreibe (wie Steiner) den Juden des Alten Testaments die Mission zu, die körperliche Hülle für Christus hervorzubringen, als zählte nicht gerade dieses Hirngespinst zum Kern des anthroposophischen Antisemitismus, denn Steiner leitete daraus ab, dass das Judentum sich überlebt habe und verschwinden solle.[124] Auch Jens Heisterkamp wies alle Vorwürfe zurück und lobte das Buch als »erschütterndes Dokument«. Den Kritikern warf er Ignoranz und Intoleranz vor und bezichtigte sie des »posthumen Rufmords«.[125] Heisterkamp zählt zum liberalen Flügelchen der Anthroposophen, er hat gegen Bondarew protestiert und eine Kampagne gegen Holocaust-Leugner im Internet gestartet. Wenn es jedoch ans Eingemachte geht, eilen auch solche Liberale zur Fahne und desavouieren ihre angeblich kritische Position. Erster Antisemit und Rassist der Anthroposophie ist der Oberguru Rudolf Steiner, dessen Gedanken, ein Gebräu aus romantischem und christlichem Antisemitismus plus Wurzelrassenlehre, Thieben nur systematisch ausformuliert hat.

Bemerkenswert ist ein Artikel von Irene Diet, der im Mai 1998 im *Goetheanum* gedruckt wurde. Die Autorin weist die Berichte von reinkarnierten Holocaust-Opfern zurück, schmäht das Judentum als unbelehrbar und zurückgeblieben und spricht vom »Gruppenseelentum« der Juden.[126] Gemeint ist, dass der einzelne Jude seelenlos sei. Die Schweizer Staatsanwaltschaft stellte im selben Monat das Verfahren gegen die Neuauflage des Thieben-Buches ein, »wegen Fehlens eines subjektiven Tatbestandes«. Was vordergründig ein Punktsieg für die Anthroposophen war, enthielt ein vernichtendes Urteil über diese okkulte Lehre. Die Staatsanwälte schrieben über Thiebens Buch, es enthalte »eine abstruse allgemeine rassistische Blut- und Religions- bzw. Geistestheorie«.[127]

Die Araber als Werkzeuge jüdischen Geistes

Der Feind heißt Materialismus und Intellektualismus und ist mächtig. Der Feind kann sich überall verbergen, in den Errungenschaften moderner Zivilisation, in Naturwissenschaften und Technik. Anthroposophie, insbesondere Eurythmie, schützt vor dem Feind, vor den destruktiven Folgen von Fernsehen, Zeitungen, Kino und Sport.[128] Der Feind verkörpert sich vorzugsweise in Semiten, in Juden und Arabern. Der »entwurzelte Intellektualismus« sei von den Juden an Araber und Römer weitergegeben worden und speise die moderne Zivilisation. Steiner klagte, die Araber hätten eine »reine Verstandeskultur« nach Europa gebracht, und nur wenige hätten sich, inmitten dieser »Flut des Arabismus«, auf das Mysterium des Grals besonnen.[129]

Zwar sei der irdische Vormarsch der Araber durch Karl Martell gestoppt worden, aber die materialistische Philosophie, Ausgeburt ahrimanischer gefallener Engel, breite sich durch Seelenwanderung aus.[130] So gilt der englische Wissenschaftler Francis Bacon (1561–1626) als der reinkarnierte Kalif Harun al Raschid (763–809).[131] Reinkarnierte Individuen mit arabischem Geistesimpuls erneuerten in der Neuzeit die Attacke auf Europa, schrieb Poppelbaum (1948). Er nennt Bacon, Comenius und Laplace sowie Darwin. Der »Arabismus« wird als abstrakt, fanatisch, unerbittlich und monotheistisch geschmäht. Denn der »arabische Kulturstrom« habe einst den Intellekt vorzeitig ausgebildet, er sei wie ein frühreifes, altkluges Kind, dem es an »Herzkräften« fehle.[132]

Die Geschichten, die Anthroposophen über den »Arabismus« erfanden, ähneln sich, weil alle die Auslassungen ihres spirituellen Führers teilen.[133] Waldorflehrer Hahn (1922) schrieb, eine »verwesende Geistestradition des Ostens« sei durch die Araber via Spanien an den französischen Hof transportiert worden.[134] Die arabischen Impulse verbreiteten sich als »Auszehrungs- und Vertrocknungskräfte unaufhaltsam nach Nord und West.«

Letzter Spross dieser »antisozialen Kräfte des arabisierten Spätaristotelismus« sei die französische »Verstandesseele«.[135] Thieben (1931) glaubte, die Juden seien vermittelt über den »Arabismus« und »Romanismus« an allem schuld, was Anthroposophen als Übel erscheint.[136] Johann Wolfgang Ernst (1936) und Walther Bühler (1984) bezichtigten die muslimischen Araber des Fanatismus und Fatalismus, »deren verkörperter Ausdruck (...) die fanatisierten Sarazenenheere (waren)«, die »blindlings dahinstürmten«. Die Kreuzfahrer stilisierte Ernst dagegen zu »christlichen Heldenheeren« aus »eigenwilligen«, ihre »eigenen Gedanken verfolgenden Individuen«.[137] Der Waldorflehrer und Doktor der Philosophie, Theodor Maurer (1930/31), diffamierte jüdischen Monotheismus, Arabismus und moderne Wissenschaft als Werk Ahrimans. Bei den semitischen Arabern würden sich »Jahwe-Mondeinflüsse mit Marseinstrahlungen« verbinden und auf das Blut wirken, weshalb sie äußere Eindrücke seelisch nur in höchster Abstraktion verarbeiten könnten.[138] Die arabische »Unart«[139], die »Satanseinwirkung«[140], sei schließlich bis nach Europa vorgedrungen.[141]

Werner Schüpbach (1949/1950) bezichtigte den Islam, »die niedere, die mondhafte Seite der menschlichen Natur« zu bejahen und die Befriedigung der »Wunschnatur« zu versprechen, wobei er die Haremskultur eigens erwähnt.[142] Maurice Martin (1985) schreibt, der Prophet Mohammed habe den hebräischen Monotheismus weitergetragen und »als Islam zum bestimmenden Prinzip der semitischen Völker erhoben.«[143] Martin interpretiert »unsere abendländische fünfte Kulturepoche« als »gewaltigen Entscheidungskampf« zwischen christlich-spirituellen Sonnenkräften und »herunterziehenden Kräften der Erden-Monden-Sphäre«. Die heiligen Stätten des Islam seien okkulte Zeichen des Feindes: Die Würfelform der Kaaba symbolisiere die verfestigte Erde und die Kuppeln der Moscheen den Halbmond.[144] Martin zieht eine Linie von der »semitischen Urreligion«, dem Monotheismus und der Strenge der Zehn Gebote, über die arabische mittelalterliche Kultur zum »Materialismus der Neuzeit«.[145] Martin Barkhoff erinnerte anlässlich des 50. Jahrestages der Befreiung vom NS-Faschismus an den Sieg der Langobarden über die Araber in Italien, der sich am 8. Mai 663 zugetragen hat.[146] Indem er deswegen den 8. Mai zum Festtag des »Erkenntniskriegers« stilisiert, schafft er zwischen beiden Ereignissen eine Parallele und stellt NS-Faschismus und jüdischen »Arabismus« auf eine Stufe.

Sechstes Kapitel: Anthroposophie im Schützengraben

»Krieg muss sein« (1914–1918)

Viele Anthroposophen waren begeistert, als Deutschland im Sommer 1914 den Weltkrieg begann. Roman Boos, der sich betont als Deutsch-Schweizer sah, schrieb später, damals sei »der deutsche Volksgeist, der Erzengel Michael« den »besten Deutschen« erschienen.[1] Michael Bauer (1871–1929), Vorstand der *Anthroposophischen Gesellschaft* und 1922 Mitbegründer der *Christengemeinschaft*, träumte angeblich zwei Tage vor der Schlacht von Tannenberg, er habe nacheinander neun Russen besiegt.[2] Richard Karutz lobte noch im Frühjahr 1917 die aufbauende und schaffende Kraft des Krieges.[3] Rittelmeyer erinnerte sich später an »Stunden urmächtigen Erlebens«.[4]

Eine Reihe von Anthroposophen diente als Berufssoldaten und Wehrpflichtige, einige meldeten sich freiwillig zur deutschen oder österreichischen Armee.[5] Erhard Bartsch (1895–1960), später Organisator und Leiter der biologisch-dynamischen Verbände, trat als Fahnenjunker in ein Artillerieregiment ein, wo er als Batterieoffizier diente. Im Januar 1916 wechselte er zur Luftwaffe. Nach Kriegsende 1918 diente er im »Grenzschutz« gegen die Tschechoslowakei und Polen.[6] Andere Soldaten stießen während oder kurz nach dem Krieg zur Anthroposophie.[7] Manche kämpften erst in der deutschen Armee und danach in faschistischen Freikorpsverbänden, die Arbeiterrevolten blutig niederschlugen, in Osteuropa kämpften und 1920 gegen die Republik putschten.

Pfarrer Rittelmeyer predigte an der Heimatfront und in den Schützengräben.[8] »Krieg muss sein«, bekräftigte Rittelmeyer in einer ersten Predigt zum Kriegsbeginn.[9] In seinen Memoiren schildert er seine Absicht, »die Menschen dafür wach zu machen, dass dieser weltgeschichtliche Glockenschlag den Tag einer großen deutschen Weltaufgabe ankündigt, die insbesondere auf dem aller innersten Gebiet zu erfüllen ist: eine Berufung des deutschen Geistes zum Segen aller Völker. ›Durch den Krieg zur Wiedergeburt unseres Volkes.‹ Das war die Losung des Gottesdienstes.«[10] Die Deutschen seien durch Luxus verweichlicht, satt und eigennützig geworden. Erst der Krieg habe Selbstlosigkeit und Opfermut, Männlichkeit und Heldentum »für das große Ganze« neu erweckt. »Nun flammt die Begeisterung wieder auf und der alte, ehrliche, große deutsche Idealismus«, verkündete der Pastor am 7. August 1914 in Nürnberg von der Kanzel herab.[11] Der Krieg sei die Läuterung und Prüfung, die der »durchchristete Deutsche« vor seinem Volksgeist bestehen müsse.[12]

Rittelmeyer verfasste »Kriegsflugblätter«, die angeblich in drei Millionen Exemplaren an der Front verteilt wurden. Er referierte im Auftrag des *Deutschen Vortragsverbandes*, um »den deutschen Geist zu stärken«[13] und entwarf Feldpostkarten mit religiösen Sinnsprüchen, die den Kampfgeist heben sollten.[14] In seiner Autobiographie berichtete Rittelmeyer, wie er Soldaten dazu überredet habe, das Morden fortzusetzen: »Manchmal hatte man die Soldaten auch zu beruhigen. (...) Ein einziges Vorkommnis konnte Hunderte zu Revolutionären machen. Sprach man dann aber verständig mit ihnen, schalt man sie nicht einfach aus, sondern lenkte den Blick überzeugend auf die großen Hauptsachen, so war man selbst überrascht, wie schnell der gute Wille der Leute sich wieder zurecht fand.«[15]

Der ehemalige Berufsoffizier von Bernus gab ab 1916 die Vierteljahresschrift *Das Reich* heraus. Steiner, Uehli und Steffen lieferten Beiträge. Bernus schrieb im Editorial, Deutschland stehe an einer Zeitenwende, die dem »germanischen Volkstum die Führerschaft im Gesamtbereiche der menschlichen Geisteskultur bringen wird«.[16] Die Anthroposophen sahen sich als Elite berufen, Fichtes Postulat nach einer neuen Religion als wahre deutsche Philosophie im künftigen Groß-Germanenreich zu erfüllen.[17] Steiner und Max Seiling, später ein vehementer Gegner der Anthroposophen, widmeten sich in ihren Artikeln dem in Kriegszeiten besonders tröstlichen Aspekt der Wiedergeburt. Der Herausgeber diffamierte die theosophische Konkurrenz, von der man sich abgespalten hatte, als Sprachrohr »englischer Geistesart«.

Die Haltung Steiners zum Weltkrieg, den er als Verschwörung gegen Deutschlands Mission erklärte, kommt in folgendem Gedicht zum Ausdruck: »Der deutsche Geist hat nicht vollendet,/was er im Weltenwerden schaffen soll,/er lebt in Zukunftssorgen hoffnungsvoll/er hofft auf Zukunftstaten lebensvoll./In seines Wesens Tiefen fühlt er mächtig/Verborgenes, das noch reifend wirken muss./Wie darf in Feindes Macht verständnislos/der Wunsch nach seinem Ende sich beleben,/solang das Leben sich ihm offenbart, das ihn in Wesenswurzeln schaffend hält!«[18] Dieser Spruch wurde von Anthroposophen immer wieder zitiert, mit Vorliebe während der NS-Zeit, und danach von dem Altnazi Haverbeck (1995).

Als sich bereits abzeichnete, dass der erste deutsche Griff nach der Weltmacht scheitern würde, erklärte der »Menschheitsführer« Steiner den US-Präsidenten Woodrow Wilson (1856–1924), der für Deutschland und Österreich eine demokratische Republik forderte, zur Unperson, zum Werkzeug Ahrimans.[19] Im April 1917 schrieb Steiner unter Bezug auf die Vorschläge

Wilsons, der Krieg werde geführt »zur Unterdrückung des deutschen Volkes, im weiteren Sinn zur Unterdrückung alles selbständigen Volkslebens in Mitteleuropa«.[20] Rittelmeyer behauptete später, Steiner haben gegen Wilson agiert und versucht, seine okkulten Kräfte gegen die Westmächte einzusetzen, die ebenfalls mit okkulten Mitteln gearbeitet hätten.[21]

Während des Krieges nutzte Steiner Kontakte zur deutschen und österreichischen Führung, um seine Ideen zu lancieren. Viel Erfolg hatte er nicht. Der wichtigste Mann war für ihn anfangs der Chef des deutschen Generalstabes, Helmuth von Moltke. Dessen Frau war Anthroposophin und gehörte seit 1904 der »Esoterischen Schule«, dem inneren Zirkel, an. Eliza von Moltke (1859–1932) vermittelte den Kontakt zwischen Guru und General und Steiner verfasste Meditationssprüche für den Organisator deutscher Schlächtereien.[22] Nach der Niederlage an der Marne trat Moltke am 14. September 1914 von seinem Posten zurück. Verbittert geriet der General immer stärker in den Bannkreis Steiners. Im Sommer 1915 redete der Guru dem alten Soldaten ein, er sei der wiedergeborene Papst Nikolaus I., der während seines Pontifikates von 858 bis 867 im Osten die Byzantiner und im Westen die Franken bekämpfen musste. Genauso habe Moltke in diesem Leben einen Zweifrontenkrieg auszufechten gehabt.

Nach dem Tod des Generals 1916 behauptete Steiner, mit dessen Geist in Kontakt zu stehen, und gab seine Ansichten zum Krieg als dessen »Mitteilungen« aus dem Jenseits aus. Moltkes vermeintliche Botschaften waren kongenial mit Steiners Position, die sich wiederum dem Kriegsverlauf anpasste. Berichtete der Korrespondent aus dem Äther Ende 1916 noch vom Kampf des deutschen Volksgeistes gegen Ahriman, erging sich die »Moltke-Individualität« ab Sommer 1918 im Jenseits angeblich in düsteren Anklagen gegen die deutsche Führung. Im Mai 1919 berichtete das Medium Steiner, Moltke habe den Geist Schlieffens gesehen, der ganz traurig sei, dass sein genialer Schlachtplan für den Zweifrontenkrieg politisch stümperhaft umgesetzt wurde.[23]

Moltke war für Steiner und seine Anhänger eine Lichtgestalt.[24] Dabei zählte der General zu den prominentesten Befürwortern eines Angriffskrieges. 1909 hatte Moltke mit Rücktritt gedroht, falls deutsche Ansprüche in Marokko gegenüber Frankreich nicht mit dem Schwert erzwungen würden.[25] Am 1. Juni 1914, fast vier Wochen vor dem Attentat in Sarajewo, erklärte er: »Wir sind bereit, und je eher desto besser für uns.« Gegenüber dem Auswärtigen Amt und den österreichischen Verbündeten drängte Moltke, endlich den Krieg anzufangen.[26] Der Generalstabschef sprach wie Steiner vom »Kampf zwischen Germanentum und Slawentum. Sich darauf vorzubereiten, ist Pflicht aller Staaten, die Bannerträger germanischer Geisteskultur sind.«[27]

Die Beziehung Steiners zu Moltke diente Gegnern aus dem nationalen Lager als Munition gegen die Anthroposophie. Der Generalstabschef habe die Schlappe an der Marne verursacht, weil er okkulten Einflüsterungen Steiners erlegen sei, lautete der Vorwurf, was dessen Anhänger wiederum als verleumderisch bestritten.[28] Moltke selbst ließ angeblich via Steiner aus dem Jenseits mitteilen, der böse Ahriman habe den verhängnisvollen Rückzugsbefehl bewirkt.[29] Marie Steiner widersprach den Anklagen heftig und verwies darauf, dass sich ihr Gatte als »Pangermanist« besonders für das Deutschtum engagiert habe. Sie bestritt »mediale Kundgebungen« und berichtete, vor der Schlacht habe nur ein persönliches Gespräch zwischen General und Guru stattgefunden.[30] Der österreichische Anthroposoph Ludwig Polzer-Hoditz (1869–1945), ein ehemaliger Berufsoffizier, verteidigte Steiner gegen den Vorwurf des Defätismus: Der Meister habe keineswegs eine Niederlage prophezeit, sondern »solange es vernunftgemäß möglich war, seine Zuversicht für einen, dem deutschen Volk günstigen Ausgang des Krieges« ausgesprochen.[31]

Nach dem Krieg kritisierte Steiner, dem deutschen Kaiserreich habe eine spirituelle Sendung gefehlt, das Land sei materialistisch infiziert gewesen.[32] Diese Pseudokritik ist eine Variation der Verschwörungstheorie, denn Materialismus gilt als Produkt des Westens. Der Waldorflehrer Eugen Kolisko (1993–1939) warf der politischen Elite Deutschlands und Österreichs vor, »von den Ideen des Westens überwältigt« gewesen zu sein. Der Steiner-Biograph Lindenberg behauptet 1991, die deutsche Führung habe schon vor dem Ersten Weltkrieg das »Angelsachsentum« nachgeäfft. Unter Kaiser Wilhelm II. seien eine Flottenrüstung und Kolonialpolitik betrieben worden, »die dem Deutschtum gar nicht entsprachen«. Ein durchsichtiger Versuch, die deutsche Kriegsschuld zu leugnen und auf die Entente abzuschieben.[33] In den späten 20er-Jahren, unter dem Eindruck von Remarques Antikriegsbuch »Im Westen nichts Neues«, entwickelten Funktionäre der *Christengemeinschaft* die These vom »geistlosen« dämonischen Weltkrieg. Sie würdigten allerdings den Kriegseinsatz der Deutschen als »kosmisch(en), irdische(n) Kampf«, der »überräumlich und überzeitlich« gewesen sei. Ernst Moll schrieb den Einsatz deutscher Chemiker und Physiker, etwa für den Gaskrieg, unverfroren okkulten Kräften des Westens zu.[34]

Der Erste Weltkrieg beschäftigt Anthroposophen bis heute. Immer noch wird behauptet, Deutschland trage keine Schuld am Kriegsausbruch und sei damals bedroht worden.[35] In den 20er- und 30er-Jahren äußerten sich im *Goetheanum* führende Köpfe ständig zu diesem Thema. Das ist insofern bemerkenswert, als in dem anthroposophischen Zentralorgan politische Fragen fast völlig ausgespart wurden, abgesehen von rassistischen Beiträgen. So hätte, wer nur das *Goetheanum* las, die Machtübergabe an die Nazis

1933 und den Zweiten Weltkrieg nicht mitgekriegt. Die Anthroposophen sprachen von einer »Kriegsschuldlüge der Entente«.[36] Sie behaupteten wahrheitswidrig wie andere völkische Gruppen auch, Deutschland sei eingekreist und überfallen worden.[37] Deshalb lehnten Anthroposophen auch den »Gewaltfrieden« (Steffen) von Versailles ab.[38]

Der US-Präsident ist in anthroposophischen Kreisen unbeliebt geblieben. Zu Recht argumentieren einige, dass dessen Formel vom Selbstbestimmungsrecht der Völker nationalistische Kämpfe und Separatismus fördere. Allerdings geht ihre Kritik weit darüber hinaus, sie zielt auf den Versailler Vertrag und die Frage der deutschen Kriegsschuld, die von Anthroposophen bestritten wird. Europa sei durch den Friedensvertrag als bedeutender Kulturraum »zu Grunde gerichtet« und zum »Kommerz-Imperium westlichen Zuschnitts« degradiert worden, schreibt Markus Osterrieder.[39] Er blendet aus, wer den Krieg begonnen hatte und dass es Deutschland, Italien und ihre Verbündeten waren, die während des Faschismus die Grenzziehungen revidieren wollten und dafür einen weiteren Weltkrieg auslösten. Sabine Walker-Soucek zitiert Steiners Schmähwort von den vierzehn Gedankenleichen Wilsons, und Thomas Voß schreibt, diese Ideen dienten nur dazu, Deutschland und Österreich-Ungarn zu schlagen. Die »vierzehn Gedankenleichen« umfassten unter anderem die bürgerliche Demokratie, die Steiner als undeutsch ablehnte.[40]

Die romantischen Wurzeln

Einige Anthroposophen, die nicht aus Deutschland oder Österreich stammten, kritisierten die Unterstützung der deutschen Kriegspolitik.[41] Schuré, der französische Mysterien-Dramatiker, lange Jahre mit Steiner und Marie von Sivers eng verbunden und als »Geburtshelfer der Anthroposophie« verehrt, wandte sich von Steiner ab.[42] Was die deutschsprachigen Anthroposophen motivierte, den Angriffs- und Eroberungskrieg des Kaiserreichs zu unterstützen, war ihr Glaube an die Mission der Deutschen. Diese Auffassung geht zurück auf die deutsche Romantik, deren Ansichten Steiner schon als Student übernahm und beibehielt.[43] Über *Des Knaben Wunderhorn* des Antisemiten Achim von Arnim schrieb er: »Dieses Liederbuch trug nicht wenig zur Hebung der nationalen Begeisterung bei.« Arnim hatte das Werk als Sammlung alter deutscher gegen den angeblichen Einfluss »welscher« Lieder zusammengestellt.[44]

Erich Trummler (1891–1983) würdigte die Rolle der Romantiker bei der Mission der »deutschsprechenden Menschen Mitteleuropas«, die »Gotteskraft im Ich« zu finden. Als »Vorboten« betrachtete er Lessing, der die deutsche Sprache von »romanischen und pseudogriechischen Abhängigkeiten« befreit habe.[45] Der Anthroposoph H.W. Weissenborn argumentierte 1936, die »Volksgemeinschaft« sei die Hülle des Ewigen, wobei er sich auf Fichte berief, und definierte »Deutschtum« als »ein sich entwickelndes, werdendes, als Streben nach dem Übersinnlichen, nach geistiger Freiheit.«[46] Fichtes Forderung nach einer »Wiedergeburt der Religion durch die höchste Wissenschaft«, zu der die tiefsinnigen Deutschen prädestiniert seien, beinhaltet schon den Anspruch der Lehre Steiners.[47]

Anthroposophen unterstützten nicht bloß die Kriegsanstrengungen der Mittelmächte. Anhand ihrer Publikationen lässt sich belegen, dass sich ihre Auffassungen in diesen Jahren radikalisierten. Die Wurzelrassenlehre wurde zugespitzt auf die spirituelle Sendung der Deutschen. Steiner propagierte im Ersten Weltkrieg Anthroposophie als zeit- und artgemäße deutsche Spiritualität. In den völkischen Ideologen des 19. Jahrhunderts sah er den Volksgeist verkörpert. Für seine esoterische Deutung des Deutschtums stützte sich Steiner auf Lagarde, den er als einen der »deutschesten der Deutschen« rühmte. Diese Formulierung hatte Theodor Fritsch, einer der prominentesten Antisemiten des Kaiserreichs, zum 70. Geburtstag Lagardes 1897 gewählt.[48]

Die Ähnlichkeiten zwischen Lagarde und Steiner sind frappierend: Beide wetterten gegen den Materialismus, beide behaupteten, Juden würden das deutsche Geistesleben durchdringen und zersetzen, beide plädierten für eine neue Erziehung und ein deutsch beherrschtes Mitteleuropa und glaubten, am deutschen Wesen müsse die Welt genesen.[49] Lagarde propagierte eine neue überkonfessionelle Zukunftsreligion, Steiner stiftete die *Christengemeinschaft*, deren Vertreter in den 20er- und 30er-Jahren wie Lagarde ein von jüdischen Einflüssen gereinigtes Christentum verfochten. Lagarde lehnte einen biologistisch fundierten Rassismus und Antisemitismus ab und behauptete, der Geist könne die Rasse überwinden. Steiner zitierte Lagardes Ausspruch, »das Deutschtum liegt nicht im Geblüt, sondern im Gemüt«, um völkische Konkurrenten, die nur auf Rasse und Blut verwiesen, als materialistisch zu brandmarken.[50]

Bei der deutschen Mission, das göttliche Ich in sich selbst zu entdecken, fungierte Fichte laut Steiner als Medium des Volksgeistes: Dieses »deutsche Wesen« musste Fichte zuerst »zu dem Denker machen, der er war, bevor es durch ihn die eindringlichen *Reden an die Nation* sprechen konnte«.[51] Solcherart präpariert habe Fichte begreifen und formulieren können, was Deutschtum bedeutet: »Er sah das Wesen der Deutschheit in dem Hervorquellen der Lebensäußerungen des Volkes aus dem Urquell des ursprünglich geistig Lebendigen.«[52] Steiner interpretierte den nationalen Propheten als Vorläufer, wenn er meinte, Fichte fühlte sich eins »mit dem

Walten einer geistigen Welt«. Dies wiederum ist »die Seelenstimmung (...), die er dem deutschen Grundzug seiner Weltanschauung dankt.«[53] Rittelmeyer rief in einer Predigt im März 1915 dazu auf, Kraft aus dem Geist Fichtes und Schillers zu schöpfen und die Kriegsmüdigkeit abzuschütteln.[54] Den Krieg interpretierte er als Ringen der Volksgeister und sprach von der »Tatsache, dass im Deutschen auf der einen Seite das Streben zum Geist, auf der anderen Seite das Leben im Ich als Charakterart sich uns offenbarte«.[55]

Die einzig wahre Philosophie basiert nach Steiner darauf, die Existenz eines reinen, göttlichen Lebens anzuerkennen. Eine solche Philosophie sei, zitierte der Guru den Vorläufer Fichte, »recht eigentlich nur deutsch, d.i. ursprünglich; und umgekehrt, so jemand nur ein wahrer Deutscher würde, so würde er nicht anders denn so philosophieren«. Was Fichte »todgläubige« ausländische Philosophie nannte, beschimpfte Steiner als »undeutsche« Philosophie, während das »Wesenhafte« von Fichtes Weltanschauung eine »vom deutschen Volksgeiste gereichte Gabe« sei.[56]

Anthroposophie als Teil der völkisch-esoterischen Szene

Der Bezug auf die deutsche Romantik ist einer der Gründe, warum ich die Anthroposophie der »völkischen Revolution« (Mosse) zurechne, einer breit gefächerten Szene mit rivalisierenden und sich bekämpfenden Fraktionen und verschiedenen Schwerpunkten in Theorie und Praxis.[57] Gemeinsam war ihnen allen die Abwehr der »Ideen von 1789«, eine religiöse Neuorientierung und die Rückkehr zum »echt deutschen Wesen«, was praktisch durch die Lebensreformbewegung herbeigeführt werden sollte.[58] Die völkischen Gruppen setzten die nationalistische und antisemitische Tradition der deutschen Romantik fort und bereiteten den Aufstieg des NS-Faschismus vor, in dem sie das entsprechende Massenbewusstsein schufen. Die Anthroposophie trug dazu mit ihrer Wurzelrassenlehre, einem christlich fundierten Antisemitismus, ihrer Propaganda von der besonderen Mission der Arier und Germanen, ihren Attacken auf »den Westen« als Synonym für bürgerliche Demokratie, Materialismus und Moderne sowie ihrer Hetze gegen die Friedensordnung von Versailles bei. Dass einzelne völkische Gruppen später von den Nazis verboten oder ihre Mitglieder drangsaliert wurden, steht zu ihrer Vorläufer- und vorbereitenden Funktion nicht im Widerspruch. Jemand wird nicht zum Antifaschisten, weil er einer konkurrierenden völkischen Organisation angehörte, die aufgelöst wurde, oder in einem innerfaschistischen Machtkampf unterlag. Nach dieser Logik, der sich später Prominente wie der Philosoph Martin

Heidegger bedienten, wäre selbst der SA-Chef Ernst Röhm kein richtiger Nazi gewesen.

Die völkische Szene nach 1870 verknüpfte die Phantastereien der Romantiker aus dem frühen 19. Jahrhundert mit biologistischen Rassenlehren. Die Details waren in der Szene umstritten. So gerieten die Verfechter des Konzepts einer »Geist-Rasse« gegenüber den Biologisten in die Minderheit, stellt Puschner fest. Der biologistische Rassenbegriff setzte sich nach der Jahrhundertwende durch, konkurrierende Rassenkonzepte existierten aber fort.[59] Die Anthroposophen zählten zu jenen, die einen »geistigen« Ansatz vertraten. Anthroposophische Autoren betonten während der NS-Zeit in Deutschland in ihren Zeitschriften *Anthroposophie* und *Erziehungskunst*, dem Organ der Waldorfschulen, die Mission der Deutschen und das deutsche Wesen seien eine geistige Angelegenheit. Im Kontext der NS-Herrschaft bedeutete dies, ideologische Eigenständigkeit und Differenz hervorzuheben.[60] Gleichwohl vertraten sie, dass sich die geistigen Individualitäten in Angehörige höherer oder niedriger Rassen reinkarnierten, manche begrüßten den Terror der Nazis gegen Juden, Kommunisten oder moderne Künstler als Kampf gegen die finsteren Mächte des Materialismus auf stofflicher Ebene, wie wir noch sehen werden.

Das Wort »völkisch« ist eine alte Ableitung von Volk, das ursprünglich eine Reihe von Bedeutungen wie Volk als kriegerische Mannschaft, als gemeines Volk, Staatsvolk oder ethnische Einheit transportierte. 1875 schlug der Germanist Hermann von Pfister das Wort »völkisch« aus sprachpuristischen Gründen als Ersatz für den Begriff »national« vor. Seit 1880 kam das Wort immer mehr in Umlauf, wobei die Bewegung anscheinend von den Alldeutschen in Österreich ausging.[61] Puschner nennt fünf Charakteristika der völkischen Bewegung: Kampf um deutsche »Sprachreinheit«, Antisemitismus, Rassenideologie, Lebens- und Kulturreform sowie die Religion, deutsches Christentum oder »arteigene Religion«, einschließlich der Vorstellung von der göttlichen Bestimmung der Deutschen.[62] Bis auf die »Sprachreinheit« treffen diese Kriterien auf die Anthroposophie zu. Puschner betont, dass »völkisch« mehr bedeute als eine Übersetzung des Wortes »national« und zitiert Fichte: »Deutsch heißt schon der Wortbedeutung nach völkisch, als ein ursprüngliches und selbständiges, nicht als zu einem andern gehöriges, und Nachbild eines anderen.«[63]

Fichte entwickelte eine metaphysische Auffassung von Volk und Nation. Er sprach davon, dass eine »neue Nationalerziehung« den Schüler dazu bringen solle, sich als »ein Glied in der ewigen Kette eines geistigen Lebens« zu verstehen. Der Einzelne möge sich »einer höhern gesellschaftlichen Ordnung« unterwerfen und eine »übersinnliche Weltordnung« anerkennen.[64] In der siebten Rede entwickelte Fichte jene »Geist«-Philosophie, auf die sich auch die Anthroposophen beziehen, und formulierte die Kriterien des Deutsch-Seins: »Der eigentliche Unterscheidungsgrund liegt darin, ob man an ein absolut Erstes und Ursprüngliches im Menschen selber, an Freiheit, an unendliche Verbesserlichkeit, an ewiges Fortschreiten unseres Geschlechts glaube.« Alle, die an dieses absolut Erste, den Geist, glauben, sind »ein Urvolk, das Volk schlechtweg, Deutsche«.[65]

Für Fichte waren Gesinnung und Abstammung der Maßstab. Ohne »Einmischung und Verderbung durch irgendein Fremdes« sollte sich das deutsche Volk entfalten, wobei Fichte mit dem Fremden die Franzosen und ihre Aufklärungsphilosophie meinte und die Juden, denen er lieber die Köpfe abschlagen wollte, als ihnen das Bürgerrecht zu gewähren. Er konstruierte einen Gegensatz zwischen »deutscher« und »ausländischer« Philosophie, die er als »todgläubig« diffamierte, während die deutsche Philosophie nach dem Göttlichen strebe.[66] Fichte nahm wie Steiner die Existenz einer »geistigen Welt« an und leitete daraus ab, das Volk sei »das Ganze der in Gesellschaft miteinander fortlebenden und sich aus sich selbst immerfort natürlich und geistig erzeugenden Menschen, das insgesamt unter einem gewissen besondern Gesetze der Entwicklung des Göttlichen aus ihm steht«.[67]

Die organisch-ganzheitliche Ordnung

Deutsche Akademiker und Intellektuelle gerierten sich seit der Romantik als besonders tiefgründige Sinnsucher. Sie spürten einer höheren geistig-göttlichen Wesenheit nach, die in ihnen stecken sollte. Sie sahen sich als »Lichtmenschen«, die der Sonne entgegenstrebten, weil die Germanen einst im Dunkel nebelverhangener Wälder lebten.[68] Auch Steiner interpretierte die zivilisatorische Rückständigkeit der Germanen als spirituelle Tugend: Länger als andere Völker hätten die Vorfahren das Wirken der Götter hellseherisch erfasst.

Auch die Begriffe »organisch« und »ganzheitlich«, die heute in der Umwelt-, Müsli- und Esoterikszene populär sind, stammen aus der deutschen Romantik. Der Metternich-Fan und Publizist Adam Müller (1779–1829) sprach von einer »Ganzheit« Natur, aus der er die Völker als Unter-Ganzheiten ableitete. Müller interpretierte jedes Volk als eine Ganzheit: in sich homogen und abgegrenzt nach außen. Abgrenzung und Krieg bezeichneten Müller und der Schriftsteller Ernst Moritz Arndt (1769–1860) als notwendig, damit ein Volk sich selbst in dieser »Ganzheit« spürt. Der konservative preußische Rechtsphilosoph Friedrich Julius Stahl (1802–1861) begründete die Einheit des Volkes schließlich auf gleichem Blut.

Aus organizistischer Perspektive ist eine Gesellschaft ein spirituell fundiertes, natürliches Wesen, eine Ganzheit, so natürlich wie ein Körper und seine Glieder; die Individuen haben sich dieser Gemeinschaft unterzuordnen. Die Romantiker recycelten die mittelalterliche Vorstellung von der hierarchischen Ordnung, mit Gott an der Spitze und den leibeigenen Bauern am Boden der Pyramide. Der Begriff von der natürlichen Ordnung weist wie das in Esoterik-Kreisen beliebte Prinzip von Yin und Yang jedem Menschen bzw. jeder Gruppe einen Platz und eine Funktion für das Ganze zu.

Das Ideal der deutschen Romantiker und ihrer Erben war die verklärte ständische Ordnung des deutschen Mittelalters. Adam Müller und der Kulturphilosoph Friedrich Schlegel (1772–1829) setzten das »gewachsene Volkstum« gegen die aufklärerische Vorstellung vom freien Zusammenschluss von Individuen. Georg Freiherr von Hardenberg (1772–1801), der sich Novalis nannte, predigte die Unterwerfung des Individuums unter Ganzheiten wie Volk, Religion und Staat und glorifizierte die christliche mittelalterliche Ständegesellschaft.[69] Novalis wird in der Anthroposophie als spirituelle Persönlichkeit verehrt und ist Namenspatron zahlreicher Projekte. Die Idee der sozialen Dreigliederung, die Steiner ab 1917 entwickelte, beinhaltet eine solche organische Ordnung (siehe Kapitel 8). Roman Boos (1889–1952) und Kolisko lehnten die bürgerliche Demokratie als »undeutsch« und unorganisch ab.[70]

Die anthroposophischen Juristen Professor Ernst von Hippel und Boos sowie Heyer und Felix Kersten propagierten in den 20er- und 30er-Jahren ein organisches Recht auf germanischer Lehnsbasis anstelle des »lebensfeindlichen«, »seelenlosen« römischen Rechts.[71] Boos verlangte eine »deutschrechtliche Gesetzgebungskunst«, um das Abendland vom »mumifizierten« römischen Recht zu »erlösen«. Sein Germanenrecht wollte er auf Treu und Glauben begründen, während die verderbte, untreue und ungläubige Zivilisation dogmatisches Recht benötige. Als Vorbild dieses ständischen Rechtssystems diente ihm der Bauer, an die Scholle gebunden und in Treue zu Gott.[72]

Heyer spottete über die »bekannte abstrakte Formaldemokratie unserer Zeit« und stellte ihr die ständische Ordnung der Dreigliederung gegenüber. Der Historiker rühmte den Freiherrn vom Stein (1757–1831) als die »verkörperte Antithese des abstrakt-rationalistischen Aufklärungszeitalters« und einer »rationalistischen Gemütlosigkeit«, als einen Gutsherren »mit der Scholle verbunden, von inniger Liebe zur Natur«, selbstredend religiös. Stein habe die »demokratische Methode« und die »liberalistische Formaldemokratie des Westens« bekämpft, freute sich der anthroposophische Antidemokrat.[73] Heyer kritisierte die bürgerliche Demokratie als Maschine, rationalistisch, vom Intellekt getrieben, und träumte von einem neuen deutschen Reich mit spiritueller Zielsetzung, wie angeblich das mittelalterliche Reich, und mit dem Erzengel Michael als »Führergeist«.[74] Noch 1961 rühmte Heyer die großartige Geschlossenheit des Mittelalters: »Jedes Glied des sozialen Lebens fügte sich dem Ganzen organisch ein.«[75] Auch in einem Sonderheft des anthroposophischen *Seminars für freiheitliche Ordnung* zum 200. Jahrestag der französischen Revolution wurde das mittelalterliche deutsche Reich samt Lehnssystem und Kleinfürsten verklärt. Der Gründer dieses Seminars, Waldorflehrer Lothar Vogel (1917–1997), behauptete, römischer Zentralismus und Zivilisation hätten in die Dekadenz geführt. Aufklärung und Liberalismus hätten die »pathologische Geisteshaltung« der Revolution erzeugt.[76] Anthroposophen hassen die französischen Aufklärer, weil sie den religiösen Aberglauben zerstörten und damit der ständischen Ordnung das geistige Fundament entzogen.[77]

Der Steiner-Jünger Joseph Beuys (1921–1986) nannte den »Bienenstaat« als Vorbild seines »organischen Sozialismus«. Wie jede Biene »Gliedmaßenfunktion« habe, sich einer Arbeitsteilung unterwerfe und zugunsten der Königin »auf geschlechtliche Dinge« verzichte, müsse das Individuum sich zugunsten des Ganzen zurücknehmen. Künstlerisch drückte Beuys diese organizistische antidemokratische Herrschaftsform in einer Reihe von Arbeiten zum Thema Biene aus, deren Höhepunkt die »Honigpumpe am Arbeitsplatz« war, die 1977 auf der documenta in Kassel gezeigt wurde.[78] Beuys verschleierte Macht- und Herrschaftsverhältnisse: »Es kommt auf mich an. Ich bin ein Glied der Gesellschaft. An jeder Stelle, wo ich stehe, (...) bin ich ein notwendiges Glied dieser Gesellschaft.«[79]

Anthroposophie und Lebensreform

Die Ideen der Romantik und der völkischen Gruppen prägten die ersten Umweltbewegungen in Deutschland, die nach der Reichsgründung von 1871 als Reaktion auf die schnelle Industrialisierung und Urbanisierung entstanden. Die Lebensreformbewegung propagierte das einfache, natürliche Leben, gesunde Ernährung, frische Luft und Bewegung, natürliche Heilkunde und Naturschutz, Rassenhygiene und eugenische Auslese. Die frühe Öko-Bewegung kämpfte gegen Alkohol und Nikotin, predigte Tierschutz und Vegetarismus und »nordische Freikörperkultur« statt Erotik. Die historisch überlieferte Landschaft, die mittelalterliche ständische Sozialordnung, die Qualitätsarbeit des »bodenständigen« Handwerkers, das rassisch reine Landvolk wurden dem Moloch Großstadt, der Industrieware, der biologischen Degeneration gegenübergestellt. Eine Bodenreformbewegung verfocht den Übergang des Bodens in Gemeineigentum, um das Land dem Handel und der Spekulation zu entziehen. Unterstützt wurde diese Strömung von einer Bewegung für Deutsches Recht, die das Römische Recht als undeutsch bekämpfte.

Der Verleger Diederichs sprach von »Neuromantik«. Diese bürgerliche, antimodernistische Protestbewegung lieferte Personal und Ideen für die Nazis. Führende Rassenhygieniker wie Alfred Ploetz entstammten der Lebensreformbewegung, Eugeniker und Antisemiten wie Theodor Fritsch engagierten sich in der Gartenstadtbewegung.[80] 1901 entstand in Berlin-Steglitz die Wandervogel-Bewegung, als Schüler eigene Wandervereine gründeten. Die Bewegung breitete sich in Deutschland und Österreich aus. In der Donaumonarchie war der spätere Anthroposoph Hauschka einer der Gründer. Unter dem Einfluss von Lagarde, Julius Langbehn und dem Turnervater Friedrich Ludwig Jahn wurde ein regelrechter Germanenkult betrieben. Der Wandervogel war ein Männerbund; unter dem Motto »Jugend führt Jugend« formierten sich die Angehörigen nach dem Prinzip von Führer und Gefolgschaft. Bereits vor dem Ersten Weltkrieg erklärten sich über 80 Prozent der Ortsgruppen per Beschluss »judenfrei«.[81]

Charakteristisch für Lebensreform, Wandervogel und Anthroposophie war das antiintellektuelle und antizivilisatorische Ressentiment. »Kultur ist Leben, Zivilisation ist Tod«, formulierte Karutz prägnant.[82] Kultur bedeutete für die deutsche Rechte eine ganzheitliche, tiefschürfend-geistige Organisation der Welt, Zivilisation dagegen, wie Thomas Mann formulierte, »Vernunft, Aufklärung, Sänftigung, Sittigung, Skeptisierung, Auflösung«.[83] Steffen sprach von den »Todeskräften der modernen Zivilisation«, die überall das Volkstum zersetzten, besonders durch Materialismus und Agnostizismus.[84] Überall sahen und sehen Anthroposophen ahrimanische Todeskräfte walten: Im Radio und im Kino, in Architektur, Ethik, Pädagogik und anderen Religionen, im »abstrakten« Kapital (aber nicht im Kapitalismus), im Kommunismus und in der Psychoanalyse.[85] Als Teufelswerk gilt ihnen die Evolutionslehre Darwins sowie Freuds Idee einer menschlich-psychischen Evolution. Steffen diffamierte Freud in rassistisch-antisemitischer Manier als »Forscher mit östlichem Blut«, der »den westlichen Intellekt benutzt« und dessen Verstand nur lebensfremde Abbauprozesse hervorbringe.[86]

Boos ereiferte sich über Kussszenen und Krimis im Kino, weil Angehörige der »weißen Rasse« als Schufte dargestellt würden, was dem Kommunismus den Boden bereite.[87] Auch die Stadt als Ausgeburt des Bösen fehlt nicht in den Schreckensszenarien. Berlin erschien Rittelmeyer als Schauplatz »unterirdischer Mächte«, als eine »Hölle«, der die Anthroposophen nur die Maske vom Gesicht reißen müssten.[88] Thieben schilderte die Stadt als »eine umgekehrte Oase, ein Stück Wüste inmitten der lebendig grünenden Natur«. Während der Bauer dem Kosmos verbunden sei und in seiner Arbeit »den Schöpfermächten Handreichungen« leiste, hantiere der Städter mit totem Material, »aus dem lebendigen Kreislauf der Natur herausgerissenen Teilen«.[89] Thieben benutzte falsche Bilder, um einen falschen Gegensatz aufzubauen, denn abgeerntetes Getreide ist der Natur so entrissen wie ein Stück Kohle.

Was Anthroposophen von Wandervögeln, Rohkost- und FKK-Freaks unterschied, war die ausgeklügelte Weltsicht.[90] Die Dornacher Tempelsiedlung, die Mysterienspiele, Waldorfpädagogik, kunstdüngerfreie Landwirtschaft und Naturheilkunde zeigen, dass Steiner kaum einen praktischen Bereich der Lebensreform ausließ. Darüber hinaus schuf er eine ideologische Grundlage, die diese Projekte fundierte und vereinheitlichte und mit dazu beitrug, dass Anthroposophie zum erfolgreichsten und bis heute existierenden Zweig der Lebensreformbewegung werden konnte.[91] Das Engagement des Einzelnen wiederum dient nach dieser Weltsicht auch dazu karmische Schuld abzubauen.

Die völkisch-esoterische und lebensreformerische Szene produzierte Elemente einer rechtsextremen Ideologie und schuf entsprechende kulturelle Milieus. Einer direkten politischen Betätigung standen viele skeptisch gegenüber, sie agierten als Subkultur mit Zeitschriften, Vereinen und Projekten, die von der Pädagogik bis zu Siedlungsgenossenschaften reichten. Die anthroposophische Dreigliederungsbewegung (siehe Kapitel 8) scheiterte als politische Bewegung schon daran, dass die meisten Anthroposophen nicht mitmachen wollten. Während in der Jugendbewegung, dem Wandervogel und der bündischen Jugend die Parteistruktur und die Wahlbeteiligung der NSDAP als Anpassung an das verhasste System kritisiert wurden, spottete Hitler umgekehrt über die völkischen »Wanderprediger« wegen ihrer politischen Abstinenz und Unfähigkeit. Der NS-Führung gelang es, Ideologie und Praxis der völkischen Gruppen in griffige Parolen und effektive Massenorganisation umzusetzen. Während die völkischen Gruppen, die Lebensreformer, Okkultisten und Jugendbewegten, zahlenmäßig klein blieben und sich auf bestimmte Segmente des Bürgertums konzentrierten, stieg die NSDAP zur Massenorganisation auf.

Nach 1933 schaltete das NS-Regime die völkische Konkurrenz aus. Anpassungsfähigkeit wurde belohnt. Der Landschaftsarchitekt Alwin Seifert (1890–1972), der aus dem Wandervogel kam und wegen seiner Vorliebe für Steiners biodynamische Wirtschaftsweise den Spitznamen »Herr Muttererde« trug, wurde »Reichslandschaftsanwalt«. In dieser Funktion verlangte er Rand- und Blendschutzbepflanzung für die Autobahnen sowie handwerksgerechtes Mauerwerk für Stützmauern und Brücken.[92] Seifert wurde 1954 außerordentlicher Professor für Landschafts- und Gartengestaltung an der TH München und avancierte 1964 zum Ehrenvorsitzenden des Bundes Naturschutz in Bayern.[93]

Nationalismus und Antikatholizismus

Bereits als deutsch-nationaler Publizist in Wien hatte Steiner katholische Politiker als »undeutsch« beschimpft und wie Lagarde eine »Nationalreligion« propagiert, um die »Fesseln Roms« abzustreifen.[94] Er teilte jenen Antikatholizismus, der damals in Deutschland und Österreich in der deutsch-völkischen und esoterischen Szene verbreitet war. Wer gegen die katholische Reaktion aufmuckte und ihren Einfluss auf das kulturelle Leben bekämpfte, konnte gleichzeitig nationalistisch und antisemitisch sein.[95] Für die Völkischen war »Rom« wie »der Westen« der Gegenpol zum organisch-verwurzelten, geistig-seelisch tiefschürfenden Deutschtum. Die Anhänger Guido Lists warfen der Kirche vor, den arischen Glauben, den Wotanskult und seine Priester, verfolgt zu haben. Andere lehnten solches Neuheidentum ab und favorisierten wie Lagarde und die Anthroposophen ein von Artfremdem gereinigtes germanisches Christentum. Sie sahen die katholische Kirche als eine Institution, die Jesus in ein dogmatisches, eigentlich jüdisches Regelwerk eingezwängt habe.[96] Rom und die römische Kirche gelten Anthroposophen als Erben eines als abstrakt, lebensfeindlich und jüdisch geschmähten Intellektualismus und Materialismus, der Vorläufer und Ursache neuzeitlichen Verfalls sei.[97]

Lagarde und Diederichs behaupteten, der Jude Paulus habe Gesetz und Dogma in das Christentum getragen und es damit vom wahren, intuitiven Geist abgeschnitten. Diederichs war der bedeutendste völkische Verleger, bei dem auch Anthroposophen publizierten.[98] Er vertrat wie Steiner und Blavatsky, der Geist sei die wahre Kraft des Universums, die es intuitiv zu erfassen gelte. Die Sonne repräsentiere den Stoff, der von diesem Geist erfüllt sei.[99]

Steiner fabulierte, die Römer stammten von Räubern ab. Rom und die katholische Kirche hätten daher immer versucht, weltliche und religiöse Herrschaft an sich zu reißen.[100] Die Römer hätten die Mission, die Verstandesseele zu entwickeln, um den Preis, dass das Wissen um die Götter schwinde.[101] In Rom erreichte der Abfall des Menschen vom Göttlichen seinen Höhepunkt, Steiner sprach vom »zweiten Sündenfall«, der Materialismus und Intellektualismus hervorbringe.[102] Die Römer entwickelten ein »mechanistisch-maschinelles Element« schrieb Heyer und »römische

Dekadenz konfigurierte die Kirche«.[103] Als positives Gegengewicht dachten sich Anthroposophen ein mystisches frühes Christentum aus, das in einer germanisch irisch-schottischen und einer griechischen Version existiert haben soll. Die katholische Kirche habe dieses esoterische Christentum ebenso ausgerottet wie die gnostischen Bewegungen und das germanische Heidentum. Sie habe das wahre Christentum in ein enges Korsett von Dogmen gezwängt.[104]

Während seiner theosophischen Lehrjahre hielt sich Steiner mit christlichen Themen zurück. Später behauptete er, hellseherisch ein verborgenes fünftes Evangelium entdeckt zu haben. Wie Diederichs interpretierte er Christus als reinkarniertes Sonnenwesen.

Der spätere Erzoberlenker der Christengemeinschaft, Rittelmeyer, fasste Steiners Lehre 1918 in einer Polemik folgendermaßen zusammen: »Das Wesentliche an der Christusauffassung Steiners ist, dass in Jesus, besonders von der Taufe an, der göttlich geistige Hintergrund unseres Sonnensystems, der Christus, in dem für uns Menschen die höchste Gottesoffenbarung beschlossen ist, herrschend wurde, das Werk Gottes auf der Erde vollbrachte, seitdem in der Menschheit wirksam blieb, innerste Lebensimpulse gab und die Menschheit ihrer Vollendung entgegenführen will.«[105]

Um der eigenen Weltanschauung die Aura einer langen Tradition zu verschaffen, dichteten ihr die Anthroposophen eine lange Reihe von Vorläufern an, die vor Feinden geschützt im Verborgenen wirkten.[106] List hatte zum selben Zweck die Armanen als verfolgte Wotanspriester erfunden und den Templerorden in Beschlag genommen. In der Anthroposophie gelten die Rosenkreuzer, die Dominikaner um Thomas von Aquin, weil sie den Einfluss arabischer Philosophie bekämpften, und die sagenhafte Tafelrunde des Königs Artus als Verteidiger des wahren Glaubens.[107] Die Artusritter kämpften, schrieb Heyer, gegen dämonisch-drachenhafte Gestalten, die er als »Verwesungsprodukte« ausgestorbener »niederer Rassen« bezeichnete.[108] Der Historiker und Waldorflehrer Walter Johannes Stein (1891–1957) nannte wie List den Templerorden als weitere Glaubenskrieger. Er schrieb, die Kreuzzüge seien ursprünglich von dem Gralsritter Gottfried von Bouillon getragen worden mit dem Ziel, Jerusalem zum Zentrum eines spirituellen Christentums zu machen. Dieses hehre Motiv hätten die Päpste zunichte gemacht, klagte Stein.[109] Bouillon, der Führer des ersten Kreuzzuges, der 1096 begann, war ein gewöhnlicher Adliger, der auf Beute und Macht sann. Die Kreuzzüge waren von Anfang an ein organisiertes Verbrechen. Zum Auftakt verübten die Kreuzfahrer Pogrome im Rheinland, nach der Erstürmung Jerusalems massakrierten sie einige zehntausend Angehörige der muslimischen und jüdischen Zivilbevölkerung.

Die Anthroposophie, lehrte Steiner, habe in diesen Rittern, Schulen und Geistern bereits »wie in einem Mutterschoß« existiert.[110] Anfang des 19. Jahrhunderts wurde, so fabulierte Steiner weiter, eine »überirdische Versammlung« einberufen, an der die Geister seiner späteren Anhänger teilnahmen, um seit Ende des 19. Jahrhunderts auf die Erde herunterzusteigen. Das Jahr 1899 markiert dabei eine Zeitenwende. Damals sei das finstere Zeitalter, das Kali Yuga, abgelaufen und ein neues »lichtes Zeitalter« unter Führung des Erzengels Michael habe begonnen.[111]

Die Mission der Deutschen

Als Vorläufer verehren die Anthroposophen den russischen Religionsphilosophen Wladimir Solovjeff (1856–1900). Er behauptete, »verschiedene Völkerschaften seien verschiedene Organe im Gesamtkörper der Menschheit«, jedes Volk sei »seinem besonderen Charakter nach zu einem besonderen Dienste bestimmt«.[112] Die biologistische Metapher von der Menschheit als einem Körper, Völkern als Organen und dem Individuum als Zellen diente Solovjeff dazu, Unterwerfung und Dienst zu fordern.[113] Von den Deutschen fordere der »Weltenkörper« die »Germanisierung anderer Völker«. Während der Religionsphilosoph den englischen Kolonialismus als Kannibalismus verurteilte, entschuldigte er, dass die Deutschen die Wenden und die Preußen »verschluckt« hätten und »im Begriffe sind, auch die Polen zu verspeisen«. Die Deutschen täten solches nicht aus Eigennutz, »sondern weil es ihre ›Bestimmung‹ ist, als höhere Rasse durch Germanisierung der niederen Volksstämme diese der wahren Kultur zuzuführen«.[114]

Die Neuzeit wertete Steiner als Epoche des Materialismus, in der die Menschen das Wissen um höhere Mächte verloren hätten.[115] Nur eine neue »spirituelle Ordnung« könne Erlösung bringen.[116] Das Heil könne indes nicht allen zuteil werden, sondern nur durch und für die deutschen Herrenmenschen. Tatsache sei, erklärte Steiner 1919, »dass in der Gegenwart nicht alle Menschenarten veranlagt sind, zur ganzen umfassenden Weltenwahrheit zu kommen, sondern dass die verschiedenen Menschenarten der Erde nur veranlagt sind, zu Teilgebieten des wahren Wirkens zu kommen«.[117] Mit »Menschenarten« meinte er höher- und minderwertige Rassen. Zwei Jahre zuvor hatte er verkündet, die angelsächsisch-germanische Epoche werde im Kampf aller gegen alle untergehen und nur die spirituell Erleuchteten würden überleben.[118] Der Krieg sei als Kampf zwischen Spirituellen und Materialisten unvermeidlich, während Schmerz und Leid notwendige Prüfungen auf dem Weg zur Erleuchtung darstellen.[119]

In diesem Chaos gelten die Deutschen als prädestiniert, unter Führung von Erzengel Michael die sündige Seele durch den reinen Geist zu läutern.[120] Deutsches Volkstum, so schrieb Hugo Reimann (1901–1982), diene damit der ganzen Welt und »gibt ihr die Möglichkeit an seinem Wesen zu genesen«.[121] Trummler behauptete, die spirituelle »Inbrunst« der »nordischen« Völker werde »schicksalsbringend« für Europa.[122] Begründet wird diese Berufung mit den alten Germanen.[123] Diese hätten das Ich direkt von den Göttern empfangen und darum einen Vorsprung vor anderen Völkern, erklärte Uehli.[124] Ihre Nachfahren erbten einen Spezialauftrag: »Es gehört zur eingeborenen Sendung der germanischen Völker, den Kampf gegen die geistverhüllenden Mächte (...) zu führen.«[125] Rittelmeyer behauptete, die Germanen hätten die Fähigkeit der Hellseherei länger als andere Völker bewahrt. Dies begründe jenen »Zug zur Innerlichkeit«, der die Philosophie Fichtes, Hegels und Schellings auszeichne. Für Deutschland, die »Großmacht der Innerlichkeit«,[126] sei darum das »Geiststreben« charakteristisch. Der Deutsche habe »ein ahnendes Wissen in sich, dass es der Geist ist, der die Welt durchwaltet, wesenhafter Geist, göttlicher Geist, dem er Auge zu Auge, Ich zu Ich gegenübertreten kann«, verkündete Rittelmeyer.[127]

Der »germanisch-nordische Mensch« hat laut Steiner die Götter unmittelbar erlebt, Odin und Wotan als Herren der Sprachgewalt und Erfinder der Runenkunde, Hönir, der die Kraft des Vorstellens, und Lödur, der Hautfarbe und Blutcharakter verleihe, sowie den Engel Thor als Führer in der Seelenwelt. »Hellseherisch« hätten die alten Germanen das Ich als etwas erblickt, das Thor ihnen brachte. Sie hätten die Engel noch zu der Zeit, als Christus auf Erden wandelte, gesehen.[128] Die Externsteine bei Paderborn, heute ein Wallfahrtsort für viele Esoteriker, gelten Anthroposophen als das Inspirationszentrum der alten Germanen, das mythische Asgard, von dem die »erhabensten Geister« ausgingen.[129] Trotz dieses positiven Bezugs auf die Götter der Germanen zählt die Anthroposophie nicht zur Heidenfraktion innerhalb der völkischen Szene, sondern ist jenen zuzurechnen, die das Bild eines heroischen Germanen-Christus pflegten.

Auch sind nicht alle Nachfahren der Germanen von der Vorsehung auserwählt. So schrieb Hans Erhard Lauer (1899–1979), der leitende Funktionen in der österreichischen Sektion ausübte, die Briten pflegten eine »hemmungslose Hingabe an wirtschaftliches Gewinnstreben« und wollten »die sinnliche Welt nur erobern und ausbeuten«, hingegen seien die Südgermanen edel und gut geblieben.[130] Ihre Mission sei es, die geistige Welt und die Reinkarnation zu entdecken und ein spirituelles Naturverständnis zu entwickeln: »Indem jedoch die Ausbildung dieses Inhaltes unter der geistigen Führung Mitteleuropas vor sich gehen wird, wird dieses dadurch für den Rest unserer Epoche zum geistigen Lehrer der Menschheit heranreifen.«[131]

Die Redaktion der Zeitschrift *Novalis* widmete 1996 der »Aktualität der nordisch-germanischen Mythologie« einen Schwerpunkt. Die Redaktion druckte einen Text Uehlis von 1926 nach, in dem dieser sich über den Sündenfall der »semitischen und der arischen Völkerströmung« verbreitete: Die Juden würden den Sündenfall als Schuld interpretieren, die Germanen als Heldentat. Von den Göttern im Zaum gehalten, bringe das luziferische Element den Germanen »den Freiheitsimpuls und das Heldentum«.[132] Tom Raines referierte unter dem Titel »Hat Deutschland eine Mission?« über Odin, den Volksgeist der Germanen. Deutschland scheine »die Aufgabe eines kulturell-geistigen Erziehers von Europa zu haben«.[133]

Häufig findet sich der Begriff Mitteleuropa als Chiffre für diese Mission der Deutschen.[134] Steiner und seine Anhänger orientieren sich an Friedrich List (1789–1846) und Friedrich Naumann (1860–1919).[135] Mitteleuropa meint ein Gebiet zwischen Frankreich und Russland, das unter deutscher Führung stehen soll. Als Kern Mitteleuropas und hegemoniales Volk gelten die Deutschen.[136] Hahn glaubte an einen »geschichtlichen Auftrag« Deutschlands als der »lebendigen Mitte« Europas. Es gelte, »die räumlich-geographische Lage in eine geschichtliche Funktion der Mitte zu verwandeln«.[137] Schuchardt und Rieche beziehen sich direkt auf Naumann, der im Ersten Weltkrieg die Annexion von Teilen Belgiens und Polens verlangte.[138] Aufgabe Mitteleuropas sei es, zum Göttlichen zurückzufinden.[139] Rieche klagt, dieses »volklich so reich differenzierte und kulturell so bedeutsame Gebiet« sei im 20. Jahrhundert »äußerlich und innerlich bedroht gewesen«. Vieles sei schon unrettbar verloren, durch »Überfremdung oder Vernichtung und der Auflösung von innen«.[140] Das Buch wurde in den *Literaturangaben* (1998) für den Geographieunterricht der 5. Klasse empfohlen.

Volks- und Rassengeister

Hunderttausende feierten auf den Champs-Élysées in Paris, nachdem die Equipe Tricolore im Sommer 1998 die Fußballweltmeisterschaft gewonnen hatte. »Ein ganzes Volk ging tagelang in kollektiver Raserei auf«, heißt es in der Zeitschrift *Die Drei*, dem Organ der deutschen *Anthroposophischen Gesellschaft*.[141] Der Fußball habe eine Massenhysterie ausgelöst, ganz wie Steiner warnend prophezeit habe. Die Begeisterung trage luziferische Züge, ihr Anlass sei ahrimanisch-materialistisch: »Ein Stück Leder und schwitzende Körper, durch Werbung und Numerierung in ihrer (›tierischen‹) Körperlichkeit betont.«[142] Mit Fußball und Fernsehen hielten Dämonen die Menschen in ihren Klauen: »Die Franzosen, der französische Volksgeist, bewegt als Gruppenseele von den in allen Wohnstuben uniformen Sendungen eines technischen Gerätes. Der Einflussgewinn überindividueller Kräfte auf die europäischen Völker und die ihnen zugeordneten geistigen Qualitäten am Jahrtausendende wurden damit eindrucksvoll vor Augen geführt.« Am Profifußball kann man einiges kritisieren, von Kinderarbeit bei der Herstellung von Bällen bis zum Nationalismus, den solche Veranstaltungen hervorkitzeln. In diesem Text aber geht es um Ressentiments: Fußball und Fernsehen als Teufelswerk und die Franzosen als entfesselte, hysterische Masse. Waren es nicht deutsche Hooligans, die einen französischen Gendarmen während der WM zum Krüppel schlugen?

Der Text belegt, dass die Lehre von den Volksgeistern immer noch in den Köpfen der Steiner-Fans spukt. Die Unterrassen der Arier werden von Engeln im Rotationsverfahren geführt.[143] Ihnen zur Seite stehen die Volksseelen und Volksgeister. Albert Steffen schrieb über einen deutschschweizerischen Volksgeist, von Gleich behauptete, ein griechischer und ein keltischer Volksgeist hätten den »Christus-Impuls« vorbereitet, und Hahn fabulierte über Beziehungen zwischen Volksseelen und Sprachen.[144] Die Identität des deutschen Volksgeists ist umstritten: Viele Anthroposophen glauben, er sei mit dem Erzengel Michael identisch, Heyer enthüllte, dass es sich tatsächlich um Buddha handele (1961), Raines behauptete (1991), früher sei es Odin gewesen und jetzt dessen Sohn Vidar.[145]

Steiner betonte mehrfach, dass er unter Volksseelen und Volksgeistern »wirkliche Wesenheiten« verstehe, nicht bloß eine Metapher für das Zusammenwirken der Menschen oder für eine diffuse Mentalität. Volksgeister seien Wesen in der geistigen Atmosphäre der Erde, die ihren Astralleib schon so umgearbeitet hätten, dass sie ein Geistselbst/Manas besitzen und mit diesem auf den Ätherleib des Menschen wirken, sie gehörten auf die Stufe der Erzengel.[146] Seine Definition von Volk lautete: »Ein Volk ist eine zusammengehörige Gruppe von Menschen, welche von einem der Archangeloi, einem der Erzengel, geleitet wird.«[147] Volk und Individuum würden von einer spezifischen »Äther-Aura« geprägt, die in jedem Gebiet der Erde herrsche.[148] Steiner konstruierte verschiedene Völker mit einem je »eigentümlichen Leben« und die besonderen Eigenschaften eines Volkes als Abbild der Mission seines jeweiligen Volksgeistes. Über dem Volksgeist schwebe noch der »Geist der Epoche«, auch »Zeitgeist« genannt, während die Engel dafür sorgten, dass die Mission der Volksgeister in die einzelnen Menschen einfließt.[149] Steiner lehrte, dass sich nur einzelne spirituell Erleuchtete über die angenommene biologische und karmische Bindung an Volk, Rasse und Heimat erheben.[150]

Diese Begriffe sind für Steiner keine Metaphern und primär auch keine biologischen Einheiten, darin unterscheidet sich die Anthroposophie von anderen Rassenlehren. Steiner fasste Familie, Volk und Rasse als »wirkliche« geistige Wesen auf.[151] Dazu ein längeres Zitat: »Ja, in gewissem Sinne sind die einzelnen Menschen nur die ausführenden Organe dieser Familienseelen, Rassegeister usw. In voller Wahrheit kann man davon sprechen, dass sich z. B. eine Volksseele des einzelnen zu ihrem Volke gehörigen Menschen bedient, um gewisse Arbeiten auszuführen. Die Volksseele steigt nicht bis zur sinnlichen Wirklichkeit herab. Und um in der physisch-sinnlichen Welt zu wirken, bedient sie sich der physischen Organe des einzelnen Menschen. Es ist in einem höheren Sinne gerade so, wie wenn sich ein Bautechniker zur Ausführung der Einzelheiten des Baus der Arbeiter bedient. – Jeder Mensch erhält im wahrsten Sinne des Wortes seine Arbeit von der Familien-, Volks- oder Rassenseele zugeteilt.«[152]

Die Idee der Volksgeister ist wie vieles bei Steiner nicht originell, sondern abgeschrieben, aber der Meister sprach lieber von Hellseherei, als sich mit profanen Fußnoten und Quellenhinweisen abzumühen. Hegel glaubte, dass die Staaten ein Produkt des Volksgeistes seien. Jeder Volksgeist hat eine bestimmte Aufgabe, alle zusammen sorgten dafür, dass Vernunft in der Geschichte walte. Der Schriftsteller und Philosoph Gottfried Herder (1744–1803), der Jurist und preußische Minister Carl von Savigny (1779–1861) und seine Schüler, die Brüder Jakob (1785–1863) und Wilhelm Grimm (1786–1859), entwickelten die Lehre vom Volksgeist als reaktionäres Gegenkonzept zum aufklärerischen Begriff der Volkssouveränität. Savigny schrieb, der ominöse Volksgeist sitze »in der höheren Natur des Volkes als eines stets werdenden, sich entwickelnden Ganzen« und erzeuge das Bewusstsein des Einzelnen, ebenso wie Recht, Sprache, Sitte und den Staat als »die organische Erscheinung des Volkes«.[153] Die Botschaft zur Zeit der französischen Revolution und heute lautet: Akzeptiere auch die miserabelsten gesellschaftlichen Verhältnisse als Ausdruck einer ewigen, göttlichen Ordnung. Rebellion ist eine widernatürliche und damit sinnlose Auflehnung gegen die ganzheitliche herrschende Ordnung, egal, wie viel Elend und Gewalt sie produziert.

Einkreisungs- und Verschwörungsphantasien (1915–2001)

Den Ersten Weltkrieg interpretierte Steiner 1915 als Kampf, der Deutschland von seinen Feinden aufgezwungen worden sei.[154] Er rechtfertigte den deutschen Angriffskrieg und leugnete jede Schuld. Seine Behauptung von der Einkreisung und Verschwörung gegen Deutschland entsprach dem gängigen Opfertopos der Völkischen. Schuld waren seiner Ansicht nach erstens Frankreich, weil dort »der gegen das deutsche Volk gerichtete Impuls fort (lebte)«. Die deutsche Annexion von Elsass-Lothringen im Jahr 1871 sei aber notwendig gewesen, »um den ständigen Ruhestörer seiner Arbeit in seine Grenzen zu weisen«.[155] Zweitens habe die englische Diplomatie Russland ermutigt, Serbien gegen berechtigte Interessen der Donaumonarchie beizustehen.[156] Und drittens behauptete der vermeintliche Seher, er wisse von angloamerikanischen Weltherrschaftsplänen, die sich gegen Mitteleuropas Mission richteten und die er einem angloamerikanischen »Rassenegoismus« zuschrieb.[157]

Steiner halluzinierte ein gigantisches Komplott: Hinter dem »Weltherrschaftsstreben der angelsächsischen Rasse« stünden die Freimaurer und die Jesuiten sowie »geheime okkulte Bruderschaften«, jene »wahren Führer der angelsächsischen Rasse«, die ihrerseits mit »inneren Impulsen« ausgestattet seien, »welche einstmals das altjüdische Volk mit seiner Weltmission hatte«.[158] 1918 sponserte Steiner das Werk *Die Entente-Freimaurerei und der Weltkrieg* von Karl Heise. In der Vorrede, die Steiner nach Angaben Lindenbergs selbst verfasst hat, heißt es, Geheimgesellschaften und Logen seien schuld am Krieg.[159] Heise konstruierte eine wilde Verschwörung, deren Ziel die »absolute Vernichtung« Deutschlands und Österreichs sei. Beteiligt seien die pro-englischen Theosophen unter Annie Besant, vor allem Steiners deutsche Konkurrenten vom *Stern im Osten.* Als eigentliche Drahtzieher bezeichnete Heise russische Großfürsten und Juden sowie die englischen Freimaurer, wobei er Blavatsky und List als Quellen nannte. Vor allem Lists Konstrukt, wonach die katholische Kirche, die Juden und die Freimaurer einen Vernichtungskrieg gegen die Arier führten, gleicht Produkten anthroposophischer »Geistesschau«.[160]

Solche kruden Verschwörungstheorien – typisch für völkische Gruppen – wurden für bare Münze genommen.[161] 1924 malte Walther Johannes Stein unter ausdrücklichem Bezug auf Heise in einem Vortrag des anthroposophischen Hochschulkurses in Stuttgart eine seit Jahrhunderten arbeitende angelsächsische Verschwörung aus, die Russland seit dem 18. Jahrhundert lenke und die Oktoberrevolution initiiert haben soll. Stein ging soweit, selbst die österreichische Annexion von Bosnien-Herzegowina im Jahr 1878 als teuflische Intrige der Freimaurer darzustellen.[162] Diese Erweiterung hatten auch die österreichischen Völkischen damals abgelehnt, weil sie eine slawische »Überfremdung« fürchteten.

Seit den 90er-Jahren werden Steiners Ansichten über den Ersten Weltkrieg in anthroposophischen Zeitschriften aufgearbeitet und auf die »neue Weltordnung« nach dem Zerfall der Sowjetunion angewandt. Das alte Feindbild ist geblieben, die Angelsachsen und okkulte Bruderschaften, die

Deutschen und Russen übel wollen. So fabuliert Prokofieff von westlichen Logen und Jesuiten, die seit Jahrhunderten versuchten, die Missionen der Deutschen und der Russen zu sabotieren.[163] Thomas Meyer vom *Perseus-Verlag* wiederholt die alten Geschichten, wonach »gewisse anglo-amerikanische Kreise« mit okkulten Tricks einst den Zaren Peter den Großen manipulierten und die Oktoberrevolution initiierten, um Österreich-Ungarn zu zerstören.[164] Meyer hat sich inzwischen auf Verschwörungstheorien zu den islamistischen Terroranschlägen vom 11. September 2001 spezialisiert. In seiner Zeitschrift *Der Europäer* werden prominente Verschwörungstheoretiker wie Andreas von Bülow, Matthias Bröckers oder Gerhard Wisnewski zitiert. Meyer suggeriert, die USA hätten sowohl den Angriff auf Pearl Harbor 1941 als auch die Anschläge 2001 zumindest provoziert, um ihre finsteren Pläne zu legitimieren.[165] Andreas Bracher vergleicht den Reichstagsbrand 1933 und das Attentat auf einen deutschen Diplomaten, das als Vorwand für die Pogromnacht 1938 diente, mit diesen Vorfällen.[166] Die Botschaft: Die Amerikaner sind so schlimm wie die Nazis.

Klußmann[167], Reuveni und Terry M. Boardman sehen das verschwörungstheoretische Konstrukt durch die von der US-Regierung verkündete »Neue Weltordnung« bestätigt: Die wahren Herren der Welt seien immer noch okkulte Bruderschaften des Westens. Sie wollten den spirituellen Impuls des künftigen Wassermannzeitalters sabotieren, schreibt Boardman. Demnach werde »die slawische Volkskultur«, in alter Terminologie die künftige sechste arische Unterrasse, vom Westen gezielt »mit Materialismus überflutet« und ihre »Lebens- und Geisteskräfte« würden ausgesaugt.[168] Meyer und Boardman suggerieren, die »westlichen Bruderschaften« versuchten seit Jahrhunderten Mitteleuropa zu schädigen, weil die Deutschen sonst als spirituelle Kulturbringer der Slawen fungieren würden. Johannes W. Schneider, Reuveni und andere lehnten deshalb die Osterweiterung der NATO ab, weil sie darin ein neues Manöver sahen, Deutsche und Westslawen von den orthodoxen Slawen zu spalten.[169]

Was diese Anthroposophen eint, ist ihr sehr deutscher Antiamerikanismus, die Annahme, finstere okkulte Mächte wirkten durch die USA gegen Deutschlands Mission; Steiner kaprizierte sich zeitbedingt auf das perfide Albion. Abgesehen vom esoterischen Brimborium formulieren sie einen deutschen Sonderweg anstelle des Bündnisses mit dem verhassten Westen, das der deutsche Imperialismus nach seiner Niederlage 1945 eingehen musste. Die Hegemonie Deutschlands in der EU und in einem osteuropäischen Hinterhof sowie eine eigenständige deutsche Weltmachtpolitik im europäischen Tarnanzug lassen sich aus anthroposophischer Sicht gut begründen: Mission spirituelle.

Siebtes Kapitel: Anthroposophie und NS-Faschismus

Politisierung und Radikalisierung

Vor 1914 bestand die *Anthroposophische* bzw. die *Theosophische Gesellschaft* in Deutschland aus Zirkeln, die spiritistische Sitzungen abhielten, Mysterienspiele aufführten und ihren Doktor Steiner verehrten. Hellsehen und Hellhören galt als Kennzeichen für Fortschritte auf dem okkulten Weg. Beliebt waren selbst gebastelte Instrumente und Apparate, mit denen verborgene Kräfte, Aura oder Astralkörper sichtbar gemacht werden sollten. Als Experte galt der Engländer William Thomas Stead, der angeblich seinen Astralkörper selbständig auftreten lassen konnte. Es wollte ihm bloß nicht gelingen, diesen zu fotografieren. Als Stead 1912 mit der Titanic unterging, fragten sich manche, warum er die Katastrophe nicht hatte voraussehen können. Eine weitere Einnahmequelle in der Szene stellte der Verkauf von Heilmitteln, Bildern und Schmuck dar. Steiner weihte Gegenstände für seine Anhänger. Der Meister kassierte auch für esoterische Schulungen, die er abhielt.[1]

Die Kriegsbegeisterung wie die Enttäuschung über die deutsch-österreichische Niederlage und die Folgen führten dazu, dass sich Anthroposophen stärker mit politischen Fragen befassten. Hatte Steiner den Weltkrieg anfangs als »strafenden Sturmwind« für Ungläubige und die Alliierten gefeiert, musste er sich angesichts der deutschen Niederlage mäßigen. Das Münchner USPD-Organ *Neue Zeitung* spottete 1919 über den »fromm national gesinnten« Kriegshetzer Steiner, der hinterher alles besser wusste. In öffentlichen Auftritten betonte Steiner nun den antibolschewistischen Abwehrkampf des Abendlandes. Steiner bemühte sich, Marx in Vorträgen, die er 1919 hielt, zu widerlegen: Dessen Vorstellung, dass die ökonomische Entwicklung und der Klassenkampf die Geschichte bestimmen, widersprach seiner Idee, dass Geister und Geisterseher den Weltenlauf steuerten. Hauptsächlich warf Steiner dem Marxismus vor, Unglauben zu erzeugen. Dass die Revolutionäre die Ausbeuter enteignen wollten, war ihm völlig zuwider, das seien »alte Denkgewohnheiten«. Eine soziale Umgestaltung wies der Hellseher als Träumerei zurück, notwendig sei eine rein geistige Umwälzung, eine »neue Geisteskultur«.[2] Das Programm des revolutionären Proletariats führe dagegen »zum Untergang der europäischen Kultur«.[3]

Im Januar 1921 verfasste er einen »Aufruf zur Rettung Oberschlesiens«. Er warb für eine Autonomie des Gebietes »bis zur Klärung der gesamten europäischen Verhältnisse«. Deutsche und polnische Institutionen sollten nebeneinander bestehen.[4] Dieses oberschlesische Engagement ist deshalb interessant, weil es von Anthroposophen heute als multikulturelles Experiment angeführt wird, um den Vorwurf des Rassismus zu entkräften. Walter Kühne, Leiter der Dreigliederungsbewegung, schreibt dagegen, die Breslauer Anthroposophen hätten die *Oberschlesische Aktion* gegründet, um »bösartigen Bestrebungen der Alliierten« entgegenzuarbeiten.[5] Steiner schulte Agitatoren für den Einsatz in Oberschlesien so, dass sie für einen Anschluss an Deutschland warben. Die Anthroposophen wollten verhindern, dass der Völkerbund einen Teil Oberschlesiens an die junge polnische Republik übergab.[6]

Weil nach Steiners Ansicht nur aus Mitteleuropa die Führer kommen konnten, die weltweit seine Idee der Dreigliederung vorantreiben und damit den Kommunismus stoppen sollten, müsse sich Oberschlesien Deutschland »provisorisch« anschließen.[7]

Die Besetzung des Ruhrgebietes durch belgische und französische Truppen im Januar 1923 veranlasste Steiner zu übelsten Tiraden. Im Februar debattierte Steiner mit Lehrern der Stuttgarter Waldorfschule über einen Antrag von Karutz, Französisch als Pflichtfach abzuschaffen. In dieser Runde sprach er von der Dekadenz der Franzosen und qualifizierte sie als »das am wenigsten lebensfähige Element unter der romanischen Bevölkerung Europas« und als den »ersten Vortrupp des untergehenden Römertums, der untergehenden romanischen Völker Europas«.[8] Die französische Kultur sei erstarrt, die Sprache hohl, sie sei »übergeschnappt ins rein Phraseologische« und »eine die Seele vergewaltigende Sprache«, schimpfte der Meister.[9] Dennoch widersprach er dem Antrag von Karutz und zwar aus taktischen Gründen. Beim »Kampfe für die Abschaffung der französischen Sprache« könne die Waldorfschule nicht vorangehen, weil sie mit den Staatsschulen kooperieren müsse, beispielsweise damit Waldorfschüler extern das Abitur ablegen können. »Wir müssen in den sauren Apfel des Französischen beißen, bis etwas anderes eintritt«, schloss Steiner.[10] Obendrein sei die Waldorfschule in der Gesellschaft isoliert: »Wir haben ja noch kein freies Geistesleben; wohl aber haben wir zwar eine im Sinne des freien Geisteslebens aufgebaute Waldorfpädagogik, die ist aber ein Ideal und kann noch nicht vollständig verwirklicht werden unter den gegenwärtigen Verhältnissen.«[11]

Seine Anhänger teilten den Franzosenhass. Hahn meldete sich freiwillig zu einer illegalen Reichswehreinheit, um gegen Frankreich zu kämpfen, und schimpfte über die französische »Verstandesseele«, die vergiftet sei.[12] Steffen schmähte das »dünnflüssige« und verblendete Frankreich.[13] Friedrich Hiebel (1903–1989), Waldorflehrer und Vorstand der Gesellschaft, leitete Schandtaten aus der Wurzelrassenlehre ab: Frankreich sei in das »galante Gefühl« abgestürzt und von Mätressen und Kurtisanen regiert worden.[14] Rittelmeyer behauptete, in französischen Gesichtern drücke sich ein »versteifter und verhärteter Volksgeist« aus, weshalb die Individuen »sich in ihrem Urteil kaum vom Einfluss des Volksgeistes freimachen können« und »der Einzelne viel weniger gerecht sein kann gegenüber anderen Völkern«.[15] 1996 verteidigte Klußmann Steiners Phrasen über die französische Sprache als berechtigt. Dass sich die Prognose, Französisch werde aus den Schulen verschwinden, noch nicht erfüllt hat, lässt Klußmann nicht gelten. Er verweist auf Steiners Satz, »in der Geschichte dauern die letzten Dinge lang«, und bekennt sich damit zu des Meisters Ziel.[16]

Obwohl die Gruppen und Strömungen der völkischen Szene grundsätzliche Ansichten teilten, konkurrierten sie untereinander. So behauptete der ehemalige Theosoph Karl Rohm, Steiner sei Jude, was dessen Anhänger heftig bestritten. Steffen erklärte, Steiner entstamme dem »niederösterreichischen Bauernstand« und sei weder Jude noch Antisemit.[17] Der frühere Anthroposoph Max Seiling hielt seinem früheren Guru »undeutsche Sprechweise« und »talmudische Spitzfindigkeiten« vor. Seiling behauptete außerdem, Steiner habe 1914 Geld von einer Freimaurerloge bekommen.[18] Getreue Steiners verhinderten 1922, dass ein Rollkommando von der völkischen Konkurrenz den Meister bei einem Auftritt im Münchner Hotel »Vier Jahreszeiten« verprügelte.[19] Karutz verteidigte Steiner gegen den Vorwurf, antinational zu sein: Der Guru verkünde doch sogar im Ausland »die weltgeschichtliche Berufung des Deutschen«.[20]

Anthroposophen griffen ihrerseits andere Obskuranten an. Kolisko und Wachsmuth warfen dem populären Lebensphilosophen Hermann von Keyserlingk (1880–1946) sowie dem Nazi-Psychologen Carl Gustav Jung vor, Europa mit asiatischen Lehren zu überfluten.[21] Steiner und seine Schüler hielten der Lehre vom Kreislauf und unvermeidlichen Niedergang einer Kultur, die der damalige Lieblingsphilosoph der Bourgeoisie, Oswald Spengler, verbreitete, ihre schrägen Ideen über Wurzelrassen und eingeweihte Eliten entgegen.[22]

Anthroposophie im Dialog – Blut, Rasse und Ariermythos

Der bedeutendste anthroposophische Rassentheoretiker der 20er- und 30er-Jahre war Richard Karutz (1867–1945), Ohrenarzt und Leiter des Völkerkundemuseums in Lübeck. Während des Ersten Weltkrieges versuchte er, die Völkerkunde in den Dienst der deutschen Kriegsführung zu stellen, indem er Analysen der englischen und französischen »Volksseele« vornahm.[23] In zahlreichen Büchern und Artikeln arbeitete er die Wurzelrassenlehre aus. Karutz wollte die Völkerkunde als »geisteswissenschaftliche« Disziplin etablieren und von der »soziologischen Flut des materialistischen Denkens« befreien.[24] Er behauptete, Zivilisation, Materialismus und »Amerikanismus« seien zersetzend und würden die wahre, spirituelle Kunst zerstören.[25]

Karutz versuchte, Goethe als völkischen Ethnologen hinzustellen, um die eigene Position zu stärken. Er behauptete, Goethe habe einen Sieg des jüdischen Geistes über die germanisch-christliche Innerlichkeit gefürchtet.[26] Karutz war Antisemit, was er »nicht parteigehässig« meinte, sondern im Sinne des Wiener Antisemiten und Frauenhassers Otto Weininger: »Der Jude im Menschen ist der Feind.« Karutz verstand darunter »den gruppengebundenen, engherzigen, vergangenheitsstarren, totem Begriffswissen und totem Stoffe opfernden, weltmachthungrigen Geist des Judentums, der eben in jedem Menschen steckt«.[27]

Eine richtig verstandene Rassenkunde basiert laut Karutz nicht auf der Einteilung in »höhere« und »niedrigere« Rassen, sondern auf dem Schema »frühere« und »spätere« Rassen. Maßstab sei der geistige Entwicklungsprozess: Auf den untersten Stufen wurde der Mensch zum Tier, als Nächstes entstanden die frühen Rassen, später entwickelten sich »Kulturrassen«.[28] Die Kategorien früher/später meinen für Karutz nichts anderes als das Begriffspaar höhere und niedere Rassen: Auf Atlantis seien »die hellen Rassen mit ihrer höheren Anlage zur Entwicklung des Ich« entstanden.[29] Dagegen sei das Bewusstsein eines Schwarzen oder Südseeinsulaners gegenüber den hellhäutigen Vorfahren der Helden Homers »einseitig stehen geblieben und entartet«. Die Urvölker der Indianer, Schwarzen und Aborigines seien eine »Entartungstatsache«. Karutz wies ethnologische Ansätze zurück, die aufgrund ähnlicher ökonomischer Verhältnisse diese »Urvölker« mit den alten Germanen verglichen.[30] Er betonte spirituelle Qualitäten und kürte darum die hellen Arier zur Krone der Schöpfung: Das »im Rassen- und Volksgeisttum wurzelnde Ich« der Germanen habe einst Odin »geschaut« und sei darum prädestiniert, den »Persönlichkeitsmenschen« hervorzubringen.[31]

In Anlehnung an Karutz unterschied Moldenhauer Seelen- und Naturvölker. Als Seelenvölker gelten jene, »deren Ursprung auf große Kulturperioden zurückgeht, in denen die menschlichen Seelenwesensglieder zur Reife entwickelt wurden«. Dagegen verwandte Moldenhauer den Begriff Naturvölker für solche, »deren Seelenart bis in die atlantische oder sogar lemurische Zeit zurückreicht, jedenfalls aber nur unvollkommenen Anteil an den Mysteriengütern der fünften – arischen – Wurzelrasse genommen hat«. In Bezug auf Afrika und Asien behauptete er ein »Absinken von ursprünglich zu Seelenvölkern veranlagten Gruppen in die Sphäre der Naturstämme«. Diese Hypothese rechtfertigte er damit, dass die »wesenhafte Naturgeistigkeit der Atlantier in dämonische Entartungsprozesse ausmündete«. Als Beispiel nannte Moldenhauer südafrikanische Felsmalereien, die von einer »tragisch verkümmerten Menschengruppe«, den Buschmännern, angefertigt wurden.[32]

In den 20er-Jahren publizierte Karutz einen mehrbändigen Atlas zur Völkerkunde. Er ordnete Völkern spirituelle Fähigkeiten zu: So besäßen die Gälen als Rest keltischer Bevölkerung auf den britischen Inseln »starke hellseherische Kräfte«. Die Russen, die nach der Wurzelrassenlehre im Kindheitsstadium sind, aber als Slawen zur nächsten arischen Unterrasse zählen, charakterisierte er als naiv religiös; sie lebten in einer »unpersönlichen Sippenempfindung«. Ausgiebig widmete sich Karutz der so genannten Rassenmischung: Albaner mit griechischem Anteil seien »zivilisationszugänglicher, neuerungssüchtiger«, die mit »serbischem Blute« hingegen »härter, kriegerischer, konservativer«.[33] Die Tibeter bezeichnete er wie Steiner als dekadente Nachfahren von Atlantis. Während Nazi-Rassenkundler über den Einfluss arischen Blutes auf die Tibeter stritten, wollte Karutz bei einigen Tibetern »eine Mischung mit arischem Blute« ausgemacht haben.[34]

Karutz teilte Steiners Ansicht, erleuchtete Anthroposophen würden in Zukunft die Rassen durch eine spirituell fundierte Überrasse aufheben. Er prophezeite wie sein Guru, dass die Menschen sich in zwei Rassen, eingeweihte Übermenschen und dem Materialismus verfallene Tiermenschen, aufteilen würden: »Nach dem großen Kriege aller gegen alle werden die spirituellen Menschen ein seelisch-geistiges Leben ausdrücken, die dem Spirituellen feindlichen werden die dem Geistigen feindlichen Leidenschaften und Triebe auf dem hässlichen, unintelligenten, auf dem böse blickenden Antlitz tragen.«[35]

In einer Reihe von Beiträgen im *Goetheanum* setzte sich Karutz mit dem führenden NS-Rassenkundler Hans F. K. Günther (1891–1968) auseinander. Günther hatte 1928 die *Rassenkunde des deutschen Volkes* publiziert und damit zu den Grundlagen der NS-Rassenpolitik beigetragen. Seit 1930 war er Professor in Jena, ab 1933 gehörte er dem »Sachverständigenbeirat für Bevölkerungs- und Rassenpolitik« an, einem Gremium, das die Zwangssterilisation von Behinderten und so genannten »Rheinlandbastarden« zu verantworten hatte. Dabei handelte es sich um Kinder jener afrikanischen Soldaten, die schon Steiner als Gefahr beschimpft hatte. Karutz lobte Günthers Rassenkunde-Machwerk 1931 im Zentralorgan der internationalen *Anthroposophischen Gesellschaft* als ehrlich und ernst. Er empfahl das Buch »seines sachlichen Inhalts wegen, denn man lernt aus ihm, wie sehr in der Tat den meisten Menschen bisher ein richtiges Sehen der Rassenformen gefehlt hat«. Der Anthroposoph stimmte auch der Rassen-Eugenik prinzipiell zu, »im Sinne des Aufhaltens eines Verfalls, der Wiederherstellung eines Verfallenen«.[36]

Bei allem Lob formulierte Karutz auch Differenzen: Günther verwickle sich in Widersprüche, er übersehe »die Entwicklungsidee der Rasse«, die in der Evolution des Geistes bestehe. Hinter der Rasse stehe der Geist, vor allem der »Rassengeist«, hinter dem Volk der »Volksgeist«.[37] Ein Jahr später setzte sich Karutz erneut mit dem Nazi-Professor Günther auseinander. Er bescheinigte dessen Anhängern eine »gutgläubige, reine, naive Gesinnung«, die einem Rest alter germanischer Spiritualität entspringe, allerdings würde »die Not der Heimat« ihren Blick »auf den politischen Vordergrund« bannen. Die auf gleichem Blut gegründete Sippe wies Karutz als »Vergangenheitsideal« zurück: Er mahnt, man müsse dahinter den »Sippengeist« erkennen.[38] Auf dem Wege spiritueller Ich-Findung müsse sich das Individuum aus dem Sippenverband lösen. Er favorisierte einen »europäischen« anstelle des »nordischen« Typus, den das erleuchtete Ich selbst forme. Karutz prognostizierte ein Zeitalter des Spiritualismus, »des geistigen Individualismus, der physiognomischen Rasse«. Aufgabe müsse daher sein, »den Einzelmenschen rassengut zu bilden«, statt wie die »pessimistischen Rassenfanatiker« sich auf äußere Merkmale zu kaprizieren.[39] Rassenhygiene hänge mehr von der »Erkraftung von Seele und Geist« ab als von der »Achtsamkeit auf Blut und Vererbung«.[40]

Zwar spottete Karutz über »Rasseneugenisten«, die »nach der richtigen Zentimeterlänge an den Schädeln der Brautpaare« fahndeten. Er betonte den »Individual-Ich-Impuls« und verlangte, die Reinkarnationsidee zur Basis der Rassenkunde zu machen. Aber »fremdrassige Typen infolge von Mischung« lehnte Karutz als »Schädigung der Ich-Entwicklung« ab. Im Einklang mit Günther diffamierte er »Mischlinge« als »problematische Naturen«, wobei er zwischen europäischen »Mischungen«, die er befürwortete, und solchen mit Afrikanern, die er ablehnte, unterschied.[41] Karutz gilt heute in der Anthroposophie als Begründer einer »Ethnosophie«, der versucht habe, »die Völkerkunde durch Menschenkunde zu erweitern und zu einer phänomenologischen Wesenskunde zu vertiefen«.[42]

Die Position von Karutz war Konsens: Die Steiner-Anhänger waren überzeugt vom Stellenwert von Rasse, Blut und Rassenreinheit. Sie betonten aber, dass der Geist, der in den Weißen bzw. Deutschen verkörpert sei, Vorrang habe. Einerseits glaubten auch Anthroposophen, dass der Mensch durch Blut und Rasse geprägt sei, und fürchteten, eine »Rassenmischung«

mit Nicht-Weißen könnte das Blut verderben und den Geist gefährden. Andererseits meinten sie, erleuchtete Geister bestimmten selbst über ihr Blut, ihren Körper und bei der nächsten Inkarnation über ihre Rasse. Von dieser Position aus kritisieren Anthroposophen einen auf Blut und Boden fixierten Rassismus als materialistisch.[43] Wadler spottete über den »Schrumpfbegriff ›Rasse‹ der heutigen materialistischen Wissenschaft, die ausschließlich an gewissen äußeren körperlichen Merkmalen haften bleibt«. Steiners Rassenbegriff habe »in erster Linie geistigen Inhalt«.[44] Razum kritisierte 1930, die völkischen Gruppen würden nicht fragen, wie völkische Entartung entstehe. So sei die Ansicht falsch, der Untergang der Römer sei durch Rassenmischung verursacht worden, diese sei »umgekehrt (...) eine Folge des Untergangs, des geistigen Zerfalls, der eintreten musste, weil die Kulturaufgabe dieser Völker beendet war«. Razum lehnte sogar den Begriff »völkisch« ab, dieser sei als »Kind unserer intellektuellen Bewusstseinsstufe (...) scharf umgrenzt und tendenziös eingeengt«.[45]

Im Gegensatz zum organischen Begriff des Volkes sei das Wort »völkisch« eine Reaktion auf die Einseitigkeit des Internationalismus, aber selbst »unorganisch«.[46] Die Anthroposophie vertrete, schrieb Razum, dass sich die Menschheit in einem Wandlungsprozess befinde, der über das völkische Prinzip hinausführe. Tatsächlich habe das Blut eine »Gemeinschaft-erzeugende Kraft« und sei »Grundlage der Volksgemeinschaft, der Rasse«, sofern auf die Reinheit des Blutes geachtet werde. Allerdings helfe Reinheit nichts, wenn die »geistige Kulturaufgabe« eines Volkes erfüllt sei. Als Beispiel führte Razum die Juden an, deren »Rassenpolitik« seit Jahrtausenden »Inzucht« bedeute und den Niedergang nicht aufhalte.[47] Das anthroposophische Prinzip lautet, Mission erfüllt, Verfall beginnt. Razum meinte, »das völkische Problem ist heute ein geistiges Problem und nur aus geistigen Erkenntnissen heraus zu lösen«, die »Blutgemeinschaft« müsse zu einer »Geistesgemeinschaft« werden.

Die Anthroposophie leistete und leistet ihren Beitrag zum rassistischen und antisemitischen Konsens, der sich aus verschiedenen Brauntönen zusammensetzt, und war durchaus kompatibel mit Sympathie und Mitgliedschaft in der NSDAP.[48] Nur dem Reichssicherheitshauptamt (RSHA) reichte die Wurzelrassenlehre nicht. Die Aussicht, dass das Germanenzeitalter im Jahr 3573 von einer höheren Kultur abgelöst werde, sei »nicht geeignet, die völkischen Lebenskräfte des germanischen Menschen zu stärken, sondern muss zu deren Zersetzung beitragen«, schrieben RSHA-Mitarbeiter 1941 in einem Dossier.[49]

Begeistert reagierten Anthroposophen auf Hermann Wirth, Hans Hörbiger und dessen Welteislehre, auf Eugen Georg und Egon Friedell, die ihre Version von Atlantis stützten.[50] Uehli und andere lobten Wirths Bücher als wertvollen Beitrag zur »modernen Atlantisforschung«, kritisierten aber alles, was nicht zu ihrer Wurzelrassenlehre passte.[51] Wirth war seit Mitte der 20er-Jahre Mitglied der NSDAP. 1935 gründete er zusammen mit Himmler die SS-Organisation *Das Ahnenerbe*. Wirth sollte die germanische Mythologie und die Externsteine bei Paderborn erforschen. Seine Hypothesen über eine »arktisch-nordische Rasse« referierte Uehli zustimmend. Diese Nordatlantiker seien Vorfahren der Deutschen und es bestünden Gemeinsamkeiten zwischen Germanen und »reinrassigen« Indianern. Kurz vor dem Untergang, angeblich 9000 v. Chr., verließen zwei Wanderzüge das sagenhafte Atlantis. Die Südatlantiker gelangten in das Gebiet der »dunklen äquatorialen Rasse«; von einem nordischen Zentrum nahe dem heutigen Irland wanderten Völker in Richtung Südosten und hinterließen Spuren in Griechenland, auf Kreta und in Palästina. Soweit stimmte Uehli mit Wirth überein und ihn freute auch, dass der Nazi wie Steiner meinte, die arische Rasse habe alle Hochkulturen gegründet.

Allerdings verlegte Wirth den Ursprung der Arier in den hohen Norden, während Uehli im Einklang mit Steiner von Kolonisten aus Atlantis phantasierte, die erst nach Osten gewandert seien. Dieser »Keim der arischen Rasse« sei von Manu in Innerasien geschult worden und habe auf einem zweiten Zug nach Westen alle Kulturen von den Griechen bis zu den Germanen geschaffen.[52] »Die Wirkung dieser Wanderzüge sind Rassenmischungen von Urbewohnern aller Art mit den Kolonisten des Manu.«[53] Uehli widersprach deshalb Wirths Behauptung, Jesus sei ein Arier gewesen. Die Auswanderer von Atlantis bildeten zwar den Keim der arischen Rasse, somit liege die »Mutterkultur« im Westen, die nachatlantischen »Gründungskulturen der arischen Rasse« gehen nach anthroposophischer Lehre aber auf Manus auserwählte Schar aus dem Osten zurück, während die in Europa gebliebenen Germanen reifen mussten.[54] Dass Wirth sich von den Anthroposophen distanzierte, bedauerte Uehli. Wirth habe die geistige Führung, die Atlantis schuf, vor allem den »atlantischen Sonnenführer Manu«, übersehen. Unterstützt wurde Uehli von Moldenhauer[55] und Wadler, der Wirths Vorstellung von der Ostwanderung der Arier als »Trümmerfeld« bezeichnete.[56] Wadler wies auch jede Karl-May-Romantik bezüglich »reinrassiger« Indianer zurück: Die Atlantier, die nach Westen auswanderten, »vermochten die Weiterentwicklung der Menschheit nicht mitzumachen, waren dem Untergange geweiht«.[57]

Die Anthroposophen stritten mit Wirth über die Himmelsrichtung, aus der die Arier kamen. Einig waren sie sich darin, dass alle Hochkulturen von Ariern gegründet wurden. Die arktisch-atlantische Rasse schuf eine Zeichenschrift, von der alle späteren Alphabete abstammten, ebenso legten diese Urgermanen die Grundlagen für Kalender und Sternenkunde, die erst durch Wanderungen in den Orient kamen, glaubte Uehli.[58] Anthroposophen sind wie Wirth, und manche Nazis und Esoteriker heute, überzeugt, dass der Ursprung germanischer Kultur bei den Externsteinen im Umkreis der Städte Paderborn und Detmold liegt. Uehli und Wirth behaupteten, diese germanische Asenkultur sei von der römischen Kirche ausgerottet worden. Überlebende Eingeweihte hätten geheime Runenzeichen hinterlassen, die sich im Fachwerk von Giebelhäusern, in Wappen und Hauszeichen fänden.[59]

Einschätzungen des Faschismus vor 1933

In den 20er- und 30er-Jahren äußerten sich eine Reihe von Anthroposophen zum Faschismus. Steiner selbst sprach bereits 1920 vom »Siegeszug des Hakenkreuzes« und wertete diesen Sieg als Symptom des Niedergangs der europäischen Zivilisation. Das ist ein Passus, den Anthroposophen heute gerne zitieren, um zu belegen, dass ihr Guru ein aufrechter und antifaschistischer Seher war. Allerdings meinte er nicht die NSDAP oder andere völkische Gruppen, sondern die Kommunisten. Anlass bot eine 10.000-Rubel-Note, auf der nach Steiners Darstellung die Swastika abgebildet war; er warnte davor, dass sich der Bolschewismus über Asien ausbreite.[60] Für das Jahr 1933 oder 1934 prophezeite er eine neue Offenbarung und apokalyptische Gefahren. Gestützt auf solches Gerede sprach Rittelmeyer im Januar 1933 vom »Jahr des Heils«. Nach 1945 beschränkten Anthroposophen die Vorhersage auf das Böse, das eingetreten sei. Es ist der alte Trick der Seher: je mehr Vorhersagen, desto wahrscheinlicher, dass eine zutrifft, worauf die Gläubigen die übrigen falschen vergessen.

Für die frühen Aussagen von Anthroposophen über den Faschismus sind drei Aspekte charakteristisch: Erstens befassen sich die meisten mit dem italienischen Faschismus und nicht mit den deutschen Nazis. Sie stufen das italienische Regime als rückwärts gewandt ein, was der Wurzelrassenlehre entspricht, der zufolge »romanische Völker« ihre besten Zeiten hinter sich haben. Zweitens befassen sich die Autoren entweder mit der Person Mussolinis oder mit spirituellen Aspekten, nicht mit konkreter Politik. Und drittens argumentieren die Autoren von einem völkischen Standpunkt aus. Boos bezeichnete den Faschismus 1926 als »cäsarischen Atavismus« und »untermenschlich«, weil nicht spirituell.[61] Rittelmeyer kritisierte einen »romanischen Cäsarismus«[62] und rügte, dass der italienische Faschismus der katholischen Kirche zuliebe den Anthroposophen keine öffentlichen Vorträge erlaube.[63] Der Jura-Professor Ernst von Hippel

(1895–1984) verwarf 1937 eine »rückwärtsgewandte Politik« des Faschismus, der die Größe des alten Rom wiederherstellen wolle.[64]

Der Völkerpsychologe Lauer favorisierte den Faschismus anstelle einer liberalen Demokratie. Die »südlichen Völker« Europas hätten das Bedürfnis nach »hierarchisch-ständischer Stufung der Gesellschaft«, weshalb in Italien »die hier in einer gewissen Zeit übernommene westlich-liberale Staatsschablone wieder abgeschüttelt« und »durch den Faschismus heute aus den innersten Triebkräften des Nationalgeistes heraus ein ständischer Gesellschaftsaufbau wiederhergestellt worden ist (…)«.[65] Von Mussolini waren die Anthroposophen fasziniert: Boos lobte den Diktator als blendendsten Leitartikler unter den Regierungsoberhäuptern und teilte dessen negative Einschätzung der USA.[66] Pfarrer Johannes Hemleben (1899 bis 1984) rühmte Mussolini 1928 als »klar und bestimmt, oftmals überkonturiert, willensstark und zielbewusst«. Der italienische Führer sei »der lebendige Gegenpol zu Wilson«, den die Anthroposophen hassten. Irritiert waren manche, weil Mussolini als Nationalist keine Sympathie für Deutschland hegte. Hemleben erklärte sich die Aversion so: »Im tiefsten Grunde deshalb, weil seine wie an tierisch-menschliche Urinstinkte anschließende Persönlichkeit die deutsche Bewusstheit nicht versteht.«[67] Begeistert vom Duce war auch Walter Johannes Stein, langjähriges Vorstandsmitglied der deutschen *Anthroposophischen Gesellschaft*. Er schrieb: »Italien ist ein national geführtes Volk. Aber sein Leiter, Benito Mussolini, zeigt der Welt zum leuchtenden Vorbild, dass auch ein nationaler Führer weltweit denken, ja, weltweit gedacht, initiativ handeln kann.«[68] Ob Stein damit die Expansionspolitik des faschistischen Italien meinte, geht aus dem Text nicht hervor.

Diese Begeisterung versuchte Arfst Wagner 1991 in den *Flensburger Heften* zu entschuldigen, wenn er zu Hemleben schreibt: »Der Mussolini von 1928 war ein anderer als der von 1934. Seinerzeit bestand keine Beziehung zu den deutschen Nationalsozialisten.«[69] Zwar unterschieden sich deutscher und italienischer Faschismus, vor allem hat die italienische Version nicht den Holocaust verursacht, aber davon ist bei Wagner nicht die Rede. Der Mussolini von 1928 war nicht besser als der von 1934. Die italienischen Faschisten starteten als und blieben wie die deutschen Nazis eine terroristische Mörderbande. Nach ihrer Machtübernahme im Oktober 1922 wurde die linke Opposition verfolgt, ihre Anhänger inhaftiert, gefoltert und ermordet.

Einer der wichtigsten italienischen Anthroposophen, Antonio Massimo Scabeloni (1906–1980), bekannter unter seinem Pseudonym Massimo Scaligero, verfasste Dutzende von antisemitischen und rassistischen Beiträgen für faschistische Zeitungen in Italien. Den Rassismus wertete er

1941 als größte kulturelle Errungenschaft der neuen Zeit.[70] Ein zentrales Anliegen war Scaligero dabei die »Homogenität und Kontinuität der italienischen Rasse« zu betonen. So machte er schon in den italischen Stämmen, die die Römer unterwarfen, »eine Individualität arischen Typs« aus und betonte »die völlige Abwesenheit von semitischer oder gar jüdischer Verunreinigung«.[71]

Scaligero rühmte den Rassismus als eine »über den Nationalismus hinausgehende Tugend (...), denn er strebt danach, durch Übereinstimmung von nationalen Werten und Werten des Geistes eine Universalität hierarchischen Typs zu schaffen, die das römische Ideal des Imperiums und der Kultur zu neuem Leben erweckt«. Der Antisemitismus sei dabei nur eine Episode: »Sobald er durch die Beseitigung des jüdischen Virus und die biologische Wiederherstellung der arischen nationalen Werte überwunden ist, wird die Aktion noch größere Ausmaße annehmen.« Scaligero meinte einen »entscheidenden Kampf (...) gegen die antispirituellen, ausgleichenden, nach Gleichheit strebenden profanen Mächte, gegen die Promiskuität der Werte, gegen den materialistischen Satanskult«.[72] Er propagierte die arische Einheitsfront und den »Kampf gegen das Weltjudentum«.[73] Die Demokratie schmähte Scaligero als »eine Art Infektion, die sich dort leicht ausbreitet, wo die Atmosphäre schon einladend ist dank geeigneter pseudointellektueller, subtil jüdischer Vorbereitung«.[74] Ähnlich wie deutsche Anthroposophen betonte auch Scaligero die Rolle des Geistes. Diesen Geist zu formen bedeute, »die eigentliche Kraft der Rasse hervorzubringen«.[75]

In Platos Biographien-Sammlung wird Scaligero als bedeutender Journalist, dem die Gabe der Dichtung seit seiner Jugend eigen war, verklärt. Über seine journalistische Aktivität während des Faschismus erfährt der Leser nichts.[76]

Die öffentliche Auseinandersetzung der Anthroposophen mit dem Nationalsozialismus in Deutschland setzte spät ein. Rittelmeyer veröffentlichte ab 1931 Artikel und Bücher, in denen er sich implizit mit der NSDAP und ihrer Ideologie auseinander setzte. Nur zwei Notizen, die in der Zeitschrift *Die Christengemeinschaft* publiziert wurden, enthalten eine Distanzierung: Im ersten Text mahnte er, »das fremde Volkstum zu achten« und das Christentum über das »Volkstum« zu stellen.[77] Im zweiten Beitrag sprach er sich gegen die Weihe von Hakenkreuzfahnen aus. Indirekt, mit einem Zitat von Thomas Mann, bezeichnete er die Nazis als Barbaren. Dieser Beitrag ist nicht namentlich gekennzeichnet.[78] Als Manko hielt Rittelmeyer dem NS-Faschimus vor, nicht »geistdurchlichtet« und fanatisch zu sein, was eine typisch slawische Charaktereigenschaft sei. Es zeigt sich schon das Muster, wie Anthroposophen nach 1945 den Nationalsozialismus deuteten, nämlich als undeutsch. Rittelmeyer äußerte 1932 dagegen Verständnis für die Nazis: Ihr Fanatismus entspringe »einem dunklen Gefühl für die deutsche Weltaufgabe, die dann doch geistig nicht verstanden – oder nicht geistig verstanden wird«.[79] Er deutete diesen Fanatismus als falsches Bewusstsein, die Nazis waren für ihn Suchende, Unwissende, Nicht-Eingeweihte. »Fanatisch kann nur werden, wer nicht auf die Stimme des Geistes hört, sondern auf die Stimme des Gefühls, auf das nicht geistdurchlichtete Gefühl. Schon das undeutsche Wort Fanatismus verrät die undeutsche Geistesart.«[80] Zurecht seien die Nazis erbittert über den Versailler Vertrag. Die deutschen Unterzeichner des Friedensvertrages hätten nicht »das innere Recht, im Namen des Deutschtums zu sprechen«, sie waren für Rittelmeyer Verräter.[81]

In sämtlichen Schriften bekräftigte der Autor die spirituelle Auserwähltheit der Deutschen. Sein Ausgangspunkt ist die »Tatsache, dass im Deutschen auf der einen Seite das Streben zum Geist, auf der anderen Seite das Leben im Ich als Charakterart sich uns offenbarte«. Dabei könne der Deutsche auf Abwege geraten, weg vom Geist, hin zum rein individuellen Streben.[82] Der Deutsche müsse »die ihm gestellte Weltaufgabe« lösen, nämlich »Geist und Ich zur Harmonie zu bringen – oder er geht zugrunde. Löst er aber diese ihm gestellte Weltaufgabe, dann hilft er der Menschheit entscheidend an dem Punkt, wo sie heute steht!«[83]

Der Faschismus verherrliche das Ich, kritisierte Rittelmeyer, und das nur in Gestalt des Führers, und binde den Geist zu sehr an das »Rasseblut«.[84] In der Bewertung des Blutes hielt Rittelmeyer gegenüber der NSDAP an der Nuance fest: »Gewiss – alles Höchste ist mit dem Blut verbunden. Aber das Blut selbst wird aus dem Ich, in dem der Geist lebt, verwandelt.« Das Blut sei ein Wahrnehmungsorgan, es nur von der Biologie her aufzufassen, wäre falsch. Es würde zu unabänderlich dargestellt, statt zu begreifen, dass man Blut »erziehen« könne. Der Mensch sei »nicht hoffnungslos dem ererbten Blut verknechtet«, sondern könne am Blut arbeiten, es veredeln, »indem man sein Ich erfüllt mit den Gedanken und Gefühlen hochgearteter Menschen«.[85] Der Nationalsozialismus betone die ewige Existenz und den Kampf zwischen den Rassen. Anthroposophen wollen auch die Seelen jener bekehren, die in so genannten zurückgebliebenen Rassen verkörpert sind. »Geistverwandeltes Blut führt nicht zur Rasse zurück, sondern zur Menschheit empor«, erklärte Rittelmeyer.[86]

Insofern verfehle der Faschismus die deutsche Mission, weil er das göttliche Ich nicht als das beseelende Prinzip aller Materie suche. Die Gefahr bestehe, dass der »allgemein menschliche Geist« nicht mehr gefunden werde.[87] Einerseits trage das »tausendjährig zubereitete Germanenblut (…) die Ich-Anlage in sich«, andererseits brauche der Deutsche auch romanisches und slawisches Blut, um seine Mission zu erfüllen.[88] Die

Faschisten hätten eine falsche Auffassung vom Ich, das Rittelmeyer als göttliches Sonnenwesen begriff. Seine Vorstellung von der europäischen Kulturaufgabe war zwar christlich-mystisch formuliert, aber mit dem NS-Konzept eines deutsch beherrschten Großraums Europa kompatibel: Rittelmeyer träumte von einem Europa, in dem die Deutschen im Zentrum lebten, umgeben von Völkern, in denen Germanenblut fließt. Die führende Rolle der Germanen begründete der Anthroposoph damit, dass diese ihr Blut während der Völkerwanderung unter die übrigen europäischen Völker verteilt und insbesondere die »alten« Völker des Südens damit aufgepäppelt hätten. Um diese germanische Hegemonie durchzusetzen, verlangte er schon 1934 einen »neuen Befreiungskrieg« gegen das »weltbeherrschende Angelsachsentum«.[89]

Die Anthroposophen im NS-Staat

Die Übergabe der politischen Macht an die NSDAP wurde von führenden Anthroposophen in offiziellen Stellungnahmen begrüßt. Der Vorsitzende der *Allgemeinen Anthroposophischen Gesellschaft*, Albert Steffen, wandte sich am 20. Mai 1933 aus dem schweizerischen Dornach in einem Brief an die Gauleiter der NSDAP. Er charakterisierte Steiner als nationalgesinnten Deutschen, der gegen »Kriegsschuldlüge« und Versailler Vertrag gekämpft habe.[90]

Alles Taktik, um das Überleben zu sichern, rechtfertigen Arfst Wagner und Uwe Werner solche Erklärungen.[91] Wagners Behauptung, Steffen sei kein Nationalist gewesen und könne als Schweizer schon gar kein deutscher Nationalist gewesen sein, ist nicht stichhaltig.[92] Einen automatischen Zusammenhang zwischen Staatsbürgerschaft und Gesinnung gibt es nicht und Steffen sah sich primär als Deutscher.[93] Er bestritt wie reichsdeutsche Nationalisten immer wieder eine Kriegsschuld des deutschen Imperialismus und kritisierte den Versailler Vertrag. Uehli, ebenfalls Schweizer, charakterisierte sich und Steffen als »geistig« zu Deutschland gehörig: »Wir waren tief überzeugt von der Mission des deutschen Geistes in der Welt. Das deutsche Volk aber sahen wir der Waffengewalt seiner Feinde erliegen. (...) Die Liebe zum deutschen Geist und seinen Aufgaben für die Menschheit hatte uns nach Deutschland geführt.«[94]

Zwei Wochen nach Steffens Brief erklärte der Sekretär der *Allgemeinen Anthroposophischen Gesellschaft*, Guenther Wachsmuth, gegenüber der dänischen Zeitschrift *Extrabladet* auf die Frage, wie sich die NS-Regierung zur Anthroposophie stelle: »Wir können uns nicht beklagen. Wir sind mit größter Rücksichtnahme behandelt worden und haben für unsere Lehre volle Freiheit zu wirken.« Auf die Nachfrage, wie die Anthroposophen die neue deutsche Regierung einschätzten, sagte Wachsmuth: »Ich äußere mich ungern über Politik. Aber es soll kein Geheimnis sein, dass wir mit Sympathie auf das schauen, was zur Zeit in Deutschland geschieht. (...) Stagnation ist der Tod für alles geistige Leben. Es muss Bewegung da sein, und die mutige und tapfere Weise, wie die Führer des neuen Deutschland sich der Probleme bemächtigen, kann, meiner Meinung nach, nur Bewunderung erzwingen. Es wird sicher etwas Gutes dadurch entstehen.«[95]

Zu diesem Zeitpunkt hatten die Nazis bereits tausende von politischen Gegnern in die Konzentrationslager verschleppt, Andersdenkende gefoltert und ermordet. SPD und Gewerkschaften waren zerschlagen. Die Verfolgung der Kommunistischen Partei wird Anthroposophen besonders gefallen haben, betrachteten sie doch den Bolschewismus als teuflischen Hauptfeind oder, wie Marie Steiner, als Instrument einer Verschwörung jüdischer Untermenschen. Die Anthroposophen wurden von den Nazis zunächst gut behandelt, wie Wachsmuth in dem Interview lobte. Er selbst konnte eine Vortragsreihe in Deutschland absolvieren, anthroposophische Künstler traten auf und die Eurythmie-Gruppe aus Dornach gastierte in München. Der *N. S. Kurier Stuttgart* berichtete über einen Auftritt des Sprechchors in der Stadt und lobte schlichte Gebärde und schönes Sprechen. Sogar der *Völkische Beobachter* lobte die Künstlertruppe und betonte Gemeinsamkeiten: Der Gastauftritt wurde als Beitrag gegen einen Materialismus gewürdigt, der alle Kunstbegriffe aufgelöst habe. Der Chor sei besonders gut geeignet, »um dichterisches Seelengut ans Volk heran und in es hineinzutragen«.[96]

»Die Zeichen der Zeit deuten darauf, dass das Deutschtum einen Schritt vorwärts tun will in seinem Eigenbewusstsein«, würdigte Robert Goebel (1900–1983), Funktionär der Christengemeinschaft, im April 1933 den Nationalsozialismus.[97] Karutz schrieb 1934, das Hakenkreuz stehe im Dritten Reich »an seinem richtigen Platz« wegen Deutschlands geistiger Sendung gegen den Materialismus.[98] Rittelmeyer lobte die Olympischen Spiele von 1936 als dem »Geist der Zeit« gemäß, der ein »Heldentum in freier Willensanstrengung« beinhalte. Die germanische Weltmission sei »der Mensch, der Geist, das Ich«.[99] Der Jura-Professor von Hippel feierte die »nationale Revolution« als Verbündete im Kampf gegen »undeutsche« Elemente wie Liberalismus, Rationalismus und römische Rechtslehre.[100] Atheismus und Agnostizismus hätten zur »Preisgabe aller Ordnungen« geführt. Der positivistische Wissenschaftsbegriff und das »liberale Moment der freien Meinungsäußerung« besäßen einen »ordnungszersetzenden Charakter« und eine »staatsauflösende Tendenz«, hetzte Hippel.[101]

Wenn es um Differenzen in weltanschaulichen Grundsatzfragen ging, konnten Anthroposophen im Dritten Reich durchaus offen sein, ob in Gesprächen mit Behörden oder in ihren Zeitschriften und Büchern. Keineswegs finden sich bloß NS-kompatible Auslassungen, die den Schluss zuließen, die Anthroposophen hätten sich ideologisch angebiedert (persönlich taten es einige, wie wir noch sehen werden). So schrieb Hippel wie Rittelmeyer, dass er die Nazis für nicht »geistdurchleuchtet« hielt. Der Professor fand, die Nazis handelten zwar korrekt, aber aus dem Bauch heraus. So hätten die Nazis das »Judentum« mit »äußeren Machtmitteln« überwunden, ohne zu wissen warum. Hippel hielt ihnen vor, »unbewusst« zu agieren. Den Nazis fehle der richtige »Geistbegriff, von dem aus allein die harten Maßnahmen sich rechtfertigen lassen«. Die »Neueinordnung« der Universität könne aber nur gelingen, wenn sie einem »geistigen Weltbegriff« entspreche, der »keineswegs verwirklicht« sei, aber als ein »angestrebter auch den politischen Ereignissen erst wahren Sinn verleiht«.[102] In Hippels Perspektive mutiert die NSDAP zum noch unbewussten Erfüllungsgehilfen; ihre besondere »Geist«-Mission ahnten die tumben Faschisten nur, so lange sie sich nicht von der Anthroposophie erleuchten ließen.

Allerdings war der Professor nicht so vergeistigt, dass er darüber ständische Interessen vergaß. Gemäß dem Konzept der Dreigliederung verlangte er völlige Autonomie der Universitäten gegenüber dem Staat. Die Unterwerfung der Wissenschaft unter die Politik laufe »dem deutschen Geistbegriff und einer germanischen Staatsauffassung ganz zuwider, die auf dem Grundgedanken der organischen Gliederung beruht«.[103] Dozenten seien »Hüter des Wortes und Sucher der Wahrheit« und übten als organisches Glied selber »eine staatliche Funktion« aus; sie dürfen deshalb »dem politischen Tun nicht untergeordnet werden«. Damit zielte Hippel auf die Studenten. Sie hätten sich unterzuordnen, weil sie Lehrlinge seien, und sprach ihnen das Recht ab, zur Hochschulpolitik oder zur Arbeit einzelner Dozenten Stellung zu nehmen.[104] Dies sei »völlig unvereinbar mit dem Gedanken ständischen Aufbaus und eines autoritären Staates, der Disziplin fordert und Unterordnung unter die, welche von einer Sache etwas verstehen«.[105] Anthroposophische Dreigliederung bedeutet, das machen Hippels Ausführungen deutlich, ständische Elite-Herrschaft.

Hippel positionierte sich im Streit um die Hochschule an der Seite des NS-Pädagogen Ernst Krieck, der ebenfalls für Autonomie und Professionalität eintrat. Auf der Gegenseite standen die von der SA gestützte NS-Studentenorganisation und Professoren wie Heidegger. Sie forderten, die akademische Freiheit aufzuheben, die Universität nach dem Führer-Gefolgschaft-Prinzip umzugestalten und mehr Einfluss für NS-Studenten und SA.[106]

Das Verbot der Anthroposophischen Gesellschaft 1935

Die Haltung der Nazis gegenüber der Anthroposophie und anderen Gruppen aus dem völkisch-esoterischen Spektrum war nicht einheitlich. Hitlers Stellvertreter Rudolf Hess (1894–1987), Landwirtschaftsminister Richard Walter Darré (1895–1953) und der SS-Mann Otto Ohlendorff (1907–1951) sympathisierten mit anthroposophischen Projekten, obwohl sie die Weltanschauung ablehnten. Andere wie Martin Bormann (1900–1945), Reichsleiter im Amt Hess, oder der baden-württembergische Ministerpräsident Christian Mergenthaler (1884–1980) bekämpften auch Waldorfschulen und biodynamische Landwirtschaft. Rivalitäten zwischen NS-Fraktionen und ökonomische Interessen spielten eine Rolle.[107] Die Chemiekonzerne bedrängten Darré mit Negativ-Gutachten zur biologisch-dynamischen Landwirtschaft. Die Anthroposophen ihrerseits betrieben Lobby-Politik, betonten Gemeinsamkeiten und nutzten persönliche Kontakte. Es gab eine Reihe von Nazis in der *Anthroposophischen Gesellschaft*, einige Sympathisanten und einige führende Personen, die zur Kollaboration bereit waren.[108]

Zwar bemüht sich Werner (1999), entsprechende Äußerungen als Verteidigungsmaßnahme zu entschuldigen. Er schreibt mit Bezug auf einen Brief Poppelbaums vom Juni 1934 an Himmler, solche Eingaben seien »insofern einseitig zusammengestellt, als sie die Aspekte der Anthroposophie, die nicht mit dem Weltbild des NS übereinstimmten, unterdrückten. So waren sie in letzter Instanz unaufrichtig, wenngleich die Verfasser an die Richtigkeit ihrer Darstellung zu glauben schienen.«[109] Werner bewertet die Aussagen einerseits als einseitig und unwahr, räumt andererseits aber ein, dass die Verfasser es nicht taten, also selbst eine gewisse Nähe zum Nationalsozialismus einnahmen.

Bezeichnend ist eine Besprechung Poppelbaums mit dem Gauschulungsleiter von Hamburg Ende 1935, die Werner zitiert. Auf die Frage nach dem Inhalt der Anthroposophie antwortete der Vorsitzende der deutschen Sektion demnach: »Sie lehrt eine vertiefte Auffassung des deutschen Wesens und der geschichtlichen Sendung des deutschen Volkes innerhalb der Menschheit. Nach Rudolf Steiner ist es die deutsche Aufgabe, das Wesen des Ewigen im Menschen (sein unegoistisches Ich) beispielhaft darzulegen, während andere Völker andere Seiten des Gesamtwesens des Menschen vorzugsweise verwirklichen und ausbilden.« Zum Thema Blut und Rasse äußerte Poppelbaum: »Es wäre töricht, die Bedeutung der Vererbung für das Leben leugnen zu wollen. (...) In langen Zeiten vor der Geburt bereitet das Ich seine Inkarnation selbst vor und wählt sein Schicksal. (...) Um bloße Naturgesetze, wie die heutige Vererbungslehre meint, handelt es sich dabei allerdings nicht. Ein wesentlicher Teil im Menschen unterliegt nicht den Naturgesetzen, weil er ewig ist (...).«[110] Beide Antworten stimmen mit der Anthroposophie überein, Poppelbaum verleugnete die Differenz bezüglich der Rassenlehre nicht.

Die Gestapo sammelte Material und überwachte Anthroposophen. Mit Schreiben vom 1. November 1935 löste Reinhard Heydrich als Chef der Sicherheitspolizei die deutsche *Anthroposophische Gesellschaft* auf. Die Gesellschaft sei »international eingestellt« und stehe in Kontakt zu ausländischen Freimaurern, Juden und Pazifisten, die Waldorfschulen pflegten eine »individualistische« Erziehung.[111] Der Vorstand der internationalen Organisation, Steffen, Wachsmuth und Marie Steiner, wandte sich daraufhin am 17. November an Hitler persönlich. Sie protestierten in ihrem Brief gegen die »völlig ungerechtfertigte Diskriminierung einer in wertvollster Weise für das Deutschtum eintretenden Gesellschaft«. Die arische Abstammung Steiners sei vom Rassepolitischen Amt in Berlin ausdrücklich bestätigt worden und »irgendwelche Beziehungen oder auch nur Berührungspunkte« zu freimaurerischen, jüdischen oder pazifistischen Kreisen hätten nicht existiert.[112]

Diese Intervention nutzte nichts, das Verbot blieb bestehen. Rittelmeyer gelang es hingegen, das Verbot der *Christengemeinschaft* rückgängig zu machen. Er hatte im Januar 1934 erklärt: »Die Christengemeinschaft anerkennt den nationalsozialistischen Staat. Sie glaubt ihm den besten Dienst zu tun, wenn sie das Religiös-Christliche in möglichster Reinheit und Stärke pflegt.«[113] Das württembergische Politische Landespolizeiamt bat die Berliner Gestapo am 4. Februar 1936, von Zwangsmaßnahmen gegen die *Christengemeinschaft* abzusehen. Begründet wurde dies mit Verweis auf Rittelmeyer, der als »sittlich hochstehende Persönlichkeit« eingeschätzt wurde, dem politische Bestrebungen fern lägen.[114]

Die Anthroposophen verloren ihre zentrale Organisation, von einer generellen Verfolgung konnte jedoch nicht die Rede sein. Kein Anthroposoph wurde wegen seiner Weltanschauung misshandelt oder getötet. Soweit bisher bekannt ist, leistete auch keiner Widerstand. Der Anthroposoph Uwe Werner hat das sehr treffend zum Ausdruck gebracht, in dem er die *Christengemeinschaft* mit den Zeugen Jehovas vergleicht: Diese Religionsgemeinschaft sei ab 1933 grausam verfolgt worden, von 20.000 Bibelforschern, wie sie damals genannt wurden, seien im Lauf der Zeit 10.000 verhaftet worden, etwa 800 von ihnen wurden ermordet. »Wenn es eine Religionsgemeinschaft gab, die als Ganzes dem NS-Regime Widerstand leistete, so waren es die Zeugen Jehovas. Es wog aber noch schwerer, dass sie dies mit konsequentem Bekennermut öffentlich vertraten«, schreibt Werner. Dagegen habe die *Christengemeinschaft* jeden Protest bewusst unterlassen, um ihr Gemeindeleben zu bewahren.[115]

Anthroposophen publizierten weiter Zeitschriften und Bücher und unterlagen keinem Berufsverbot. Karutz und Poppelbaum wurden von der *Reichskulturkammer* auf ihre politische Zuverlässigkeit und rassische Abstammung überprüft und bekamen die Mitgliedschaft im *Reichsverband Deutscher Schriftsteller* erteilt. Die *Reichskulturkammer* unter dem Vorsitz von Propagandaminister Josef Goebbels selektierte vor allem jüdische Kulturschaffende aus und verhängte Berufsverbote über politisch missliebige Personen. Karutz stufte sich in dem Fragebogen als konservativ und deutschnational ein, Poppelbaum benannte als Bürgen das NSDAP-Mitglied Hans Rascher aus München.[116] Rascher war Arzt für Naturheilkunde, seit 1908 Mitglied der *Theosophischen*, später der *Anthroposophischen Gesellschaft* und trat 1931 der NSDAP bei. Im Auftrag des Münchner SD fungierte er als Verbindungsmann zwischen NSDAP und Anthroposophie.[117]

Akademiker wie Ernst von Hippel setzten ihre Karriere im NS-Staat fort, Projekte und Einrichtungen bestanden weiter, Rittelmeyer startete noch 1938 eine Vortragsreise durch mehrere deutsche Städte. Die *Christengemeinschaft* veranstaltete jedes Jahr eine Sommertagung, im Juli 1939 nahmen daran knapp 2000 Menschen teil.[118] Als die bayerische Polizei die Eurythmieschulen auflösen wollte, erhob die Münchner Gestapo im Januar 1937 Einspruch: Die Eurythmieschulen würden von der Reichstheaterkammer »eingehend überwacht«. Eine »Gefahr für die staatliche Sicherheit« konnte die Gestapo nicht erkennen.[119] In München wollten sich die Reichstheaterkammer und die Generalintendanz der bayerischen Staatstheater das Gebäude des Eurythmie-Vereins in der Leopoldstraße unter den Nagel reißen und beantragten im Reichsinnenministerium, den Eurythmie-Verein als staatsfeindlich einzustufen. Auch in diesem Fall handelte es sich also nicht um politische Verfolgung. Die Anthroposophen wehrten sich mit Erfolg, die Beschlagnahme des Anwesens wurde rückgängig gemacht.[120]

Völkischer Glaubensstreit: Wotan oder Germanen-Christus

Während der NS-Zeit setzten die Anthroposophen ihren Disput mit der völkischen Konkurrenz über die wahre deutsche Religion fort. Sie vertraten gegenüber den Kirchen, den protestantischen und nazistischen *Deutschen Christen* sowie heidnischen Gruppen wie der *Deutschen Glaubensbewegung* oder den Anhängern Erich und Mathilde Ludendorffs ein kämpferisches germanisches Christentum.[121] Aus dieser Perspektive kritisierten die Anthroposophen vor allem die neuheidnische Nazifraktion, die *Deutsche Glaubensbewegung*, die das wahre esoterische Christentum verkennen würde.[122]

Im Unterschied zu anderen völkischen Gruppen sollte der neue Germanen-Jesus der Heiland für alle Menschen werden, wie auch der Begriff der Mission anzeigt.[123] Ausführlich beschrieb Rittelmeyer 1936 das anthroposophische Christus-Bild: Die »eigentliche germanische Art des Christentums« suche das Christuserlebnis »in dem großen Gegensatz Tod und Leben«, nicht bloß in Sünde und Gnade. Nachdem der Materialismus überwunden sei, formulierte Rittelmeyer und bezog sich damit implizit positiv auf das NS-Regime, stelle sich der germanische Geist jetzt wieder, wie früher mit Baldur und Siegfried, der Frage des Todes und müsse »für alle Völker der Erde« eine neue Gestalt des Christentums finden.[124] Rittelmeyer predigte ein »lebenserobberndes« Christentum.[125] Der wahre Christus sei ein Held, einer, »der im Kampf um ein Höheres als sein eigenes Leben den Tod nicht fürchtet«.[126] Diesen heroischen Christus feierte der Erzoberlenker als Schöpfer des neuen »Lichtmenschen« und Wegbereiter einer »echten Naturreligion«.[127]

Die Züge des Heilands seien bislang »ins Weiche entstellt worden«, woran jüdischer Geist schuld sei: »Heute ist die Stunde da, wo wirklich im Christentum all das noch in ihm lebende Judentum überwunden werden muss. Die Zeichen der Zeit fordern es gebieterisch.«[128] Rittelmeyer meinte den Sühnegedanken und die »Katechismusmoral der Zehn-Gebote-Ethik«. Steiner habe gezeigt, schrieb Rittelmeyer, »dass alles Sein auf tausendfältig verschiedenen Opfern ruht, dass sich die Rangordnung der höheren Wesen bis hoch hinauf zum Urvater alles Seins nach dem Grad bestimmt, in dem sie zu opfern vermögen (...).«[129] In solchen Plädoyers gegen jüdische Ethik und für ein heroisches Christentum schwingt jenes Motiv des Übermenschen mit, das Steiner einst aus dem Werk Nietzsches übernommen hatte.

Rittelmeyer forderte, das Christentum zu germanisieren: »Wer seine Augen offen hat, kann sehen, dass im Christentum heute noch alle drei anderen großen Religionen ihr Wesen treiben, nicht nur das Judentum, auch der Buddhismus, auch der Muhammedanismus. Und eine große Reinigungstat wäre nötig, für die vielleicht gerade die Germanen beste Eigenschaften mitbringen. Eine große Reinigungstat, durch die das Christentum sich selbst gegeben wird; durch die es zu einer neuen höheren Stufe seiner Entwicklung empor geführt wird.«[130] Die Germanen seien aufgrund ihrer »Liebe zum Erdenkampf« auch auf den »Schlachtfeldern des Geistes« prädestiniert für die »Reinigung«. Rittelmeyer forderte »in dieser Stunde« Heldenhaftigkeit, Geistigkeit, Innerlichkeit gegen Materialismus, Intellektualismus und Egoismus, drei Eigenschaften, die er als jüdisch qualifiziert hatte.[131]

Der gemeinsame Feind: Juden und Bolschewisten

Die Anthroposophen begrüßten wie die christlichen Kirchen, dass die NSDAP kommunistische Organisationen zerschlug. Das nächste Ziel war die Zerstörung der Sowjetunion, wobei Anthroposophen und Nazis das Bild vom jüdisch-bolschewistischen Untermenschen teilten.[132] Rittelmeyer sprach von einem System, das von Dämonen beherrscht werde. Der Bolschewismus wolle »den Leib, aber nicht den Geist«, »das Fleisch, mit seinen elementaren Trieben und Begierden«. Deshalb sei der Kampf gegen den Bolschewismus »der Kampf des Jahrhunderts, der letzte und tiefste Kampf. Alles andere sind Vorfeldkämpfe.«[133] Rittelmeyer prophezeite den Endsieg des Abendlandes durch den »Geistesmenschen der Zukunft« über das Morgenland.[134] Für diesen Kampf boten Anthroposophen ihre Lehre als spirituelles Rüstzeug an.

In der Zeitschrift der *Christengemeinschaft* wurde regelmäßig über die »Weltgefahr des Bolschewismus« berichtet, in erster Linie über atheistische Maßnahmen in der Sowjetunion oder in der spanischen Republik. Den Gipfel der Berichterstattung stellt ein Bericht von Hermann Heisler über die NS-Propagandaveranstaltung »Antibolschewistische Schau« in München dar.[135] Ihn beeindruckte die Fülle des Materials und ihre systematische Anordnung, »eine furchtbare Anklage gegen den Bolschewismus, dessen Untermenschentum unverhüllt vor einem steht«. Heisler sah niederste Instinkte, tierische Regungen und »Ausgeburten einer perversen, teuflisch gewordenen Phantasie« am Werk. Bezeichnend für diese Hetze ist, dass er nicht etwa auf Säuberungen und Mordprozesse in der Sowjetunion Bezug nimmt, sondern das Stereotyp vom bolschewistischen Untermenschen beschwört. In Fotos von Angehörigen der ungarischen Räteregierung (1919) und der Regierung der spanischen Republik entdeckte der Anthroposoph »verkörpertes untermenschliches Wollen«. Heisler betonte, Steiner habe es »schon 1918 als heilige Pflicht der ›Sieger‹ bezeichnet, den Bolschewismus zu vernichten«.

Zwar sei der Bolschewismus »nicht mehr mit geistigen Mitteln allein (zu) beseitigen«, meinte er, aber ein Vernichtungsfeldzug müsse durch wahres Christentum, also Anthroposophie, fundiert sein.[136] Rechtsprofessor Hippel sah seine Aufgabe darin, diesen Kampf, »welchen Deutschland heute dem Bolschewismus angesagt hat, wissenschaftlich zu unterstützen«. Auch er ging in seiner Hetzschrift von 1937 mit keinem Wort auf die sowjetischen Verhältnisse ein, sondern verdammte das System als Ausgeburt des Westens: Die »moralische Krankheit des Bolschewismus« bestehe in der »Verwirrung des wahren Verhältnisses von Geist, Seele und Leib«. Der Bolschewismus wolle »dem Leibmenschen« die »Leitung«

überlassen, der »aus den untersinnlichen Kräften des Bösen (lebt), die sich der niederen Natur des Menschen bedienen«.[137] Der Bolschewismus diene »dem Gott der Materie, dessen Symbol die Maschine ist«, weshalb in den sowjetischen Schulen materialistische Naturwissenschaften gelehrt würden und ein »amerikanischer Sportbetrieb« herrsche.[138] Die Sowjetunion war für Hippel »Reich und Kirche des Antichrist«, die »Macht des Bösen«, die Menschen zu Dienern Ahrimans mache.[139] Ähnlich wie Heisler diente Hippel den Nazis die Anthroposophie als geistige Grundlage für den Kampf gegen die Sowjetunion an.[140]

Hippel hatte auch das Gesetz zur Wiederherstellung des Berufsbeamtentums vom 7. April 1933 gelobt, mit dem die Nazis jüdische Dozenten aus den Universitäten vertrieben: »Vielleicht deutlicher noch als Worte bringt dazu die bisher einschneidenste Maßnahme der Hochschulpolitik, die Entfernung der ›Juden‹ von der Universität, die Ablehnung des alten Wissenschaftsgeistes zum Ausdruck. Sollte doch durch sie der typische Vertreter des bisherigen Denkens und damit dieses selber in seiner personellen Verleiblichung getroffen werden.«[141] Hippel unterstützte die Säuberung und rechtfertigte sie aus anthroposophischer Sicht: »Und tatsächlich fand sich hier [bei den jüdischen Dozenten, P. B.] in auffallender Weise das rationale Vermögen einer alten Rasse in jener vegetationslosen und wüstenhaften Strenge, die keinen geistigen Inhalt mehr zu kennen scheint.«[142] Er führte das Stereotyp vom naiven, seelentiefen Deutschen an, den der zersetzende jüdische Verstand bedrohe: »Dem vielfach unbeholfenen Tasten der deutschen Seele nach dem konkret Geistigen trat die abstrakte und glaubensentbundene Ratio des Judentums auflösend entgegen.« Die atheistische Ratio zeuge von einer »inneren Wandlungsunfähigkeit der überalterten Rasse.«[143]

Die Waldorfschulen in der NS-Zeit

In Deutschland existierten 1933 acht Waldorfschulen, die von etwa 3200 Kindern besucht wurden.[144] Davon gingen rund 1000 in die Stuttgarter »Mutterschule«. Die Lehrerkollegien waren gespalten, weil seit Jahren in der anthroposophischen Bewegung ein heftiger Streit über die Verbandsstrukturen tobte, der dazu führte, dass sich die englische und niederländische Sektion sowie ein beträchtlicher Teil der Mitglieder in Deutschland abspalteten.[145] In einer Phase, in der das NS-Regime viele Verbände und Vereine auflöste, gründeten die Waldorf-Pädagogen am 10. Mai 1933 in Berlin den *Reichsverband der Waldorfschulen* (ab Herbst des Jahres *Bund der Waldorfschulen*) und traten korporativ dem *Nationalsozialistischen*

Lehrerbund (NSLB) bei. Uehli verfasste eine Denkschrift über die Waldorfschule, in der er deren deutschen Charakter betonte, allerdings keine ideologischen Zugeständnisse machte.[146] Paul Baumann (1887–1964), seit 1935 Leiter der Stuttgarter Schule, veröffentlichte im Juni einen Beitrag in der Monatsschrift *Nationalsozialistische Erziehung*, in dem er schrieb: »Vieles, was heute durch den Nationalsozialismus in bedeutsamen Worten von dem Führer Adolf Hitler und seinen Mitstreitern gesprochen wird, das lebte seit mehr als einem Jahrzehnt in diesen Schulen, oft gegen den Strom der öffentlichen Meinung.«[147] René Maikowski (1900–1992) und Mathilde Hoyer (1890–1958) erklärten im September 1933 für die Waldorfschule Hannover: »Die Lehrerschaft steht voll auf dem Boden des nationalsozialistischen Staates. Der Geist, in dem die Waldorfschule gegründet und stets geleitet wurde, lehnte bei ihrer Gründung den Marxismus in jeder Form und bis in alle Konsequenzen ab. Die Waldorfschulpädagogik macht es sich zur Aufgabe, die materialistische Denkweise durch eine geistdurchdrungene Stoffgestaltung und religiöse Grundhaltung zu überwinden.«[148]

Die Waldorf-Zeitschrift *Erziehungskunst* veröffentlichte Artikel, in denen Gemeinsamkeiten und Differenzen zur NSDAP zum Ausdruck kamen. So pochten die Autoren wieder einmal auf den Vorrang des Geistes für die Mission der Deutschen, betonten gleichzeitig aber, dass sie gerade aus der Tradition des deutschen Idealismus heraus Intellektualismus und Materialismus überwinden wollten.[149] Uehli pries den pädagogischen Wert germanischer Sagenstoffe für die Oberstufe: In der 10. Klasse werde das Nibelungenlied gründlich behandelt, weil die Schüler »in die Weltbilder des eigenen Volkstums untertauchen sollen«.[150] Karutz beschwor »den im Volksgeist wesenden Genius der Sprache« und polemisierte gegen Fremdwörter wie Medizin.[151] Eine sorgfältig gepflegte deutsche Sprache werde dafür sorgen, dass »Liebe und Treue zu Rasse und Volk, Blut und Heimat, in die unser höheres Ich, unser geistiger Führer, uns gesandt hat«, wachsen.[152] Karutz machte einmal mehr den Unterschied zwischen biologistischem und idealistischem Rassismus, zwischen NS-Ideologie und Anthroposophie, deutlich. Er schrieb, die »unbewusste Blutgebundenheit« vergangener Zeiten an Familie und Sippe löse sich auf. Dieses naturhafte Verhältnis solle ersetzt werden: »In Zukunft muss ein bewusstes Bekenntnis zu Sippe und Volk sein, aus der Einsicht heraus, dass sie eine gewollte Schicksalsgemeinschaft, eine gewollte Lebensmöglichkeit für die Seele bedeuten.«[153]

Der württembergische Ministerpräsident Mergenthaler kündigt Baumann 1934 an, die Stuttgarter Einrichtung auflösen zu wollen. Die »nichtarischen« Lehrer mussten die Schule verlassen, der Waldorfverein ließ sich gleichschalten und übernahm das Führerprinzip, Neuaufnahmen in die erste Klasse wurden verboten.[154] Maikowski und Elisabeth Klein (1901–1983) von der Dresdner Schule betrieben dagegen intensive und erfolgreiche Lobbyarbeit.[155] Sie knüpften Kontakte zu hohen Nazis. Darunter war Alfred Bäumler (1887–1968), Mitglied der SS und führender Nazi-Pädagoge im Amt Rosenberg, der 1933 die Bücherverbrennung in Berlin mit einer Rede eingeleitet hatte.[156] Der zweite Fürsprecher war Otto Ohlendorff vom Sicherheitsdienst der SS, später Leiter der Einsatzgruppe D, verantwortlich für rund 90.000 Morde.[157] Der Joker aus anthroposophischer Sicht waren Rudolf Hess und drei seiner Mitarbeiter.[158] Hess war als Vegetarier und Anhänger der Homöopathie und des biologisch-dynamischen Anbaus bekannt. Der Gartenbauarchitekt Alwin Seifert, der die Reichsautobahnen gestaltete, vermittelte Klein und Erhard Bartsch vom Reichsverband für biologisch-dynamische Wirtschaftsweise die Kontakte zu Hess.[159]

Maikowski schrieb Briefe an die Gestapo, an Goebbels, Hitler und Hess, in denen er Anthroposophie und Waldorfpädagogik als Beitrag im gemeinsamen Kampf gegen westlichen Intellektualismus und bolschewistischen Materialismus charakterisierte.[160] Diese Haltung führe dazu, dass »die Juden nur geringes Verständnis für die Waldorfschulen zeigen«, schrieb Maikowski im Namen des *Bundes der Waldorfschulen* an Hess.[161] Waldorfpädagogik diene der Pflege »völkischer Eigenart« und erziehe zur Volksgemeinschaft. René Maikowski verwies auch auf seinen Bruder, den NS-Märtyrer Hans Maikowski, der am 30. Januar 1933 in Berlin als Führer des SA-Sturmes 33 während des Fackelzuges erschossen worden war. Der »rote Hahn« des SA-Mordsturmes 33, einst Waldorfschüler in Stuttgart, wurde von der Naziführung mit einem Staatsbegräbnis geehrt, weil ihn angeblich Kommunisten ermordet hatten, die Gestapo ermittelte später Zeugen, die behaupteten, der Täter sei ein SA-Mann gewesen.[162] In der Stuttgarter Waldorfschule hing sogar ein Bild des Nazihelden in der Eingangshalle.[163] Klein rechtfertigte den Brief an Hitler nach dem Krieg als taktische Maßnahme, weil »viele Mitglieder der Partei, die eigentlich nur national eingestellt waren und auf Taten Hitlers im Saargebiet und Ruhrgebiet hofften, irrtümlich in diese Bewegung hineingeraten waren, (…) die aber nicht fanatisch waren, sondern eher Idealisten und für viele Fragen aufgeschlossen«.[164]

Die Waldorfpädagogen erreichten Teilerfolge. Im Beisein von Klein und Maikowski wurde im Juni 1934 im Reichserziehungsministerium ein Erlass angefertigt, der die württembergische Regierung anwies, die gesperrte erste Klasse der Waldorfschule wieder zu genehmigen.[165] Der Druck, den einige Nazis und Behörden ausübten, blieb. Ein geheimer Bericht des Sicherheitsdienstes der SS bemängelte im Juni 1936 eine »verweichlichende Erziehung« an den Waldorfschulen.[166] Inspektoren des NSLB überprüften 1936 und 1937 die Schulen in Kassel, Hannover, Hamburg-Wandsbek und Dresden. Sie lobten den Gemeinschaftssinn, bemängelten aber, dass in den Schulen Bilder des falschen Führers, nämlich Steiners statt Hitlers, hingen. Die Inspektoren kritisierten ein weichlich-weibliches Erziehungsprogramm, weil »große Jungen« Strümpfe stricken müssten.[167] Bäumler gelangte in einem Gutachten zu dem Ergebnis, dass die Anthroposophie »eines der konsequent antibiologischen Systeme« sei, den Spiritualismus wertete er als Schwärmerei. Dennoch lobte er die Waldorfpädagogik als ersten Versuch, »das überkommene Schulsystem der Aufklärung mit seinem Intellektualismus« zu überwinden. Steiner habe den Plan einer Schule entworfen, »der nicht vom Verstande und verstandesmäßiger Aufklärung her aufgebaut sei, sondern von Gefühl, Phantasie und Willen her«.[168]

Das Angebot der Behörden, einige Waldorfschulen als Versuchsschulen fortzuführen, schuf eine Konkurrenzsituation und sorgte für Streit.[169] Der Anthroposoph Norbert Deuchert schreibt, die Auseinandersetzung zwischen den »Stuttgartern« und den Anhängern Maikowskis und Kleins habe sich um das Ausmaß der Kompromisse gedreht. Die Stuttgarter Gruppe habe auf den Prinzipien Steiners insistiert, während Maikowski Konzessionen machen wollte, um »gestaltend mitbauen zu können an der Entwicklung des geistigen Lebens in Deutschland«.[170] Dabei pochten manche Anthroposophen auf ihren Anspruch, die Erleuchteten zu sein und den wahren spirituellen Weg zu kennen. So schrieb Hugo Reimann 1937: »Bekundet sich schon in den Gegenwartsbestrebungen völkischer Erziehung in Deutschland eine Abkehr vom Materialismus, so muss beachtet werden, dass solch eine Erziehung ihren wahren Sinn erhält durch den Hinweis auf das Wesen und die eigentliche höhere Aufgabe Deutschlands.«[171]

Reichserziehungsminister Bernhard Rust (1883–1845) erließ im März 1936 eine Anordnung, dass die Waldorfschulen keine neuen Schüler mehr aufnehmen durften. Am 13. März 1938 entzog Mergenthaler der Stuttgarter Schule die Zulassung.[172] Die Schulen in Berlin, Altona, Breslau und Kassel lösten sich unter dem Druck der Behörden bis 1939 selbst auf. Im April hob Rust die Schüleraufnahmesperre für die Schulen in Wandsbek und Dresden wieder auf, mit der Perspektive, sie in staatliche Versuchsschulen umzuwandeln.[173]

Kollaboration und Anpassung – Die biologisch-dynamische Landwirtschaft

Ähnlich wie Klein und Maikowski setzte die Führung des Verbandes der biologisch-dynamischen Landwirte und Gärtner auf Lobbyarbeit und Kooperation. Eberhard Bartsch und andere priesen die Wirtschaftsweise, nach der etwa 1000 Betriebe produzierten, als Methode, um Deutschland autark zu machen. Systematisch wurden Vertreter von Regierung und Partei eingeladen, auf Bartschs Erbhof gab es ein »Besucherdefilee hochrangiger Partei- und SS-Chargen«, schreiben Wolfgang Jacobeit und Christoph Kopke in ihrer Studie.[174] Darré besuchte im Dezember 1937 den Erbhof Marienhöhe und rühmte dessen Leistung »im Kampfe um die Nahrungsmittelfreiheit des deutschen Volkes«, wie die anthroposophische Zeitschrift *Demeter* berichtete.[175] Und während der *Völkische Beobachter* den Bauernhof noch 1940 lobte, schimpfte Heydrich in einem Schreiben an den Landwirtschaftsminister, die »Sonderlehre« Anthroposophie sei ein »gefährlicher Faktor orientalischer Zersetzung der germanischen völkischen Art«.[176]

Hess veranlasste, dass das Rudolf-Hess-Krankenhaus in Dresden mit Demeter-Gemüse beliefert wurde.[177] Ilse Hess bestellte biodynamische Kartoffeln für Hitler: »Sehr gerne aber würde ich dem Führer einmal, wenn er hier ist, eine Schale solcher Kartoffeln vorsetzen, um den Vortrag, den mein Mann ihm an sich über diese Wirtschaftsweise halten will, kräftigst zu unterstreichen.«[178] Reichsinnenminister Wilhelm Frick (1877–1946) ließ sein Gut am Starnberger See mit Hilfe des Verbandes biologisch-dynamisch bewirtschaften.[179] Nach der biodynamischen Methode wurde für die Olympischen Spiele ab Herbst 1935 auch die Grasnarbe des Berliner Reichssportfeldes bearbeitet.[180]

Nachdem der thüringische Wirtschaftsminister Willy Marschler im November 1933 jede öffentliche Werbung und Tätigkeit für die biodynamische Wirtschaft verboten hatte, sorgten Hess und Darré dafür, dass solche Attacken unterblieben. Auf Bitte von Hess setzte sich auch Himmler 1935 dafür ein, dass die Versuchsgüter und der Reichsverband der Biodynamiker erhalten blieben. Der *Reichsverband für biologisch-dynamische Wirtschaftsweise* übernahm Arierparagraf und Führerprinzip und wurde über die *Deutsche Gesellschaft für Lebensreform* Mitglied im *Reichsnährstand*, der dem Landwirtschaftsminister unterstand.

Insbesondere Bartsch und Franz Dreidax (1892–1964) versuchten, den Nazis die Biodynamik als nützlich anzupreisen. Dreidax referierte im Juli 1938 auf einer Fachtagung des Hauptamtes für Volksgesundheit, an der Reichsärzteführer Gerhard Wagner (1888–1939) und Julius Streicher (1885–1946), der große Förderer der Naturheilkunde, teilnahmen. Im *Deutschen Ärzteblatt* wurde der Vortrag von Dreidax ausführlich wiedergegeben, weil »gerade dieser geeignet ist, den Geist zu kennzeichnen, in dem die Ausrichtung (der Tagung, PB) erfolgte«.[181] Nachdem Streicher am ersten Tag gegen die Juden gehetzt hatte, warnte der Anthroposoph am letzten Tag vor einem »Raum ohne Volk in einem Volk ohne Raum«, wie der Verfasser des Berichtes schreibt. Dreidax klagte, dass Bauern aus dem Gebirge und in Grenzgebieten ihre Höfe aufgeben, weil sie nicht mehr rentabel seien. Dadurch würden die »Kampfzonen des Bauerntums« entblößt. »In Weiterführung des Beispiels vom Bergmenschen als rassischem Ausleseprodukt und vom qualitativen Menschenvorratsbecken im Osten stellte er diese den Menschen der Großstadt gegenüber. Wandern Bergmenschen dorthin ab, so verkümmern ihre besten Kräfte«, heißt es in dem Artikel. Als Gegenmittel empfahl der Anthroposoph die biologisch-dynamische Wirtschaftsweise, die auf Dauer und Qualität aus sei.[182]

Bartsch durfte in der NS-Zeitschrift *Odal*, herausgegeben von Darré, die Vorzüge anthroposophischer Landwirtschaft darstellen.[183] Ausführlich schilderte er den Erbhof Marienhöhe in Brandenburg, den er seit 1928 bewirtschaftete. Die »Aufbauarbeit«, diesen »harten Schicksalskampf«, stellte er in den Kontext der NS-Politik: »Es ging in diesem Kampfe um Sein oder Nichtsein, um den kämpferischen Einsatz für den bedrohten deutschen Osten, um ein Beispiel für eine deutsche bäuerliche Lebensordnung.«[184] Die von Bartsch herausgegebene Zeitschrift *Demeter* publizierte allerlei faschistische Propaganda: Im Mai 1939 prangte zu Hitlers Geburtstag ein Bild Hitlers mit drei Kindern auf der Titelseite.[185] Nach Kriegsausbruch feierte das Blatt die Siege der Wehrmacht.[186]

Die Entwicklung nach dem Abgang von Rudolf Hess (1941)

Die gescheiterte »Mission« von Hess beraubte die Esoterikszene ihres stärksten Rückhalts. Der Flug nach England wurde im *Völkischen Beobachter* so erklärt, dass Hess krank sei und bei Astrologen Hilfe gesucht habe und negativ beeinflusst worden sei. Karl Astel vom thüringischen Rassenamt schrieb am 25. Juli 1941 an Himmler, der Flug von Hess sei ein Beweis für die »Gefährlichkeit der Anthroposophie«. Dass die Aktion von Hess diejenigen, »die in den Anthroposophen für den Bestand unserer Bewegung und unseres Reiches gefährliche Menschen sahen, nicht besonders überraschte, ist Ihnen sicher bekannt«.[187] Der Reichserlass »Gegen Geheimlehren und sogenannte Geheimwissenschaften« vom 4. Juni 1941 und die »Aktion Hess« richteten sich gegen Astrologen, Anhänger der Radioästhesie (Erdstrahlen) und der »Fernheilung«, Ariosophen, Theosophen und Anthroposophen.[188] In Dresden wurde die letzte Waldorfschule geschlossen. Der biologisch-dynamische *Reichsverband* wurde aufgelöst und Bartsch verhaftet. Das Verbot traf außerdem die *Christengemeinschaft* und ihre Einrichtungen, eine Reihe von Funktionären wurde verhört und saß kurze Zeit im Gefängnis.

Kurt von Wistinghausen (1901–1986), Leiter des Verlages der *Christengemeinschaft*, war von Juni 1941 bis Februar 1942 im KZ Welzheim inhaftiert. Dem stellvertretenden Lagerleiter Hermann Eberle bescheinigt er im Spruchkammerverfahren, ein »strenges Regiment« geführt, dabei jedoch auf »Ordnung und Gerechtigkeit« geachtet zu haben. Weil in Welzheim »politische Gefangene mit kriminellen und asozialen Elementen zusammen inhaftiert« gewesen seien, sei »die Disziplin oft nicht ohne Schwierigkeiten aufrechtzuerhalten« gewesen.[189]

Darré sorgte weiter für die biologisch-dynamischen Betriebe, die von der SS als politisch unbedenklich eingestuft wurden.[190] Im Mai 1942 wurde Darré von Hitler »beurlaubt«, sein Amt übernahm Staatssekretär Herbert Backe (1896–1947), der die biologisch-dynamische Methode ablehnte.[191] Himmler selbst hielt die Anthroposophie zwar für eine »gefährliche Sonderlehre«, meinte jedoch, es genüge, ihren führenden Vertretern eine ideologische Betätigung unmöglich zu machen. Für die biologisch-dynamische Wirtschaftsweise hatte er Sympathie und schätzte die Bauern und Gärtner als ungefährlich ein. Er schlug vor, solche »Mitläufer« im Einzelfall zu überprüfen.[192] Während Bormann bei Darré protestierte, dass weiter »Propaganda gegen die Verwendung von Kunst-Düngemitteln« betrieben werde, beschloss Himmler im November 1941, die biologisch-dynamische Düngung in Auschwitz testen zu lassen. Einwände der IG Farben wies er als »frisierte Berichte« zurück.[193]

Die von Himmler 1939 gegründete *Deutsche Versuchsanstalt für Ernährung und Verpflegung* (DVA) nutzte die biologisch-dynamische Methode im KZ Dachau, im Frauen-KZ Ravensbrück sowie in den landwirtschaftlichen Betrieben in Auschwitz.[194] Die SS instrumentalisierte die biologisch-dynamische Methode, um ihre Vision eines natürlichen Landbaus zu verwirklichen. Genutzt wurden die riesigen Flächen und die billigen Arbeitssklaven aus den Konzentrationslagern sowie das Wissen anthroposophischer Experten. Auch für die Bio-Dynamiker scheint die Kooperation nützlich gewesen zu sein. Ein Landwirt urteilte im Nachhinein, die fünf bis sechs Jahre »unbehinderter Entwicklung in der Nazizeit stellten sich heraus als die wesentliche Entwicklungszeit der Wirtschaftsweise«, diese Phase sei »die fruchtbarste Arbeits- und Entwicklungsphase« in Europa gewesen.[195] Für ein direktes Mitwirken von Bartsch an den DVA-Betrieben haben Jacobeit und Kopke keinen Beleg gefunden, halten eine Kooperation aufgrund seiner Bekanntschaft mit SS-Größen aber für wahrscheinlich.[196] Die beiden zitieren aus den Erinnerungen von Benno Heynitz (1887–1979), zeitweise Vorsitzender der *Gesellschaft zur Förderung der biologisch-dynamischen Wirtschaftsweise*, wonach »Himmler (…) vom Reichsverband Kräfte für die Konzentrationslager an(forderte)« und vier Mitglieder sich zur Verfügung stellten.[197]

Die Anthroposophen bewiesen nach 1945 Loyalität gegenüber ihren braunen Schutzherren. Klein und Maikowski entlasteten Bäumler als verirrten, suchenden Menschen.[198] Andere unterstützten Darré, der in Nürnberg zu sieben Jahren Haft verurteilt wurde, und seine Familie.[199] Klein schrieb über Ohlendorff, er habe gegen Zwangsmaßnahmen protestiert und sei darum strafversetzt worden.[200] Hauschka will »abgrundtiefe Trauer« bei Ohlendorff bemerkt haben und diagnostizierte: »Es erging ihm wohl ähnlich wie vielen prachtvollen jungen Menschen, die die vordergründigen Ideen des Nationalsozialismus mit Begeisterung aufnahmen. (...) als er dann die hintergründigen Ziele des Nationalsozialismus wahrnahm, war es zu spät zur Umkehr.« [201] Als Ohlendorff in alliierter Haft saß, versuchte Erzoberlenker Emil Bock mehrmals, Kontakt aufzunehmen. Der Massenmörder wurde nach seiner Exekution 1950 in Landsberg von dem Rechtsextremisten Haverbeck als Pfarrer der *Christengemeinschaft* bestattet.[202]

Die (Nicht-)Aufarbeitung des NS-Faschismus

Die Affinität der Anthroposophie zum Faschismus ist kaum aufgearbeitet, weder die ideologische Nähe noch die Kollaboration noch die Mitgliedschaft Einzelner. Im Unterschied zu den Kirchen sieht sich die *Anthroposophische Gesellschaft* ausschließlich als Opfer. Der Umgang der Anthroposophie mit dem Nationalsozialismus ist geprägt von Verdrängung. Lindenberg (1991) fordert, wie die Nazis seit 1945, einen Schlussstrich zu ziehen. Es sei gefährlich, die Schuld der Vätergeneration »einfach« an folgende Generationen weiterzugeben.[203] Karl Buchleitner (1998) lehnt eine »Kollektivschuld« ab und polemisiert gegen »Umerziehung« durch die Alliierten und gegen Einwanderung. Er behauptet, Stalin habe einen Angriffskrieg geplant.[204] Johannes W. Schneider (1998) meint, Konzentrationslager habe es »im bolschewistischen Machtbereich schon vor 1933 gegeben und gibt es bis heute« - ein Vergleich, der von dem rechtsradikalen Historiker Ernst Nolte abgeschrieben sein könnte.[205]

In dem umfangreichen Buch *Anthroposophie im 20. Jahrhundert. Ein Kulturimpuls in biografischen Porträts* (2003), herausgegeben von Bodo von Plato, war kein Platz für Hinweise auf die kompromittierenden Aktivitäten von Bartsch oder Dreidax, auf die rassistischen und antisemitischen Schriften von Hippel, Karutz, Rittelmeyer, Scaligero und vieler anderer oder die NSDAP-Mitgliedschaft von Otto Julius Hartmann.[206] Weitgehend ausgeklammert wird das Verhalten Einzelner während des Dritten Reiches. Der Archivar am Goetheanum, Werner, behauptet in seiner Studie (1999), nur eine »kleine Gruppe von Anthroposophen« habe mit dem Regime verhandelt, um sich zu arrangieren. Er räumt aber ein, »nur ganz wenige Belege für die wahre Meinung der Mehrzahl der Anthroposophen« gegenüber dem Nationalsozialismus gefunden zu haben.[207]

Die Angabe »kleine Gruppe« ist nicht wirklich aussagekräftig. Insgesamt gab es 1933 etwa 7000 Anthroposophen in Deutschland, darunter wenige Parteigenossen, auch weil sich Anthroposophie als unpolitische Bewegung versteht. Werner berichtet von Konservativen und Nationalisten, die für den Nationalsozialismus anfällig gewesen seien, und von solchen, die antiwestliche und antiintellektuelle Ressentiments teilten. Namentlich erwähnt er Bartsch, Boos und Karutz, Grone und Elisabeth Klein sowie NSDAP-Mitglieder und Sympathisanten aus dem Umfeld der Stuttgarter Waldorfschule und Leute mit guten Kontakten zur Partei wie den Unternehmer Hermann Mahle.[208] Immerhin referiert Werner die Anfrage des NSDAP-Kreisleiters von Heidelberg, ob Parteigenossen, die Anthroposophen waren, auszuschließen seien.[209]

Die Ausnahmen von der Regel des Verdrängens sind Sigmund Rascher (1909–1945) und Franz Lippert (1901–1949). Beide Fälle wurden von Nicht-Anthroposophen an die Öffentlichkeit gebracht. Die Anthroposophen sind bemüht, deren Bedeutung herunterzuspielen. Während sonst jeder Waldorfschüler, der es zu einiger Prominenz gebracht hat, als Beleg für die Qualität der Einrichtung genannt wird, heißt es über den SS-Mann und Arzt Rascher lapidar, der Mann habe sich von der Anthroposophie distanziert. Niemand geht der Frage nach, wie es geschehen konnte, dass ein Mann aus anthroposophischem Hause und Absolvent der Stuttgarter Waldorfschule, der Mutterschule, zum Massenmörder wurde, als er für Luftwaffe und SS so genannte Höhenflugforschung und Wiederaufwärmungsversuche durchführte. Rascher schlug 1941 vor, KZ-Häftlinge als »Versuchsmaterial« zu verwenden. Im KZ Dachau wurden die Opfer in einer Unterdruckkammer wechselndem Luftdruck ausgesetzt. Viele starben an inneren Blutungen des Gehirns oder der Lunge. Einige Häftlinge, die überlebten, ließ Rascher töten, um sie zu sezieren. Als nächstes widmete er sich »Seenotfragen« und ließ Häftlinge stundenlang in eiskaltes Wasser tauchen, um zu testen, wie die Opfer am schnellsten wiederaufgewärmt werden könnten. Rascher meldete seinen Vorgesetzten, dass sich Tier- und Frauenkörper dafür nicht eigneten. Die Überlebenden der Versuche wurden in den Invalidenblock des KZ Dachau gebracht und später ermordet. Die Experimente des ehemaligen Waldorfschülers Rascher kosteten einige hundert Menschen das Leben.[210] Franz Lippert betreute zwölf Jahre lang als Gärtner die Anlagen der Weleda-AG in Schwäbisch-Gmünd. Im September 1941 ging er als Spezialist zur Kräuterplantage des KZ Dachau. Als Motiv gibt Werner an, es sollte ein kompetenter Mann aus den eigenen Reihen dabei sein, um einen Missbrauch der biodynamischen Methode zu verhindern. Lippert habe für die Häftlinge nur Gutes getan und sei von ihnen sogar gebeten worden, der Waffen-SS beizutreten, um sie besser beschützen zu können.[211] Andere schildern die Bedingungen für die Häftlinge, die im Kräutergarten arbeiten mussten, als brutal.[212]

Die gängige Erklärung lautet, der NS-Faschismus sei das Werk böser Geister.[213] Reinkarnierte Wesen aus zurückgebliebenen Kulturen oder eine Verschwörung oder negative Einflüsse des Westens hätten die Deutschen von ihrer spirituellen Mission abgelenkt.[214] Stilbildend ist Karl Heyers Werk von 1947 geworden.[215] Der »Hitlerismus« war seiner Ansicht nach ein »Fremdkörper«, der seelisch einer anderen Welt angehört habe, die Heyer als orientalisch-asiatisch »in einer absoluten Dekadenzform« qualifizierte.[216] Er bezeichnete den Nationalsozialismus als »atavistischen Rückfall« und konstruierte eine »innere Nähe« zu den »mongolisch-turanischen Rassen«.[217] Das Führerprinzip identifizierte er mit den Theokratien des ägyptisch-babylonischen Altertums, den Rassenreinheitskult mit dem alten China und die Brutalität der Nazis mit einem »primitiven und kulturlosen Nomadentum« der Tartaren und Mongolen.[218] Heyer behauptete, der NS-Faschismus habe eine »innere Mongolisierung des deutschen Volkes« bewirkt.[219] Als Beweis führte er das Bündnis mit Japan an. Japan sei ein Land, in dem »mongolisches Rassentum als Träger alter asiatischer individualitätsloser Geistigkeit mit moderner Technik und vor allem militärischer Rüstung eine einzigartige kriegerische Verbindung eingegangen ist«.[220]

Im Zentralorgan *Goetheanum* wurde der NS-Faschismus nach dem Mai 1945 selten behandelt und wenn, dann benutzten die Autoren eine Insider-Sprache. Sie schrieben von »Menschheitskatastrophe« oder tragischem Schicksal, als wäre das Naziregime wie eine Naturkatastrophe über Deutschland gekommen. Über das faschistische System, seine Ursachen, das Ausmaß der Verbrechen, die Schuld der Deutschen oder gar die Opfer schwiegen die Anthroposophen. Paul Bühler formulierte, »dunkle Naturen gebrauchen den Schein von Idealen«. Deshalb sei anstelle der erleuchteten »Michaelsrasse« jener »Rassenwahn« entstanden, der zu den »Gräueltaten der Konzentrationslager« führte.[221] Uehli (1946) sprach unter Rückgriff auf den völkischen österreichischen Dichter Kleinfercher vom »Zigeunerschicksal des deutschen Volkes«. Die Demokratie sei schuld, sie habe über die Mission der »deutschsprechenden Mittelländer«, die Dreigliederung, gesiegt und damit »soziales Chaos« und den »Niedergang der Kultur« produziert.[222]

Zu den ekelhaftesten Texten gehört ein Beitrag von Arnold Ith, in dem der Anthroposoph die Azteken und Maya als verkrampft, degeneriert und blöd schmähte.[223] Er zitierte aus einem Steiner-Vortrag, wonach die Seelen der ausgerotteten Indianer heute in mitteleuropäischen Menschen leben. Die »seelische Konfiguration« solcher Menschen sei aufgrund ihres früheren Lebens nicht christlich, schreibt Ith: »Dass auch jene degenerierten Kulte mit Menschenopfern ihre Wirkung hatten, mag ein Licht auf manche Erscheinungen und Vorgänge unserer Zeit werfen.«[224] Die Nazis, suggerierte Ith, waren keine Deutschen, sondern reinkarnierte Azteken, für die Massenmord selbstverständlich war.

In sechzig Jahren haben nur Arfst Wagner und Uwe Werner ernsthaft versucht, das Verhältnis von Anthroposophie und Nationalsozialismus aufzuarbeiten. Wagner hat (1991–1993) ein fünfbändiges Werk mit Dokumenten zur Geschichte der Anthroposophen »in der Zeit des Nationalsozialismus« herausgegeben. Außerdem erschienen zwei Ausgaben der *Flensburger Hefte* zum selben Thema. Wagner musste sich anscheinend rechtfertigen.[225] Deshalb beteuerte er, es gehe nicht um »Lust am Wühlen im Schlamm«, sondern um die »karmischen Verstrickungen der damaligen Zeit«.[226]

Obwohl Wagner einräumte, dass es sich um eine »weitgehend unaufgearbeitete Geschichte« handelt, hatte er schon das Ergebnis parat: »In keinem Fall« lasse sich die Behauptung aufrechterhalten, die *Anthroposophische Gesellschaft* oder ihre Tochterorganisationen hätten »faschistoide Tendenzen«. Nationalismus und Rassismus seien Anthroposophen fremd, von Ausnahmen abgesehen.[227] Gegenbeispiele verharmloste Wagner als »Sprachproblematik«.[228] Wagner gab seine Dokumentationsarbeit sechs Jahre später auf und äußerte sich überrascht darüber, »wie viele Anthroposophen zumindest in den 30er- und 40er-Jahren der rechtsextremen Politik nahe standen«. Trotzdem meinte er, nur wer Steiners germanische Mythologie, die Atlantis- und Rassenlehre missverstehe, gerate ins braune Fahrwasser. Wagner bleibt es ein Rätsel, warum, wie er berichtet, »viele noch heute lebende Anthroposophen ... eine starke Latenz zur rechtsextremen Politik besitzen«.[229]

Uwe Werner bietet viel Material. In einem Bericht im *Goetheanum* über die Pressekonferenz, auf der die Anthroposophen Werners Buch vorstellten, heißt es, die Anthroposophen hätten einen stillen, fast passiven Widerstand geleistet. Bodo von Plato vom Vorstand der *Anthroposophischen Gesellschaft*, behauptete, die Anthroposophen seien »nicht als aktive, Lärm machende Widerständler hervorgetreten, sondern sie haben die Bemühungen, die Anthroposophie und das nationalsozialistische System zu verbinden, ins Leere laufen lassen«.[230] Abgesehen davon, dass von Plato

Widerstandskämpfer als lärmend verunglimpft, konnte Werner keinen einzigen aus den Reihen der Steiner-Fans präsentieren. Auch die kühne These vom passiven Widerstand der Anthroposophen lässt sich anhand des Buches nicht belegen.

Nachdem die Schuld auf andere abgewälzt war, entdeckten einige Anthroposophen gute Seiten am Nationalsozialismus. So lobt Lindenberg (1991), Hitler habe Arbeitslosigkeit und Klassenkampf beseitigt, »die Fesseln« des Versailler Vertrages gesprengt und Deutschland ein »Wirtschaftswunder« beschert, worauf Jörg Haider schon vor Jahren hinwies.[231] Heyer behauptete, die Idee einer deutschen Volksgemeinschaft und die Aktion »Kraft durch Freude« als Fürsorge seien vom Dämon als Mittel der »Verführung« zweckentfremdet worden.[232]

Der Nazibewegung attestierte Heyer einen pervertierten Idealismus. Er lobte deren »Opfersinn und Hingabe«.[233] Sein Respekt galt den »Nichtnationalsozialisten«, die die NSDAP »aus einem gesunden Empfinden innerlich ehrlich als ein Übel ablehnten«, aber der Partei aus »mehr oder weniger altruistischen Gründen« beigetreten waren.[234] Namen nannte Heyer nicht, vielleicht spielte er auf Anthroposophen oder Sympathisanten im NS-Apparat an. Der Steiner-Biograph und Waldorflehrer Lindenberg, der 1978 zum Thema NS-Faschismus ein Buch mit dem Titel *Die Technik des Bösen* verfasst hat, meinte, es gab »nationalsozialistische Idealisten, die – irregeführt – von den edelsten Bestrebungen bewegt waren«.[235] Lindenberg ist wie Heyer so schlau, keinen dieser Idealisten mit Namen zu nennen, Lindenberg erwähnt lediglich den NS-Philosophen Heidegger und den Wegbereiter Gottfried Benn als Opfer der Nazis.[236]

Als Opfer hat sich vermutlich auch der Jurist von Hippel gesehen, der die »Entjudung« der Universitäten begrüßt und die Anthroposophie als ideologische Grundlage für den Kreuzzug gegen den Bolschewismus angepriesen hatte. Er wechselte 1940 von der Universität Königsberg nach Köln und setzte dort seine Karriere fort. Die Entnazifizierungskommission in Köln agierte sehr großzügig, selbst Parteiaktivitäten waren bald kein Grund, von der Universität ausgeschlossen zu werden. Hippel wurde im August 1946 sogar Mitglied im Entnazifizierungs-Unterausschuss der Universität.[237] In den 50er-Jahren vertrat Hippel die These, Recht und Rechtstheorie benötigten eine metaphysische Grundlage. Er warf den Rechtspositivisten vor, mit ihrer rationalen und »geistlosen« Lehre den NS-Faschismus mit ermöglicht zu haben und attackierte namentlich Hans Kelsen.[238] Der Kollege Kelsen (1881–1973) war als jüdischer Gelehrter mit sozialdemokratischer Orientierung 1934 »in den Ruhestand« versetzt worden und musste emigrieren.[239] Kelsen hatte das demokratische System verteidigt, als Anwalt vertrat er 1932 die Klage der preußischen Landesregierung gegen deren verfassungswidrige Absetzung. Hippel avancierte nach dem Krieg zum Herausgeber und Kommentator zahlreicher Gesetze des Landes Nordrhein-Westfalen. Zum 70. Geburtstag bekam er das Bundesverdienstkreuz.[240]

Achtes Kapitel: Die soziale Dreigliederung

Der historische Kontext

Die politische Utopie der Anthroposophen ist die so genannte Dreigliederung des sozialen Organismus. Einer ihrer Anhänger ist Otto Schily.[1] Die Idee entwickelte Steiner, als sich die Niederlage der Mittelmächte mit dem Kriegseintritt der USA im April 1917 abzeichnete. Dreigliederung meint, dass Politik, Ökonomie sowie Kunst, Kultur und Wissenschaft drei autonome Gebilde darstellen. Über die innere Struktur und das Verhältnis der Bereiche zueinander machte Steiner widersprüchliche Angaben. Gelegentlich räumte er der »Geistesorganisation« den Vorrang ein, was auf eine Philosophenherrschaft im Sinne von Platons Idealstaat hinausliefe, bei anderer Gelegenheit wies er dem Parlament eine regulierende Funktion zu, dann wieder forderte er, dass die drei Körperschaften »nebeneinander« existieren sollten, wie »drei relativ unabhängige Staaten, die ihre gemeinschaftlichen Angelegenheiten durch Gesandte ordnen«.[2] Auf jeden Fall sollte der Kapitalismus unangetastet bleiben und Steiner plädierte, getreu seiner Lehre von den Erleuchteten, für den Vorrang einer Elite der »Fähigen«. Heyer charakterisierte die Dreigliederung 1961 als Ordnung, die während der gesamten fünften nachatlantischen Epoche, dem Zeitalter der Germanen, gelten soll. Überirdisch werde die Dreigliederung von Engeln und Erzengeln gelenkt, bis eine neue Theokratie diese Ordnung ablöse.[3]

Anfangs verfocht Steiner die Dreigliederung als Alternative zu einer bürgerlich-demokratischen Republik, deren Einrichtung US-Präsident Wilson von Deutschland und Österreich verlangte. Vergebens versuchte Steiner über die Anthroposophen Otto von Lerchenfeld (1868–1938) und Ludwig Polzer-Hoditz (1869–1945) die Dreigliederung der deutschen und der österreichischen Regierung anzudienen. Die beiden hatten das Konzept zusammen mit Steiner entworfen. Ludwig Polzer-Hoditz' Bruder Arthur Graf von Polzer-Hoditz diente bis November 1917 im Kabinett des österreichischen Kaisers Karl und leitete Steiners Konzept weiter.[4] Hugo von Lerchenfeld, Otto von Lerchenfelds Onkel, war bayerischer Diplomat und Gesandter in Berlin und ein entschiedener Gegner von Republik und Demokratie. Aus dem Jenseits soll eine starke Lobby aktiv gewesen sein.[5]

Den Anthroposophen war Demokratie ein Gräuel, eine unnatürliche

Ausgeburt des Westens. Uehli feierte Dreigliederung als endlich entdeckte »Mission Deutschlands«, mit der die Welt beglückt werden müsse.[6] Bernus prophezeite, aus Deutschland werde eine neue Gesellschaftsform für Europa kommen. Die Novemberrevolution, die dem Land die Republik brachte, lehnte der Adlige als lateinischen Import und kapitalistisches Produkt ab. Er plädierte für einen »dritten Weg« mit »lebendigen Ideen« und warb für die Idee eines »Dritten Reiches«.[7] Thieben konstruierte 1934 einen Gegensatz zwischen einer »bloß geschenkten Freiheit des englischen Liberalismus« und einer »aus dem innersten Ich-Kern des Einzelnen zu erringenden Freiheit des Deutschen«.[8]

Steiner kritisierte, »der Westen« propagiere eine »schimärische Kollektivfreiheit von Menschenzusammenhängen«. Stattdessen forderte er 1917 Bestandsschutz für die antidemokratischen Regimes der Habsburger und Hohenzollern. Er nannte es »gesunden Konservatismus im Sinne der Erhaltung und des Ausbaues der historisch gewordenen Staatsgebilde«.[9] Ganz im Sinn der deutschen und österreichischen Kriegführung forderte er eine »Ausdehnung« der Donaumonarchie[10] und begründete dies mit einer Sendung Mitteleuropas.[11] Steiner lehnte den »westeuropäischen sogenannten Demokratismus« ab, der nur dazu diene, »die Menschen Mitteleuropas zu einem Teile der englisch-amerikanischen Weltherrschaft zu machen«. Die Alternative für Mitteleuropa lautete für den »Menschheitsführer« deshalb, Kampf bis zum Sieg, um seine Mission zu erfüllen, oder Frieden nach den Vorstellungen der Entente und Untergang.[12] Auch den von Wilson progagierten Völkerbund lehnte Steiner ab, weil er fürchtete, »als Mitteleuropäer innerhalb dieser zwischenstaatlichen Organisation stets überstimmt zu werden«.[13] Bernus sah in der internationalen Organisation eine Ausgeburt des jüdischen Materialismus. Man müsse, »ohne Antisemit zu sein«, daran erinnern, dass Marx, der Träger des internationalen Gedankens »ein Jude war, ein Glied der wurzellosen Rasse«.[14]

In einem Aufruf *An das deutsche Volk und an die Kulturwelt* (März 1919) verlangte Steiner die Gesellschaft wie einen »natürlichen Organismus« zu gestalten, in dem der Kopf denkt und nicht die Lunge.[15] Die Dreigliederung entspreche dem des menschlichen Körpers: Nerven/Sinnesorgane, Lunge/Herz als rhythmisches System und Stoffwechsel.[16] Steiner rühmte sein Ideal als »Offenbarung des deutschen Wesens«[17] und bezeichnete die Freigeld-Bewegung des Sozialdarwinisten und Rassenhygienikers Silvio Gesell (1862–1930) als Verbündete.[18]

Diente die Idee der Dreigliederung in der Endphase des Krieges der Propaganda gegen Entente und Demokratie, initiierten die Unternehmer Carl Unger (1878–1929) und Emil Molt (1876–1936) sowie Roman Boos nach der Novemberrevolution eine Kampagne gegen die Arbeiterbewegung. Ideologische Vorarbeit leistete Bernus, der die Losung Freiheit, Gleichheit, Brüderlichkeit neu auslegte: Gleich seien die Menschen nur im göttlichen Geiste, frei in ihrer Seele und Brüder bloß als körperliche Wesen. Eine emanzipatorische irdische Deutung denunzierte Bernus als Werk finsterer Magier aus der Zeit der französischen Revolution. Jeder habe sich in sein Schicksal zu finden, weil dieses durch frühere Leben selbst geschaffen sei. Die soziale Frage, schrieb von Bernus, sei nur durch Karma und Reinkarnation im Sinne einer »ausgleichenden kosmischen Gerechtigkeit« lösbar.[19] Hermann Haase erinnerte die Leser an Indien, wo dank der Wiedergeburtslehre niemand rebelliere, denn jedem würden »alle Rollen zuteil werden«. Im Abendland dagegen herrsche der Dämon und es werde revoltiert, weil der »politischen Masse« der Reinkarnationsgedanke fehle.[20]

Steiner beteiligte sich an der Kampagne der württembergischen Kapitalisten gegen rebellische Arbeiter. Als Zugeständnis an die Rätebewegung hatte die Landesregierung in Stuttgart Ende 1918 eine Sozialisierungskommission eingesetzt. An deren Beratungen nahmen Robert Bosch und Emil Molt, Direktor der Waldorf-Astoria Zigarettenfabrik, teil. Steiner reiste Mitte April 1919 auf Einladung Molts nach Stuttgart, um für die Dreigliederung zu werben. Einige Tage vorher hatten württembergische Arbeiter einen Generalstreik organisiert. In dieser Situation benutzte Steiner bisher abgelehnte Vorstellungen wie die eines Parlaments, um gegen die linke Idee einer Räterepublik zu agitieren. Steiner nahm sogar den Begriff Sozialisierung auf, allerdings mit der nichtssagenden Bedeutung »Kooperation«. Er versuchte es mit rhetorischen Tricks, indem er Kapitalisten als »geistige Arbeiter« definierte, um ihnen eine Vertretung in den Rätegremien zu verschaffen.[21]

Dreigliederung als Konterrevolution

Auf einer Versammlung der Stuttgarter Arbeiterausschüsse präsentierte Steiner am 8. Mai 1919 seine Dreigliederung: Das erste Glied sei ein »geistiger Organismus«, der Wissenschaft, Kunst und Kultur umfasse,[22] und hierarchisch strukturiert werden sollte.[23] Das zweite Glied sollte eine »Rechtsorganisation« sein, die den Staat ersetze und Eigentum, Besitz sowie das Arbeitsrecht regele.[24] In dieser Rechtsorganisation solle es ein Parlament und allgemeines, gleiches und geheimes Wahlrecht geben. Ob Frauen wählen dürften und ob direkt gewählt werden sollte, sagte Steiner nicht.[25] Als drittes Glied präsentierte Steiner einen »Wirtschaftsorganismus«. Alle Betriebe ab einer bestimmten Größe sollten sozialisiert und Betriebsräte auch auf regionaler Ebene gebildet werden. Steiner übernahm damit keineswegs Positionen der Rätebewegung. Denn Betriebsräte als Arbeitervertreter mit beschränkten Mitspracherechten waren ein schwaches Zugeständnis des Kapitals an die Arbeiterklasse, deren revolutionärer Flügel um Rosa Luxemburg und den Spartakusbund für eine Räterepublik als umfassende demokratische Struktur auf der Basis einer vergesellschafteten Ökonomie kämpften. Steiners Begriff von Sozialisierung hat nicht das geringste revolutionäre Potential, sondern ist rührseliges Geschwafel: »Sozialisieren heißt ja zusammenarbeiten, einander helfen, Brüderlichkeit entfalten, und das müssen wir gerade auf geistigem Gebiet.« In die neuen Betriebsräte sollten deshalb »geistige« Arbeiter, also Kapitalvertreter, aufgenommen werden.[26]

In den *Leitsätzen zur Dreigliederungsarbeit* formulierte Steiner ganz klar: Demokratische Strukturen seien in der Wirtschaft unmöglich. Es müsse eine »fachkundige« Leitung« geben. Nur die Position und Arbeit des Einzelnen könnten vertraglich geregelt werden.[27] Die antidemokratische Struktur rechtfertigte der Guru esoterisch: Nicht die Menschen sind handelnde Subjekte und schon gar nicht die Arbeiter, der »Geist« tritt als »Schöpfer des Wirtschaftslebens« auf und erleuchtet die Krupps, Thyssens und Siemens. Deshalb wertete Steiner den Lohn auch nicht als bescheidenen Anteil, den das Kapital abgibt, sondern umgekehrt, der Lohn sei »herausgearbeitet (...) aus dem, was die leitenden, führenden Kreise für die Menschheit sozial leisten«. Schon deshalb könne es keine demokratische Struktur des Wirtschafts- und Geisteslebens geben: Jeder solle nach seinen Fähigkeiten eine Position für die Gemeinschaft ausfüllen.[28]

Zur Rechtfertigung griff er auf die Biologie zurück: So wie Organe, die Sauerstoff zu Kohlensäure umwandeln, den Sauerstoff nicht wieder brauchbar machen können, so erzeuge die kapitalistische Wirtschaft notwendigerweise Schäden, aber sie entspreche damit nur ihrem »eigenen Lebensgesetz« als Wirtschaftskreislauf: »Will man die Schäden ausrotten durch die wirtschaftliche Einrichtung der Gemeinschaftsverwaltung der Produktionsmittel, so untergräbt man die moderne Wirtschaft.«[29] Vergesellschaftung sei eine »sozialistische Illusion«. Steiner forderte: »Man sollte sich rückhaltlos eingestehen: Der Wirtschaftskreislauf wird dann am lebenskräftigsten sein, wenn ihm auf seinem eigenen Gebiete die Tendenz zum Antisozialen nicht genommen wird; dafür ihm aber fortdauernd aus einem anderen Gebiete des sozialen Organismus, Kräfte zugeführt werden, welche das entstehende Antisoziale wieder zum Sozialen zurückbringen.«[30] Nur bei »Auswüchsen« kapitalistischer Ausbeutung solle die Rechtsorganisation gegensteuern.

Der spirituelle Führer ist seiner sozialdarwinistischen Maxime aus der frühen individualanarchistischen Phase treu geblieben. Optimal für die Gemeinschaft sei eine Wirtschaftsform, »wenn ungehemmt der Einzelne seine Fähigkeiten zum Gedeihen dieser Gemeinschaft anwenden kann. Dazu aber ist notwendig, dass dieser Einzelne Kapital ansammeln, und dass er auch mit anderen sich frei vereinigen kann zur wirtschaftlichen Auswertung dieses Kapitals.«[31] Das entspricht der Parole von Adam Smith, wonach individueller Ellbogeneinsatz allen Wohlstand beschere. Dieses Versprechen ist über zweihundert Jahre alt, heute leben mehr Menschen in Armut und Elend denn je.

Die Funktion der Dreigliederungskampagne hat Steiner im August 1919 in einem Brief offen benannt: Mit ihrer Hilfe könne man »der elementaren Unruhe, welche die Menschen ergriffen hat, Herr werden«, ansonsten drohe das Chaos, die »Selbstzersetzung unserer Kultur«. Steiner suchte Befürchtungen zu zerstreuen, in den Betrieben könnte aufgrund der Dreigliederung die Demokratie ausbrechen. Solche »Intentionen« würden im Wirtschaftsbereich nur übergangsweise eine Rolle spielen, dann würden die »fähigen Personen« wieder das Zepter schwingen.[32] Es sei auch keineswegs sein Ziel, »die soziale Frage in beglückender Weise zu lösen. Ich glaube nicht, dass jemand, der mit der Psychologie des Einzelmenschen und der Massen bekannt ist, einen solchen Enderfolg anstreben kann.«

Treffend ist die Warnung, die im selben Monat in der von Kurt Eisner gegründeten Münchner *Neuen Zeitung* erschien. Unter dem Titel »Der Seelendoktor des verelendenden Kapitalismus« wurde die Dreigliederung zerpflückt und die Anthroposophen als Leute verspottet, die nach »alkoholfreier Umnebelung schmachteten«. Steiner mache Bücklinge vor den Regierungssozialisten und werbe für den Kapitalismus. Seine Karmalehre lege jedem Proletarier nahe, für sein Unglück auch noch dankbar zu sein.[33]

Die Arbeiterklasse schien gegen alkoholfreie Umnebelung immun zu sein. Die anthroposophische Bewegung konnte in den Nachkriegsjahren viele Jünger in bürgerlichen Schichten rekrutieren, aber die Dreigliederungsbewegung blieb bedeutungslos. Ein halbes Jahr nach Beginn der Agitation existierte ein kleines Netz von Gruppen mit Schwerpunkt im Südwesten Deutschlands. Der damalige Leiter des eigens gegründeten Dreigliederungsbundes, Walther Kühne, berichtete, Steiner habe schon im November 1920 als »letztes Mittel« eine Kampagne geplant, um die Bewegung durchzusetzen.[34] Selbst das Ziel, in der ersten Stuttgarter Waldorfschule die Kinder der Arbeiter des Zigarettenfabrikanten Molt zu unterrichten, wurde schnell aufgegeben. Der Anteil der Arbeiterkinder schrumpfte in den ersten drei Jahren rapide, die Schule wurde zur Anstalt für mittelständische Anthroposophensprösslinge.[35]

In den 20er-Jahren blieb von der Dreigliederungsbewegung nicht viel übrig. Die Aktiengesellschaft *Der Kommende Tag AG*, der ein klinisch-therapeutisches Institut, ein biologisches Forschungsinstitut, einige landwirtschaftliche Betriebe, ein Verlag gleichen Namens und eine Pharmazieproduktion in Stuttgart angehörten, war 1925 am Ende und musste liquidiert werden. Erfolgreichere Unternehmen wie die Waldorfschule hatte man zuvor ausgegliedert. Das Pendant in der Schweiz, die *Futurum AG*, ereilte dasselbe Los. Aus den ausgegliederten *Internationale Laboratorien und klinisch therapeutische Institut AG* in Arlesheim ging später die *Weleda AG* hervor. Die Wirtschaftsunternehmen sollten Geld für die politische Arbeit, die Projekte und die Zentrale in Dornach beschaffen. Die politische Organisation, der *Bund für soziale Dreigliederung*, wurde 1922 »auf Anraten« Steiners, in *Bund für freies Geistesleben* umgetauft und direkte politische Ambitionen aufgegeben.[36]

Nach dem Zweiten Weltkrieg vermochten die Anthroposophen keine vergleichbare Kampagne wie 1919 aufzubauen. Lediglich in ihren Zeitschriften propagierten sie die Dreigliederung als Alternative zur Demokratie. Emil Bock fabulierte über »Gespensterhaft-Altes, Unjugendliches« in Amerika, den »Amerikanismus« und seine materialistische Naturwissenschaft, die »ahrimanische Gefahr einer kalten seelenlosen Intelligenz« aus dem Westen.[37] A. Horst warnte im *Goetheanum* vor Überfremdung durch die westalliierten Besatzer. Er sorgte sich um den deutschen Volksgeist. Die deutsche Sprache »als Instrument des Volksgeistes« laufe Gefahr »ausgelöscht« zu werden, »weil die deutsche Volksseele gegenüber den westlichen Einflüssen nicht mehr die Kraft besitzt, ihren Genius rein und stark zu bewahren«.[38]

Die Entwicklung Westdeutschlands verlaufe »in den alten Bahnen«, klagte Heyer 1949 und forderte eine »sachliche Gliederung« von Geistes-, Rechts- und Wirtschaftsleben. Verschmerzen konnte er, dass der Begriff des Reiches aufgegeben wurde, denn der neue Staat sei so wenig wie die Weimarer oder die französische Republik ein sinnstiftendes Ganzes.[39] Wolfgang Naager verfocht eine Dreigliederung im Steinerschen Sinn: freie Konkurrenz und »brüderliche« Fürsorge in der Wirtschaft, formale rechtliche Gleichheit und freies Geistesleben. Das parlamentarische System lehnte er ab und kritisierte die Militärgouverneure und westdeutschen Politiker: Der Nationalstaat sei ein westlicher Import, unselig und undeutsch, er bedeute Zentralismus und »Parteienstreit« wie in der Weimarer Republik.[40] Bernhard Behrens wollte die Demokratie auf das »Rechtsleben« beschränkt wissen, die demokratische Bewegung sei vom Egoismus bestimmt, statt vom »Dienste am Ganzen«.[41]

Was Behrens, Heyer und Naager formulierten, war der klassische Affekt der Völkischen gegen die liberale Demokratie mit Verbänden und Parteien und Parlament. Naager plädierte für ein neues Reich: Die »Territorialgliederung« sollte Vorrang vor der »Meinungsgliederung« haben, dadurch werde die »alte Reichsidee in neuer Form« aufleben. Er forderte eine »gesamtmitteleuropäische Lösung«, ein »modernes Groß-Österreich mit Keim am Rhein«.[42] Hippel behauptete 1963 in seiner *Allgemeinen Staatslehre*, das parlamentarische System würde Wirtschaft und Kultur dominieren, für ihn das Symptom einer »Fehlordnung«.[43]

Grün & Braun

In den 70er-Jahren war Joseph Beuys der prominenteste Verfechter von Anthroposophie und Dreigliederung. Am NS-Faschismus waren nach Ansicht Beuys', der seine Vergangenheit als Hitlerjunge und Wehrmachtspilot nie kritisch reflektiert hat, nicht willige Helfer wie er selber, sondern »die Intellektuellen, die Universitätsprofessoren, nicht nur in Deutschland, sondern auch in anderen Ländern« schuld. Beuys meinte, Hitler sei »ein Künstler, ein großer Aktivist. Der hat nur seine schöpferische Fähigkeit negativ gebraucht.«[44]

Im Juni 1967 gründeten Beuys, Johannes Stüttgen und Bazon Brock die *Deutsche Studentenpartei*, die sich als Anti- oder Metapartei und spirituelle Gegenbewegung zum SDS verstand. Hauptfeind für die Beuys-Truppe waren Marxismus und Materialismus. Aus der DSP ging drei Jahre später die *Organisation der Nichtwähler* hervor, die ein plebiszitäres Modell im Sinne von Steiners Elitetheorie vertrat: Qualifizierte »Fachleute« an der Spitze sollten über Probleme entscheiden und die Bürger über vorgelegte Alternativen abstimmen.[45]

1971 entstand daraus die *Organisation für Direkte Demokratie durch Volksabstimmung*. Im selben Jahr organisierten Beuys und andere Anthroposophen das *Internationale Kulturzentrum Achberg* und drei Jahre später zusammen mit Klaus Staeck, Heinrich Böll und anderen die *Freie Internationale Hochschule für Kreativität und interdisziplinäre Forschung* (FIU). Die FIU ist Beuys' erweitertem Kunstbegriff verpflichtet, der eine Umgestaltung der Gesellschaft im anthroposophischen Sinn meint. Ende der 70er-Jahre durfte der Altnazi Haverbeck bei der FIU referieren. Beuys und die *Organisation für Direkte Demokratie* kooperierten mit der rechten nationalneutralistischen *Aktionsgemeinschaft Unabhängiger Deutscher* (AUD), für die Beuys 1976 als Bundestagskandidat auftrat.[46] Die anthroposophischen Organisationen FIU und *Aktion 3. Weg*, die AUD und die von dem Ökofaschisten Herbert Gruhl geführte *Grüne Aktion Zukunft* arbeiteten auch zusammen, als die *Grünen*, damals noch keine Partei, unter der Bezeichnung *Sonstige Politische Vereinigung* 1979 bei den Wahlen zum Europäischen Parlament antraten. Beuys kandidierte für das Europaparlament, ein Jahr später bewarb er sich auf dem Spitzenplatz der Grünen-Landesliste von NRW für den Bundestag.[47]

Im Frühjahr 1982 publizierte die faschistische Zeitschrift *Wir selbst* einen *Aufruf zur Alternative* von Beuys. Als Autoren und Interviewpartner agierten in dem Blatt in den 80er-Jahren neben Haverbeck der Anthroposoph Günther Bartsch und die Beuys-Mitarbeiter Rhea Thönges-Stringaris und Stüttgen, der AUD-Chef August Haußleiter, der bei den bayerischen Grünen eine wichtige Rolle spielte, außerdem die Ökofaschisten Gruhl und Baldur Springmann, vormals Leutnant der Schwarzen Reichswehr, Stahlhelmer und Jugendbetreuer im Reichsnährstand, der seinen Hof in Schleswig-Holstein biodynamisch bearbeitete.[48]

In Baden-Württemberg zählten die Anthroposophen des *Achberger Kreises* neben AUD und GAZ zu den Gruppen, die den Landesverband 1979 aufbauten. Der *Achberger Kreis* und Beuys versuchten in der Gründungsphase der Grünen die Dreigliederungsidee programmatisch zu verankern, was misslang.[49] Im ersten Grundsatzprogramm der Grünen findet sich lediglich die Forderung, auf allen politischen Ebenen das Plebiszit einzuführen sowie die Waldorfschule als gleichberechtigte Schule anzuerkennen. Die Grünen sorgten in der Münchner Stadtregierung für ihre anthroposophische Klientel, indem sie Waldorfschulen finanziell förderten.[50] Anthroposophen wie Beuys oder Gerald Häfner, der in Bayern als Geschäftsführer und Landesvorsitzender amtierte und von 1987 bis 2002 mit Unterbrechung im Bundestag saß, prägten die Partei in ihrer frühen Phase mit, vor allem in Süddeutschland.[51] Entscheidend für die Entwicklung der Grünen war, dass die Gruppen, deren Wurzeln im völkisch-lebensreformerischen Sumpf des Kaiserreichs und der Weimarer Republik liegen, also Anthroposophen, Gesellianer und AUD, bereit waren, mit Linken zu kooperieren, während die andere Fraktion der Rechten um Herbert Gruhl und Springmann die Partei 1981 schon wieder verließ und die ÖDP gründete.[52]

Erfolgreich agierten in den vergangenen Jahren anthroposophisch inspirierte Gruppen, die das Instrument des Plebiszits in der Bundesrepublik stärker verankern wollen, etwa der Verein *Mehr Demokratie*, dessen Vorstand Häfner angehört. In Bayern gelang es, gegen den Widerstand der CSU mit Unterstützung von SPD, Grünen, kirchlichen Jugend- und Umweltverbänden auf kommunaler Ebene ein Plebiszit, den Bürgerentscheid, einzuführen.

In München initiierten der *Bund Junger Unternehmer* (BJU), die ÖDP und der faschistische *Bund Freier Bürger* (BFB) ein Bürgerbegehren, um die Stadt »aus der Schuldenfalle« zu holen. Beteiligt waren die *Arbeitsgemeinschaft Selbständiger Unternehmer München-Südbayern* und die *Gemeinnützige GmbH für Direkte Demokratie – Omnibus.* Vertreter dieses Bürgerbegehrens war der Anthroposoph Thomas Mayer, der als Sprecher und Geschäftsführer von *Mehr Demokratie e.V.* bekannt wurde. Mayer ist zusammen mit Stüttgen auch Gesellschafter der *Gemeinnützigen GmbH für Direkte Demokratie – Omnibus.*[53] Der BFB löste sich Ende 2000 auf.[54] Mayer störten die rechten Helfer keineswegs: »Die Leute, die ich kennen gelernt habe, waren in Ordnung.« Sie seien »rechtskonservativ« gewesen, womit er »kein Problem« habe.[55] Nach dem diese Aussagen publiziert waren, schrieb Mayer in einem Leserbrief, der BFB habe das von ihm initiierte Bürgerbegehren in der Anfangsphase unterstützt, aber dessen Inhalt nicht beeinflusst.[56] Im November 2000 veröffentlichte Mayer unter dem Titel »Des Volkes Wille« einen Leitartikel in der faschistischen Wochenzeitung *Junge Freiheit,* in dem er für eine bundesweite Volksabstimmung warb. Mayer betonte dessen integrative Wirkung: »Mit jedem Volksentscheid verbindet man sich ein Stück mehr mit dem Gemeinwesen.«[57]

In Flugblättern und Broschüren von Mayers »Schulden-Bürgerbegehren« wurden die damals rund acht Milliarden Mark Schulden der Stadt beklagt. Von »Verschuldungssünden der Vergangenheit« und »Missbrauch von Steuergeldern« war die Rede, ohne konkrete Fälle zu benennen.[58] Die Initiative sammelte Vorschläge und dokumentierte in einer Broschüre insgesamt »186 Bürgerideen gegen die Schuldenfalle«. So sollte eine Art kommunaler Reichsarbeitsdienst eingerichtet werden (Sozialhilfeberechtigte seien »für ökologische Aufgaben heranzuziehen«) und die Anhänger der Sekte *Transzendentale Meditation* propagierten den Einsatz Yogischer Flieger über München. Und man forderte eine »konsequente Rückführung und Abschiebung von Bürgerkriegsflüchtlingen und Asylbewerbern«.

Der Flüchtlingsrat sollte aufgelöst und die Almosen, die Asylbewerber bekommen, noch mal überprüft werden.[59] »Was sollen z.B. diese vielen jungen Schwarzen, die nicht gerade arm aussehen, erstklassig gekleidet sind und absolut nicht den Eindruck machen, als wären sie politisch verfolgt? Sie tragen zum Teil großartigen Schmuck. Wer kann sich schon so einen teuren Flug leisten? Hier gibt man ihnen sofort über 1000 Mark, und wenn sie nicht anerkannt werden, bekommen sie einen wunderschönen Rückflug nach Hause. (…) Sollten wir nicht erst einmal an unsere Deutschen denken«, heißt es in der Broschüre. Auch im »sozialen Wohnungsbereich« möge die Stadt sparen, weil »90 Prozent der Bezieher Ausländer sind«.[60]

Mayer entschuldigte solche rassistischen Bürgerideen als »Spontanäußerungen«. Manche Vorschläge finde er auch »nicht toll, aber so sind die Leute. Ich habe das einfach dokumentiert.«[61] Er versichert, die Broschüre sei »nur ein Arbeitspapier« mit einer Auflage von 200 Exemplaren gewesen. Die Vorschläge konnte man bis Anfang Dezember 2000 auf der Internet-Seite der *Omnibus gGmbh* nachlesen.[62] Wenig später wurde die Sammlung durch eine bereinigte Auswahl ersetzt.[63]

Anthroposophen als Vorreiter der Privatisierung

Die Initiative forderte von den Mitarbeitern der Stadtverwaltung, sich »freiwillig« zu »Qualitätszirkeln« zu melden und »Entschuldungsvorschläge« zu erarbeiten. Die Zirkel könnten während der Arbeitszeit stattfinden, die Teilnehmer würden »dafür aber nicht von ihren Arbeiten entlastet«.[64] Unbezahlte Mehrarbeit also. Die ideale Stadt stellten sich die Organisatoren des Bürgerbegehrens als Unternehmen vor. Kommunalen Einrichtungen und Betrieben fehle der Anreiz, »kostendeckend oder gar gewinnorientiert zu arbeiten«.[65] Wie hoch müssten Eintrittspreise für Bäder und Bibliotheken wohl sein, um Gewinn zu machen? Wie sieht ein Sozialamt aus, das zum Profitcenter umgewandelt wird? Im Januar 2001 scheiterten Mayer und das Rechtsbündnis am Desinteresse der Münchner: Nur 5,5 Prozent der Stimmberechtigen beteiligten sich an ihrem Bürgerbegehren.

Auch im Bildungsbereich gehören Anthroposophen zu den Vorreitern sozialer Ausgrenzung und Eliteformation. Mayers *Omnibus gGmbH* plädiert für die totale Privatisierung. Schulen und Universitäten sollen über »Kopfbeiträge« der Schüler und Studenten finanziert werden und die Universitäten ihre Studenten selbst auswählen.[66] Anthroposophen gründeten die erste Privat-Universität der Republik in Witten/Herdecke, die 1983 den Studienbetrieb aufnahm. Ihr Gründer und langjähriger Präsident Konrad Schily ist überzeugt, dass Menschen unterschiedlich begabt und Eliten notwendig seien, er rügt den »staatlich bewirtschafteten Geist« und findet: »Die Gebührenfreiheit des Studiums entmündigt.«[67] Für Ich-AG und Hochschul-AG plädiert Steffen Koolmann, 2004 Kanzler der anthroposophischen Alanus Hochschule bei Bonn, der ersten staatlich anerkannten privaten Hochschule für Kunst und Gesellschaft in Deutschland. Universitäten sollten als Unternehmen geführt werden und Studiengebühren nehmen. Der Hochschullehrer solle sich als Mitunternehmer und die Studenten als Kunden verstehen.[68]

Staatsgelder verschmäht die Privatuniversität Witten/Herdecke trotzdem nicht, sie wäre ohne solche Subvention nicht lebensfähig. Deutsche

Kapitalisten sponsern das Experiment Eliteuniversität: Die Alfred Krupp von Bohlen und Halbach- und die Bertelsmann-Stiftung, die BMW AG sowie der Daimler-Benz Fonds zahlten und auch Leo Kirch steuerte sein Scherflein bei, vielleicht als Ablass für die vielen ahrimanischen Filme, die seine Sender zeigen. Zu den Gesellschaftern gehören oder gehörten Alfred Herrhausen (Deutsche Bank), Bertold Beitz (Krupp) und August Oetker.[69] Von den ausgewählten Studenten wird ein fünfstelliger Betrag für das Studium verlangt.[70] 1995 genehmigte die SPD-Landesregierung Studiengebühren in Höhe von 6.600 Mark pro Jahr und einen Landeszuschuss von sechs Millionen Mark.[71] Vier Jahre später mussten Studenten bereits Beträge zwischen 10.800 Mark für Naturwissenschaften und Musiktherapie und 29.700 Mark für Medizin, Zahnmedizin, Pflege- und Wirtschaftswissenschaften bezahlen.[72] 2005 reicht die Spanne von 7000 Euro für Musiktherapie oder Biowissenschaften über 18 000 Euro für Kulturwissenschaften, 25 000 Euro für Medizin, 26 000 Euro für Zahnmedizin bis zu 30 000 Euro für Wirtschaftswissenschaft. Im Juni 2005 beschloss die Mitgliederversammlung der *Studierenden Gesellschaft* die Beiträge ab dem Wintersemester 2005/2006 nochmals zu erhöhen.[73]

Der Wissenschaftsrat bescheinigte der Universität Mitte Juli 2005 im Medizinstudium »erhebliche inhaltliche und strukturelle Schwächen«. Das Gremium urteilte: »Eine auch nur annähernde Gleichwertigkeit mit anderen universitätsmedizinischen Einrichtungen in diesem Leistungsbereich ist nicht gegeben.« Ohne eine Neukonzeption innerhalb eines Jahres müsse der Bereich Humanmedizin schließen.[74]

Anthroposophen in der Antiglobalisierungsbewegung

Die Anthroposophen haben es nicht geschafft, zu jener dominanten Massenbewegung zu werden, die Steiner einst prophezeit hatte. Ersatzweise interpretieren manche die globalisierungskritische Bewegung als »michaelisch«, das heißt anthroposophisch inspiriert.[75] Wie in der Gründungsphase der Grünen mischen Anthroposophen mit, um neue Anhänger zu rekrutieren und ihre Lehren zu verbreiten. Die *Omnibus gGmbH* und Thomas Mayer tingeln durch die Sozialforen dieser Welt. Auf dem Weltsozialforum im Januar 2005 in Porto Alegre präsentierten sich Verfechter der biodynamischen Landwirtschaft, anthroposophische Ärzte, die anthroposophische *Triodos-Bank* aus den Niederlanden sowie eine *Initiative 3puls* aus der Schweiz, die Waldorfschüler für die Dreigliederung gewinnen will.[76]

International agiert *Globenet 3*, das *Global Network for Social Threefolding*, ein Netzwerk von Dreigliederungsgruppen. Führend ist Nicanor

Perlas von den Philippinen, der auch dem *International Forum on Globalization* angehört, einem Zusammenschluss von prominenten Vertretern von NGOs, der die Proteste in Seattle 1999 mit organisierte und als Stichwortgeber der Bewegung agiert. Perlas, 1950 geboren, wuchs in einer begüterten Familie auf, studierte Landwirtschaft und ging während der Marcos-Diktatur ins Exil in die USA. Er war 1992 Mitglied der Regierungsdelegation bei der UN-Konferenz in Rio, auf der die Agenda 21 verabschiedet wurde, in der die Förderung von Atomkraft und Gentechnik vorgesehen ist. Perlas fungierte als Entwicklungsberater und arbeitete 1996 im Rat für nachhaltige Entwicklung im staatlichen Präsidialamt an der »Philippine Agenda 21« mit.

Für Perlas ist Globalisierung ein Weltherrschaftsprojekt der USA, das 1989 gestartet wurde, und aus der Macht des Big Business, das die Nationalstaaten zerstört, dem Kampf der Kulturen und dem US-Unilateralismus besteht.[77] Diese Entwicklungen »fordern die Menschen heraus, in ihre eigene Spiritualität hinein aufzuwachen«. Als Gegenkraft sieht Perlas die Zivilgesellschaft, die neue Werte, neue Visionen und neue Identitäten schaffen müsse.[78] Dabei ist für ihn »der Prozess der Dreigliederung ein entscheidendes Moment, um das US-Imperium in die Schranken zu weisen. Nämlich deshalb, weil der Widerstand aus dem autonomen, dem eigenständigen spirituellen Leben der einzelnen Länder kommt«.[79] Perlas greift damit einen unter Anthroposophen, Globalisierungskritikern und Linken weit verbreiteten Antiamerikanismus auf, der mit einer emanzipatorischen Kritik an Kapitalismus und Imperialismus, der eben nicht nur von den US-Regierungen befördert wird, nichts zu tun hat, sondern Ressentiments pflegt, die deutsch-völkischer Tradition entstammen.

Wie wenig emanzipatorisch Perlas' Vorstellungen sind, zeigt seine These, die Welt sehne sich nach einer »dritten Art der Führung«, neben der wirtschaftlichen und politisch-militärischen: »Diese dritte Art der Führung ist die kulturelle Führung.« Die Globalisierung dürfe nicht den politischen und ökonomischen Eliten überlassen bleiben, sondern eine Elite der Zivilgesellschaft soll mitmischen; das macht auch seine Tätigkeit für die philippinische Regierung deutlich. Die Philippinen sieht Perlas als Pionier, als das erste Land, das eine friedvolle Konfliktlösung pflege und bewusst die soziale Dreigliederung eingeführt habe.[80] Allerdings haben sich die wechselnden Regierungen der Philippinen seit dem Sturz von Marcos nicht gerade als besonders fortschrittlich erwiesen. Konflikte werden nach wie vor durch Repression gelöst.

Der Ansatz von Perlas ist unter Anthroposophen umstritten.[81] Zu Recht weist Harrie Salman den in der Antiglobalisierungsszene verbreiteten Irrtum zurück, die Zivilgesellschaft sei ein von Politik und Ökonomie unabhängiges Gebilde und könne Träger von emanzipatorischen Prozessen sein. Freimütig schildert er, was Anthroposophen sonst leugnen, dass Steiner sich an der mittelalterlichen Ständegesellschaft orientiert. Salman folgt seinem Guru sogar soweit, dass er die Dreigliederung als Mission der Deutschen beschreibt. Perlas sei das Wirken von Beuys, Häfner und Mayer wohl unbekannt. Deshalb übersehe der Mann von den Philippinen, dass »Mitteleuropa... die Aufgabe (hat), das Rechtsleben neu zu ordnen und den Rechtsstaat zu gestalten«. An diesem deutschen Wesen darf die Welt genesen. »Der mitteleuropäische Ansatz ist immer gewesen, dass die politischen Entscheidungen in einem neuen Rechtsleben getroffen werden, während auf den Philippinen mit ihrer schwachen demokratischen Tradition Partnerschaften zwischen Eliten aus der Bürgerbewegung, der Politik und der Wirtschaft entstanden sind.«[82] Das ist ein ziemlich freches Argument, wenn man bedenkt, dass die Alliierten der zentralen Macht Mitteleuropas, Deutschland, demokratische Verhältnisse nach 1945 erst beibringen mussten.

Zu den wichtigsten anthroposophischen Protagonisten in der globalisierungskritischen Szene in Deutschland zählen Vertreter des 1989 gegründeten *Netzwerks Dreigliederung* in Stuttgart. Dort ist auch das *Forum 3* angesiedelt, ein anthroposophisches Kulturzentrum.[83] Im April 2000 führte das *ForumTheater Stuttgart* im *Forum 3* das Stück »Offene Türen« nach der Autobiographie von Babro Karlén auf (siehe Kapitel 5). Unter Polizeischutz, weil antifaschistische Gruppen vor der Tür gegen diese Art der Verhöhnung von Holocaustopfern protestierten. *Netzwerk Dreigliederung, Forum 3* und *Attac Stuttgart* arbeiten zusammen. Die Aktivisten organisierten gemeinsame Veranstaltungen, in denen der Unternehmensberater Udo Hermannstorfer (*Netzwerk Dreigliederung*), Perlas, die spirituellen Ökofeministinnen Maria Mies, Claudia von Werlhof und Vandana Shiva, die für einen lokal begrenzten Subsistenz-Kapitalismus agitieren, sowie – neben Perlas und Shiva – ein weiterer Vertreter des *International Forum on Globalization* auftraten. Im *Forum 3* trifft sich *Attac Stuttgart*, auf dem ersten deutschen Sozialforum in Erfurt im Juli 2005 war *Forum 3* mit einem Workshop vertreten.

Das *Netzwerk Dreigliederung* wird von Christoph Strawe, früher Bundesvorsitzender des *MSB Spartakus*, der Studentenorganisation der DKP, und Mitglied im Präsidium der VVN, geleitet. Der Weg von links nach rechts ist kurz, wenn der Betreffende national gesinnt ist. 1977 verfasste Strawe für die *Roten Blätter,* die Zeitschrift des MSB, einen Kommentar zur Flucht des SS-Mörders Herbert Kappler aus einem italienischen Gefängnis. Darin kritisierte Strawe die Nazis als »Todfeinde der Nation« und forderte, den Nazismus als »antinationale, landes- und hoch verräterische Kraft« zu stigmatisieren.[84]

Strawe gelang die Metamorphose vom kommunistischen Studentenführer zum anthroposophischen Unternehmensberater. Die »Globalisierung« gilt ihm nicht mehr als letzte Phase des Spätkapitalismus, sondern als Teil einer vielversprechenden »Menschheitsmission« – Strawe zitiert nicht mehr Lenin, sondern aus Steiners völkischem Werk über die »Mission einzelner Volksseelen«.[85] In Seminaren schult er seine Anhänger in den Taktiken des Klassenkampfes von oben, als da sind »Führung und Selbstführung« sowie »Partnerschaft in Unternehmen und zwischen Unternehmen«. Strawe verspricht effektivere Profitmaximierung, Erkenntnisse der Astrologie und Embryologie würden berücksichtigt. Sein Partner Hermannstorfer fabuliert in Seminaren über »das Unternehmen als moderner Mysterienort«.

Individualisierung und Globalisierung wertet Strawe als positive Tendenzen der Neuzeit. Er verweist auf Steiner, der lehrte, dass die Menschen von der Mitte des 15. Jahrhunderts bis Mitte des vierten Jahrtausends die Bewusstseinsseele entwickeln müssten.[86] Auch Koolmann von der Alanus-Hochschule schreibt in seinem Plädoyer für private Hochschulen und Studiengebühren, dadurch entstünde ein »Freiheitseffekt, der unserer Zeitgenossenschaft im Bewusstseinsseelenzeitalter nur allzu gerecht werden würde«.[87] Strawe und Koolmann beziehen sich, ohne die verfänglichen Begriffe zu benutzen, auf Steiners Lehre von den Wurzelrassen oder Kulturepochen, wonach von 1415 bis 3573 die germanischen Arier das göttliche Ich wieder entdecken.

Das Engagement in der globalisierungskritischen Bewegung soll den Zufluss von Staatsgeldern sichern und Waldorfschulen, anthroposophische Heime und Betriebe vor Konkurrenz schützen.[88] Meint Dreigliederung so einerseits Mittelstandspolitik in eigener Sache, wird die Globalisierung von Strawe andererseits als Chance aufgefasst, um staatlichen Einfluss auf anthroposophische Einrichtungen zu minimieren und neue Geschäftsfelder zu erschließen.[89] Der Staat solle nur mehr »als Gewährleister der Basisdienstleistungen von Bildung, Gesundheit und Sozialwesen, nicht jedoch als ihr inhaltlicher Kontrolleur« auftreten. Er wirbt für freie Schulen, für Therapiefreiheit und gegen »restriktive Schulgesetze oder vormundschaftliche Erstattungs- und Zulassungsregelungen«.[90] Das wahre Feld der Freiheit sei »die Freiheit, als Arzt oder Lehrer therapeutische oder pädagogische Impulse ohne Bevormundung in die Welt stellen zu dürfen«. Strawe nennt als Beispiele die Waldorfschule und die anthroposophische Medizin.[91]

Deregulierung rühmte Strawe schon 1993 als Chance, um den Staat aus der Wirtschaft »herauszuflechten«. Für die brachliegenden sozialen Bereiche seien neue Konzepte erforderlich.[92] Durchaus im neoliberalen Sinn forderte er einen »schlanken Staat« und meinte, die Wirtschaft solle nicht von der Staatsmacht gebändigt, dafür aber »Lohn- und Gewinnegoismus« überwunden werden.[93] Dass das *Netzwerk Dreigliederung* die Lohnabhängigen im Visier hatte, merkt man an Strawes Forderung (1996), die Kapitalsteuern zu senken und durch Verbrauchersteuern zu ersetzen, woran die Regierung eifrig arbeitet. Damit wird die Umverteilung von unten nach oben verschärft und der sozialreformerische Aspekt der Steuerprogression aufgehoben.[94]

Was den Inhalt der Dreigliederung betrifft, schreibt er unverbindlich über »neue Formen des Zusammenarbeitens zwischen den eigenständig organisierten Feldern Kultur, Staat und Wirtschaft«, ohne diese zu definieren.[95] Er fordert, ein »Gefüge fairer Preise durch Organe gesamtwirtschaftlicher Vernunft bewusst herbeizuführen«. Aus Mitarbeitern sollten »Mitunternehmer« werden, eine »faire weltweite Zusammenarbeit von Wirtschaftspartnern«.[96] Praktisch favorisiert das *Netzwerk Dreigliederung* ein »assoziatives Wirtschaften«, worunter nicht die kommunistische Assoziation der Produzenten zu verstehen ist, sondern »runde Tische«, an denen sich alle »in ihren wechselseitigen Abhängigkeitsverhältnissen erkennen und weitgehend persönlich kennen lernen«.[97] Das klingt nach einem mitfühlenden esoterischen Kapitalismus. Wem das nicht genügt, für den haben Strawe und Konsorten Seelenmassage und die alte organizistische Formel parat, dass jeder seinen Platz im großen Ganzen einnehmen muss und darauf stolz sein darf. Strawe begründet den Kapitalismus astrologisch: »Die kosmischen Rhythmen bestimmen die menschlich-sozialen.«[98] Das ist die dreigegliederte Einheit von Kapitalismus, Anthroposophie und Verblödung wie in den frühen Jahren der Weimarer Republik.[99]

Dreigliederung bleibt so antidemokratisch wie Steiner sie einst konzipierte. Strawe warnt von einer »Mehrheitsdiktatur«. Gemeint ist eine öffentliche Kontrolle der Geschäfte des esoterischen Mittelstandes, er formuliert es blumig und pathetisch: Echte Verantwortung »macht den inhaltlichen Eingriff der Gemeinschaft in die durch ›Binnenanerkennung‹ entstandenen sozialen Räume überflüssig«.[100] Hermannstorfer schreibt, das absolutistische Regime sei durch den demokratischen Staat »von Volkes Gnaden« abgelöst worden, der nur eine Flut von Gesetzen produziere. Der »demokratische Pluralismus« befreie das Individuum nicht von Gesellschaftszwängen, »sondern will das Tyrannenrecht zu einem Menschenrecht machen«.[101] Der Anthroposoph favorisiert eine Dreigliederung, in der »Geistesleben« und »Wirtschaftsleben« frei sind von politischer Regulierung. Es läuft darauf hinaus, öffentliche Einrichtungen zu privatisieren. Hermannstorfers Grundsatz lautet: »Bezahlen, d.h. das Geistesleben ermöglichen muss, wer dessen Leistungen in Anspruch nimmt, d.h. wer sie benötigt. Die Bedürfnisse der einzelnen Menschen werden so zu den Lenkungskräften der geistig-kulturellen Leistungen.«[102] Wenn Bildung und Kultur zum »Marktpreis« bezahlt werden müssen, bedeutet das, viele auszugrenzen. Umgekehrt gilt für diese Art von »Geistesleben« die Maxime, wer zahlt, schafft an.

Geldpfuschereien: Schwund- und Regionalgeld

»Wir wollen Deutschland von einer Faulheitsgesellschaft in eine Unternehmergesellschaft verwandeln. Dazu muss vor allem das Unternehmertum vom Spekulantentum befreit werden«, fordert Thomas Mayer von *Omnibus gGmbH*.[103] Er sieht »krebsartig wuchernde Geldknäuel« und einen Geldstau. Weil Geld gehortet werde, um Zinsen zu kassieren, fehle es den Staaten, Unternehmen und Privaten, die deshalb ausweglos verschuldet seien.[104] Dagegen bot die *Omnibus gGmbH* in München weitere kommunale Plebiszite. Ein »Bürgerbegehren Zahlungsnetzwerk München-Geld«, um eine zinslose Parallelwährung »München-Geld« einzuführen. Damit sollte der »verzinsten DM« Konkurrenz gemacht und »die Befreiung des Geldes von Zins und Spekulation« angegangen werden. Mayer arbeitete außerdem an einem »Bürgerbegehren Stiftung Bodenfreiheit«. Eine Stiftung sollte den städtischen Grund in München übernehmen und verpachten, aber niemals verkaufen.[105]

Beide Vorhaben basieren auf Äußerungen Steiners über alterndes oder befristetes Geld sowie auf der Lehre Gesells, für den der Zins die Wurzel allen Übels war. Als Abhilfe propagierte er so genanntes Schwundgeld, auch als Freigeld oder rostendes Geld bezeichnet, das regelmäßig an Wert verlieren sollte. Privateigentum an Grund und Boden wollte Gesell aufheben, das Land verpachten und die Pacht als Mütterrente auszahlen lassen. Dadurch, so schwärmte er, werde ein neuer Manchester-Kapitalismus entstehen, in dem Männer Erwerbsarbeit leisten und Frauen die Erfolgreichsten wählen, um eine »Höherzüchtung der Menschheit« zu sichern. Seine eugenische Vision war, reiche Qualitätssamenspender mit willigen Gebärmaschinen zu verkuppeln.[106] Die Vorstellung vom Wucher und die Idee vom zinsraffenden bösen Kapital im Gegensatz zum guten schaffenden Kapital hat Mayer von Gesell übernommen. Diese Vorstellung ist strukturell antisemitisch, historisch wurde das so genannte raffende oder Wucherkapital stets mit den Juden identifiziert.

Im Unterschied zu Gesell ließ Steiner den Zins als Entschädigung für den Gläubiger, der verzichtet habe, gelten. Er meinte, eine Währung solle sich wie Produktionsmittel abnutzen und nach einigen Jahren ungültig werden. Der Guru verhöhnte Gesell und seine Anhänger als Abstraktlinge und Utopisten. Anthroposophen lehnten Gesells Ansatz in der Folge als Unfug ab. Eine Ausnahme stellte das anthroposophische *Seminar für freiheitliche Ordnung e.V.* in Bad Boll dar (gegründet 1957), das sich auf Steiner und Gesell, Keynes und den liberalen Walter Eucken sowie Proudhon bezieht.[107] Die gemeinsame Tagung des Seminars und der gesellianischen *Internationalen Vereinigung für Natürliche Wirtschaftsordnung* (INWO) im Oktober 1989 in Bad Boll markierte eine Wende. Die Referenten betonten Gemeinsamkeiten und warben für eine Kooperation.[108] Das *Netzwerk Dreigliederung* arbeitet heute mit Gesell-Anhängern zusammen.[109] Strawe rief dazu auf, alte Zwistigkeiten zu begraben und »fair, sachlich und lösungsorientiert« miteinander zu diskutieren.[110] In den Regionalgeld-Initiativen arbeiten Anthroposophen und Gesellianer zusammen, seitdem wird auch Gesell von Anthroposophen gelobt.[111]

Solche Regionalwährungen existieren in Bremen, Berlin und Sachsen-Anhalt. Weitere 30 Initiativen, etwa in Augsburg, Berlin, Dresden, Freiburg oder im Wendland, bereiten die Ausgabe von Regionalgeld vor (Stand Sommer 2005). Zu einer gewissen Bekanntheit hat es der »Chiemgauer« gebracht, nachdem große Zeitungen und das Gewerkschaftsblatt *Verdi-Publik* Jubelberichte druckten. Der Lehrer Christian Gelleri und Schülerinnen der Waldorfschule in Prien am Chiemsee haben dieses Regionalgeld entwickelt. Seit Januar 2003 kann man in der Waldorfschule des wohlhabenden Kurorts Euros gegen Chiemgauer tauschen und damit in Geschäften am Ort einkaufen. Der Chiemgauer verliert automatisch alle drei Monate zwei Prozent seines Wertes, was dem Prinzip des Schwundgeldes entspricht. Wer Chiemgauer wieder in Euro zurücktauscht, muss fünf Prozent abgeben, drei Prozent für allerlei Projekte, darunter Waldorfschule und Waldorfkindergarten, und zwei Prozent für den Verein *Chiemgauer Regional - Verein für nachhaltiges Wirtschaften*, den die Waldorfleute gegründet haben.[112]

Die Anhänger verklären Regionalgeld als Selbsthilfe, als Gegengewicht zur »Globalisierung der Geldwirtschaft« auf lokaler Ebene. Die bunten Scheine würden die Wirtschaft vor Ort und die kulturelle Identität stärken und vor den »Unwägbarkeiten globaler Finanzspekulation« schützen, behauptet das Regionetzwerk, ein Zusammenschluss der deutschen Initiativen. *Die Zeit* sprach schon vom »Geld der Antiglobalisierer«. Das Ganze ist allenfalls ein Marketinggag für den heimischen Einzelhandel. Die zwei bis fünfprozentigen Abschläge können die Firmen als Werbekosten absetzen. Auf dem dritten Regionalgeld-Kongress Anfang Mai 2005 in Prien wurde eine Studie vorgestellt, wonach entgegen den Versprechungen die

Geschäfte, die Chiemgauer akzeptieren, kaum neue Kunden gewinnen, kaum mehr Umsatz machen oder neue Arbeitsplätze schaffen. Konsumenten, die Regionalgeld eingetauscht haben, geben in der Regel nicht mehr Geld in der Region aus, nur zahlen sie eben nicht mehr in Euro. Und die lokalen Geschäfte, die Chiemgauer akzeptieren, müssen ihre Lieferanten meist in Euro zahlen. Regionalgeld ist das lächerliche Produkt einer abstrusen Theorie, die die nationale und internationale Arbeitsteilung einfach negiert und darum scheitern wird.

Mayer präsentiert Regionalwährungen als »Rettungsboote«, falls die offizielle Währung durch Zins und »überbordende Geldspekulation« ins Trudeln käme. Die Servicegebühr und die Umlaufsicherungsgebühr seien schon »sprudelndes Schenkgeld« im Sinne Steiners. Mayers Ziel ist eine andere Währung mit Bankkonten und Krediten sowie Austausch und Verrechnung zwischen verschiedenen Regionalwährungen. »Sobald der Euro kriselt, könnte eine Abkopplung vom Euro-Standard erfolgen.«[113] Mayer und Gelleri prophezeien ein natürliches Wachstum des Regionalgeldes, das dazu führen werde, dass eine interregionale Vernetzung entstehe und eine Clearing-Stelle eingerichtet werden müsse.[114] Diese Vorstellung ruft selbst unter Anthroposophen milden Spott hervor. Wozu der ganze Aufwand, wenn am Ende via Clearingstelle überall in Regionalgeld gezahlt werden kann, meinte Ramon Brüll. Dann könne man doch gleich beim Euro bleiben.[115]

Einen Erfolg haben Anthroposophen und Gesellianer schon erzielt. In einem Positionspapier von Attac-Deutschland mit dem Titel »Diskussionen in Attac zu einer Alternativen Weltwirtschaftsordnung« (2004) wird als dritte Perspektive neben einem ökologisch und sozial gebändigten, demokratischen Kapitalismus und einer »ökosozialen Marktwirtschaft« eine »Lokalisierung« der Ökonomie präsentiert. Hinter diesem Schlagwort verbirgt sich die Subsistenzperspektive der Ökofeministinnen um Maria Mies samt Tauschringen, Regionalgeld und den Lehren über Zinsknechtschaft. Die Lokalisten-Fraktion hat es geschafft, diese Ideen, die auf die völkisch-esoterische Lebensreformbewegung des Fin de Siècle zurückgehen, in der Antiglobalisierungsbewegung des 21. Jahrhunderts salonfähig zu machen.

Anmerkungen

Einleitung: Lauter Einzelfälle

1 NPD-Lehrer schockiert Waldorfschule, Hamburger Abendblatt, 29.10.2004.
2 Vgl. NPD statt Schule, taz nord, 29.10.2004, Andreas Speit, Sogar ein Waldorflehrer ist dabei, Freitag, Nr. 49, 26.11.2004.
3 Vgl. Neue Züricher Zeitung, 9.9.1994, Weltwoche, Zürich, 25.8.1994.
4 Jens Heisterkamp, Zum Buch von Bernhard Schaub, Adler und Rose, in: Info 3, Nr. 12, 1992.
5 Vgl. Sonntagszeitung, Zürich, 28.11.1999, Tagesanzeiger, Zürich, 22.7.1998.
6 Vgl. Blick, 2.8.2002, Basellandschaftliche Zeitung, 2.8.2002.
7 Vgl. Pressemitteilung der Medienstelle Anthroposophie Schweiz, 23.10.2002, im Folgenden ist jeweils von der Anthroposophischen Gesellschaft die Rede.
8 Vgl. Info 3, Nr. 11/1997 sowie Nr. 3/1998, S. 21.
9 Vgl. Info 3, Nr. 9/1997, S. 53.
10 In: Novalis, Nr. 6/1998, S. 63.
11 Vgl. z. B. Eduard Gugenberger, Roman Schweidlenka, Mutter Erde, Magie und Politik, Wien, 1986, S. 141 f., Wölk, Natur und Mythos, Duisburg, 1992, S. 26 ff., Gilbert Reis, Waldorfschulen für Arier, in: Akaz, Nr. 1/1992, Jutta Ditfurth, Feuer in die Herzen, Hamburg, 1992, S. 217 ff., Jens Uwe Ries, Auf der Suche nach einem neuen Zeitalter, Osnabrück, 1994, S. 246 ff., Georg Otto Schmid, Die Anthroposophie und die Rassenlehre Rudolf Steiners zwischen Universalismus, Eurozentrik und Germanophilie, in: Joachim Müller, Hrsg., Anthroposophie und Christentum. Eine kritisch-konstruktive Auseinandersetzung, Freiburg/Schweiz, 1995, S. 138 ff., Guido und Michael Grandt, Schwarzbuch Anthroposophie, Wien, 1997, Helmut Zander, Sozialdarwinistische Rassentheorien aus dem okkulten Untergrund des Kaiserreichs, in: Uwe Puschner, Walter Schmitz, Justus H. Ulbricht, Hrsg., Handbuch zur völkischen Bewegung, München, 1999, S. 224 ff., Zander, Anthroposophische Rassentheorie: Der Geist auf dem Weg durch die Rassengeschichte, in: Stefanie von Schnurbein, Justus H. Ulbricht, Hrsg., Völkische Religion und die Krisen der Moderne, Würzburg 2001, S. 292 ff.
12 Auch der anthroposophische Dichter Christian Morgenstern (1871–1914) soll ein Bewunderer Lagardes gewesen sein, vgl. Puschner, Schmitz, Ulbricht, Handbuch zur völkischen Bewegung, 1999, S. 49, Anmerkung 11.
13 Vgl. Ernst Uehli, Das Rätsel der Atlantis, zweite Auflage, Stuttgart 1956, der eine führende weiße Jupiterrasse und vier gelbe, rote, braune und schwarze Flügelrassen konstruiert, Hans Rudolf Niederhäuser, Fremde Länder – fremde Völker, Stuttgart, 1960, macht dagegen vier Rassen aus.
14 Vgl. Justus H. Ulbricht, »… in einer gottlosen, prophetenlosen Zeit …« Aspekte einer Problemgeschichte »arteigener« Religion um 1900, in: Schnurbein, Ulbricht, Völkische Religion, a.a.o., 2001.
15 Vgl. ebd., S. 23 ff.
16 Ebd., S. 32.
17 Ernst Bloch, Erbschaft dieser Zeit, 1935, Gesamtausgabe Bd. 4, Frankfurt/M. 1962, S. 188.
18 Vgl. Adolf Baumann, Wörterbuch der Anthroposophie, München, 1991, S. 184 ff., S. 254, S. 269, S. 284, er betont, dass Begriffe wie Wurzelrassen oder Unterrassen überholte theosophische Ausdrücke seien.
19 Vgl. Sergej Prokofieff, Die geistigen Quellen Osteuropas und die Mysterien des Heiligen Gral, 2. verbesserte Auflage, Dornach 1995, S. 39–45, S. 327 ff.

20 Vgl. Bernhard Schaub, Reich Europa, Verlag Zeitenwende, 2. Auflage, 1999.
21 Vgl. Volkmar Wölk, Natur und Mythos, Duisburg 1992, S. 8.
22 Vgl. Henning Köhler, Verkappter Rechtsextremismus, in: Info 3, Nr. 5/1995, S. 2.
23 Vgl. Margret Feit, Die neue Rechte in der Bundesrepublik, Frankfurt/Main 1987, S. 122ff.
24 Vgl. Detlef Hardorp, Rudolf Steiners Einsatz für die multikulturelle Gesellschaft, in: Das Goetheanum, 1997/1998, S. 14, sein Plädoyer für eine multikulturelle Segregationspolitik begründet Hardorp mit Steiner, der »Differenzen in der Naturanlage zwischen Menschengruppen tatsächlich nicht geleugnet« habe.
25 Johannes Kiersch, Mitbegründer des Wittener Instituts für Waldorfpädagogik, erklärte im November 1998: »Mehr als die Hälfte des Nachwuchses hat keine Ahnung von Waldorfpädagogik und Anthroposophie, viele von ihnen arbeiten sich ein und werden dann gute Waldorflehrer, aber noch mehr verschwinden nach kurzer Zeit wieder.« Nur 26 Prozent aller neueingestellten Lehrer verfügten über eine »Waldorf-Vollzeitausbildung von mindestens einjähriger Dauer«, Kiersch, »Wir leben in einer Zeit des Umbruchs«, in: Novalis, Nr. 11, 1998, S. 42, Valentin Wember schreibt, dass immer mehr Lehrer keine Anthroposophen oder gegenüber dieser Weltanschauung sogar abwartend-skeptisch seien, Wember, Reinkarnation und Pädagogik, in: Erziehungskunst, Heft 4, 2004, S. 402.
26 Vgl. Kiersch, »Wir leben in einer Zeit des Umbruchs«, in: Novalis, Nr. 11, 1998, S. 42.
27 Vgl. SPD im Bundestag, Hrsg., Dokumente Sekten und Psychogruppen, Informations- und Diskussionsveranstaltung der SPD-Bundestagsfraktion am 13. März 1996 in Bonn, 14.11.1996, S. 11, S. 17.
28 Otto Schily, ebd., S. 17.
29 Hansjörg Hemminger, ebd., S. 17.
30 Vgl. Bund der Freien Waldorfschulen, Wir über uns, Februar 2004, Arbeitsgemeinschaft der Freien Waldorfschulen Nordrhein-Westfalen, Flugblatt Typisch Waldorf.
31 Michael Klußmann, Zum Rassismus-Streit. Neue Antworten auf alte Vorwürfe, in: Das Goetheanum, 1996, S. 342.
32 Vgl. Klaus Prange, Erziehung zur Waldorfpädagogik, Bad Heilbrunn/Obb. 1987, Charlotte Rudolph, Waldorf-Erziehung. Wege zur Versteinerung, 4. Auflage, Darmstadt, 1987, Paul-Albert Wagemann, Wie frei ist die Waldorfschule?, München, 1996, Sybille-Christin Jacob, Aus der Waldorfschule geplaudert, Aschaffenburg, 2001. Die Sozialarbeiterin Karthrin Taube schildert in ihrem Erfahrungsbericht *Ertötung aller Selbstheit* (1994) wie Behinderte bevormundet werden und sich den ästhetischen und moralischen Normen der Steiner-Jünger anzupassen haben.
33 Vgl. Steiner, Die Geschichte der Menschheit und die Weltanschauungen der Kulturvölker, Vorträge für die Arbeiter am Goetheaneumbau, März-Juni 1924, GA 353, S. 264f., gemäß seiner Rassentheorie sind die Tibeter Nachfolger der atlantischen Kultur und dekadente Asiaten.
34 Thorwald Dethlefsen, Schicksal als Chance, München 1979, 25.Auflage, S. 19.
35 Schily sagt über sich, er sei kein Anthroposoph, allerdings seien ihm »die Denkansätze nicht fremd«, Süddeutsche Zeitung, 12.5.2000. Auch Duve stammt aus einem anthroposophischen Elternhaus, ist selbst aber kein Anthroposoph, Anwalt für andere, in: Das Goetheaneum, Nr. 31/32, 2005, S. 6ff.
36 Bloch, Erbschaft dieser Zeit, S. 189.

Erstes Kapitel: Karmische Entwicklungshilfe – Der Geist der Waldorfpädagogik

1 Ernst Uehli, Atlantis und die Rätsel der Eiszeitkunst, zweite Auflage, Stuttgart, 1956, S. 126, S. 60, Uehli gehörte bis 1923 dem Vorstand der Anthroposophischen Gesellschaft an, 1922/23 führte er das deutsche Wochenblatt Anthroposophie und war von 1921 bis 1923 Redakteur des Blattes Die Drei, von 1921 bis 1937 Lehrer für Kunst und

Religion an der Waldorfschule in Stuttgart. Er publizierte eine Vielzahl von Artikeln und Büchern, vorzugsweise zu germanischer Mythologie.

2 Vgl. Detlef Hardorp, Was will Waldorfpädagogik, 3. Auflage, Stuttgart, Februar 1998, S. 1. ff., 8. Auflage, Stuttgart, Januar 2000, S. 3, herausgegeben vom Bund der Freien Waldorfschulen.

3 Vgl. Berliner Zeitung, 26.7.2000.

4 Bruno Sandkühler, Sprecher der Landesarbeitsgemeinschaft der Waldorfschulen in Baden-Württemberg, behauptete, das Buch habe in der Unterrichtspraxis keine Rolle gespielt, der Empfehlungshinweis sei als »unverbindliche Möglichkeit« gedacht gewesen, dpa-Meldung, 19.7.2000. Der Sprecher der Waldorfschulen von Berlin-Brandenburg, Detlef Hardorp, räumte ein, es sei nicht vollständig kontrollierbar, ob das Buch verwendet worden sei, taz, 15.7.2000.

5 Vgl. Detlef Hardorp, Was will Waldorfpädagogik, 3. Auflage, Stuttgart, Februar 1998, S. 1, darin heißt es, »künstlerisch gestaltete Epochenhefte (ersetzen) weitgehend die Lehrbücher«, Adolf Fischer, Schulbücher an Waldorfschulen?, in: Erziehungskunst, 2002, S. 449 ff., Frank de Vries, Eine heilige Kuh wird geschlachtet, in: Erziehungskunst, 2005, S. 707 f.

6 Steiner, Gegensätze in der Menschheitsentwicklung, GA 197, S. 80.

7 Joachim von Königslow, Flüsse Mitteleuropas. Zehn Biographien, Stuttgart, 1995, S. 19, S. 20, S. 31, S. 33, empfohlen für Geographie, 5.Klasse.

8 Ursula Kilthau, Literaturangaben für die Arbeit des Klassenlehrers an einer Freien Waldorfschule, herausgegeben von der Pädagogischen Forschungsstelle beim Bund der Freien Waldorfschulen, Stuttgart, 1998, S. 5.

9 Vgl. Herbert Hahn, Vom Genius Europas, Wesensbilder von zwölf europäischen Völkern, Ländern, Sprachen. Skizze einer anthroposophischen Völkerpsychologie, Band 1, Stuttgart, 1963, S. 64, S. 411.

10 Vgl. Hans Rudolf Niederhäuser, Fremde Länder – Fremde Völker, Stuttgart, 1960, S. 166.

11 Vgl. Göpfert, Landschaften und Menschen in anderen Erdteilen: Asien. Geographie in der siebten Klasse, in: Helmut Neuffer, Hrsg., Zum Unterricht des Klassenlehrers an der Waldorfschule, Ein Kompendium, Stuttgart 1997, S. 712.

12 Ebd., S. 715.

13 Vgl. Niederhäuser, a.a.O., 1960, S. 113, S. 121.

14 Vgl. ebd., S. 206.

15 Vgl. Andreas Suchantke, Sonnensavannen und Nebelwälder. Pflanzen, Tiere und Menschen in Ostafrika, Stuttgart 1972, S. 23–28.

16 Vgl. Niederhäuser, a.a.O., 1960, S. 269–275, Hahn, Vom Genius Europas, a.a.O., Band 2, Stuttgart 1964, S. 371, S. 462.

17 Vgl. ebd., S. 16–18.

18 Vgl. Tobias Richter, Hrsg., Pädagogischer Auftrag und Unterrichtsziele – vom Lehrplan der Waldorfschulen, Stuttgart 2003, S. 13.

19 Vgl. Steiner, Die Mission einzelner Volksseelen im Zusammenhang mit der germanisch-nordischen Mythologie, GA 121 (hier: TB 613), S. 16 ff., S. 35 ff., S. 114 ff., S. 111, S. 79.

20 Vgl. Steiner, Konferenzen mit den Lehrern der Freien Waldorfschule in Stuttgart, 1919–1924, GA 300b, S. 276–282.

21 Vgl. Steiner, Konferenzen, a.a.O., GA 300a, S. 150 f.

22 bei Erich Gabert, Verzeichnis der Äußerungen Rudolf Steiners über den Geschichts-Unterricht, Stuttgart 1969, Auflage 1989, S. 10.

23 Vgl. z. B. Gabert, a.a.O., 1989, S. 19: »Geschichte als aufsteigende Entwicklung und Erziehung des Menschengeschlechts durch göttliche Erzieher«.

24 Vgl. Karl Heyer, Beiträge zur Geschichte des Abendlandes, Bd. 3, Die neuere Zeit, 2. Auflage, 1957, S. 6.

25 Vgl. Jakob Streit, Zum Geschichtsunterricht, in: Freie pädagogische Vereinigung, Hrsg., Waldorfpädagogik – Ein Weg zur Persönlichkeitsentwicklung, München, 1984, S. 70 ff., Richter, a.a.O., 2003.

26 Vgl. Rudolf Grosse, Erlebte Pädagogik, Schicksal und Geistesweg, Dornach, 1968, in: Prange, a.a.O., 1987, S. 109.
27 Vgl. Kilthau, Literaturangaben, a.a.O., 1998, S. 32–34.
28 Sigismund von Gleich, Marksteine der Kulturgeschichte, Band 1 bis 4, 1938 bis 1952, 3. Auflage, Stuttgart, 1982, S. 16.
29 Vgl. Heyer, Beiträge zur Geschichte des Abendlandes, Band 1, Von der Atlantis bis Rom, Breslau, 1939, S. 9–22, Heyer hat Jura und Geschichte studiert. In den 20er-Jahren war er in der Dreigliederungs-Initiative aktiv und betätigte sich im Übrigen als Publizist für Steiners Lehre.
30 Ebd., S. 26f.
31 Vgl. ebd., S. 114–178.
32 Vgl. ebd., S. 306–308, ders., Bd. 3, a.a.O., S. 21–28.
33 Heyer, Bd. 3, S. 59f.
34 Vgl. Christoph Stegmann, Das Ringen um eine gerechte soziale Ordnung. Sozialkundliches in der Unter- und Mittelstufe, besonders im Geschichtsunterricht der 6. bis 8. Klasse, in: Helmut Neuffer, Hrsg., Zum Unterricht des Klassenlehrers an der Waldorfschule, Ein Kompendium, Stuttgart, 1997, S. 633ff., S. 667.
35 Vgl. Heyer, Beiträge zur Geschichte des Abendlandes, Band 9, Kaspar Hauser und das Schicksal Mitteleuropas im 19. Jahrhundert, Stuttgart, 1958, dritte Auflage 1983, S. 119–125, S. 189–196.
36 Vgl. Hans Erhard Lauer, Polnische Kultur, in: Wolfgang Schuchardt, Herbert Rieche, Hrsg., Mitteleuropa. Landschaften – Völker – Kulturen, Stuttgart, 1978, S. 434.
37 Vgl. Wagemann, a.a.O., 1996, S. 111.
38 Vgl. Rudolph, a.a.O., 1988, S. 196.
39 Vgl. Jakob Streit, Elisabeth Klein, Comics oder Märchen, Bad Liebenzell, 6. Auflage, 1997, S. 4ff., S. 24f.
40 Vgl. Heinz Buddemeier, Kinderfernsehen ist nichts für Kinder, Bad Liebenzell, 2. Auflage, 1997, S. 23ff., S. 28, S. 31.
41 Vgl. Steiner, Konferenzen, a.a.O., GA 300c: »Da wird eine recht schlimme Verwicklung sein mit dem ganzen Inneren. Da wird auch nicht viel zu machen sein. Das sind diese Fälle, die immer häufiger vorkommen, dass Kinder geboren werden und Menschenformen da sind, die eigentlich in Bezug auf das höchste Ich keine Menschen sind ... Seit den 90er Jahren schon kommen sehr viele ichlose Menschen vor, wo keine Reinkarnation vorliegt, sondern wo die Menschenform ausgefüllt wird von einer Art Naturdämon.« (S. 70).
42 Vgl. Rudolf Meyer, Die Weisheit der deutschen Volksmärchen, Verlag der Christengemeinschaft, 1935, S. 8f., S. 18.
43 Ebd., S. 8.
44 Vgl. ebd., S. 22, S. 168.
45 Ebd., S. 23.
46 Richard Karutz, Die Mär in Mythen und Märchen, Stuttgart, 1962, S. 7.
47 Vgl. Meyer, a.a.O., 1935, S. 10.
48 Vgl. ebd., S. 12–15.
49 Vgl. ebd., S. 170, ähnlich schreibt Rittelmeyer, Rotkäppchen symbolisiere die Menschheit, die den hellseherischen Bezug zu »göttlichen Führermächten« verloren habe und ihr eigenes göttliches Ich finden müsse. Der Wolf repräsentiere »die Macht der Verfinsterung und Lüge«, sein Tod sei eine Metapher für die Befreiung vom Materialismus, Rittelmeyer, Menschheitsgeschichte im Märchen, in: Die Christengemeinschaft, 1927/1928, Heft 5, S. 152.
50 Vgl. Meyer, a.a.O., S. 171.
51 Ebd., S. 167.
52 Vgl. Richter, Hrsg., Pädagogischer Auftrag und Unterrichtsziele – vom Lehrplan der Waldorfschulen, Stuttgart, 2003, das Buch ist in der Reihe Menschenkunde, Schriften der Pädagogischen Forschungsstelle erschienen. Empfohlen werden die hier zitierten Bücher von Hahn, Lauer, Niederhäuser und Suchantke (S. 558f.) sowie alle neun Bände der Geschichtsreihe von Heyer (S. 564).

53 Privatarchiv P. B.
54 Vgl. Christian Göpfert, Landschaften und Menschen in anderen Erdteilen: Asien. Geographie in der siebten Klasse, in: Neuffer, a.a.O., 1997, S. 715.
55 Stefan Leber, Die Menschenkunde der Waldorfpädagogik. Anthropologische Grundlagen der Erziehung des Kindes und Jugendlichen, Stuttgart, 1993, S. 32.
56 Ebd., S. 32.
57 Vgl. www.waldorflehrerseminar.de/personen/index.html, 17.11.99.
58 Vgl. Richter, Pädagogischer Auftrag, a.a.O., 2003, S. 553, S. 558.
59 Vgl. Steiner, Die Geheimwissenschaft im Umriß, TB 601, S. 57, S. 59, S. 65ff., S. 70f., S. 74f.
60 Vgl. ebd., S. 67, Poppelbaum, Schicksalsrätsel. Verkörperung und Wiederverkörperung, Dornach, 1959, 2. Auflage, S. 31.
61 Vgl. Steiner, Theosophie, TB 615, GA 9, S. 51, S. 67.
62 Ebd., S. 71.
63 Vgl. Steiner, Die Geheimwissenschaft im Umriß, 1910, TB 601, S. 57, S. 59, S. 65ff., S. 70f., S. 74f.
64 Vgl. Wolf-Ulrich Klünker, Das Bewusstsein des Engels, in: Die Drei, Heft 12, 1997, S. 1177.
65 Vgl. Baumann, Wörterbuch der Anthroposophie, S. 274–279.
66 Steiner, Die geistige Führung des Menschen und der Menschheit, TB 614, S. 15.
67 Vgl. Grandt, Schwarzbuch Anthroposophie, S. 283f.
68 Vgl. Steiner, Anthroposophische Menschenkunde und Pädagogik, Vorträge, 1923/24, GA 304a, S. 35.
69 Vgl. Rudolph, a.a.O., 1987, S. 113.
70 Vgl. Hermann Koepke, Das siebente Lebensjahr, Dornach, 1996.
71 Steiner, Die Pädagogische Grundlage der Waldorfschule, GA 24, S. 85f.
72 Vgl. Ernst Weissert, Der Waldorflehrer, in: Neuffer, Kompendium, 1997, S. 20f.
73 Vgl. Baumann, Wörterbuch, a.a.O., S. 196, Gabriele Böttcher, Kindliche Entwicklung als Herabstieg in die Erdenwelt, in: Neuffer, Kompendium, 1997, S. 36f.
74 Vgl. Baumann, Wörterbuch, S. 196f.
75 Vgl. Böttcher, Kindliche Entwicklung als Herabstieg in die Erdenwelt, a.a.O., S. 40ff.
76 Vgl. ebd., S. 197, S. 202.
77 Steiner, Allgemeine Menschenkunde, TB 617, S. 74.
78 Vgl. Ronald Templeton, Karma im pädagogischen Alltag, in: Erziehungskunst, Heft 4, 2004, S. 394.
79 Vgl. Wember, Reinkarnation und Pädagogik, in: Erziehungskunst, Heft 4, 2004, S. 405.
80 Vgl. Leber, Reinkarnation und Karma – Grundlage allen wahrhaften Erziehens, in: Heinz Zimmermann, Hrsg., Reinkarnation und Karma in der Erziehung, 1996, S. 9.
81 Vgl. Wember, Reinkarnation und Pädagogik, a.a.O., S. 402ff.
82 Vgl. ebd., S. 407.
83 Ebd., S. 407.
84 Ebd., S. 407.
85 Kiersch spricht davon, dass sich Studenten der Waldorfpädagogik »in der geistigen Welt vor der Geburt verabredet haben« und ihre Ausbildung als »karmische Gruppe« absolvieren, Kiersch, »Wir leben in einer Phase der Umstülpung«, in: Novalis, Nr. 11/1998, S. 44.
86 Vgl. Erich Gabert, Die Strafe in der Selbsterziehung und in der Erziehung des Kindes, 9. Auflage, Stuttgart, 1985, S. 117.
87 Vgl. Georg von Arnim, Was bedeutet Seelenpflege? Die Aufgaben der anthroposophischen Heilpädagogik und Sozialtherapie, 7.Auflage, Bad Liebenzell, 1995, S. 5ff.,Walther Bühler, Hat das Leben einen Sinn? Schicksal und Wiederverkörperung, Bad Liebenzell, 7.Auflage, 1997, S. 32, Taube, »Ertötung aller Selbstheit«, 1994, S. 57ff.
88 von Arnim, a.a.O., S. 6, der Mediziner von Arnim (1920–2000) arbeitete in der anthroposophischen Camphill-Bewegung mit, die weltweit Dörfer betreibt, in denen behinderte Menschen leben. Ab 1964 war er am Aufbau des Camphill-Zentrums am Bodensee beteiligt.

89 Vgl. Taube, »Ertötung aller Selbstheit«, 1994, S. 61 f.

90 Vgl. Michaela Glöckler, Zum Umgang mit der Linkshändigkeit, in: Helmut Neuffer, Hrsg., Zum Unterricht des Klassenlehrers an der Waldorfschule, Ein Kompendium, Stuttgart, 1997, S. 1048, S. 1052.

91 Vgl. K. D., Leserbrief, Junge Welt, 4.9.2000.

92 Vgl. Ute Siebert, Offener Brief an Lorenzo Ravagli, 20.3.2001, www.anthroposophie-de.com/aktuelles/siebert.html.

93 Vgl. Caroline von Heydebrand, Die Temperamente und ihre Behandlung, in Erziehungskunst, Heft 4, 1948, S. 255 ff., Heft 5, 1948, S. 316 ff., Hildegart Gebert, Begabung, Auslese und soziale Gemeinschaft, in: Erziehungskunst, Heft 3, 1948, S. 199, Norbert Glas, Das Antlitz offenbart den Menschen, Bd. 2, Die Temperamente, 4. Auflage, Stuttgart, 1990, Baumann, Wörterbuch, a.a.O., 1991, S. 201, Wagemann, 1996, S. 18 ff., Wember, 2004, S. 405.

94 Vgl. Gabert, Die Strafe…, a.a.O., 1985 S. 93.

95 Erich Gabert, Verzeichnis der Äußerungen Rudolf Steiners über den Geschichts-Unterricht, Stuttgart 1969, Auflage 1989, vervielfältigt durch die Pädagogische Forschungsstelle beim Bund der Freien Waldorfschulen, S. 51.

96 Vgl. von Heydebrand, Die Temperamente und ihre Behandlung, in: Erziehungskunst, Heft 4, 1948, S. 255 ff., Heft 5, 1948, S. 316 ff.

97 Vgl. Kranich, Menschenerkenntnis unter dem Gesichtspunkt von Reinkarnation, in: Zimmermann, Hrsg., Reinkarnation und Karma in der Erziehung, 1996, S. 45 f.

98 Vgl. Robert Miles, Rassismus. Einführung in die Geschichte und Theorie eines Begriffs, 2. Auflage, Berlin, 1992, S. 46 ff., George L. Mosse, Die Geschichte des Rassismus in Europa, Frankfurt/Main, 1990, S. 29 ff., S. 43, Immanuel Geiss, Geschichte des Rassismus, Frankfurt/Main, 1988, S. 51 ff., S. 106 ff., S. 160 ff.

99 Vgl. Steiner, Konferenzen, a.a.O., Band 1, GA 300/1, S. 151.

100 Vgl. Heydebrand, Die Temperamente und ihre Behandlung, in: Erziehungskunst, Heft 4, 1948, S. 255 ff., Heft 5, 1948, S. 316 ff., Gebert, Begabung, Auslese und soziale Gemeinschaft, in: Erziehungskunst, Heft 3, 1948, S. 199, Glas, Das Antlitz offenbart den Menschen, Bd. 2, Die Temperamente, 4. Auflage, Stuttgart, 1990, Baumann, Wörterbuch, a.a.O., S. 201, Wagemann, 1996, S. 18 ff., Wember, 2004, S. 405.

101 Kranich, Menschenerkenntnis unter dem Gesichtspunkt von Reinkarnation, in: Zimmermann, a.a.O., 1996, S. 30, S. 41.

102 Vgl. Pirkko Helakangas, Robert Thomas, Arbeit an der Schicksalsgemeinschaft in der Unter- und Oberstufe, in: Zimmermann, a.a.O., 1996, S. 52 f.

103 Vgl. Glas, Das Antlitz offenbart den Menschen, Bd. 1, 6. Auflage, Stuttgart, 1992, S. 18 f., S. 32 ff.

104 Vgl. Heinz Zimmermann, Individuelle Selbsterziehung kollegialer Schulführung, in: Anthroposophische Pädagogik, Dritte Welt-Lehrertagung am Goetheanum, Ostern 1989, Beilage zur Wochenschrift Das Goetheanum, Nr. 11, März 1989, S. 6 f.

105 Richter, Hrsg., Pädagogischer Auftrag und Unterrichtsziele, Stuttgart, 2003, S. 25 f.

106 Vgl. Bund der Waldorfschulen Österreich, www.waldorf.at/paedagogik3.html (24.5.1999).

107 Steiner, Allgemeine Menschenkunde als Grundlage der Pädagogik, GA 293, S. 206.

108 Vgl. Eltern-Aufstand an Kemptener Waldorfschule, Süddeutsche Zeitung, 15.9.1986.

109 Vgl. Richter, a.a.O., 2003, S. 25.

110 Hardorp, Was will Waldorfpädagogik, 3. Auflage, Stuttgart, Februar 1998, S. 3, in der achten Auflage dieser Broschüre fehlt dieser Satz, statt dessen wendet sich Hardorp gegen den Materialismus, der »seelisch-geistige Realitäten dogmatisch leugnet« (S. 5).

111 Anthroposophische Gesellschaft Deutschland, Hrsg., Verzeichnis anthroposophischer Ausbildungs- und Studienstätten, 1996, S. 52.

112 Ebd., S. 30.

113 Vgl. Waldorfkindergarten Gröbenzell, Festschrift zur Einweihung am 8. Mai 1997, S. 7 ff.

114 Vgl. Reinhart Fiedler, Der Morgenspruch, S. 68 ff., Benediktus Hardorp, Der Morgenspruch in der Waldorfschule, S. 73 ff., in: Neuffer, Kompendium, 1997.

115 Wagemann, a.a.O., 1996, S. 209.
116 Steiner, Allgemeine Menschenkunde, GA 293, S. 76.
117 Steiner, Konferenzen, a.a.O., GA 300b, S. 222 f.
118 Vgl. Gabert, Die Strafe in der Selbsterziehung und in der Erziehung des Kindes, 9. Aufl., Stuttgart 1985, S. 64 f., Rudolph, 1988, S. 158–172, Wagemann, a.a.O., 1996, S. 147–159, Wulf Petzoldt, Friede, Freude, Feierstunden? Abendzeitung, München, 12.10.1998, Manfred May, Versteinerung – Die Waldorfschule als Schicksalsgemeinschaft, Skript einer Hörfunksendung des Bayerischen Rundfunks vom 3.2.1999, S. 33, Sybille-Christin Jacob, a.a.O., 2001, S. 143 ff.
119 Gabert, Die Strafe ..., S. 58.
120 Vgl. ebd., 61 ff.
121 Vgl. ebd., S. 65 ff.
122 Vgl. Wagemann, Wie frei ist die Waldorfschule?, 1996, S. 78 f.
123 Vgl. Mathias Raith, Die Wagenburg hat ausgedient, in: Info 3, März 2000, Hans Wilhelm Colsman, In schlechter Verfassung? Der Schulrat, in: Erziehungskunst, Heft 3, 2005, S. 259 ff.
124 Vgl. Peter Elsen, Neuland wagen! sowie diverse Berichte von Schülern, in: Erziehungskunst, Heft 6, 2005, S. 643 ff.
125 Vgl. Colsman, In schlechter Verfassung? Der Schulrat, in: Erziehungskunst, Heft 3, 2005, S. 263.
126 Vgl. Freie Pädagogische Vereinigung, Hrsg., Waldorfpädagogik, 1984, S. 54 f.
127 Colsman, In schlechter Verfassung? Der Schulrat, in: Erziehungskunst, Heft 3, 2005, S. 260.
128 Vgl. Wulf Petzoldt, Friede, Freude, Feierstunden?, in: Münchner Abendzeitung, 12.10.1998, Jacob, a.a.O., S. 19.
129 Heydebrand, Vom Lehrplan der freien Waldorfschule, 10. Auflage, 1996, S. 13.
130 Steiner, Der Sport als Ergebnis der materialistischen Weltanschauung, Vortrag 24.1.1917, in: Das Goetheanum, Heft 19, 1948, S. 145.
131 Steiner, Allgemeine Menschenkunde, GA 293, S. 192.
132 Nach Harald Gießler, »Turnen« im Rahmen der Waldorfpädagogik, Arlesheim, 1997, S. 102.
133 Dietrich Schulze-Marmeling, Der gezähmte Fußball, Göttingen, 1992, S. 67.
134 Werner, Anthroposophen im Nationalsozialismus, Oldenburg, 1999, S. 408.
135 Vgl. Karl Thoma, Christengemeinschaft und Sport, in: Die Christengemeinschaft, 1928, Heft 6, S. 187 f.
136 Vgl. Betty Staley, Eine Kultur im Werden, in: Erziehungskunst, Heft 1, 1993, S. 2.
137 Vgl. Gießler, a.a.O., 1997, S. 104, Süddeutsche Zeitung, Magazin, Nr. 38, 14.9.1998, S. 10.
138 Vgl. Michael Birnthaler, Eigentore in Sachen Fußball, in: Erziehungskunst, Heft 3, 1997, S. 250 ff., Karl Reinhard Kummer, Menschenkundliche Aspekte zum Fußball, in: Erziehungskunst, Heft 3, 1997, S. 259 ff., Werner Neudorfer, Fußball im Unterricht?, in: Erziehungskunst, Heft 7/8, 1997, S. 803.
139 Vgl. Gießler, a.a.O., 1997, S. 61 f., S. 117 f., Richter, a.a.O., 2003, S. 380–389.
140 Vgl. Heydebrand, Vom Lehrplan der Freien Waldorfschule, 1996.
141 Vgl. Richter, a.a.O., 2003.
142 Franz Josef Wehnes, Kritische Aspekte der Waldorfpädagogik, in: Franz Josef Krämer, Georg Scherer, Franz Josef Wehnes, Anthroposophie und Waldorfpädagogik, Annsweiler, 1987, S. 194.
143 Vgl. Mays, Versteinerung, a.a.O., 1999, S. 35 f.
144 Vgl. Christoph Lindenberg, Waldorfschulen: Angstfrei lernen, selbstbewusst handeln, Hamburg 1975, S. 92 ff.
145 Vgl. Uehli, Die Bluterneuerung des Künstlers als Grundlage des Expressionismus, in: Das Reich, 4. Jahrgang, 1919/20, S. 198, S. 202.
146 Vgl. Otto Julius Hartmann, Kunstgeschichte als Geistes- und Sozialgeschichte, in: Das Goetheanum, Heft 25, 1933, S. 195.
147 Vgl. Bodo von Plato, Anthroposophie im 20. Jahrhundert, a.a.O., 2003, S. 274 f.

148 Vgl. Bundesarchiv Berlin, Hartmann Otto, RK/RSK/222, Fragebogen zur Bearbeitung des Aufnahmeantrages für die Reichsschrifttumskammer, 2.9.1938, Bild 275.
149 Vgl. Friedrich Rittelmeyer, Christus, Stuttgart 1936, S. 138.
150 Vgl. Lena Maas, Deutsche Kunsteindrücke, in: Das Goetheanum, Heft 26, 1924, S. 204f.
151 Vgl. Hilde Boos-Hamburger, Probleme der modernen Malerei, in: Das Goetheanum, Heft 31, 1926, S. 245f.
152 Uehli, Die Blutserneuerung des Künstlers, a.a.O., 1919/20, S. 201.
153 Ebd., S. 202.
154 Vgl. ebd., S. 201f., S. 203, S. 205.
155 Heydebrand empfiehlt Wagner für die 12. Klasse, insbesondere die »Metamorphose des Parzivalmotivs«, Parzival gilt als edler esoterischer Gralshüter, dies., Vom Lehrplan der freien Waldorfschule, 1996, S. 48.
156 Vgl. Rittelmeyer, Christus, 1936, S. 137f.
157 Michael Klußmann, Zum Rassismus-Streit, Teil II, in: Das Goetheanum, 1996, S. 356.
158 Ebd., S. 356.
159 Vgl. Walther Bühler, Hellmut Vermehren, Radio und Kino. Gefahren für die Seele, Bad Liebenzell-Unterlengenhardt, 3. Auflage, 1987, S. 5, S. 7.
160 Vgl. Taube, Ertötung aller Selbstheit, a.a.O., S. 74ff.
161 Vgl. Uwe Buermann, Die neue Jugenddroge Techno, in: Das Goetheanum, 1996, S. 215f. Laut Buermann, damals Absolvent des Waldorflehrer-Seminars in Stuttgart, kommt Techno aus dem Bereich der binären Logik und »binäre Logik ist die Logik Ahrimans«, worauf auch der reine Takt und die Wiederholungen hindeuteten. «Der Mensch wird also ganz ins Physische gezogen und damit mechanisiert, was auch in den Bewegungen zum Ausdruck kommt (dem sogenannten ›Abzappeln‹).« Wo Ahriman spukt, ist Luzifer nicht weit. Laut Buermann schlägt er zu, wenn der Tänzer den Trancezustand erreicht. Ahriman und Luzifer ergeben den Superdämon Sorat, der nach anthroposophischem Aberglauben alle 666 Jahre angreift. »1998 ist ein solcher Höhepunkt. Und Techno scheint eins der Phänomene zu sein, wo man das sich steigernde Wirken der Sorat-Wesenheit erleben kann.«

Zweites Kapitel: Rudolf Steiner – Der Menschheitsführer

1 In seiner Autobiographie notierte Steiner seine Lektüre als Student. Eigens erwähnt er Fichtes *Wissenschaftslehre* und dessen *Reden an die deutsche Nation*; außerdem las er Johann Wolfgang Goethe (1749–1832), Georg Wilhelm Friedrich Hegel (1770–1831) und Haeckel, Rudolf Steiner, Mein Lebensgang, TB 636, S. 39f., S. 43. Der Zoologe Haeckel verfocht in Deutschland die Evolutionslehre Darwins gegen die Kirche und prägte den Begriff Ökologie. Er befürwortete eine deutsche Expansionspolitik und teilte die Menschen in »wollhaarige« und »schlichthaarige« Rassen ein. Die »Wollhaarigen« seien den Affen näher als den »Schlichthaarigen«, die »indogermanische Rasse« sei allen übrigen geistig voraus, zit. bei Iring Fetscher, Ernst Haeckels »Welträtsel« heute, in: Haeckel, Die Welträtsel, 1899, Nachdruck der 11. verbesserten Auflage von 1919, Stuttgart 1984, S. VIII.
2 Vgl. Wolfgang J. Mommsen, Das Zeitalter des Imperialismus, Frankfurt/Main 1969.
3 Zit. nach René Freund, Land der Träumer, Wien 1996., S. 51.
4 Vgl. Nicholas Goodrick-Clarke, Die okkulten Wurzeln des Nationalsozialismus, Graz 1997, S. 42, S. 44.
5 Rudolf Steiner, Mein Lebensgang (1925), TB 636, S. 144.
6 Vgl. Steiner, Briefe 1890–1925, Band 2, GA 39, S. 470, ders., Mein Lebensgang, a.a.O., S. 65.
7 Vgl. Günter Hartung, Völkische Ideologie, in: Puschner, Schmitz, Ulbricht, Handbuch zur Völkischen Bewegung, a.a.O., 1999, S. 24f., S. 29f.
8 Vgl. Steiner, Mein Lebensgang, TB 636, S. 101.

9 Zit. bei Fritz Lemmermayer, Erinnerungen, Stuttgart, Den Haag, London 1929, S. 58.
10 Vgl. Lemmermayer, Fercher von Steinwand, der österreichische Dichter, in: Hans Lauer, Hrsg., Österreichische Blätter für freies Geistesleben, Heft 3, 1928, S. 15 ff., Johann-Michael Ginther, Michael und der deutsche Volksgeist, in: Das Goetheanum, 1995/96, 593 ff., Fercher habe in seinen Gedichten die »Imagination des deutschen Volksgeistes« geschildert, sein »Genius« sei ein »Repräsentant Michaels«, des Erzengels, der nach anthroposophischer Lehre den Deutschen voranschwebt.
11 Vgl. Steiner, Gesammelte Aufsätze zur Kultur- und Zeitgeschichte 1887–1901, GA 31, S. 116 f.
12 Die *Deutsche Wochenschrift* war das Organ der Deutsch-Liberalen, 1883 gegründet und unterstützte den »Deutschen Klub«, eine Partei, die im Juni 1885 bei den Wahlen 79 Mandate erzielte. Politisch vertraten Zeitung und Partei einen deutsch-nationalen Kurs, grenzten sich aber vom rabiaten Antisemitismus Schönerers ab, vgl. William J. McGrath, Dionysian Art and Populist Politics in Austria, New Haven and London 1974, S. 204 ff.
13 Steiner, Die Deutschen in Österreich und ihre nächsten Aufgaben, in: ders., Gesammelte Aufsätze, GA 31, S. 141 f., bezeichnend ist auch ein Text aus dem Jahr 1900, indem Steiner sich von Schönerer abgrenzte und für die »Kulturmission« eines »idealistischen« deutschen Nationalismus plädierte (ebd., S. 362, S. 417 ff.).
14 Vgl. Steiner, Gesammelte Aufsätze zur Kultur und Zeitgeschichte, 1887–1901, GA 31, S. 116, S. 117 ff.
15 Vgl. ebd., S. 111 f.
16 Vgl. Steiner, Österreichische Persönlichkeiten in den Gebieten der Dichtung und Wissenschaft, Berlin, 10.2.1916, in: Anthroposophische Gesellschaft in Deutschland, Hrsg., Anthroposophie, 1932/33, S. 102 f.
17 Vgl. Steiner, Mein Lebensgang, TB 636, S. 41 ff., Christoph Lindenberg, Rudolf Steiner, 3. Auflage, Reinbek 1994, S. 23.
18 Vgl. Steiner, Österreichische Persönlichkeiten, a.a.O., in: Anthroposophie, 1932/33, S. 104, Friedrich Hiebel, Karl Julius Schröers vergessenes Geistesvermächtnis, in: Anthroposophie, 1932/33, S. 311, Ludwig Polzer-Hoditz, Das Mysterium der europäischen Mitte und die Mysterien der Zukunft, in: Hans Lauer, Hrsg., Österreichische Blätter für freies Geistesleben, Heft 9, 1928, S. 13 ff.
19 Vgl. Wilhelm Rath, Rudolf Steiner und Thomas von Aquino, Basel 1991, S. 33, Rath war in den 20er-Jahren Sekretär der Jugendorganisation in Deutschland.
20 Steiner, Mein Lebensgang, TB 636, S. 68.
21 Ebd., S. 70.
22 Vgl. Judith Krischik, Karl Julius Schröer, der Lehrer Rudolf Steiners, in: Das Goetheanum, 1994, S. 462 f., Detlef Sixel, Zu den Oberuferer Weihnachtsspielen, in: Goetheanum, 1988, S. 432 f.
23 Vgl. Steiner, Gesammelte Aufsätze, a.a.O., GA 31, 85 ff., er berichtete über den *Deutschen Schulverein* in Mähren und dessen »Widerstandsfähigkeit« gegen die Tschechen, ders., Mein Lebensgang, TB, S. 67, über Schröer notierte er, dieser sei in Ungarn aufgewachsen, und »erlebte so den Druck auf das Deutschtum schon in seiner Jugend im eigenen Hause«.
24 Vgl. Steiner, Weihnachtsspiele aus altem Volkstum. Die Oberuferer Spiele, Dornach 1990, S. 81, S. 84, S. 96.
25 Zit. ebd., S. 81.
26 Zit. Steiner, Mein Lebensgang, TB 636, S. 78 ff.
27 Vgl. Steiner, Briefe 1890–1925, Bd. 2, GA 39, S. 90, S. 97 f., S. 273.
28 Vgl. ebd., S. 77, S. 185.
29 Vgl. Steiner, Die Philosophie der Freiheit, 1894, GA 4, S. 7 f.
30 Ebd., S. 32.
31 Vgl. ebd., S. 23, S. 28 f.
32 Steiner, Die Erkenntnis des Übersinnlichen in unserer Zeit und deren Bedeutung für das heutige Leben, Vorträge 1906/1907, GA 55, S. 39.
33 Vgl. Steiner, Die Philosophie der Freiheit, GA 4, S. 104, als Theosoph sagte Steiner

später: »Der Mensch ist aus dem Makrokosmos herausgeboren, und er muss als Mikrokosmos die darin wirkenden Kräfte und Gesetze wieder in sich finden.« Ders., Die Erkenntnis des Übersinnlichen, GA 55, S. 203.

34 Vgl. Steiner, Goethes Weltanschauung, 1897, TB 625, S. 136.
35 Vgl. ebd., S. 102.
36 Vgl. ebd., S. 205.
37 Vgl. ebd., S. 96.
38 Vgl. Ulrich Linse, Barfüßige Propheten, Erlöser der zwanziger Jahre, Berlin, 1983.
39 Vgl. Steiner, Die Mission einzelner Volksseelen im Zusammenhang mit der germanisch-nordischen Mythologie, Vorträge Oslo 1910, TB 613, S. 65, ders., Die geistige Führung des Menschen und der Menschheit, Vorträge Kopenhagen 1911, TB 514, S. 83.
40 Vgl. Steiner, Goethes Weltanschauung, TB 625, S. 76.
41 Ebd., S. 28.
42 Ebd., S. 94.
43 Ebd., S. 95.
44 Steiner, Die Philosophie der Freiheit, GA 4, S. 95.
45 Ebd., S. 107.
46 Ebd., S. 153.
47 Ebd., S. 164.
48 Steiner, Friedrich Nietzsche. Ein Kämpfer gegen seine Zeit, TB 621, S. 27 f.
49 Ebd., S. 28.
50 Vgl. ebd., S. 81.
51 Ebd., S. 29.
52 Ebd., S. 61.
53 Vgl. Steiner, Briefe 1890–1925, Bd. 2, GA 39, S. 374, S. 383 f.
54 Steiner, Ernst Haeckel und die Welträtsel, in: Magazin für Litteratur, 1899, Nr. 42, 21.10.1899, Spalte 989, Nr. 43, 28.10.1899, Spalte 1010.
55 Vgl. Steiner, Mein Lebensgang, TB 636, S. 165.
56 Vgl. ebd., S. 50.
57 Steiner, Briefe 1890–1925, Bd. 2, GA 39, S. 209.
58 Ebd., S. 255.
59 Vgl. Steiner, Friedrich Nietzsche, TB 621, S. 96.
60 Vgl. Steiner, Briefe 1890–1925, Bd. 2, GA 39, S. 198, S. 239.
61 Vgl. Steiner, Ernst Haeckel und die Welträtsel, in: Magazin für Litteratur, 68. Jhg., Nr 42, 21.10.1899, Nr. 43, 28.10.1899, Nr. 44, 4.11.1899.
62 Vgl. Steiner, Ernst Haeckel und die Welträtsel, in: Magazin für Litteratur, 68. Jhg., Nr. 43, 28.10.1899, Spalte 1010 f., Nr. 44, 4.11.1899, Spalte 1034.
63 Steiner, Friedrich Nietzsche, TB 621, S. 24.
64 Ebd., S. 26 f.
65 Ebd., S. 25.
66 Steiner, Die Philosophie Friedrich Nietzsches als psychopathologisches Problem, 1900, in: ders., Friedrich Nietzsche, TB 621, S. 146.
67 Ebd., S. 148.
68 Vgl. Steiner, Briefe 1890–1925, Bd. 2, GA 39, S. 238, S. 256 f.
69 Steiner, Die Persönlichkeit Friedrich Nietzsches, Gedächtnisrede, Berlin, 13.9.1900, in: ders., Friedrich Nietzsche, TB 621, S. 182.
70 Vgl. Steiner, Friedrich Nietzsche, TB 621, S. 10, ders., Die Philosophie Friedrich Nietzsches als psychopathologisches Problem, in: ebd., S. 128, S. 133 f., S. 143.
71 Steiner behauptete, Nietzsche sei von einem bösen ahrimanischen Engel besessen gewesen und von »luziferischen Kräften« in den Schlaf geschickt worden. Diese Ansicht wird von Anthroposophen immer noch vertreten, ders., Esoterische Betrachtungen karmischer Zusammenhänge, Band III, GA 237, 1924, S. 137, S. 175 ff., Michael Frensch und Karen Swassjan, »Wo wir eins sind heutzutage, das ist die Schwelle«, Gespräch über die Aktualität des Werkes von Rudolf Steiner, in: Novalis, Zeitschrift für spirituelles Denken, Nr. 12/1, 1993/1994, S. 6 f.

72 In einem skizzenhaften Lebenslauf, den Steiner 1907 anfertigte, behauptete er, okkulte Mächte hätten ihn zur »Episode Nietzsche« animiert. Diese geheimen Kräfte hätten ihn angewiesen , in »fremde Geistesströmungen« unterzutauchen, ohne sich zu erkennen zu geben, Steiner, Aufzeichnungen, geschrieben für Edouard Schuré in Barr im Elsass, September 1907, GA 262, S. 9 ff.

73 Streiner, Die Philosophie Friedrich Nietzsches als psychopathologisches Problem, 1900, in: ders., Friedrich Nietzsche, TB 621, S. 127.

74 Vgl. Steiner, Mein Lebensgang, TB 636, S. 17, über seine Kindheit berichtete er: »Daß man seelisch in der Ausbildung rein innerlich angeschauter Formen leben könne, ohne Eindrücke der äußeren Sinne, das gereichte mir zur höchsten Befriedigung.« »Denn die Wirklichkeit der geistigen Welt war mir so gewiß wie die der sinnlichen.«

75 Vgl. Karl Heyer, Wie man gegen Rudolf Steiner kämpft, Stuttgart 1932, S. 28 f., Carlo Willmann, Rudolf Steiner – Ein einsamer Geisteswissenschaftler im Blick einiger Zeitgenossen, in: Müller, Anthroposophie und Christentum, a.a.O., 1995, S. 9, Lindenberg, 1994, schildert »bestürzende okkulte Erfahrung des siebenjährigen Knaben«. Der Meister soll den Tod einer Tante vorausgesehen haben und »dieser Einbruch des Außernormalen (scheint) der Auslöser einer kindlichen Hellsichtigkeit gewesen zu sein« (S. 13 f.), die Beschäftigung des Neunjährigen mit »den klaren und überschaubaren Formen reiner geometrischer Gedanken« wird von Lindenberg als esoterische Schulung interpretiert, als »geistig festen Boden, von dem aus er mit seinen übersinnlichen Erfahrungen fertig werden konnte.« (S. 14).

76 Vgl. Rosa Mayreder, Tagebücher 1873–1937, Frankfurt/M., 1988, S. 243.

77 Vgl. z. B. Steiner, Die Philosophie der Freiheit, TB 627, Vorrede von 1918, S. 10, ders., Die Geheimwissenschaft im Umriß, 1910, TB 601, S. 13, wo Steiner schreibt, er wolle eine »geistige Ansicht über die Welt neben die bloß natürliche Haeckels« setzen und behauptet, dies geschehe in Einklang zu seinen früheren Ansichten,

78 Vgl. Steiner, Goethes Weltanschauung, 1897, TB 625, S. 78 ff., ders., Gegensätze in der Menschheitsentwicklung, Vorträge 1920, GA 197, S. 162.

79 Vgl. Steiner, Goethes Weltanschauung, 1897, TB 625, S. 85, S. 87, S. 91 f.

80 Vgl. Ulbricht, Aspekte einer Problemgeschichte arteigener Religion um 1900, in: Schnurbein, Ulbricht, Hrsg., Völkische Religion und die Krise der Moderne, Würzburg 2001, S. 23 ff., S. 28.

81 Vgl. Peter Kratz, Die Götter des New Age, Berlin, 1994, S. 43 ff., S. 183 ff. Das Motiv des faustischen Menschen greift Guenther Wachsmuth, ab 1923 Sekretär der internationalen Anthroposophischen Gesellschaft, wieder auf, in: Das Goetheanum, 1923, S. 140 ff., ebenso Friedrich Dauner, in: Das Goetheanum, 1930, S. 83 f.

82 Vgl. Steiner, Esoterische Betrachtungen karmischer Zusammenhänge, Band III, GA 237, S. 118 f., dazu auch das Gedicht von Albert Steffen, seinem Nachfolger als Vorsitzender der Allgemeinen Anthroposophischen Gesellschaft, zum Tod Steiners, in: Das Goetheanum, Nr. 14, 5.4.1925, S. 105.

83 William Bento, Die anthroposophische Bewegung. Ein moderner Bewusstseinsstrom, in: Novalis, Heft 12/1, 1993/94, S. 39.

84 Vgl. Steiner, Briefe 1890–1925, Bd. 2, GA 39, S. 370 f.

85 Ebd., S. 371.

86 Johann Caspar Schmidt alias Max Stirner, geboren 1806 in Bayreuth, arbeitete nach einem Philosophiestudium als Lehrer in Berlin. In studentischen und radikalen Kreisen galt er auch nach Erscheinen seines Buches als Außenseiter. Die Zensurbehörde gab das Werk nach einiger Zeit frei, weil sie es als beschränkt und darum ungefährlich einstufte, Vgl. Horst Stowasser, Freiheit pur. Die Idee der Anarchie, Geschichte und Zukunft, Frankfurt/M., 1995, S. 186 ff., Max Nettlau erwähnt Stirner in seinem Werk über die Geschichte der Anarchie nur am Rande, ders., Geschichte der Anarchie, Bd. 2, Neuauflage, Duisburg 1993, S. 21, Bd. 3, Neuauflage 1996, S. 118 f., S. 122, S. 129, S. 170.

87 Vgl. Steiner, Briefe 1890–1925, Bd. 2, GA 39, S. 368 f., S. 371.

88 Vgl. Steiner, Mein Lebensgang, TB 636, S. 75 f., Lindenberg, 1994, S. 60 f.

89 Vgl. Lindenberg, 1994, S. 57.

90 Vgl. Ernst Haeckel, Die Welträtsel, Stuttgart 1984, S. 248, S. 267, S. 506 f.
91 Vgl. J. Mücke, A. A. Rudolph, Erinnerungen an Rudolf Steiner und seine Wirksamkeit an der Arbeiterbildungsschule in Berlin 1899–1904, Basel 1979, bei: Juliane Weibring, Frauen um Rudolf Steiner, Oberhausen 1997, S. 90 f.
92 Steiner, Mein Lebensgang, TB 636, S. 292, S. 365 f.
93 Lindenberg, 1994, S. 68.
94 Vgl. Steiner, Briefe 1890–1925, Bd. 2, GA 39, S. 273.
95 Vgl. Steiner, Mein Lebensgang, TB 636, S. 277 f.
96 Vgl. ebd., S. 118, Freund, Land der Träumer, 1996, S. 51 ff., S. 64, S. 66, S. 67
97 Steiner, Briefe 1890–1925, Bd. 2, GA 39, S. 86.
98 Vgl. Mayreder, Mein Pantheon. Lebenserinnerungen, Dornach, 1988, S. 180.
99 Vgl. Bodo von Plato, Anthroposophie im 20. Jahrhundert. Ein Kulturimpuls in biographischen Porträts, Dornach 2003, S. 112.
100 Vgl. Steiner, Mein Lebensgang, TB 636, S. 293.
101 Vgl. ebd., S. 293.
102 Vgl. Steiner, Die okkulte Bewegung im neunzehnten Jahrhundert und ihre Beziehung zur Weltkultur, Vorträge Oktober/November 1915 in Dornach, GA 254, S. 48, ders., Briefe 1890–1925, Bd. 2, GA 39, S. 28.
103 Steiner, Briefe 1890–1925, Bd. 2, GA 39, S. 434.
104 Vgl. Steiner, Die okkulte Bewegung im neunzehnten Jahrhundert, GA 254, S. 38 f., ders., Mein Lebensgang, TB 636, S. 294.
105 Vgl. Juliane Weibring, Frauen um Rudolf Steiner, 1997, S. 32 bis S. 46, die Autorin müht sich, den Anteil von Frauen an Steiners Werk herauszustreichen, ist aber unkritisch gegenüber den Inhalten, die diese Frauen vertraten, insbesondere gegenüber dem Rassismus Blavatskys und Marie von Sivers, der zweiten Ehefrau Steiners.
106 Vgl. Ellic Howe, Uranias Kinder: Die seltsame Welt der Astrologen und das Dritte Reich, Weinheim, 1995, S. 81.
107 Vgl. Poul Pedersen, Tibet, die Theosophie und die Psychologisierung des Buddhismus, in: Kunst- und Ausstellungshalle der Bundesrepublik Deutschland GmbH, Hrsg., Mythos Tibet, Köln, 1997, S. 165, S. 175.
108 Vgl. Howe, Uranias Kinder, 1995, S. 81.
109 Vgl. Pedersen, Tibet, 1997, S. 169 f.
110 Vgl. Adyar Theosophische Verlagsgesellschaft, Adyar 1997/98, Freiburg, S. 9.
111 Vgl. ebd., S. 3.
112 Vgl. Norbert Klatt, Theosophie und Anthroposophie. Neue Aspekte zu ihrer Geschichte, Göttingen, 1993, S. 62.
113 Zit. bei Pedersen, Tibet, 1997, S. 176.
114 Vgl. Goodrick-Clarke, Die okkulten Wurzeln des Nationalsozialismus, 1997, S. 25.
115 Vgl. ebd., S. 26.
116 Vgl. Norbert Klatt, Theosophie und Anthroposophie. Neue Aspekte zu ihrer Geschichte, Göttingen 1993, S. 15 ff., Goodrick-Clarke, Die okkulten Wurzeln des Nationalsozialismus, 1997, S. 27 ff.
117 So trennten sich US-Gruppen unter Katherine A. Tingley von der Muttergesellschaft, in Deutschland konstituierte sich dieser Flügel 1896 unter Paul Raatz, Franz Hartmann wurde Präsident. Im Exekutivkomitee saß auch Paul Zillmann, der ein weiteres Esoterik-Blatt, die *Metaphysische Rundschau,* herausgab und darin zwischen 1906 und 1908 die Werke der extrem rassistischen österreichischen Ariosophen veröffentlichte. 1897 trennt sich dieser Verband von Tingley und konstiuierte sich in München als *Internationale Theosophische Verbrüderung*, Goodrick-Clarke, a.a.O., S. 27 ff., S. 33, Klatt, a.a.O., S. 64 ff.
118 Marie von Sivers stammte aus einer großbürgerlichen russischen Familie, besuchte eine Privatschule in St. Petersburg, bevor sie sich für einige Jahre auf ein Landgut zurückzog. Sie sprach mehrere Sprachen fließend und nahm Schauspielunterricht. Über die Werke Schurés kam sie in Kontakt mit der Esoterikszene.
119 Vgl. Klatt, a.a.O., S. 73–77. Dem Vorstand gehörten Hübbe-Schleiden und Marie von Sivers an sowie Ludwig Deinhard, Günther Wagner und Richard Bresch, die jeweils

auch Generalsekretär hatten werden wollen. Hübbe-Schleiden trat gleich wieder zurück. Der Sektion sollen bei der Gründung etwa 120 Mitglieder angehört haben, von Plato, a.a.O., 2003, S. 970.

120 Vgl. Steiner, Mein Lebensgang, TB 636, S. 296f.

121 Vgl. ebd., S. 308.

122 Vgl. Marie Steiner, Über die Mysterienspiele Rudolf Steiners in München und die Errichtung des Dornacher Baues, in: Anthroposophie, 1932/33, S. 216ff., Rudolf Steiner, Marie Steiner, Briefwechsel und Dokumente 1901–1925, GA 262, S. 303.

123 So gehörten neben Alexander von Bernus die Kunstmaler Hermann Linde (1863–1923), Sophie Stinde (1853–1915) und Gräfin Pauline von Kalckreuth (1856–1929) sowie der Gutsbesitzer und bayerische Reichsrat Otto von Lerchenfeld (1869–1938), der Schweizer Schriftsteller Albert Steffen (1884–1963) zu den prominentesten Steiner-Fans in München, von Plato, a.a.O. 2003, S. 82, S. 346, S. 449, S. 462, S. 784, S. 798.

124 Vgl. Stadtarchiv München, Städtische Civilconscription, Nr. 514677, Februar 1903, Süddeutsche Zeitung, 6./7.2.1965, Münchner Merkur, 8. 2.1965.

125 Vgl. David Clay Large, Hitlers München, München, 1998, S. 57ff., Reinhard Bauer, Ernst Piper, München. Geschichte einer Stadt, München 1993, S. 217ff., S. 223.

126 Nach Süddeutsche Zeitung, 6./7.2.1965.

127 In einer Rezension spottet Friedrich Wilhelm Graf über das von Bodo von Plato herausgegebene Lexikon: »Dreihundert Menschenweise ordnen ihren Heiligenhimmel in gut sechshundert biographischen Porträts. Kein Lebensbericht, in dem nicht der heilige Rudolf Steiner angerufen wird (...) Ob immer neue Metamorphosen der ›Begegnung mit Steiner‹ nicht langweilig wurden?«, ders., Waldorf, allerintensivst, Frankfurter Allgemeine Zeitung, 11.2.2004.

128 Vgl. Herbert Hahn, Rudolf Steiner wie ich ihn sah und erlebte, Dornach 1961, S. 13ff., Paul Bühler, Erinnerungen, Dornach 1967, S. 112ff., Rittelmeyer, Aus meinem Leben, Stuttgart 1937, Lemmermayer, Erinnerungen, Stuttgart, Den Haag, London 1929, S. 134ff.

129 Münchner Neueste Nachrichten, 18.1.1922.

130 Mayreder, Tagebücher 1873–1937, 1988, S. 209f.

131 Vgl. Klatt, a.a.O., S. 78f., S. 83f., S. 89f., nach Angaben Klatts wurden die Urteile Hübbe-Schleidens über Steiner ab 1908 freundlicher, nun meinte er hinter ihm stünden Meister und er sei leistungsfähig, unerschöpflich, persönlich bescheiden, liebenswürdig (S. 94f).

132 Vgl. Weibring, Frauen um Rudolf Steiner, 1997, S. 101f.

133 Vgl. Steiner, Theosophie (1904), Wie erlangt man die Erkenntnis höherer Welten (1904/5), Die höheren Stufen der Erkenntnis (1905/8), Aus der Akasha-Chronik (1904/8).

134 Vgl. Steiner, Marie Steiner, Briefwechsel und Dokumente, GA 262, S. 16, S. 23, S. 27, S. 30f., S. 48, S. 104f., S. 109.

135 Vgl. von Plato, a.a.O., 2003, demnach hatten die späteren Anthroposophen etwa ab Herbst 1906 eine Mehrheit im Vorstand der Sektion (S. 975).

136 Vgl. Steiner, Die okkulte Bewegung im neunzehnten Jahrhundert, GA 254, S. 48f., Klatt, a.a.O., S. 87, S. 90. Laut Marie Steiner begann der Kongress in München mit einem Affront, weil Besants Anspruch, den Vorsitz zu führen, negiert wurde. Statt ihrer leitete Steiner das Treffen, Marie Steiner, Über die Mysterienspiele Rudolf Steiners in München und die Errichtung des Dornacher Baus. Persönliche Erinnerungen, in: Anthroposophie, 1932/33, S. 216ff., S. 225.

137 Vgl. Steiner, Mein Lebensgang, TB 636, S. 318.

138 Vgl. Klatt, a.a.O., S. 96ff.

139 Vgl. ebd., S. 98f.

140 Zit. ebd., S. 100.

141 Vgl. Goodrick-Clarke, Die okkulten Wurzeln des Nationalsozialismus, 1997, S. 113.

142 Vgl. Steiner, Die Mission einzelner Volksseelen, TB 613, S. 192, ders., Gegensätze in der Menschheitsentwicklung, GA 197, S. 57, S. 96, Albert Steffen, Ein indischer

Wanderprediger und europäische Erzbischöfe, in: Das Goetheanum, Heft 33, 1924, S. 259f., Emil Bock, Einiges über Theosophie und Anthroposophie, in: Die Drei, 1948, S. 297ff. Das Bekenntnis zum »Christus-Impuls« ist der charakteristische Unterschied zur Theosophie, vgl. Michael Frensch, in: Novalis, Nr. 9/1995, S. 3.

143 Steffen, Zur Geschichte der anthroposophischen Bewegung, in: Das Goetheanum, 1922/23, S. 371, ders., Zu Marie Steiners 60. Geburtstag, in: Das Goetheanum, Heft 12, 1927, S. 84. Steffen war Schriftsteller und Mitglied des Schweizer PEN-Clubs und lernte Steiner 1907 in Berlin kennen. Ab 1921 war er Redakteur des Zentralorgans Goetheanum, von 1923 bis 1925 zweiter Vorsitzender der internationalen Allgemeinen Anthroposophischen Gesellschaft, ab 1925 als Steiners Nachfolger erster Vorsitzender.

144 Vgl. Marie Steiner, Über die Mysterienspiele in München und die Errichtung des Dornacher Baues. Persönliche Erinnerungen, in: Anthroposophie, 1932/1933, S. 226.

145 Vgl. Monika Neve, New Age als Ablenkung? Eine Analyse der New Age Bewegung aus anthroposophischer Sicht, Raisdorf/Kiel 1989, S. 41.

146 Vgl. ebd., S. 61f.

147 Vgl. von Plato, a.a.O., 2003, S. 970, an anderer Stelle heißt es, der »überkonfessionell christliche Charakter der anthroposophisch orientierten Geisteswissenschaft« habe zur Trennung geführt (S. 10). Bodo von Plato wurde Ostern 2001 in den Vorstand der Allgemeinen Anthroposophischen Gesellschaft kooptiert (S. 982).

148 Vgl. Klatt, a.a.O., S. 108, S. 114f.

149 Vgl. Klatt, a.a.O., S. 118, S. 122f., Steiner, Marie Steiner, Briefwechsel und Dokumente 1901–1925, GA 262, S. 145, S. 305, Lindenberg, 1994, S. 96, Gerhard Wehr, Spirituelle Meister des Westens, München 1995, S. 92f., von Plato, a.a.O., 2003, S. 971.

150 Zit. nach Klatt, a.a.O., S. 102.

Drittes Kapitel: Wahn & Waldorf

1 Vgl. Günter Lanczkowski, Hrsg., Geschichte der Religionen, Frankfurt/M. 1980, S. 185ff., Karl R. H. Frick, Die Erleuchteten, Wiesbaden, 2005, S. 9ff.

2 Vgl. Steiner, Die Erkenntnis des Übersinnlichen in unserer Zeit, GA 55, S. 41.

3 Vgl. Walter Gradenwitz, Von alten Weihnachtsspielen und Bildern, in: Die Christengemeinschaft, 1926/27, Heft 9, S. 274.

4 von Gleich, Marksteine der Kulturgeschichte, 1. Teil, Stuttgart 1938, S. 9.

5 Vgl. Wilhelm Hoerner, Mani – Umfeld und Berufung, in: Die Christengemeinschaft, 1996, S. 66ff., Klaus J. Bracker, Manichäismus und Anthroposophie, in: Novalis, Heft 6/1998, S. 26ff.

6 Vgl. Bento, Die anthroposophische Bewegung. Ein moderner Bewusstseinsstrom, in: Novalis, Heft 12/1, 1993/94, S. 36.

7 Steiner, Aus der Akasha-Chronik, 1904–1908, TB 616, S. 82.

8 Walter Johannes Stein, Die Gründungsgeschichte Alexandriens, in: Das Goetheanum, Heft 2, 1925, S. 12f., Stein (1891–1957) war von 1919 bis 1932 Geschichtslehrer an der Waldorfschule Stuttgart und gehörte von 1923 bis 1928 dem Vorstand der deutschen Anthroposophischen Gesellschaft an.

9 Vgl. Steiner, Theosophie, Einführung in übersinnliche Welterkenntnis und Menschenbestimmung, 1904, TB 615, S. 105, ders., Esoterische Betrachtungen karmischer Zusammenhänge, Band III, GA 237, S. 167ff., ders., Soziales Verständnis aus geisteswissenschaftlicher Erkenntnis, 1919, GA 191, S. 57, Heyer, Von der Atlantis bis Rom, Bd. 1, Breslau, 1939, S. 291, Erich Schwebsch, Zum Geleit, in: Die Drei, 1948, S. 2., Schwebsch (1889–1953) unterrichtete als Musikwissenschaftler und Germanist an der Waldorfschule. Nach dem Krieg beteiligte er sich führend am Wiederaufbau der Waldorfschulen, 1946 initiierte er den *Bund der freien Waldorfschulen* und leitete den Verband.

10 Vgl. Steiner, Esoterische Betrachtungen karmischer Zusammenhänge, Band III, GA 237, S. 172f.
11 Vgl. Steffen, Zur Krisis der Kultur, in: Das Goetheanum, 1946, S. 35.
12 Steiner, Das esoterische Christentum und die geistige Führung der Menschheit, Vorträge 1911, GA 130, S. 95.
13 Steiner, Friedrich Nietzsche, TB 621, S. 90.
14 Steiner, Die Philosophie der Freiheit, GA 4, S. 163f.
15 Steiner, Die Erkenntnis des Übersinnlichen, GA 55, S. 94f.
16 Ebd., S. 192
17 Vgl. Steiner, Theosophie, TB 615, S. 111f.
18 Ebd., S. 106.
19 Vgl. Werner Hassauer, Empfängnisregelung und menschliche Freiheit, 6. Auflage, Bad Liebenzell 1994, S. 7, S. 9, S. 12, Hassauer leitete ab 1969 die Frauen-Abteilung des anthroposophischen Krankenhauses in Herdecke. Er war Mitbegründer der Privatuniversität Witten-Herdecke und dort Dozent für Frauenheilkunde.
20 Vgl. Hassauer, a.a.O., S. 8f.
21 Vgl. Wolfgang Goebel, Michaela Glöckler, Kindersprechstunde. Ein medizinisch-pädagogischer Ratgeber, 5. überarbeitete Auflage, Stuttgart 1986, S. 202.
22 Vgl. Paolo Bavastro, Aids. Gesichtspunkte zur Sexualität, Bad Liebenzell, 3. aktualisierte Auflage, 1989, S. 23f., Bavastro arbeitet seit 1983 an der anthroposophischen Filderklinik bei Stuttgart, Goebel, Glöckler, Kindersprechstunde, 1986, S. 396.
23 Hassauer, a.a.O. S. 11.
24 Vgl. Goebel, Glöckler, Kindersprechstunde, 1986, S. 205.
25 Vgl. ebd., S. 404.
26 Ebd., S. 470.
27 Ebd., S. 404.
28 Vgl. Taube, »Ertötung aller Selbstheit«, 1994, S. 89–98.
29 Steiner, Aus der Akasha-Chronik, TB 616, S. 125.
30 Vgl. Rittelmeyer, Erziehung der Sexualität, in: Die Christengemeinschaft, 1931/32, Heft 8, S. 239f., ders., Lebenshilfe, Stuttgart 1939, Kapitel »Erziehung zur Reinheit«, S. 23f.
31 Steiner, Aus der Akasha-Chronik, TB 616, S. 92f.
32 Vgl. Wagemann, a.a.O., 1996, S. 145f.
33 Vgl. Nicola Fels, Bartholomeus Maris, Überlegungen zur sexuellen Aufklärung, in: Erziehungskunst, 2002, S. 1088–1090, Fels, Maris, Sexual- und Lebenskunde im Waldorf-Lehrplan, Bericht einer Initiative, in: Erziehungskunst, 68.Jahrgang, 2004, S. 905–908.
34 Vgl. Fels, Maris, Überlegungen zur sexuellen Aufklärung, in: Erziehungskunst, 2002, S. 1089, dies., Sexual- und Lebenskunde im Waldorf-Lehrplan, in: Erziehungskunst, 2004, S. 905.
35 Fels, Maris, Sexual- und Lebenskunde im Waldorf-Lehrplan, in: Erziehungskunst, 2004, S. 905f.
36 Vgl. Steiner, Die Geheimwissenschaft im Umriß, 1910, TB 601, S. 221, ders., Aus der Akasha-Chronik, TB 616, ders., Marie Steiner v. Sivers, Briefwechsel und Dokumente 1901–1925, GA 262, S. 81f., Baumann, Wörterbuch der Anthroposophie, 1991, S. 266ff.
37 Vgl. Steiner, Akasha-Chronik, TB 616, S. 142, S. 145, S. 159, ebenso: Steiner, Die Geheimwissenschaft im Umriß, 1910, TB 601, S. 156.
38 Vgl. Steiner, Akasha-Chronik, TB 616, S. 163 bis 168, ders., Die Mission einzelner Volksseelen, TB 613, S. 42ff.
39 Vgl. Steiner, Akasha-Chronik, TB 616, S. 173.
40 Vgl. ebd., S. 190ff.
41 Vgl. ebd., S. 156f., Baumann, Wörterbuch Anthroposophie, 1991, S. 131ff.
42 Vgl. Steiner, Akasha-Chronik, a.a.O., 157.
43 Vgl. ebd., S. 159, S. 162.
44 Vgl. ebd., S. 181.

45 Vgl. ebd., S. 120.
46 Vgl. ebd., S. 115.
47 Ebd., S. 114.
48 Ebd., S. 114.
49 Ebd., S. 181.
50 Vgl. Steiner, Die geistige Führung der Menschheit, TB 614, S. 48f.
51 Vgl. Heyer, Von der Atlantis bis Rom, 1939, S. 26.
52 Vgl. ebd., S. 27, Steiner, Die Geheimwissenschaft im Umriß, a.a.O., S. 276f.
53 Heyer, Von der Atlantis bis Rom, 1939, S. 27.
54 Steiner, Welt, Erde, Mensch, Vorträge 1908, GA 105, S. 113, ähnlich: ders., Die Erkenntnis der Seele und des Geistes, Vorträge 1907/1908, GA 56: Steiner erklärte, die höheren Tiere stammten von Vorfahren ab, die »menschenähnlicher waren als die heutigen Naturforscher glauben« (S. 185).
55 Vgl. Steiner, Menschheitsentwickelung und Christus-Erkenntnis, Vorträge 1907, GA 100, S. 245, S. 247.
56 Steiner, Allgemeine Menschenkunde als Grundlage der Pädagogik. Menschenkunde und Erziehungskunst, Teil 1, Vorträge vom 21. August bis 5. September 1919, Schulungskurs für Lehrer anlässlich der Begründung der Waldorfschule Stuttgart, TB 617, 3. Vortrag, 23.8.19, S. 52.
57 Vgl. ebd., S. 52ff.
58 Vgl. Karutz, Mensch und Tier, in: Das Goetheanum, Heft 27, 1926, S. 215.
59 Vgl. Lauer, Die Menschheitsgeschichte im Lichte ihres biogenetischen Grundgesetzes, in: ders., Österreichische Blätter für freies Geistesleben, Heft 7, 1928, S. 11f.
60 Vgl. Ludwig Thieben, Mensch, Tier und Maschine, in: Das Goetheanum, Heft 33, 1932, S. 265f.
61 Poppelbaum war Anfang der 30er-Jahre zum Vorsitzenden der deutschen Sektion gewählt worden, ab 1949 gehörte er dem Vorstand der Allgemeinen Anthroposophischen Gesellschaft an, Ende 1963 übernahm er den Vorsitz, von 1949 bis 1964 leitete er die Pädagogische Sektion, von 1963 bis 1971 die Naturwissenschaftliche Sektion der Freien Hochschule in Dornach, von Plato, a.a.O., S. 609ff.
62 Vgl. Hermann Poppelbaum, Zum Wesensunterschied zwischen Mensch und Tier, in: Das Goetheanum, Heft 5, 1927, S. 35.
63 Vgl. Poppelbaum, Über das Bewusstsein der höheren Tiere, in: Das Goetheanum, Heft 24, 1928, S. 187. Die Anthroposophen freuten sich, dass Poppelbaum von »seriöser« Seite anerkannt wurde. 1937 druckten sie eine zustimmende Rezension aus den Tierärztlichen Mitteilungen des gleichgeschalteten Reichsverbandes praktizierender Tierärzte nach, in: Das Goetheanum, 1937, S. 163.
64 Vgl. Karl König, Geister unter dem Zeitgeist, 1973, S. 72–75, empfohlen als Erzählstoff für die 8. Klasse.
65 Poppelbaum, Der »Sündenfall« im Spiegel der Tiergestalten, in: Das Goetheanum, Heft 12, 1929, S. 92.
66 Wolfgang Schad, Säugetier und Mensch. Zur Gestaltbiologie vom Gesichtspunkt der Dreigliederung, Stuttgart, 1971, S. 247.
67 Ebd., S. 217.
68 Vgl. Walther Bühler, Die zweifache Abstammung des Menschen, 4. Auflage, Bad Liebenzell-Unterlengenhardt, 1980, insbesondere S. 13, 16f., S. 19ff. Bühler war Vorstandsmitglied der deutschen Anthroposophischen Gesellschaft und der Gesellschaft anthroposophischer Ärzte.
69 Vgl. Steiner, Die gesunde Entwickelung des Menschenwesens. Eine Einführung in die anthroposophische Pädagogik und Didaktik, Kurs 1921/22, TB 648, S. 188ff.
70 Vgl. Heydebrand, Vom Lehrplan der Freien Waldorfschule, a.a.O., 1996, S. 25, S. 32, S. 36, S. 44, S. 53.
71 Vgl. Richter, Pädagogischer Auftrag und Unterrichtsziele, a.a.O., 2003, S. 296f., S. 300, S. 316.
72 Vgl. Walther Bühler, Hat das Leben einen Sinn? Schicksal und Wiederverkörperung, Bad Liebenzell, 7. Auflage, 1997, S. 15, S. 17f.

73 Otto Wolff, Krankheit als Schicksal, Bad Liebenzell, 1994, S. 18; Wolffs Broschüre hat mit einem populären Werk des Münchner Esoterikers Thorwald Dethlefsen nicht nur den Titel gemeinsam. Für Dethlefsen sind Krankheiten und Behinderungen eine Art Wink des Schicksals, damit wir uns auf das Göttliche besinnen.

74 Walther Bühler, Hat das Leben einen Sinn?, 1997, S. 32f.

75 Vgl. Wilhelm Neurohr, Gestörtes Verhältnis. Die Naturkatastrophe in Südasien erschüttert die Beziehung zwischen Mensch und Erde, in: Das Goetheanum, Nr. 3, 14.1.2005, S. 1ff. In einem anderen Beitrag wird der Tsunami als Rache des lebenden Organismus Erde am Sextourismus in der Region ausgelegt, S. J., Existentiell getroffen. Versuche, die Flutwelle zu verstehen, ebd., S. 4.

76 Vgl. Homepage des Perseus-Verlages, Basel, Zur Flutkatastrophe in Südostasien, www.perseus.ch/MF_AK_Aktuell.htm.

77 Vgl. Rosa Mayreder, Mein Pantheon. Lebenserinnerungen, Dornach, 1988, S. 179f. Mayreder berichtet, dass die Wiener Theosophen und Marie Lang das »Gesetz Karma« als »unbedingte Unterwerfung unter die Notwendigkeit« auffassten.

78 Vgl. Steiner, Theosophie, TB 615, S. 75, ders., Esoterische Betrachtung karmischer Zusammenhänge, Band III, GA 237, S. 31, ders. Reinkarnation und Karma, Vortrag Stuttgart 1912, in: Das Goetheanum, Heft 39, 1936, S. 306f.

79 Steiner, Menschheitsentwicklung und Christus-Erkenntnis, Vorträge 1907, GA 100, S. 90.

80 Vgl. Steiner, Reinkarnation und Karma, Vortrag 20.2.1912 in Stuttgart, in: Das Goetheanum, Heft 38, 1936, S. 298.

81 Bodo Hamprecht, Das Rätsel der Inkarnation, in: Weleda Nachrichten, Heft 196 D, 1994, S. 4.

82 Walther Bühler, Hat das Leben einen Sinn? 1997, S. 27.

83 Vgl. Steiner, Die Offenbarungen des Karma, Vorträge 1910, GA 120, S. 86f.

84 Vgl. Steiner, Karmische Wirkungen, Vortrag, München, 1910, in: Das Goetheanum, Heft 18, 1935, S. 138.

85 Vgl. Steiner, Die Offenbarungen des Karma, GA 120, S. 80ff.

86 Vgl. Steiner, Esoterische Betrachtung karmischer Zusammenhänge, Bd. II, GA 236, S. 186, Harald Siber, Patientenratgeber Anthroposophische Medizin, 2.verbesserte Auflage, Wien 1995, S. 22f., Siber war 1995 Vorsitzender der Gesellschaft Anthroposophischer Ärzte in Österreich.

87 Vgl. Maris, Einige kleine Unterschiede, in: Erziehungskunst, 2004, S. 1104ff., Goebel, Glöckler, Kindersprechstunde, 1986, S. 399f.

88 Goebel, Glöckler, Kindersprechstunde, 1986, S. 399f.

89 Maris, Einige kleine Unterschiede, in: Erziehungskunst, 2004, S. 1108.

90 Steiner, Akasha-Chronik, TB 616, S. 75.

91 Vgl. Steiner, Die Erkenntnis der Seele und des Geistes, GA 56, S. 92ff., S. 100, Judith Krischik, Feminismus und Anthroposophie: Was ist aus »Ariadne« geworden?, in: Info 3, Nr. 9, 1997, S. 18f.

92 Vgl. Walther Bühler, Hat das Leben einen Sinn? 1997, S. 29f.

93 Steiner, Die Erkenntnis der Seele und des Geistes, GA 56, S. 302.

94 Vgl. Marianne Carolus, Zwei Seelen in einer Brust?, in: Info 3, Nr. 6, 1998, S. 5.

95 Vgl. Steiner, Theosophie, TB 615, S. 105 bis 145.

96 Vgl. ebd., S. 131, S. 144.

97 Vgl. Ernst Michael Kranich, Menschenerkenntnis unter dem Gesichtspunkt von Reinkarnation, in: Zimmermann, a.a.O., 1996, S. 27ff., S. 41.

98 Steiner, Gegensätze in der Menschheitsentwicklung, GA 197, S. 78.

99 Vgl. Steiner, Theosophie, TB 615, S. 75.

100 Vgl. Steiner, Esoterische Betrachtung karmischer Zusammenhänge, Band II, Vorträge 1924, GA 236, S. 16, S. 59ff., S. 63, S. 83ff.

101 Steiner, Die Offenbarungen des Karma, GA 120, S. 26f.

102 So fahndete die Redaktion der Zeitschrift Novalis nach der Reinkarnation Zarathustras, der sich nach Angaben Steiners fast jedes Jahrhundert verkörperte, um als Lehrer des Christentums zu fungieren, Novalis, Nr. 6/1998, S. 3, S. 19ff., S. 24f.

103 Vgl. Hans Peter van Mannen, Marie Steiner. Über ihre Stellung im Weltenkarma, Dornach 1994, S. 13, Rath, Rudolf Steiner und Thomas von Aquino, Basel 1991, S. 20, S. 29, S. 57, S. 69, Lauer, in: ders., Anthroposophie im Weltanschauungskampfe der Gegenwart, Basel 1927, S. 63.

104 Vgl. Rudolph, a.a.O., 1988, S. 187.

105 Vgl. Steiner, Esoterische Betrachtung karmischer Zusammenhänge, Bd. II, GA 236, S. 20–22.

106 Ebd., S. 20.

107 Ebd., S. 22.

108 Nach Wagemann, 1996, S. 125f.

109 Vgl. Mario Betti, Engel. Ihr Wesen und Wirken in der Gegenwart, Bad Liebenzell, 2. Auflage, 1996, S. 38f. Betti (geboren 1942) war von 1985 bis 2001 Dozent an der Alanus-Hochschule der musischen und bildenden Künste in Alfter bei Bonn, verantwortlich für den Fachbereich Kunstpädagogik an Waldorfschulen, seit Herbst 2001 arbeitet er als Dozent am Seminar für Waldorfpädagogik in Stuttgart. Georg von Arnim schreibt, das Schicksal bewahre den Menschen davor, »dem Zufall ausgeliefert zu sein«, und führe ihn in Situationen, die »Entwicklungsmöglichkeiten« bedeuten, ders., Was bedeutet Seelenpflege?, 1995, S. 15.

110 Vgl. dazu auch Prokofieff, Die Karmaforschung Rudolf Steiners und die Aufgaben der Anthroposophischen Gesellschaft, Dornach, 1994, S. 13–21.

111 Vgl. Steiner, Die geistige Führung des Menschen und der Menschheit, TB 614, S. 34ff.

112 Vgl. ebd., S. 42ff.

113 Vgl. Ulbricht, Aspekte einer Problemgeschichte »arteigener Religion« um 1900, in: Schnurbein, Ulbricht, Völkische Religion und Krisen der Moderne, a.a.O., S. 27f., Janot Frecot, Johann Friedrich Geist und Diethart Krebs, Fidus 1868–1948. Zur ästhetischen Praxis bürgerlicher Fluchtbewegungen, München 1972, S. 281.

114 Vgl. Baumann, Wörterbuch der Anthroposophie, 1991, S. 3f., Steiner, Karmische Wirkungen, Vortrag München 1910, in: Das Goetheanum, Heft 17, 1935, S. 129, ders., Die Geheimwissenschaft im Umriß, TB 601, S. 248f., Die Mission einzelner Volksseelen, TB 613, S. 153, S. 157, Die geistige Führung des Menschen und der Menschheit, TB 614, S. 18.

115 Vgl. Baumann, Wörterbuch der Anthroposophie, 1991, S. 1.

116 Vgl. Steiner, Die okkulte Bewegung im neunzehnten Jahrhundert, GA 254, S. 82ff. , S. 89.

117 Steiner, Esoterische Betrachtung karmischer Zusammenhänge, Bd. III, GA 237, S. 160.

118 Vgl. Steiner, Gegensätze in der Menschheitsentwicklung, GA 197, S. 60, S. 123f., S. 128, S. 185, ders., Aus der Konferenz mit den Lehrern der Waldorfschule in Stuttgart, Februar 1924, in: Schriften und Vorträge zur Geschichte der Anthroposophischen Bewegung und der Anthroposophischen Gesellschaft, GA 260a, S. 426ff., S. 429f., ders., Die okkulte Bewegung im neunzehnten Jahrhundert, GA 254, S. 192f.

119 Vgl. Steiner, Das Ewige in der Hegelschen Logik und ihr Gegenbild im Marxismus, Vortrag 1920 Dornach, in: Das Goetheanum, Heft 32, 1937, S. 253f.

120 Vgl. Steiner, Die geistige Führung des Menschen und der Menschheit, TB 614, S. 53f., S. 65, ders., Die okkulte Bewegung im neunzehnten Jahrhundert, GA 254, S. 228.

121 Vgl. Steiner, Die okkulte Bewegung im neunzehnten Jahrhundert, GA 254, S. 87, S. 228.

122 Vgl. Eugen Kraus, Das Urphänomen des modernen Asphaltstrassenbaues, in: Das Goetheanum, Heft 8, 1933.

123 Vgl. Bernus, Gesang an Luzifer, in: Das Reich, 3. Jahrgang, 1918, S. 303: »Du erwähltest das Seevolk der Briten/Zur Herrschaft, die jeden Flug lähmt./Der Weg, den wir seitdem beschritten,/Ist trostlos und ewig verfehmt/Und reinigte uns nicht die Lauge/Des Weltkriegs, was reinigt uns da?/Den längst schon das innere Auge/Heraufbluten sah.«

124 Vgl. Frans Carlgren, Symptome zur kommenden Inkarnation Ahrimans, in: Das Goetheanum, 1996/97, S. 305ff.

125 Vgl. Reinhard Falter, Das Abendland nach seinem Untergang. Oswald Spengler zum 60. Todestag, in: Novalis, Nr. 12/1, 1996/97, S. 70.
126 Robert Thomas, Arbeit an der Schicksalsgemeinschaft der Oberstufe, in: Zimmermann, a.a.O., 1998, S. 60.
127 Vgl. Rudolph, Waldorf-Erziehung, 1988, S. 49.
128 Vgl. Steiner, Esoterische Betrachtung karmischer Zusammenhänge, Bd. III, GA 237, S. 157.
129 Steiner, Die geistige Führung des Menschen und der Menschheit, TB 614, S. 66.
130 Vgl. Der Spiegel, 26.5.1986.
131 Vgl. Steiner, Das esoterische Christentum und die geistige Führung der Menschheit, GA 130, S. 95.
132 Nach Peter Brügge, »Der Weltenplan vollzieht sich unerbittlich«, Der Spiegel, Nr. 17, 1984, S. 63.
133 Vgl. Frankfurter Allgemeine Zeitung, 24.5.1986, Abendzeitung München, 28.1.1986, Süddeutsche Zeitung, 24.5.1986.
134 Abendzeitung München, 24.5.1986.
135 Vgl. Steiner, Esoterische Betrachtung karmischer Zusammenhänge, Bd. III, GA 236, S. 125ff., S. 136, S. 172ff.
136 Vgl. ebd., S. 117f., S. 140, S. 149, Prokofieff, Die Karmaforschung Rudolf Steiners, a.a.O., 1994, S. 26ff.
137 Vgl. Steiner, Die geistige Führung des Menschen und der Menschheit, TB 614, S. 56.
138 Vgl. Steiner, Esoterische Betrachtung karmischer Zusammenhänge, Bd. II, GA 236, S. 142, S. 157, S. 159.
139 Vgl. Bernhard Lievegoed, Alte Mysterien und soziale Evolution, 2. Auflage, 1991, S. 124f.
140 Vgl. Jesajah Ben Aharon, Die Wiedergeburt der Anthroposophie, in: Novalis, Nr. 12/1, 1993/94, S. 41.
141 Vgl. Anna Katharina Dehmelt, Vom Jahrtausendende und der Jahreszahl 1998, in: Die Christengemeinschaft, Heft 1, 1998, S. 18ff., Thomas Stöckli, 1998 – Das Jahr der Apokalypse, in: Das Goetheanum, 1998, S. 1ff., Michael Klußmann, Im Zeichen des Tieres, Erneute Annäherung an die apokalyptische Zahl 666, in: Das Goetheanum, 1998, S. 109ff.
142 Vgl. Arbeitsgruppe zur Klärung der Konstitutionsfrage in der Allgemeinen Anthroposophischen Gesellschaft, Internationale Koordination, Zu Michaeli 1997: An die Mitglieder der Anthroposophischen Gesellschaft. Aus der Neugründung ist bislang nichts geworden, statt dessen streiten Anthroposophen vor Schweizer Gerichten über die Satzung und Kritiker werfen dem Vorstand der Anthroposophischen Gesellschaft undemokratische Neuerungen und Manipulation vor. Sie sprechen von einem »Putsch von oben«. Die Gerichtskosten sollen bislang über 100.000 Franken betragen, Aargauer Zeitung, 9.2.2004, Basler Zeitung, 12.1.2005, 6.4.2004, 5.4.2004, 6.2.2004, 2.1.2003, Berner Zeitung, 12.1.2005, Solothurner Zeitung, 12.1.2005.
143 Vgl. Anthroposophische Gesellschaft in Deutschland, Schattenwürfe des Bösen und Auferstehungskräfte, Öffentlicher Kongress an der Jahrtausendwende, Einladung.
144 Vgl. Dehmelt, Vom Jahrtausendende und der Jahreszahl 1998, in: Die Christengemeinschaft, Heft 1, 1998, S. 18ff.
145 Vgl. Betti, Engel, 1996, S. 36f.
146 Vgl. ebd., S. 36f.
147 Vgl. Anthroposophie für Einsteiger, Stichwort »Geistige Welt«, in: Novalis, Heft 2/1998, S. 11, Steiner, Die Geheimwissenschaft im Umriß, TB 601, S. 39.
148 Rudolf Steiner, Philosophie und Anthroposophie, in: ders., Der anthroposophische Weg, Frankfurt/M. 1983, S. 46.
149 Steiner, Die Geheimwissenschaft im Umriß, TB 601, S. 35.
150 Vgl. ebd., S. 37
151 Vgl. Steiner, Von Seelenrätseln, Aufsätze, 1917, TB 637, S. 169f., Heyer, Wie man gegen Rudolf Steiner kämpft, Stuttgart 1932, S. 34f.

152 Vgl. Poppelbaum, Das Problem der Beweise im übersinnlichen Wissen, in: Das Goetheanum, 1947, S. 347, S. 349
153 Steiner, Die Geheimwissenschaft im Umriß, TB 601, S. 39.
154 Steiner, Theosophie, TB 615, S. 12, Ähnliches schrieb er über die mitstenographierten Vorträge, ders., Veröffentlichungen aus der Geschichte und aus den Inhalten der Esoterischen Schule, Esoterische Unterweisungen für die erste Klasse der Freien Hochschule für Geisteswissenschaft am Goetheanum, Bd. 2, GA 270/2, S. 8.
155 Vgl. z. B. Steiner, Die Philosophie der Freiheit, TB 627, S. 9, Vorrede von 1918.
156 Steiner, Esoterische Unterweisungen, Bd. 2, GA 270/2, S. 12.
157 Vgl. Rudolf Hauschka, Substanzlehre. Zum Verständnis der Physik, der Chemie und Therapeutischer Wirkungen der Stoffe, Frankfurt/Main, 2. Auflage, 1946, S. XII, S. 5.
158 Vgl. Poppelbaum, Im Kampf um ein neues Bewusstsein, a.a.O., 1948, S. 122f.
159 Vgl. Poppelbaum, Schicksalsrätsel, a.a.O., 2. Auflage, 1959, S. 80ff.
160 Poppelbaum meinte, die Anthroposophie müsse der Astronomie, der Biologie und der Physik den richtigen spirituellen Weg weisen, ders., Schicksalsrätsel, a.a.O., 1959, S. 80ff. Lauer vertrat die Auffassung nur Anthroposophie könne die Geschichtswissenschaft fundieren, ders., Rudolf Steiners erster anthroposophischer Vortrag, in: ders., Hrsg., Österreichische Blätter für freies Geistesleben, Heft 1, 1928, S. 10ff., ders., Zur Begründung einer Geschichtswissenschaft durch Anthroposophie, Österreichische Blätter, a.a.O., Heft 3, 1928, S. 9. ff.
161 Vgl. Poppelbaum, Schicksalsrätsel, a.a.O., 1959, S. 23ff.
162 Vgl. ebd., S. 23ff., S. 88ff.
163 Thomas Meyer unterstellt, die Mondflüge der USA hätten niemals stattgefunden, sondern seien Propaganda. Meyer, Gibt es einen Ausweg aus dem »Tal der Ahnungslosen«, Interview mit Gerhard Wisnewski, in: Der Europäer, 8. Jahrgang, Nr. 1, November 2003, S. 8f.
164 Vgl. Steiner, Theosophie, TB 615, S. 18f.
165 Vgl. Steiner, Die Stufen der höheren Erkenntnis, TB 641, S. 62f.
166 Vgl. Steiner, Theosophie, TB 615, S. 174f.
167 Vgl. Steiner, Wie erlangt man Erkenntnisse der höheren Welten, TB 600, S. 10, S. 19, S. 21, S. 36, S. 38, S. 92f., S. 103, S. 109ff., S. 142.
168 Vgl. ebd., S. 76 bis 86.
169 Vgl. Steiner, Akasha Chronik, TB 616, S. 22f., ders., Die Geheimwissenschaft im Umriß, TB 601, S. 142.
170 Vgl. Steiner, Theosophie, TB 615, S. 17, er zitiert Fichtes Satz, wonach dessen Philosophie »ein neues inneres Sinneswerkzeug« voraussetze.
171 Vgl. Steiner, Wie erlangt man Erkenntnisse der höheren Welten, TB 600, S. 115ff.
172 Vgl. ebd., S. 136.
173 Ebd., S. 46.
174 Vgl. Steiner, Die Stufen der höheren Erkenntnis, TB 641, S. 15, S. 35ff.
175 Vgl. ebd., S. 12, S. 16ff., S. 54, S. 65.
176 Vgl. Steiner, Wie erlangt man Erkenntnisse der höheren Welten, TB 600, S. 159ff., S. 171ff.
177 Vgl. ebd., S. 181.
178 Vgl. ebd., S. 193ff., S. 210f.
179 Vgl. ebd., S. 200f.
180 Vgl. ebd., S. 186f.
181 Vgl. ebd., S. 184.
182 Steiner, Theosophie, TB 615, S. 175, ebd., S. 31.
183 Ebd., S. 176f.
184 Ebd., S. 177.
185 Ebd., S. 186f.
186 Ebd., S. 176.
187 Vgl. z. B. von Gleich, Marksteine der Kulturgeschichte, 1. Teil, 1938, er glaubt an eine »überall waltende geistige Führung der Menschheitsgeschichte durch kosmische Intelligenzen« (S. 8), ausgeübt durch göttlich erleuchtete Menschen-Individualitäten, zu

denen er Zarathustra, Phytagoras, Plato, Gilgamesch und viele andere rechnet (S. 31, S. 33 ff.).

188 Steiner, Akasha-Chronik, TB 616, S. 236.

189 Ebd., S. 55.

190 Vgl. Steiner, Theosophie, TB 615, S. 45, S. 47.

191 Steiner, Akasha-Chronik, TB 616, S. 136.

192 Vgl. ebd., S. 234.

193 Vgl. Rittelmeyer, Stern - Schicksal - Zukunft, in: Die Christengemeinschaft, Heft 10, 1933, S. 292, Helmut Niedner in: Die Christengemeinschaft, Heft 4, 1931: »Deines Geistes Ströme/Schwingen sich nun/Wie Engel/In Erdentale; - /Wir wissen: Du trugst vergebens nicht/Für uns/Die Wundemale.«

194 Vgl. Helmut Zander, Ganz Dornach humpelt, in Neue Züricher Zeitung, 14. 2.1998.

195 Vgl. Lydia und Andreas Baumann-Bay, Achtung Anthroposophie, Zürich, 2000, S. 14 f.

196 Vgl. Steiner, Das Schicksalsjahr 1923 in der Geschichte der Anthroposophischen Bewegung, GA 259, S. 631 ff., S. 731, S. 733 ff., S. 738 ff.

197 Vgl. von Plato, a.a.O., 2003, S. 1007 ff.

198 Vgl. Steiner, Die Konstitution der Allgemeinen Anthroposophischen Gesellschaft und der Freien Hochschule für Geisteswissenschaft, GA 260a, S. 9, S. 13, S. 89 f.

199 Vgl. Walter Kühne, Die Stuttgarter Verhältnisse und Rudolf Steiners Impuls der sozialen Dreigliederung, Schaffhausen 1989, S. 34, S. 36.

200 Vgl. Steiner, Esoterische Unterweisungen, Bd. 1, GA 270/1, S. 145.

201 Vgl. ebd., S. 128.

202 Vgl. ebd., S. 149.

203 Vgl. ebd., S. 148.

204 Vgl. ebd., S. IX, S. XIII, die Mantras sind von folgender Qualität: »Des ersten Tieres Knochengeist,/Er ist die böse Schöpfermacht/Des Wollens, die den eignen Leib/Entfremdet deiner Seelenkraft/Und ihn den Gegenmächten weiht,/Die Weltensein dem Göttersein/In Zukunftszeiten rauben wollen« (S. 35), »O schau die Drei/Sie sind die Eins« (gemeint Wollen, Fühlen, Denken des Menschen).

205 Vgl. Steiner, Aus der Konferenz mit den Lehrern der Waldorfschule in Stuttgart, a.a.O., GA 260a, S. 426 ff.

206 Vgl. Rudolf F. Gädeke, Die Gründer der Christengemeinschaft. Ein Schicksalsnetz, Dornach, 1992, S. 87 ff. , Bundesarchiv Berlin, Werner Klein, RK/RSK, B 95, Bild 1043 ff.

207 Vgl. Flensburger Hefte, Nr. 3/1991, Heft 32, S. 132.

208 Steiner, Wie erlangt man Erkenntnisse der höheren Welten, TB 600, S. 18.

209 Vgl. Steffen, Zur Geschichte der Anthroposophischen Bewegung, in: Das Goetheanum, 1922/23, S. 371.

Viertes Kapitel: Von Wurzelrassen, Ariern und der Bürde des erleuchteten weißen Mannes

1 Heyer, Von der Atlantis bis Rom, Bd. 1, Breslau, 1939, S. 22.

2 Vgl. Steiner, Aus der Akasha-Chronik, TB 616, S. 22, S. 133 f.

3 Vgl. Lauer, Geschichte als Stufengang der Menschwerdung, Freiburg i. Br. 1956, S. 9 ff.

4 Vgl. Wachsmuth, Werdegang der Menschheit, Dornach 1953, S. 7 f., Wachsmuth meldete sich im August 1914 als Freiwilliger in den Krieg, wurde 1919 Anthroposoph und arbeitete in Steiners Kampagne für ein deutsches Oberschlesien mit. Er fungierte wie ein persönlicher Sekretär Steiners und wurde zur Jahreswende 1923/24 in den Vorstand gewählt, in dem er als Schatzmeister und Generalsekretär diente, von Plato, a.a.O., 2003, S. 881 ff.

5 Vgl. Uehli, Die Beziehung der Gralssage zur Mythologie und zur Christologie, in: Das Reich, 3. Jahrgang, 1918, S. 223.

6 Vgl. Steiner, Akasha-Chronik, TB 616, S. 103, S. 123f.
7 Vgl. ebd., S. 58ff., S. 64, ders., Welt, Erde und Mensch, GA 105, S. 115.
8 Vgl. Steiner, Akasha-Chronik, TB 616, S. 69, S. 73ff.
9 Vgl. ebd., S. 32, S. 71, S. 97.
10 Vgl. Blavatsky, Die Geheimlehre, Bd. 2, zit. nach AStA Antifa Referat Bielefeld, Von Karma bis Lebensschutz, 1992, S. 16.
11 Steiner, Die Mission einzelner Volksseelen, TB 613, S. 79.
12 Vgl. ebd., S. 65f., S. 70f.
13 Vgl. Uehli, Atlantis und das Rätsel der Eiszeitkunst, Stuttgart 1956, S. 44, Wachsmuth, Werdegang der Menschheit, Dornach 1953, S. 20, S. 28, Fred Poeppig, Das Zeitalter der Atlantis und die Eiszeit, Freiburg 1962, Stephan Mögle-Stadel, »Den Ozean als Autobahn und die Welt als Einheit denken«, Thor Heyerdahl über Ursprung und Krise der Hochkulturen, in: Info 3, März 1998, S. 6ff. Mögle-Stadel versucht Heyerdahl im Gespräch ein Bekenntnis zu Atlantis zu entlocken. Marianne Carolus, Atlantis heute? Nachrichten aus einer präsenten Vergangenheit, in: Info 3, Mai 2001, Andreas Delor, Wo lag Atlantis? Spiritualität und Geologie – Versuch einer Zusammenschau, in: Info 3, Mai 2001, Ernst Horst, Der Atlas von Atlantis, in: Frankfurter Allgemeine Zeitung, 4.12.1997.
14 Vgl. Steiner, Akasha-Chronik, TB 616, S. 24.
15 Vgl. ebd., S. 26f., S. 29, S. 31, S. 66, S. 72.
16 Vgl. ebd., S. 28, S. 45, S. 65ff., S. 72.
17 Vgl. Wachsmuth, Werdegang der Menschheit, 1953, S. 116.
18 Vgl. Steiner, Akasha-Chronik, TB 616, S. 34ff., Lievegoed, Alte Mysterien und soziale Evolution, 1991, S. 22ff., von Gleich, Marksteine der Kulturgeschichte, Teil 1, Stuttgart 1938, er erklärt den Untergang von Atlantis mit »moralischem Verfall« (S. 9).
19 Vgl. Steiner, Akasha-Chronik, TB 616, S. 40ff., S. 51.
20 Vgl. ebd., S. 43, S. 48.
21 Vgl. Steiner, Welt, Erde, Mensch, GA 105, S. 106f., Uehli, Atlantis und das Rätsel der Eiszeitkunst, Stuttgart 1953, S. 60ff.
22 Vgl. Steiner, Welt, Erde, Mensch, GA 105, S. 117.
23 Vgl. Heyer, Von der Atlantis bis Rom, Bd. 1, 1939, S. 23f.
24 Vgl. Steiner, Akasha-Chronik, TB 616, S. 47ff., S. 53, S. 55, ders., Gegensätze in der Menschheitsentwicklung, GA 197, S. 26f., Lauer, Geschichte als Stufengang der Menschwerdung, 1956, S. 208ff.
25 Vgl. Brigitte Hamann, Hitlers Wien, München, 1998, S. 295, S. 301.
26 Vgl. Steiner, Akasha-Chronik, TB 616, S. 32f., S. 44.
27 Ebd., S. 56.
28 Vgl. Steiner, Welt, Erde und Mensch, GA 105, S. 151f.
29 von Gleich, Marksteine der Kulturgeschichte, Teil 1, 1938, S. 9.
30 Vgl. Steiner, Die Mission einzelner Volksseelen, TB 613, S. 78f.
31 Zur Entwicklung der Rassenlehre Steiners Vgl. Georg Otto Schmid, Die Anthroposophie und die Rassenlehre Rudolf Steiners, a.a.O., 1995. Helmut Zander, Anthroposophische Rassentheorie: Der Geist auf dem Weg durch die Rassengeschichte, in: Schnurbein, Ulbricht, Völkische Religion, a.a.O., 2001. Zander schreibt, Steiners Rassentheorie sei »von hoher Konstanz in den Grundannahmen und einer munteren Flexibilität in den Details gekennzeichnet«, wobei der Fortschritt immer auf Weiße und die »Degeneration« immer auf Indianer und Schwarze bezogen sei.
32 Vgl. Steiner, Die Mission einzelner Volksseelen, S. 108–113.
33 Vgl. ebd., S. 108f., S. 116f.
34 Vgl. ebd., S. 117.
35 Vgl. Lauer, Coudenhoves Ideen und was ihnen fehlt, in: ders., Österreichische Blätter für freies Geistesleben, Heft 4, April 1928, S. 17, er spricht vom Alterszustand Amerikas, den Todeskräften, die das Leben dort durchsetzten und die Europäer gefährdeten, ähnlich Neve, New Age als Ablenkung?, 1989, S. 26.
36 Vgl. Steiner, Die Mission einzelner Volksseelen, S. 108, S. 114, S. 116.
37 Vgl. Steiner, Vom Leben des Menschen und der Erde, Über das Wesen des Christen-

tums, GA 349, Vortrag März 1923, S. 52 ff., Lauer zitiert ausführlich aus einem Vortrag Steiners, wonach das »Gehäuse« von Menschen weißer Hautfarbe seit dem »Mysterium von Golgatha« durch den Geist »imprägniert« wird. Bei Menschen, die keine weiße Hautfarbe haben, seien hingegen »atavistische Kräfte« am Werk, zit. bei Lauer, Geschichte als Stufengang der Menschwerdung, 1956, S. 250 ff.

38 Vgl. Heyer, Von der Atlantis bis Rom, Bd. 1, 1939, S. 22 ff., den Ur-Indern ordnet er das Zeichen des Krebses, den Ur-Persern die Zwillinge, den Ägyptern den Stier zu usw.

39 Vgl. Steiner, Die Mission einzelner Volksseelen, S. 170, S. 176, ders., Gegensätze in der Menschheitsentwicklung, GA 197, S. 159.

40 Vgl. Steffen, Magie der Wahrheit, in: Das Goetheanum, Heft 43, 1931, S. 345.

41 Vgl. Otto Fränkl, Rezension eines Buches über Gandhi, in: Das Goetheanum, Heft 41, 1932, S. 331.

42 Vgl. Steiner, Soziales Verständnis aus geisteswissenschaftlicher Erkenntnis, GA 191, S. 75, ders., Die Konstitution der Allgemeinen Anthroposophischen Gesellschaft und der Freien Hochschule für Geisteswissenschaften am Goetheanum, GA 260a, S. 488.

43 Vgl. Steiner, Die Mission einzelner Volksseelen, TB 613, S. 176.

44 Steiner, Gegensätze in der Menschheitsentwicklung, GA 197, S. 164.

45 Steiner, Vom Leben des Menschen und der Erde, Über das Wesen des Christentums, GA 349, S. 59.

46 Vgl. Steiner, Soziales Verständnis aus geisteswissenschaftlicher Erkenntnis, GA 191, S. 110.

47 Vgl. Gleich, Marksteine der Kulturgeschichte, Teil 1, 1938, S. 32 f.

48 Vgl. Steiner, Soziales Verständnis aus geisteswissenschaftlicher Erkenntnis, GA 191, S. 110.

49 Vgl. Heyer, Von der Atlantis bis Rom, Bd. 1, 1939, S. 116 f., S. 121.

50 Vgl. Steiner, Die Mission einzelner Volksseelen, TB 613, S. 171 ff.

51 Vgl. Steiner, Die Geheimwissenschaft im Umriß, S. 65 ff., S. 70, ders., Die Mission einzelner Volksseelen, S. 171 f., ders., Soziales Verständnis aus geisteswissenschaftlicher Erkenntnis, GA 191, S. 114.

52 Vgl. Steiner, Die Mission einzelner Volksseelen, TB 613, S. 177 f.

53 Vgl. Steiner, Wie wirkt man für den Impuls der sozialen Dreigliederung, GA 338, S. 207 f.

54 Vgl. Herbert Hahn, Über die Spiegelung der Volksseelen in den Sprachen, in: Das Goetheanum, Heft 2, 1922, S. 13 f.

55 Vgl. Rittelmeyer, Christ und Krieg, Predigten aus der Kriegszeit, München, 1916, S. 94

56 Vgl. Rittelmeyer, Der Deutsche in seiner Weltaufgabe zwischen Russland und Amerika, Stuttgart, 1932, S. 9, S. 13 f.

57 Vgl. Paul Bühler, Die Erwartungen im Russentum, in: Das Goetheanum, Heft 26, 1943, S. 204 f.

58 Vgl. von Bernus, Vorgesang der Neuen Zeit, in: ders., Hrsg., Das Reich, 1916, S. 106 ff., S. 258 ff., S. 420 ff., S. 591 ff.

59 Vgl. Karutz, Zur Frage von Rassebildung und Mischehe, in: Die Drei, 1930, S. 94 ff., S. 151 f., S. 156 f.

60 Vgl. Poppelbaum, Die Bildekräfte der Erdzonen und der Mensch, in: Die Drei, 1925, S. 91.

61 Ebd., S. 94.

62 Vgl. ebd., S. 203.

63 Vgl. ebd., S. 96 f.

64 Vgl. ebd., S. 92, S. 205.

65 Ebd., S. 205.

66 Vgl. ebd., S. 206.

67 Vgl. Wachsmuth, Geleitwort des Herausgebers, in: Gäa Sophia, Jahrbuch 1929, Völkerkunde, Stuttgart, Den Haag, London 1929, S. 6 f.

68 Wachsmuth, Afrika als Organ der Erde, in: Gäa-Sophia, 1929, S. 43.

69 Vgl. Poppelbaum, Zur Metamorphose der Menschengestalt, in Gäa-Sophia, 1929, S. 71–75.

70 Vgl. Baumann, Wörterbuch der Anthroposophie, 1991, S. 254.
71 Vgl. ebd., S. 184–193.
72 Vgl. Hauschka, Die Substanzlehre, Frankfurt/M. 1946, S. 8ff., S. 287f., einmal behandelt er den angeblichen »Abstieg in die Materie«, der in den modernen Naturwissenschaften ende, die Hauschka als rein mechanisch und quantitativ ablehnt. Im zweiten Fall befasst er sich mit dem Einfluss kosmischer Kräfte auf die Erde.
73 Vgl. Monika Neve, New Age als Ablenkung? Eine Analyse der New Age Bewegung aus anthroposophischer Sicht, Raisdorf/Kiel 1989, Wolfgang Peter, Rassismus, Nationalismus, Egoismus und die freie Individualität. Eine geisteswissenschaftliche Betrachtung, 1997» Stand 3.8.2005.
74 Vgl. Wolfgang Moldenhauer, Anthroposophische Völkerkunde und Rassenlehre, in: Das Goetheanum, 1950, Heft 12, S. 92f.
75 Vgl. Karutz, Die Rassen der gestalteten Erde und Vorgeschichte (Aus dem Nachlass), in: Das Goetheanum, 1950, Heft 44, S. 347ff.
76 Vgl. Wachsmuth, Werdegang der Menschheit, 1953.
77 Vgl. Fritz Wörsching, Die Musik im Übergang von der IV. zur V. nachatlantischen Kulturepoche, in: Das Goetheanum, 1945, Nr. 11, S. 84.
78 Vgl. Wörsching, Die Musik im Übergang von der IV. zur V. nachatlantischen Kulturepoche, in: Das Goetheanum, 1945, Nr. 13, S. 102.
79 Vgl. Uehli, Florenz, das kosmopolitische Zentrum der italienischen Renaissance, in: Das Goetheanum, 1952, Heft 42, S. 332f.
80 Vgl. Neve, New Age als Ablenkung?, 1989, S. 21ff., S. 26ff.
81 Vgl. Baumann, a.a.O., S. 191ff.
82 Vgl. Patrick Dixon, Zwei Ströme – ein Fluss, in: Novalis, Nr. 12/1, 1993/94, S. 33f.
83 Friedrich Hiebel, Rückschau auf die Brücke zur Atlantis, in: Das Goetheanum, 1957, Heft 24, S. 190.
84 Neve, New Age als Ablenkung?, 1989, S. 25.
85 Vgl. Martin Barkhoff, Turandots neue Rätsel. Die turanischen Völker erwachen, in: Das Goetheanum, Nr. 7, 1992, S. 61ff.
86 Vgl. Prokofieff, Die geistigen Quellen Osteuropas und die Mysterien des heiligen Gral, 1995, S. 16ff., S. 39, S. 120.
87 Vgl. ebd., S. 39f.
88 Ebd., S. 40.
89 Vgl. ebd., S. 327ff.
90 Ebd., S. 42.
91 Vgl. Emil Bock, Die Idee Europas, in: Die Drei, 1948, S. 24ff.
92 Helmut Knauer, Das Antlitz Asiens, in: Das Goetheanum, 1956, Heft 8, S. 62.
93 Vgl. Walter Harmsen, Rassenprobleme der Gegenwart als unbewältigte Vergangenheit der Atlantis, in: Das Goetheanum, 1973, Heft 22, S. 176.
94 Vgl. Arnold Ith, Asien und der Westen, in: Das Goetheanum, 1974, Nr. 40, S. 313f.
95 Vgl. Steiner, Die okkulte Bewegung im neunzehnten Jahrhundert, GA 254, S. 262f.
96 Vgl. Steiner, Soziales Verständnis aus geisteswissenschaftlicher Erkenntnis, GA 191, S. 114f.
97 Vgl. Steiner, Die Erkenntnis des Übersinnlichen, GA 55, S. 35 bis 66.
98 Vgl. Prokofieff, Die geistigen Mysterien Osteuropas, a.a.O., 1995, S. 40.
99 Vgl. Steiner, Die Mission einzelner Volksseelen, TB 613, S. 74f.
100 Vgl. Steiner, Gegensätze in der Menschheitsentwicklung, GA 197, S. 28.
101 Steiner, Über Gesundheit und Krankheit – Grundlagen einer geisteswissenschaftlichen Sinneslehre, Vorträge 1922/1923, GA 348, S. 101.
102 Vgl. Steiner, Die Schöpfung der Erde und des Menschen, Erdenleben und Sternenwirken, GA 354, S. 61ff., ders., Menschheitsentwicklung und Christus-Erkenntnis, GA 100, S. 244f.
103 Udo Renzenbrink, Über das Rauchen, in: Das Goetheanum,1969, S. 381.
104 Arnold Ith, Der Federkopfschmuck der Indianer, in: Das Goetheanum, 1978, S. 85, zu Wachsmuth, Werdegang der Menschheit, 1953, S. 116f.

105 Vgl. Leber, Anthroposophie und die Verschiedenheit des Menschengeschlechts, in: Die Drei, Heft 3, März 1998, S. 36ff., S. 44.
106 Vgl. ebd., S. 40.
107 Vgl. Karutz, Die Afrikanische Seele. Erster Versuch einer afrikanischen Geistesgeschichte, Basel, 1938, nach Ansicht des Professors hat »das Erdenschicksal« den Europäer als die »Rassenart« bestimmt, die die »Lehre von der Erlösung« bringt (S. 329). »Wohin die Zukunft die Afrikanische Seele führen wird, hängt davon ab, inwieweit der Europäer seine eigene löst, ob er in sich den Materialismus überwinden kann. Besinnt Europa sich nicht, so würde es weiter Afrika verderben und wird es – verlieren. Besinnt es sich auf eine geistige Weltanschauung, so kann es der Erzieher sein, der die Afrikanische Seele verständnisvoll führt und zugleich ihr zur rechten Zeit die Freiheit selbständiger Entwicklung lässt.« (S. 347).
108 Vgl. Karutz, Zum Problem des farbigen Menschen, in: Die Drei, 1930, S. 149ff., S. 156f.
109 Steiner, Über Gesundheit und Krankheit, GA 348, S. 186.
110 Steiner, Vom Leben des Menschen und der Erde. Über das Wesen des Christentums, GA 349, S. 53.
111 Steiner, Konferenzen mit den Lehrern der freien Waldorfschule in Stuttgart, Bd. 2, GA 300/b, S. 282.
112 Vgl. Karutz, Zur Frage von Rassenbildung und Mischehe, in: Die Drei, Heft 2, 1930, S. 94ff.
113 Steiner, Konferenzen mit den Lehrern der freien Waldorfschule in Stuttgart, Bd. 2, GA 300/b, S. 282, Vgl. auch ders., Gegensätze in der Menschheitsentwicklung, GA 197, S. 53.
114 Vgl. Michael Eggert, Anthroposophie und Kritik – Uehli und wie weiter?, Info 3, 1.8.2000, www.info3.de/ycm/news²76.shtml.
115 Walter Liebendörfer, Anthroposophie – Erwachen zu individueller Wesensbegegnung, in: Stefan Leber, Hrsg., Anthroposophie und Waldorfpädagogik in den Kulturen der Welt, Stuttgart 1998, S. 66.
116 Leber, Anthroposophie und die Verschiedenheit des Menschengeschlechte, in: ders., Hrsg., Anthroposophie und Waldorfpädagogik in den Kulturen der Welt, 1998, S. 228, S. 247f.
117 Vgl. Flensburger Hefte, Anthroposophie und Rassismus, Heft 41, Nr. 6/1993, S. 4.
118 Vgl. Thomas Höfer, Der Hammer kreist, in: Flensburger Hefte, Heft 41, Nr. 6/1993, S. 8, S. 10, S. 15ff., Wolfgang Weirauch, ebd., S. 58, Wolfgang Schad, ebd., S. 111f. Schad erklärt in diesem Interview mit Höfer, man müsse sich von rassistischen Äußerungen distanzieren, »allein schon, um eine verantwortbare Position gegenüber den Gegnern der Anthroposophie, die mit diesen Stellen heute hausieren gehen, einnehmen zu können.«
119 Ebd., S. 3.
120 Höfer, Der Hammer kreist, in: Flensburger Hefte, Heft 41, Nr. 6/1993, S. 8.
121 Ebd., S. 20.
122 Weirauch, Über die Menschenrassen in der Darstellung Rudolf Steiners, in: Flensburger Hefte, Heft 41, Nr. 6/1993, S. 81.
123 Vgl. Bernd Hansen, Rudolf Steiners Indianerbild, in: Flensburger Hefte, Heft 41, Nr. 6/1993, S. 127.
124 Vgl. Wenzel Michael Götte, Das Verdämmern der Rassen, in: Anthroposophische Gesellschaft in Deutschland e.V., Hrsg., Geistige Individualität und Gattungswesen, 1995, S. 6.
125 Höfer, Der Hammer kreist, in: Flensburger Hefte, Heft 41, Nr. 6/1993, S. 10.
126 Klaus Peter Endres, Wolfgang Schad, Die Vielfalt des Menschen, in: Anthroposophische Gesellschaft in Deutschland e.V., Hrsg., Geistige Individualität und Gattungswesen, 1995, S. 66.
127 Vgl. Info Drei, Heft 3, März 1998, S. 25.
128 Vgl. Weirauch, Über die Menschenrassen in der Darstellung Rudolf Steiners, in: Flensburger Hefte, Heft 41, Nr. 6/1993, S. 55.

129 Der Bund der freien Waldorfschulen behauptet in einer Stellungnahme an die Kultusministerien vom März 1997 ebenfalls, es handle sich um wenige aus dem Zusammenhang gerissene Zitate und obendrein um »mitstenographierte Äußerungen … deren Authentizität nicht gesichert und die von Rudolf Steiner auch ausdrücklich nicht autorisiert worden sind«. Vgl. Zum Thema Rassismus-Vorwürfe, in: Das Goetheanum, 1997/98, S. 115. Dagegen heißt es beispielsweise in dem Band »Die Mission einzelner Volksseelen« mit Vorträgen Steiners aus dem Jahr 1910: »Nach einer vom Autor durchgesehenen Vortragsnachschrift, herausgegeben von der Rudolf-Steiner-Nachlassverwaltung.«

130 Vgl. Michael Frensch, in: Novalis, Heft 3, 1997, S. 11, er beruft sich dabei auf Marie Steiner, wonach ihr Mann »aus dem Stehgreif«, frisch und unmittelbar gesprochen habe.

131 Vgl. Leber, Anthroposophie und die Verschiedenheit des Menschengeschlechts, in: Die Drei, Heft 3, März 1998, S. 36 ff., S. 41 ff.

132 Vgl. Weirauch, Über die Menschenrassen in der Darstellung Rudolf Steiners, in: Flensburger Hefte, Heft 41, Nr. 6/1993, S. 101.

133 Ebd., S. 93.

134 Martin Klußmann, Zum Rassismus-Streit. Neue Antworten auf alte Vorwürfe, in: Das Goetheanum, 1996/1997, S. 341.

135 Klußmann, Zum Rassismus-Streit. Teil III, in: Das Goetheanum, 1996/1997, S. 379.

136 Zum Thema Rassismus-Vorwürfe, in: Das Goetheanum, 1997/98, S. 115.

137 Höfer, Der Hammer kreist, in: Flensburger Hefte, Heft 41, Nr. 6/1993, S. 14.

138 Steiner, Marie Steiner – v. Sivers, Briefwechsel und Dokumente 1901–1925, GA 262, S. 51 f.

139 Vgl. Steiner, Die Philosophie der Freiheit, S. 237 f.

140 Vgl. Weirauch, Über die Menschenrassen in der Darstellung Rudolf Steiners, in: Flensburger Hefte, Heft 41, Nr. 6/1993, S. 62.

141 Weirauch, Über die Menschenrassen in der Darstellung Rudolf Steiners, in: Anthroposophische Gesellschaft, Geistige Individualität und Gattungswesen, 1995, S. 63.

142 Klußmann, Zum Rassismus-Streit, Teil III, in: Das Goetheanum, 1996/1997, S. 380.

143 Vgl. Anthroposophische Gesellschaft, Geistige Individualität und Gattungswesen, 1995, S. 103.

144 Vgl. Klaus-Peter Endres, Wolfgang Schad, Die Vielfalt des Menschen, in: Anthroposophische Gesellschaft, Geistige Individualität und Gattungswesen. 1995, S. 39, S. 43.

145 Vgl. ebd., S. 36.

146 Vgl. Wolf D. Hund, Rassismus. Die soziale Konstruktion natürlicher Ungleichheit, Münster, 1999, S. 15 ff.

147 Vgl. Anthroposophie und die Frage der Rassen, Zwischenbericht der niederländischen Untersuchungskommission »Anthroposophie und die Frage der Rassen«, Frankfurt/M. 1998, S. 18 (im Folgenden Zwischenbericht), Rheinische Post, 17.2.1998, Westdeutsche Zeitung, 17.2.1998, Das Goetheanum, 1994/1995, S. 618, S. 698.

148 Vgl. dpa Hamburg, 16.2.1998, in: Pressespiegel Anthroposophie, Nr. 3, März 1998, S. 16, Zwischenbericht, 1998, S. 30, S. 325.

149 Vgl. Zwischenbericht, 1998, S. 30.

150 Ebd., S. 15.

151 Ebd., S. 17.

152 Vgl. Press Summary by the Commission on »Anthroposophy and the Question of Race«, April 2000.

153 Vgl. ebd.

154 Zwischenbericht, 1998, S. 313.

155 Ebd., S. 313.

156 Ebd., 1998, S. 317.

157 Vgl. ebd, S. 274 f.

158 Vgl. ebd., S. 286 f.

159 Info Drei, Heft 2, Februar 1998, S. 29.

160 Vgl. Zwischenbericht, S. 320 f., Info Drei, Heft 3, März 1998, S. 26.
161 Vgl. Detlef Hardorp, Lingering colonial attitude at some Dutsch Waldorf schools, www.thebee/comments/Holland/Stibbe.htm.
162 Vgl. Zwischenbericht, 1998, 302, S. 320.
163 Vgl. ebd., S. 320.
164 Vgl. Der Haager Kreis. Länderübergreifende Begegnungen, in: Erziehungskunst, 2001, S. 925 f.
165 Vgl. zum Beispiel Stephan Stockmar, Hans Georg Krauch, Walther Kilthau, Die Überwindung der Rassenunterschiede durch Anthroposophie, in: Trigonal, Zeitschrift für anthroposophische Einrichtungen im Rhein-Main-Gebiet, Nr. 3, April 1997, S. 2. Die Autoren meinen, die Aussage, es gebe keine Menschenrassen sei »ebenso unsinnig wie die Aussage, es gäbe nicht verschiedene Farben. Sie zeige nur, dass Qualitäten nicht wahrgenommen werden können oder wollen.« Dieser Ansicht nach existieren nicht nur verschiedene Rassen, sondern ihnen kommen auch unterschiedliche Qualitäten zu.
166 Claartje Wijnbergh, Waldorfimpulse für das Erziehungswesen im schwarzen Südafrika, in: Das Goetheanum, Heft 21, 1987, S. 158.
167 Helmut Knauer, Der Kontinent Afrika als Menschheitsproblem, in: Das Goetheanum, 1958, Heft 24, S. 187.
168 Vgl. Paul Bühler, Geisteswissenschaftliche Gesichtspunkte zum Rassenproblem, in: Das Goetheanum, Heft 38, 1964, S. 298.
169 C. J. van Houten, Süd-Afrika und das Bewusstseinsseelen-Zeitalter, in: Das Goetheanum, Heft 37, 1971, S. 298.
170 Vgl. Suchantke, Sonnensavannen und Nebelwälder, a.a.O., 1972, S. 23–28.
171 Vgl. Wilhelm Neurohr, Afrika: Wiege der Menschheit – Weltgewissen, in: Das Goetheanum, Heft 6, 2001, S. 92.
172 Neurohr, Der neue Kolonialismus im Gewande der Globalisierung, in: Das Goetheanum, Heft 20, 2001, S. 363.
173 Heidjer Reetz, Dreigliederung des sozialen Organismus und ökologische Frage, in: Rundbrief Netzwerk Dreigliederung, Nr. 1, März 1993, S. 6.
174 Leber, Anthroposophie und die Verschiedenheit des Menschengeschlechte, a.a.O., 1998, S. 252.
175 Jost Schieren, Ein Angriff auf die Anthroposophie, in: Info Drei, Heft 12, 1994, S. 11.
176 Vgl. Henning Köhler, Verkappter Rechtsextremismus? in: Info 3, Heft 5, 1995, S. 2.
177 Vgl. ebd., S. 2.
178 Vgl. Sterling Latimer, Es geht um die Entscheidung von Individualitäten, und ders., Mosaik der Kulturen. Rudolf Steiners Menschheitsimpuls, in: Info 3, Heft 3, 1997, S. 7 ff.
179 Vgl. Steiner, Die Mission einzelner Volksseelen, TB 613: »In unserer Zeit wird der Rassencharakter aber allmählich überwunden.« (S. 79) »Unsere Zeit« kann die gesamte fünfte Epoche bedeuten! Man könne den Menschen, behauptet Steiner, noch nicht alles sagen, was nötig wäre, »damit er wahrnimmt, was aus der Erde rassebestimmend aufsteigt, was später den Kulturcharakter bestimmt, und was in noch späterer Zeit wieder unbedeutend werden wird, wenn der Mensch zum Geistigen wieder zurückkehrt« (S. 83).
180 Vgl. Steiner, Akasha-Chronik, TB 616, S. 208 f., ders., Die Mission einzelner Volksseelen, S. 75 f.
181 Cornelius Bohlen, Zum Rassismus-Vorwurf gegenüber der Anthroposophie, in: Joachim Müller, Hg., Anthroposophie und Christentum, Freiburg/Schweiz, 1995, S. 201.
182 Ebd., S. 201.
183 Steiner, Über Gesundheit und Krankheit, GA 348, S. 101.
184 Steiner, Esoterische Betrachtungen karmischer Zusammenhänge, Bd. 3, GA 237, S. 157, ebenso: ders., Die okkulte Bewegung im neunzehnten Jahrhundert, GA 254, S. 261.
185 Vgl. Lauer, Anthroposophie im Weltanschauungskampfe der Gegenwart, Basel, 1927, S. 158, Moldenhauer, in: Das Goetheanum, Heft 46, 1934, S. 366 f., Neve, New Age als Ablenkung? 1989, S. 22.

186 Walter Harmsen, Von dem Sonnen-Orakel der Atlantis zur michaelischen Rassenbildung, in: Das Goetheanum, 1973, S. 186.
187 Vgl. Poppelbaum, Symptome, in: Das Goetheanum, Heft 15, 1926, S. 120.
188 Vgl. Steiner, Befreiung von dem physischen Gebundensein an den Erdkörper, in: Das Goetheanum, Heft 43, 1947, S. 338, ebenso Niederhäuser, Fremde Länder - Fremde Völker, 1960, S. 16–18.
189 Vgl. Leber, Anthroposophie und die Verschiedenheit des Menschengeschlechts, in: Die Drei, Heft 3, 1998, S. 36 ff., S. 37 f.
190 Vgl. Leber, Die Menschenkunde der Waldorfpädagogik. Anthropologische Grundlagen der Erziehung des Kindes und Jugendlichen, Stuttgart, 1993, S. 245 (der Text wurde noch mal abgedruckt in der Zeitschrift der deutschen Anthroposophischen Gesellschaft: Leber, Anthroposophie und die Verschiedenheit des Menschengeschlechts, Die Drei, Heft 3, März 1998, S. 36 ff., S. 37 f.).
191 Vgl. Pietro Archiati, Die Überwindung des Rassismus durch die Geisteswissenschaft Rudolf Steiners, Dornach 1997, S. 20.
192 Vgl. ebd., S. 36 f.
193 Vgl. ebd., S. 51.
194 Vgl. S. 58.
195 Vgl. ebd., S. 19.
196 Vgl. ebd., S. 72 f.
197 Steiner, Die Mission einzelner Volksseelen, TB 613, S. 86 f.
198 Ebd., S. 78 f.
199 Vgl. Anthroposophische Gesellschaft, Geistige Individualität und Gattungswesen, 1995, Götte, S. 12, S. 20, Endres/Schade, S. 66, Lindenau, S. 73 ff., S. 83.
200 Vgl. ebd., S. 1 ff., ebenso Wenzel Götte, S. 4, und Frank Hörtreiter, S. 99 f.
201 Wessen Geistes Kind Ravagli ist, kann man daraus erkennen, dass er Flüsse allen Ernstes als physische Leiber von Engeln bezeichnet. Er hält Steiner für einen Seher und glaubt an dessen Prognose, gegen Ende des 20. Jahrhunderts wären die Seelen verstorbener Anthroposophen reinkarniert, um die Mächte des Bösen zu besiegen. Vgl. z. B. Ravagli, Offenbarung, Naherwartung und Apokalypse, in: Das Goetheanum, Nr. 8, 2003, S. 1 ff.
202 Ravagli, Die Wahrnehmung des Fremden, in: Die Drei, Nr. 6, 2000.
203 Vgl. Hans-Jürgen Bader, Manfred Leist, Lorenzo Ravagli, »Rassenideale sind der Niedergang der Menschheit«, Anthroposophie und der Antisemitismusvorwurf, März 2001, Bund der Freien Waldorfschulen, Hrsg., Stuttgart, S. 8.
204 Vgl. ebd., S. 10.
205 Ebd., S. 19.
206 Vgl. ebd., S. 18.
207 Vgl. etwa Etienne Balibars Definition eines Neo-Rassismus als Rassismus ohne Rassen, Balibar, Immanuel Wallerstein, Rasse, Klasse, Nation, Hamburg 1990, S. 28 f.
208 Vgl. Ravagli, Isis entschleiert, in: Das Goetheanum, Heft 36, 2001, Heft 37, 2001.
209 Vgl. Ravagli, Offene Antwort an Ute Siebert, auf ihren offenen Brief vom 20.3.2001, http://www.anthroposophie-de.com/aktuelles/ravantw.html.
210 Ravagli, Zur Stellungnahme der Reportredaktion auf zahlreiche kritische Reaktionen, 20.3.2000, http://www.anthroposophy.com/anthro/report/html.
211 Vgl. Ravagli, Isis entschleiert, in: Das Goetheanum, Nr. 36, 1.9.2001, Nr. 37, 9.9.2001.
212 Vgl. ebd.
213 Vgl. Ravagli, Die drei Verwüstungen Europas und seine künftige Auferstehung, in: Die Drei, Heft 7, 2004, S. 53 ff.
214 Ebd. , S. 58.

Fünftes Kapitel: Die »zersetzende Kraft« des Judentums

1 Vgl. Paul Spiegel in der Sendung Wortwechsel des Südwestdeutschen Rundfunks, 19.3.2000, SWR 3.
2 Vgl. Mariette Schäfer, Waldorf-Unterricht »rassistisch geprägt«?, in: Allgemeine Jüdische Wochenzeitung, 30.3.2000.
3 Evelyn Hecht-Galinski, »Verbale Diffamierungen«, Interview, taz, 13./14.5.2000.
4 Vgl. Ravagli, Rudolf Steiner als aktiver Gegner des Antisemitismus, Manuskript, November 2000, ähnlich Stefan Leber, Antisemitismus bei Steiner - eine Wahnidee, in: Die Drei, 2000, S. 851 f.
5 Vgl. Gerard Kerkvliet, Rudolf Steiner und das Judentum, Info 3, April 2000, www.info3.de/aktuell/news/aktuell0400e.html.
6 Vgl. Bader, Leist, Ravagli, a.a.O., Juni 2001, 2. Auflage, S. 57 f., sie sind nicht die ersten, die versuchen, die Passage einfach umzudeuten, in dem Sinn, dass Steiner mit der Zersetzung eigentlich einen »großen Kulturauftrag des Judentums« gemeint habe, Vgl. Leber, Antisemitismus bei Steiner - eine Wahnidee, in: Die Drei, 2000, S. 853 f., Klußmann zum Rassismus Vorwurf, Teil V, in: Das Goetheanum, 1996/1997, S. 411.
7 Vgl. Bader, Leist, Ravagli, a.a.O., S. 65 f.
8 Vgl. ebd., S. 28 f.
9 Vgl. ebd., S. 51 ff.
10 Vgl. ebd., S. 36.
11 Vgl. Dierk Lorenz, Umgang mit Antisemitismus-Vorwürfen - Phänomene einer Verteidigung, Info 3, Mai 2001.
12 Vgl. Ralf Sonnenberg, Hammer und Kreuz, in: Die Drei, Heft 12, 2004, S. 60 f.
13 Sonnenberg, S. 61.
14 Steiner, Mein Lebensgang, TB 636, S. 145.
15 Ebd., S. 21.
16 Ebd., S. 20.
17 Ebd., S. 21.
18 Vgl. Steiner, Gesammelte Aufsätze zur Literatur 1884–1902, GA 32, S. 119, ders., Gesammelte Aufsätze zur Dramaturgie, GA 29, S. 36.
19 Vgl. Brigitte Hamann, Hitlers Wien, München, 1996, S. 340.
20 Vgl. Steiner, Robert Hamerling - Homunkulus. Modernes Epos in 10 Gesängen, in: Gesammelte Aufsätze zur Literatur, GA 32, S. 145 ff.
21 Vgl. Steiner, Mein Lebensgang, S. 105, S. 107, ders., Robert Hamerling, in: Das Goetheanum, Heft 15, 13. April 1930, S. 113 und Heft 16, 20. April 1930. Der Vortrag wurde anlässlich von Hamerlings 100. Geburtstag veröffentlicht, dazu verfasste Fritz Lemmermayer eine Lobeshymne, in der die deutschnationale Seite des Schriftstellers gewürdigt wird, in: Das Goetheanum, Heft 19, 11. Mai 1930, S. 147 ff. und Heft 20, 1930, S. 156, der österreichische Anthroposoph berichtet, Hamerling habe die »Fahne des Deutschtums« hochgehalten und die sprachliche Gleichstellungspolitik der Regierung bekämpft, ders., Erinnerungen, Stuttgart, Den Haag, London 1929, S. 92, S. 102, Hans Stracke, Ein Hamerling-Büchlein, in: Das Goetheanum, 1997/1998, S. 377.
22 Vgl. Steiner, Mein Lebensgang, TB 636, S. 144 f.
23 Steiner, Robert Hamerling - Homunkulus, GA 32, S. 145 f.
24 Vgl. Bader, Leicht, Ravagli, a.a.O., 2001, S. 34.
25 Vgl. ebd., S. 43, S. 64.
26 Vgl. ebd., S. 35.
27 Vgl. Ravagli, Unter Hammer und Hakenkreuz, Stuttgart, 2004, S. 28, Detlef Hardorp, Wandelte sich Steiners Sicht des Judentums?, in: Die Drei, Heft 12/2004, S. 56 ff., immerhin räumt Hardorp ein, dass Steiner »von den Denkgewohnheiten seiner Zeit beeinflusst war«.
28 Vgl. Steven M. Lowenstein, Paul Mendes-Flohr, Peter Pulzer, Monika Richarz, Deutsch-

jüdische Geschichte in der Neuzeit, Bd. 3, Umstrittene Integration 1871–1918, München, 1997, S. 19–22.

29 Vgl. Rudolf Steiner, Gesammelte Aufsätze zur Kultur- und Zeitgeschichte, 1887–1901, GA 31, S. 196ff.

30 Vgl. Detlef Hardorp, Wandelte sich Steiners Sicht des Judentums?, in: Die Drei, Heft 12/2004, S. 56.

31 Vgl. Steiner, Die Instinkte der Franzosen, in: ders., Gesammelte Aufsätze zur Kultur- und Zeitgeschichte, GA 31, S. 221 ff.

32 Vgl. Steiner, Dreyfus-Briefe, Magazin für Litteratur, 67. Jahrgang, Nr. 41, 15. Oktober 1898, Spalte 961 ff., nachgedruckt in: ders., Gesammelte Aufsätze zur Kultur- und Zeitgeschichte 1887–1901, GA 31, S. 277 ff.

33 Steffen, Rechenschaftsbericht zum zehnjährigen Bestehen der Wochenzeitschrift, in: Das Goetheanum, Heft 31, 1931, S. 244.

34 Steiner, Gesammelte Aufsätze zur Kultur- und Zeitgeschichte, GA 31, S. 379.

35 Vgl. ebd., S. 412.

36 Vgl. ebd., S. 362, S. 412, S. 417 ff.

37 Bei Itta Shedletzky, Ludwig Jacobowski und Jakob Loewenberg, in: Stephan Moses, Albrecht Schöne, Hrsg., Juden in der deutschen Literatur, Frankfurt/Main 1986, S. 195.

38 Steiner, Vorwort zu Jacobowski, Ausklang. Neue Gedichte aus dem Nachlaß, Minden, 1901, S. 17.

39 Vgl. Lowenstein u.a., Deutsch-jüdische Geschichte in der Neuzeit, a.a.O., S. 251.

40 Vgl. Rolf Thiede, Stereotypen vom Juden. Die frühen Schriften von Heinrich und Thomas Mann, Berlin, 1998, S. 12f., S. 18.

41 Elohim ist der hebräische Ausdruck für Gott, den es nur in der Pluralform gibt.

42 Vgl. Steiner, Welt, Erde, Mensch, GA 105, S. 156f., S. 158.

43 Vgl. Steiner, Christus und die geistige Welt, GA 149, S. 74.

44 Vgl. Wachsmuth, Werdegang der Menschheit, 1953, S. 99, S. 101.

45 Steiner, Welt, Erde, Mensch, GA 105, S. 159.

46 Vgl. ebd., S. 159.

47 Vgl. Neve, New Age als Ablenkung? 1989, S. 23, Udi Levy schreibt, »das Judentum war, den christologischen Ausführungen Steiners zufolge, ein gewaltiges, spirituell inszeniertes Adventsgeschehen.«, ders., Messiaserwartung und Judentum, in: Die Christengemeinschaft, 1996, Heft 2, S. 63.

48 Vgl. Steiner, Die Mission einzelner Volksseelen, TB 613, S. 113.

49 Ebd., S. 124.

50 Vgl. Hannes Razum, Das völkische Problem, in: Das Goetheanum, Heft 27, 1930, S. 213.

51 Vgl. Steiner, Die Mission einzelner Volksseelen, TB 613, S. 114, S. 125.

52 Vgl. Mosse, Die völkische Revolution, 1991, S. 47, S. 68.

53 Steiner, Menschheitsentwickelung und Christus-Erkenntnis, GA 100, S. 187.

54 Steiner, Das Hereinwirken geistiger Wesenheiten in den Menschen, GA 102, S. 174.

55 Vgl. Albert Steffen, Das Wesen der Strafe, in: Das Goetheanum, Heft 12, 1927, S. 92f., Otto Fränkl, Franz Werfels »Paulus unter den Juden«, in: Das Goetheanum, Heft 43, 1926, S. 340f., Karl Heyer, Sozialimpulse des Mittelalters und ihre Wandlung zur Dreigliederung des sozialen Organismus, in: Das Goetheanum, Heft 28, 1927, S. 220.

56 Vgl. Rittelmeyer, Der Deutsche in seiner Weltaufgabe zwischen Russland und Amerika, Stuttgart 1932, S. 4, S. 29, ders., Christus, Stuttgart, 1936, S. 38f., S. 42 bis 46, ders., Impulse der Gegenwart, Stuttgart 1940, S. 11, S. 17.

57 Rittelmeyer, Aus meinem Leben, 1937, S. 345, auch S. 274, S. 283.

58 Rittelmeyer, Der Deutsche in seiner Weltaufgabe zwischen Russland und Amerika, a.a.O., S. 29.

59 Vgl. Rittelmeyer, Deutschtum, 1934, S. 99, S. 103 ff.

60 Ebd., S. 105.

61 Vgl. Rittelmeyer, Judentum und Christentum. Die Mission des Judentums, in: Die Christengemeinschaft, Heft 10, 1934, S. 291 ff., der Text ist teilweise identisch mit

dem Abschnitt »Juden und Deutsche« in dem Buch »Deutschtum« aus demselben Jahr.

62 Vgl. Steiner, Die Geschichte der Menschheit und die Weltanschauungen der Kulturvölker, Vorträge März bis Juni 1924, GA 353, S. 196f., Lauer, Geschichte als Stufengang der Menschwerdung, Bd. 1, 1956, S. 225.
63 Vgl. Steiner, Die Geschichte der Menschheit und die Weltanschauungen der Kulturvölker, GA 353, S. 198f.
64 Vgl. ebd., S. 200.
65 Steiner, Marie Steiner, Briefwechsel und Dokumente 1901–1925, GA 262, S. 62f.
66 Steiner, Die Geschichte der Menschheit und die Weltanschauungen der Kulturvölker, GA 353, S. 200.
67 Vgl. ebd., S. 206f.
68 Vgl. ebd., S. 119–121.
69 Vgl. Marie Steiner, Der Wiener Kongress der Anthroposophischen Gesellschaft und sein Geistdurchleuchter, in: Das Goetheanum, Heft 6, 1927, S. 44.
70 Vgl. Rittelmeyer, Der Deutsche in seiner Weltaufgabe zwischen Russland und Amerika, 1932, S. 4.
71 Steiner, Die Geschichte der Menschheit und die Weltanschauungen der Kulturvölker, GA 353, S. 204.
72 Vgl. ebd., S. 203.
73 Ebd., S. 205.
74 Vgl. Christoph Rau, Der Kulturbeitrag des Judentums, in: Die Christengemeinschaft, Nr. 2/1995, S. 67ff.
75 Vgl. ebd., S. 70.
76 Vgl. ebd., S. 73.
77 Vgl. Ludwig Thieben, Das Rätsel des Judentums, 1931, 2. erweiterte Auflage, Basel, 1991, S. 99, S. 103, S. 126.
78 Ebd., S. 189.
79 Vgl. ebd., S. 177, S. 180, S. 183.
80 Vgl. ebd., S. 189.
81 Ebd., S. 217.
82 Vgl. ebd., S. 197.
83 Vgl. ebd., S. 197ff.
84 Vgl. ebd., S. 99.
85 Vgl. ebd., S. 131.
86 Vgl. ebd., S. 165.
87 Vgl. ebd., S. 173f.
88 Vgl. ebd., S. 174f.
89 Vgl. ebd., S. 206, S. 210.
90 Vgl. ebd., S. 206.
91 Vgl. ebd., S. 202.
92 Ebd., S. 219.
93 Vgl. ebd., S. 208f.
94 Vgl. ebd., S. 148, S. 190ff., S. 194f.
95 Vgl. Uehli, Mondenevolution und Menschenschicksal, in: Das Goetheanum, 27. Jahrgang, 1948, S. 18ff., S. 27ff., S. 42ff., S. 58ff.
96 Vgl. ebd., S. 58.
97 Vgl. ebd., S. 58ff.
98 Vgl. Uwe Werner, Anthroposophen in der Zeit des Nationalsozialismus, Oldenburg, 1999, S. 16, S. 161, S. 181, S. 350, Plato, Anthroposophie im 20. Jahrhundert, a.a.O., 2003, S. 386ff., S. 1007.
99 Vgl. Karl König, Geister unter dem Zeitgeist, Stuttgart 1973, S. 184f.
100 Ebd., S. 191.
101 Vgl. Kilthau, Literaturangaben für die Arbeit des Klassenlehrers an einer Freien Waldorfschule, a.a.O., 1998, S. 50.
102 Karl König, Geschichte und Schicksal des jüdischen Volkes, 3 Vorträge im Advent

1965, S. 3, unveröffentlichtes Manuskript. Der Text wird in der Bibliothek in Dornach aufbewahrt, es soll sich um eine vom Vortragenden nicht durchgesehene Nachschrift handeln.

103 Ebd., S. 29.

104 Vgl. Jungle World, Nr. 24, 10.6.1998.

105 Vgl. Barbro Karlén, ... und die Wölfe heulen, Basel, 3. Auflage, 1998.

106 Vgl. Thomas Meyer, Nachwort, in: Karlén, ... und die Wölfe heulen, S. 230, In Meyers *Perseus-Verlag* erschien ein weiteres Buch über reinkarnierte Menschen aus der Zeit der NS-Herrschaft, ein Band über den deutschen Generalstabschef Helmuth von Moltke (1848–1916), in dem einmal mehr die deutsche Schuld am Ersten Weltkrieg abgestritten wird, sowie eine Biographie über den österreichischen Anthroposophen Ludwig Polzer-Hoditz (1869–1945), in dem Meyer über die Einkreisung und Bedrohung Deutschlands durch westliche Logen und die katholische Kirche fabuliert.

107 Vgl. Karlén, ... und die Wölfe heulen, S. 215.

108 Ein Rezensent lobte Karléns Biographie in der Zeitschrift Goetheanum als außerordentlich, Nothart M. Rohlfs, Sara und Anne – »Ich weiß, was ich bin«, in: Das Goetheanum, Nr. 5, 1998, S. 67.

109 Meyer, Nachwort, in: Ludwig Thieben, Das Rätsel des Judentums, 2. erweiterte Auflage, Basel 1991, S. 241.

110 Vgl. ebd., S. 243.

111 Vgl. ebd., S. 239.

112 Vgl. Jüdische Rundschau, 18.12.1997.

113 Vgl. Ignatz Bubis, Brief vom 13. Mai 1998, in: Aktion Kinder des Holocaust, Pressemappe.

114 Vgl. Thomas Lysser, Stellungnahme vom 7. Mai 1998, in: Aktion Kinder des Holocaust, Pressemappe.

115 Meyer, Nachwort, a.a.O., 1991 S. 254.

116 Vgl. Israelitisches Wochenblatt Zürich, 9.1.1998.

117 Vgl. Jüdische Rundschau, 24.12.1997.

118 Vgl. Thomas Meyer, Schreiben vom 3.2.1998, in: Aktion Kinder des Holocaust, Pressemappe.

119 Vgl. Baseler Zeitung, 31.12.1997.

120 Vgl. taz, 17.4.1998.

121 Vgl. taz, 9.4.1998.

122 Vgl. Allgemeine Anthroposophische Gesellschaft, Der Vorstand am Goetheanum, Dornach, in: Aktion Kinder des Holocaust, Pressemappe.

123 Vgl. Hans Buser, »Das Rätsel des Judentums«, in: Das Goetheanum, Heft 41, 1992, S. 428.

124 Vgl. Ralf Sonnenberg, Anthroposophie – eine Spielart des christlichen Antisemitismus?, in: Novalis, 5/1998, S. 14ff.

125 Vgl. Heisterkamp, Ignoranz gegenüber der Geschichte, in: Info 3, Nr. 2/1998, S. 31.

126 Vgl. Irene Diet, Auf den Spuren der Opfer, Anmerkungen zu Barbro Karlén und Yonassan Gershom, in: Das Goetheanum, Nr. 20, 1998, S. 288ff. Diets Beitrag wurde von Heisterkamp, Reuveni und Judith Krischik als unverantwortlich und dumpf kritisiert (Vgl. Info 3, Juni 1998).

127 Vgl. Das Goetheanum, Nr. 25, 1998, S. 356.

128 Vgl. Poppelbaum, Im Kampf um ein neues Bewusstsein, 1948, S. 22, S. 48.

129 Vgl. Steiner, Die Mission einzelner Volksseelen, TB 613, S. 128.

130 Vgl. Poppelbaum, Im Kampf um ein neues Bewusstsein, 1948, S. 109f., S. 115.

131 Vgl. Steiner, Esoterische Betrachtung karmischer Zusammenhänge, Band II, GA 236, S. 18ff., S. 33ff., S. 37, ebenso: Thieben, Das Rätsel des Judentums, 1991, S. 162f., Martin, Einleitung zur Neuauflage von Werner Schüpbachs Der Arabismus, Schaffhausen, 1986, S. VI f., Schüpbach, ebd., 1986, S. 62f.

132 Vgl. Poppelbaum, Im Kampf um ein neues Bewusstsein, a.a.O., S. 110f., S. 114ff.

133 Vgl. Ernst Blümel: Grundlagen zur Geschichte der Naturwissenschaften, in: Das Goetheanum, Heft 7, 1921, S. 51.

134 Vgl. Hahn, Über die Spiegelung der Volksseelen in den Sprachen, in: Das Goetheanum, Heft 1, 1922, S. 5.
135 Vgl. ebd., S. 6.
136 Vgl. Thieben, Rätsel des Judentums, a.a.O., S. 164.
137 Vgl. Johann Wolfgang Ernst, Skizzen zur Charakteristik des Mittelalters, in: Das Goetheanum, Heft 28, 1936, S. 221, Walther Bühler, Hat das Leben einen Sinn? 1997, S. 18.
138 Ebd. gl. Theodor Maurer, Zur Lichtlehre der Araber, in: Das Goetheanum, Heft 3, 1931, S. 19.
139 Ebd., S. 21.
140 Maurer, Aus der Welt des Arabismus, in: Das Goetheanum, Heft 40, 1930, S. 317.
141 Vgl. Maurer, Zur Lichtlehre der Araber, in: Das Goetheanum, Heft 3, 1931, S. 21.
142 Vgl. Werner Schüpbach, Der Arabismus (1949/1950), Schaffhausen, 1986, S. 12.
143 Vgl. Martin, Einleitung, a.a.O., S. IV.
144 Vgl. ebd., S. IV, sowie Schüpbach, S. 9f.
145 Vgl. ebd., S. III, S. V, Schüpbach, S. 14.
146 Vgl. Martin Barkhoff, Der 8. Mai und eine andere Wirklichkeit, in: Das Goetheanum, 1995/1996, S. 45f.

Sechstes Kapitel: Anthroposophie im Schützengraben

1 Vgl. Roman Boos, Michael. Katharsis des Deutschtums 1914–1925, Basel, 1926, S. 91.
2 Vgl. Rittelmeyer, Aus meinem Leben, Stuttgart, 1937, S. 332, Bauer gehörte ab 1905 dem Vorstand der deutschen Theosophen-Sektion und von 1913 bis 1921 dem Vorstand der Anthroposophischen Gesellschaft an.
3 Vgl. Karutz, Krieg und Völkerkunde. Rede zur Eröffnung der Abteilung Südsee des Museums für Völkerkunde, in: Lübeckische Blätter, 59. Jhg., Nr. 13, 1.4.1917, S. 195.
4 Vgl. Rittelmeyer, Aus meinem Leben, 1937, S. 338.
5 Vgl. Plato, a.a.O., 2003, z. B. Hermann Beckh, S. 64, Fritz Graf von Bothmer, S. 109, Jürgen von Grone, S. 242f., Hahn, S. 267 und Heyer, S. 305.
6 Vgl. ebd., S. 53.
7 Vgl. ebd., z. B. Hermann Baravalle, S. 42, Ernst Bindel, S. 92, Emil Bock, S. 97, Franz Dreidax, S. 154, Erich Gabert, S. 199, Hauschka, S. 280, und Karutz, S. 348.
8 Rittelmeyer stammte aus einer kleinbürgerlichen Pastorenfamilie in Dillingen und war von 1903 bis 1916 in Nürnberg und Berlin als Pastor tätig. In seinen Kriegspredigten sprach Rittelmeyer ganz unchristlich von der Wiedergeburt. Ab 1922 widmete er sich ganz der anthroposophischen Bewegung und wurde zum ersten Führer der Christengemeinschaft; Rittelmeyer, Aus meinem Leben, Stuttgart 1937, S. 6ff., S. 325, ders., Christ und Krieg. Predigten aus der Kriegszeit, München 1916, S. 199, S. 203f.
9 Rittelmeyer, Christ und Krieg, Predigten aus der Kriegszeit, München 1916, S. 3.
10 Rittelmeyer, Aus meinem Leben, 1937, S. 339.
11 Vgl. Rittelmeyer, Christ und Krieg, 1916, S. 6, S. 149, S. 253, S. 256, S. 283.
12 Vgl. ebd., S. 111.
13 Rittelmeyer, Aus meinem Leben, 1937, S. 344.
14 Vgl. Rittelmeyer, Zwölf Gruß-Karten für Feldsoldaten, Rothenburg, 1914.
15 Rittelmeyer, Aus meinem Leben, S. 348.
16 von Bernus, Absichten und Ziele, in: Das Reich, 1. Jhg., April 1916, S. 1.
17 Vgl. ebd., S. 2.
18 Steiner, Die germanische Seele und der deutsche Geist vom Gesichtspunkte der Geisteswissenschaft, Vortrag Berlin 14. Januar 1915, in: ders., Aus schicksaltragender Zeit, GA 64, S. 184.
19 Vgl. Steiner, Amerika und Deutschland, in: Das Goetheanum, Heft 3, 1921, S. 17.
20 Vgl. Steiner, Über die Dreigliederung des sozialen Organismus und zur Zeitlage, GA 24, S. 354f.

21 Vgl. Rittelmeyer, Meine Lebensbegegnung mit Rudolf Steiner, 1928, S. 108.
22 »Siegen wird die Kraft,/ die vom Zeit-Geschick/vorbestimmt dem Volk,/das in Geistes-Hut/zu der Menschheit Heil/in Europas Herz/Licht dem Kampf entringt.«, zit. bei Thomas Meyer, Hrsg., Helmuth von Moltke 1848–1916, Dokumente zu seinem Leben und Wirken, Bd. 2, Basel, 1993, S. 54.
23 Vgl. Post-Mortem-Mitteilungen Helmuth von Moltkes an Eliza von Moltke, in: Meyer, Helmuth von Moltke, Bd. 2, 1993, S. 140, S. 220, S. 232.
24 Vgl. Hilke Kolkow, Helmuth von Moltke, Kriegsverbrecher Nummer eins?, in: Das Goetheanum, 1994/1995, S. 562, Moltke wird als »gewissenhafter Stratege« skizziert, der nur seine Pflicht tat, weil jede »Verzögerung des Kriegsbeginns (...) den Schlieffenplan zu Fall gebracht« hätte. Getreu dem Schlieffenplan überfiel die deutsche Armee zunächst das neutrale Belgien und verübte die ersten grauenhaften Massaker. Prokofieff, Die geistigen Aufgaben Mittel- und Osteuropas, Dornach, 1993, dagegen fabuliert Prokofieff über Wilhelm II., Hindenburg, Ludendorff und Tirpitz, diese seien reinkarnierte schwarze Magier, die im sechsten Jahrhundert in Südeuropa ihr Unwesen getrieben hätten (S. 77 ff.).
25 Vgl. Fritz Fischer, Griff nach der Weltmacht, Düsseldorf 1984, S. 28.
26 Ebd., S. 46, S. 56.
27 Ebd., S. 34.
28 Vgl. z. B. Über Rudolf Steiner. Wahrheit gegen Unwahrheit, in: Anthroposophie, 1932/33, S. 173, Rittelmeyer, Der »Kriegsschuldige«, in: Die Christengemeinschaft, 1929/1930, Heft 4, S. 126.
29 Vgl. Post-Mortem-Mitteilungen, in: Meyer, Helmuth von Moltke, a.a.O., 1993, S. 135.
30 Vgl. Marie Steiner, Helmuth von Moltke und Rudolf Steiner, in: Das Goetheanum, Heft 10, 1933, S. 75 ff., ebenso: Heyer, Wie man gegen Rudolf Steiner kämpft, Stuttgart 1932, S. 82 f.
31 Vgl. Ludwig Polzer-Hoditz, in: Das Goetheanum, Heft 46, 1923, S. 365.
32 Vgl. Steiner, Vorbemerkungen zu »Die Schuld am Kriege«, Erinnerungen von von Moltke über den Kriegsausbruch, veröffentlicht und eingeleitet von Steiner im Mai 1919, in: ders., Über die Dreigliederung des sozialen Organismus und zur Zeitlage, Schriften und Aufsätze 1915–1921, GA 24, S. 393. Im anthroposophischen Verlag Der Kommende Tag A. G. veröffentlichte Eliza von Moltke 1922 Erinnerungen, Briefe und Dokumente ihres Mannes. Im Vorwort bestreitet sie die deutsche Kriegsschuld und etwaige Fehler ihres Mannes.
33 Vgl. Lindenberg, in: Flensburger Hefte, Anthroposophen und Nationalsozialismus, Heft 32, 3/91, S. 124, S. 132.
34 Vgl. Ernst Moll, Der Krieg in Ost und West, in: Die Christengemeinschaft, 1930/1931, Heft 12, S. 353 ff., ders., Die innere Verarbeitung des Krieges, in: Die Christengemeinschaft, 1929/1930, S. 163 ff., ders., Krieg, in: Die Christengemeinschaft, 1930/1931, Heft 7, S. 212, S. 214, Kurt von Wistinghausen, Weltverkehr und Kriegsgefahr, in: Die Christengemeinschaft, 1930/1931, S. 328 f., Hans Kuhn, Rezension »Im Westen nichts Neues«, in: Die Christengemeinschaft, 1929/1930, Heft 2, S. 63, ders., Stimmen der Gefallenen, in: Die Christengemeinschaft, 1929/1930, Heft 12, S. 354 f.
35 Vgl. Michael Kientzler, Was ist eigentlich deutsch?, in: Die Christengemeinschaft, 1995, Heft 9, S. 404.
36 Heyer, Wie man gegen Rudolf Steiner kämpft, 1932, S. 85.
37 Vgl. von Bernus, Gleichheit, Freiheit, Brüderlichkeit, in: Das Reich, 4. Jhg., 1919/1920, S. 474, Wachsmuth, Neue Beiträge zur Frage der Kriegsschuld, in: Die Drei, 1921, S. 335 bis 341, Polzer-Hoditz, in: Das Goetheanum, Heft 46, 1923, S. 365.
38 Vgl. Steffen, Der gegenwärtige historische Moment und die Suche nach den spirituellen Welten, in: Das Goetheanum, Heft 36, 1923, S. 283, ders., in: Das Goetheanum, Heft 31, 1931, S. 244, ders., in: Das Goetheanum, Heft 45, 1931, S. 359, Boos, Die Wirtschaftsdämmerung, in: Das Goetheanum, Heft 34, 1930, S. 270, Heft 38, 1930, S. 303.
39 Vgl. Markus Osterrieder, Das Selbstbestimmungsrecht der Völker und seine Auswirkungen bis heute, in: Erziehungskunst, 2002, S. 847 ff.

40 Vgl. Sabine Walker-Soucek, Die Jahrhundertillusion, S. 849ff., Thomas Voß, Ein Desaster, S. 852ff., in: Erziehungskunst, 2002.

41 Lindenberg schreibt, dass am Goetheanum-Bau in Dornach während des Ersten Weltkrieges Angehörige aus zehn Nationen mitwirkten, die ganz unterschiedlich über den Krieg dachten. Für Steiner habe sich dadurch ein Problem ergeben, ders., Rudolf Steiner, 1994, S. 100f.

42 Vgl. Plato, a.a.O., S. 736ff.

43 Vgl. zum Beispiel Steiner, Die Mission einzelner Volksseelen, TB 613, hier werden Fichte und Hegel als Erben alter germanischer Hellseherei interpretiert, S. 175, ders., Gegensätze in der Menschheitsentwicklung, GA 197, S. 155

44 Vgl. Susanna Moßmann, Das Fremde ausscheiden. Antisemitismus und Nationalbewusstsein bei Ludwig Achim von Arnim und in der Christlichen Deutschen Tischgesellschaft, 1996, S. 141ff.

45 Vgl. Erich Trummler, Die Prägung des deutschen Volkscharakters, in: Das Goetheanum, Heft 24, 1933, Heft 25, 1933, S. 189, S. 197.

46 Vgl. H. W. Weissenborn, Fichte und die Idee des Deutschtums, in: Das Goetheanum, Heft 40, 1936, Heft 41, 1936, S. 323.

47 Vgl. Michael Ley, Genozid und Heilserwartung. Zum nationalsozialistischen Mord am europäischen Judentum, Wien, 1993, S. 111ff.

48 Ina Ulrike Paul, Paul Anton de Lagarde, in: Puschner, Schmitz, Ulbricht, Handbuch zur Völkischen Bewegung, a.a.O., S. 75.

49 Vgl. ebd., S. 46f., S. 57ff., S. 62.

50 Vgl. Steiner, Aus schicksalstragender Zeit, Vorträge 1914/1915, GA 64, S. 224f.

51 Steiner, Über die Dreigliederung des sozialen Organismus und zur Zeitlage 1915–1921, GA 24, S. 291.

52 Ebd., S. 293.

53 Ebd., S. 298.

54 Vgl. Rittelmeyer, Christ und Krieg. Predigten aus der Kriegszeit, München, 1916, S. 34.

55 Vgl. Rittelmeyer, Der Deutsche in seiner Weltaufgabe zwischen Russland und Amerika, Stuttgart, 1932, S. 22.

56 Steiner, Über die Dreigliederung des sozialen Organismus und zur Zeitlage 1915–1921, GA 24, S. 298f.

57 In Mosses hervorragendem Grundlagenwerk und auch von Sontheimer wird die Anthroposophie nicht erwähnt, wohl aber in neueren wissenschaftlichen Publikationen, etwa dem Handbuch zur völkischen Bewegung (1999) oder Völkische Religion und Krisen der Moderne (2001). Frecot, Geist und Kerbs skizzieren in ihrem Porträt des Malers Fidus (1972) das gesamte Spektrum von Vegetarismus und Wandervogel, über Theosophen und Anthroposophen bis hin zu den Ariosophen um List und Liebenfels. George L. Mosse, Die völkische Revolution, Frankfurt/M., 1991, Peter Kratz, Die Götter des New Age, Berlin, 1994, S. 32, Kurt Sontheimer, Antidemokratisches Denken in der Weimarer Republik, München, 1978, S. 130ff., Janos Frecot, Johann Friedrich Geist, Diethart Kerbs, Fidus 1868–1948. Zur ästhetischen Praxis bürgerlicher Fluchtbewegungen, München, 1972.

58 Vgl. Justus H. Ulbricht, »Ein heimlich offener Bund für das große Morgen«. Methoden systematischer Weltanschauungsproduktion während der Weimarer Republik, in: Börsenblatt für den Deutschen Buchhandel, Frankfurt und Leipzig, Nr. 24, 26.März 1993, B 1ff.

59 Vgl. Uwe Puschner, Die völkische Bewegung im wilhelminischen Kaiserreich. Sprache – Rasse – Religion, Darmstadt, 2001 S. 71ff.

60 Vgl. Anthroposophie, 1932/1933, Über Rudolf Steiner. Wahrheit gegen Unwahrheit, S. 171ff., Grundsätzliches über die Anthroposophische Gesellschaft in Deutschland, S. 253, Vortrag Steiners von 1915, Der Schauplatz der Gedanken als Ergebnis der deutschen Idealismus im Hinblick auf unsere schicksaltragende Zeit, S. 265ff., Lehrerschaft der Freien Waldorfschule Stuttgart, Hrsg., Erziehungskunst, Heft 2, Juni 1933, S. 376.

61 Vgl. Günter Hartung, Völkische Ideologie, in: Handbuch zur Völkischen Bewegung, a.a.O., S. 23.

62 Vgl. Puschner, Die völkische Bewegung im wilhelminischen Kaiserreich, a.a.O., 2001, S. 15–17.

63 Fichte, 1811, bei Puschner, Die völkische Bewegung, a.a.O., 2001, S. 28.

64 Fichte, Reden an die deutsche Nation, 1807, bei: Gerhard Stenzel, Die deutschen Romantiker, Bd. 1, S. 395.

65 Ebd., S. 401.

66 Vgl. Fichte, Reden an die deutsche Nation, 1807, bei: Stenzel, Die deutschen Romantiker, Bd. 1, S. 402.

67 Ebd., S. 403.

68 Vgl. ebd., S. 10f.

69 Karl Justus Obenauer schwärmte über Novalis, weil der Adlige den »echt katholischen Zeiten des Mittelalters« nachtrauerte, als angeblich »himmlisches Zutrauen der Menschen zueinander« herrschte, besonders »die Unverbrüchlichkeit der Ehen (...) Armut, Gehorsam und Treue« noch etwas galten, Obenauer, Novalis und die Christengemeinschaft, in: Das Goetheanum, Heft 12, 1925, S. 91, ebenso: Steiner, Die Romantiker, in: Das Goetheanum, Heft 12, 1932, S. 91ff.

70 Vgl. Roman Boos, Die Dreigliederung des sozialen Organismus und der Staat, S. 59ff., Kolisko, Österreich und die Dreigliederung des sozialen Organismus, S. 85ff., in: Schweizer Bund für soziale Dreigiederung, Hrsg., Soziale Zukunft. Der Weg zum Staat und die Gesetze des Staates, Stuttgart 1921. Boos engagierte sich vor allem in der Dreigliederungsbewegung als Organisator und Redakteur, Kolisko war promovierter Chemiker, 1920 wurde er Schularzt und Lehrer an der Stuttgarter Waldorfschule, 1921 initiierte er die Zeitschrift Die Drei und redigierte das Blatt zwei Jahre lang.

71 Vgl. Hugo Reimann, Rezension von Hippels Mensch und Gemeinschaft, in: Das Goetheanum, Heft 23, 1937, S. 184ff., Boos, Neugeburt des deutschen Rechts, München und Berlin 1934, Heyer, Von der Atlantis bis Rom, 1939, a.a.O., S. 121, S. 303ff., Felix Kersten, Rudolf Steiner und das Deutschtum, in: Die Drei, 1925, S. 469ff.

72 Vgl. Boos, Neugeburt des deutschen Rechts, 1934, S. 5, S. 8, S. 14, S. 23.

73 Vgl. Heyer, Wer ist der deutsche Volksgeist und andere Beiträge zur Geschichte, 1961, S. 160ff.

74 Vgl. Heyer, Reichsidee und Gegenwart, Vortrag 1928 in Wien, in: Die Drei, Heft 3, 1929, S. 183ff., S. 184, S. 188.

75 Vgl. Heyer, Wer ist der deutsche Volksgeist und andere Beiträge zur Geschichte, Freiburg/Br. 1961, S. 17, S. 33f., der Text wurde 1927 im Goetheanum abgedruckt, Heft 27, 1927, Heft 28, 1927, Heft 37, 1927.

76 Vgl. Lothar Vogel, Die Antworten Mitteleuropas auf die Französische Revolution, in: Fragen der Freiheit, Folge 199, hrsg. vom Seminar für freiheitliche Ordnung, Bad Boll 1989, S. 24ff., S. 30, S. 36f.

77 Vgl. z. B. F. Dauner, Descartes und der deutsche Geist, in: Das Goetheanum, Heft 11, 1930, er kritisiert Descartes, Montesquieu, Voltaire und Rousseau, weil sie Religion und Gottesgnadentum zerpflückten, so dass »für das Walten eines realen Volksgeistes im geschichtlichen Werden eines Volkes kein Verständnis herrscht« (S. 84).

78 Vgl. Frank Gieseke, Albert Markert, Flieger, Filz und Vaterland. Eine erweiterte Beuys Biographie, Berlin 1996, S. 209f.

79 Ebd., S. 211.

80 Vgl. Peter Weingart, Jürgen Kroll und Kurt Bayertz, Rasse, Blut und Gene. Geschichte der Eugenik und Rassenhygiene in Deutschland, Frankfurt/M. 1992, S. 188–196, Ulrich Linse, Ökopax und Anarchie. Eine Geschichte der ökologischen Bewegungen in Deutschland, München 1986, S. 14–41, Projektgruppe »Volk und Gesundheit«, Hrsg., Volk und Gesundheit: Heilen und Vernichten im Nationalsozialismus, Frankfurt/M. 1988, S. 60–67.

81 Vgl. Mosse, Die völkische Revolution, 1991, S. 190, S. 199.

82 Karutz, Kultur und Urweisheit, Das Goetheanum, 1934, S. 174.

83 Vgl. Thomas Mann, Gedanken im Kriege, 1914, in: ders., Gesammelte Werke in Einzelbänden, Frankfurter Ausgabe, herausgegeben von Peter de Mendelssohn, Frankfurt/M. 1986, S. 7.

84 Vgl. Steffen, Der gegenwärtige historische Moment und die Suche nach spirituellen Welten, in: Das Goetheanum, Heft 36, 1923, S. 282.

85 Vgl. Steffen, Die Stellung der Anthroposophie zur heutigen Zivilisation, insbesondere zur Technik, in: Das Goetheanum, Heft 51, 1927, S. 405, Wilhelm Salewski, Vom Wesen der Psychoanalyse, in: Die Christengemeinschaft, Heft 5, 1930, S. 131, S. 134f., Poppelbaum, Im Kampf um ein neues Bewusstsein, Freiburg, 1948, S. 48, Frank Berger, Hrsg., Ahriman. Profil einer Weltmacht, Stuttgart, 1996.

86 Vgl. Steffen, Über Psychoanalyse, in: Das Goetheanum, Heft 17, 1923, S. 132, Heft 18, 1923, S. 139.

87 Vgl. Boos, Austausch von Giften, in: Das Goetheanum, Heft 28, 1930, S. 220.

88 Rittelmeyer, »Niedergefahren zur Hölle«. Die Reichshauptstadt und die Tagung der Christengemeinschaft, in: Die Christengemeinschaft, 1924/1925, Heft 12, März 1925, S. 337.

89 Vgl. Thieben, Rezension von Roman Boos' Buch Neugeburt des deutschen Rechts, in: Das Goetheanum, Heft 3, 1934, S. 21.

90 So rügte Paul Bühler, ein ehemaliger Wandervogel, die weltanschaulichen Defizite dieser Bewegung: Mit »bloßen Gefühlen und gutem Wollen« könne man den »Drachen der Zivilisation« nicht besiegen, Paul Bühler, Erinnerungen, Dornach, 1967, S. 87.

91 Vgl. Frecot, Geist, Krebs, Fidus, a.a.O., S. 21.

92 Vgl. Linse, Ökopax und Anarchie, 1986, S. 38f., Reinhard Falter, Widerstandskämpfer oder Nutznießer?, in: Die Drei, Heft 11, 1997, S. 1074ff., Plato, a.a.O., 2003, S. 749f.

93 Vgl. Walter Habel, Hrsg., Wer ist Wer?, XVI. Ausgabe, Bd. 1, Berlin, 1970, S. 1227.

94 Vgl. Steiner, Gesammelte Aufsätze, GA 31, S. 116, S. 117ff.

95 Schreiber des Satireblatts *Simplicissimus*, die sich über Kaiser, Pfaffen und preußische Militärs lustig machten, oder der Katholikenschreck und Satiriker Oskar Panizza (1853–1921), der wegen Gotteslästerung zu einem Jahr Gefängnis verurteilt wurde, waren zugleich Antisemiten und Nationalisten, David Clay Large, Hitlers München, München, 1998, S. 18f., S. 37ff., S. 43ff., S. 57ff.

96 Vgl. Large, Hitlers München, München, 1998, S. 28.

97 Vgl. Steiner, Die Mysterien des Gral, Vortrag, Dornach, April 1921, in: Das Goetheanum, Heft 10, 1930, S. 74f., Lauer, Anthroposophie im Weltanschauungskampfe der Gegenwart, Basel, 1927, S. 169, Karutz, Druidentum, in: Das Goetheanum, Heft 21, 1923, S. 164, Trummler, Grundtvigs Hochschulidee, in: Das Goetheanum, Heft 25, 1935, S. 196, Hugo Reimann, Das Goetheanum, Heft 3, 1937, S. 184, Hans Feddersen, Das Kreuzabnahme-Relief der Externsteine als Zeuge kosmischen Christentums, in: Die Christengemeinschaft, 1938/39, S. 11ff., Erich Schwebsch, Zum Geleit, in: Die Drei, 1946, S. 2.

98 Vgl. Friedrich Wilhelm Schaafhausen, Hindenburg. Vater des Volkes, Jena 1931, ders., Der Eingang des Christentums in das deutsche Wesen, 2 Bde., Jena 1929/1931, Eugen Diederichs Verlag.

99 Vgl. Mosse, Die völkische Revolution, 1991, S. 47, S. 62, S. 69f., Goodrick-Clarke, Die okkulten Wurzeln des Nationalsozialismus, 1997, S. 19, S. 49ff.

100 Vgl. Steiner, Die Geschichte der Menschheit und die Weltanschauungen der Kulturvölker, Vorträge 1924, GA 353, S. 84f.

101 Vgl. Steiner, Die Mission einzelner Volksseelen, TB 613, S. 171ff.

102 Vgl. Steiner, Soziales Verständnis aus geisteswissenschaftlicher Erkenntnis, GA 191, S. 110.

103 Vgl. Heyer, Von der Atlantis bis Rom, Bd. 1, 1939, S. 178, S. 230, S. 289.

104 Vgl. Johannes Werner Stein, Die untergegangene Kirche des Nordens, in: Die Christengemeinschaft, 1926/1927, Heft 6, S. 183ff., Rittelmeyer, Was will die Christengemeinschaft?, in: Die Christengemeinschaft, 1927/1928, Heft 12, S. 354, ders., Die Externsteine. Ein Erlebnis von Deutschtum und Christentum, in: Die Christengemeinschaft, 1932/1933, Heft 8, S. 225ff., Hans Heinrich Frei (Pseudonym für Sigismund von Gleich), Drei Menschheitsstadien, in: Das Goetheanum, Heft 20, 1925, S. 156, S. 172ff.

105 Rittelmeyer, Johannes Müller und Rudolf Steiner, Nürnberg, 1918, S. 20.

106 Vgl. Michael Frensch, Wie öffnet sich das große Portal? Die Schule von Chartres, in: Novalis, 12/1, 1993/94, S. 47 ff., Bento, Die anthroposophische Bewegung, in: Novalis, Nr. 12/1 1993/94, S. 36 ff.

107 Vgl. Steiner, Die Erkenntnis des Übersinnlichen, GA 55, S. 174 ff., ders. , Die esoterische Betrachtung karmischer Zusammenhänge, Bd. III, GA 237, S. 69, S. 92, S. 98 f., S. 111, S. 129, Dora Baker, Alanus de Insulis, in: Das Goetheanum, Heft 29, 1942, S. 227 f., Baker behauptet, reinkarnierte Anhänger des Aristoteles hätten den Dominikanerorden gegründet, in: Das Goetheanum, 21. Jhg., Heft 30, 26. Juli 1942, S. 237.

108 Vgl. Heyer, Von der Atlantis bis Rom, Bd. 1, 1939, S. 89 f., Hans Heinrich Frei, Drei Menschheitsstadien, in: Das Goetheanum, Heft 19, 1925, S. 149 f. und Heft 20, 17. Mai, S. 156, S. 72 ff.

109 Vgl. Stein, Weltgeschichte vom Seelischen aus gesehen, in: Das Goetheanum, Heft 40, 1925, S. 316, ähnlich Bento, Die Entwicklung des Christus-Bewusstseins, in: Novalis, Nr. 6/7, 1993, S. 59.

110 Steiner, Die esoterische Betrachtung karmischer Zusammenhänge, Bd. III, GA 237, S. 101.

111 Vgl. ebd., GA 237, S. 65 f., S. 88.

112 Wladimir Solovjeff, Nationale und politische Betrachtungen, Stuttgart, 1922, S. 17.

113 Vgl. ebd. S. 39.

114 Ebd., S. 12.

115 Vgl. Steiner, Soziales Verständnis aus geisteswissenschaftlicher Erkenntnis, GA 191, S. 72, S. 110.

116 Vgl. ebd., S. 72, S. 85.

117 Ebd., S. 74.

118 Vgl. Steiner, Zeitgeschichtliche Betrachtungen, Das Karma der Unwahrhaftigkeit, Vorträge, 1917, GA 174, S. 169 f.

119 Vgl. ebd., S. 152 f.

120 Vgl. ebd., S. 144. Dieser streitbare Engel ist im Neuen Testament als Kämpfer gegen den Teufel und den Höllendrachen dargestellt sowie als Fürsprecher, der die Seelen der Verstorbenen vor Gottes Gericht geleitet. Im Heiligen Römischen Reich Deutscher Nation, das Anthroposophen als spirituelles Reich idealisierten, galt der himmlische Heerführer Michael als Schutzpatron. Zur Zeit der Gegenreformation verwandte die siegreiche katholische Kirche den Erzengel als Symbol ihres Triumphes über den Protestantismus.

121 Hugo Reimann, in: Das Goetheanum, Heft 23, 1937, S. 186.

122 Vgl. Erich Trummler, Nordischer Dienst, in: Das Goetheanum, Heft 29, 1925, S. 22 7 f.

123 Vgl. Hahn, Über die Spiegelung der Volksseelen in den Sprachen, in: Das Goetheanum, Heft 3, 1922, S. 21, Uehli, Die Zeit des Staufers Friedrich II. Ein welthistorischer Aspekt, in: Das Goetheanum, Heft 5, 1936, S. 35 f., Dauner, Descartes und der deutsche Geist, in: Das Goetheanum, Heft 11, 1930, S. 84, Lauer, Die Völker Europas. Grundzüge einer Völkerpsychologie auf geisteswissenschaftlicher Basis, Wien 1937, Wolfgang Schuchardt, Herbert Rieche, Hrsg., Mitteleuropa. Landschaften – Völker – Kulturen, Stuttgart, 1978, S. 45.

124 Vgl. Uehli, Die Beziehung der Gralssage zur Mythologie und zur Christologie, in: Das Reich, 3. Jhg., 1918, S. 227.

125 Uehli, Nordisch-germanische Mythologie als Mysterien-Geschichte, in: Das Goetheanum, Heft 36, 1926, S. 283.

126 Rittelmeyer, Rudolf Steiner und das Deutschtum, in: ders, Vom Lebenswerk Rudolf Steiners, München 1921, S. 322.

127 Rittelmeyer, Der Deutsche in seiner Weltaufgabe zwischen Russland und Amerika, Stuttgart 1932, S. 6.

128 Vgl. Steiner, Die Mission einzelner Volksseelen, TB 613, S. 167.

129 Vgl. ebd., S. 132, Feddersen, Das Kreuzabnahme-Relief der Externsteine als Zeuge kosmischen Christentums, in: Die Christengemeinschaft, 1938/39, S. 11 ff., Lievegoed, Alte Mysterien und soziale Evolution, Stuttgart, 1991, S. 89 f.

130 Vgl. Lauer, Die Völker Europas, Grundzüge einer Völkerpsychologie auf geisteswissenschaftlicher Basis, Wien 1937, S. 98, S. 112ff.

131 Ebd., S. 142.

132 Uehli, Der Sündenfall der Asen, in: Novalis, Nr. 5/1996, S. 31.

133 Tom Raines, Hat Deutschland eine Mission?, in: Novalis, Nr. 5/1996, S. 11.

134 Vgl. Renate Riemeck, Mitteleuropa, Bilanz eines Jahrhunderts, Freiburg i. Br. 1965, Fritz Götte, Grundgesetz für Europa, in: Das Goetheanum, Heft 44, 1974, S. 345ff., Jens Heisterkamp, Rudolf Steiner und Mitteleuropa, in: Das Goetheanum, Heft 33/34, 1992, S. 335ff.

135 Vgl. Fritz Fischer, Griff nach der Weltmacht, Düsseldorf 1984, S. 137, S. 145, S. 148, S. 214f., S. 222.

136 Vgl. Joachim von Königslow, Flüsse Mitteleuropas. Zehn Biographien, Stuttgart 1995, S. 58.

137 Vgl. Hahn, Vom Genius Europas, Wesensbilder von zwölf europäischen Völkern, Ländern, Sprachen. Skizze einer anthroposophischen Völkerpsychologie, Bd. 2, Stuttgart 1964, S. 675, empfohlen für den Geographieunterricht der 6. Klasse.

138 Vgl. Wolfgang Schuchardt, Herbert Rieche, Hrsg., Mitteleuropa. Landschaften – Völker – Kulturen, Stuttgart 1978, S. 11, S. 16ff.

139 Vgl. ebd., S. 19.

140 Rieche, in: Schuchardt, Rieche, a.a.O., S. 446.

141 Roland Benedikter, Der Volksgeist auf den Champs-Élysées. Kollektiver Sporttaumel als Versuch der Seelenrettung, in: Die Drei, Nr. 2, 1999, S. 54.

142 Ebd., S. 60.

143 Vgl. Steiner, Die geistige Führung des Menschen und der Menschheit, TB 614, S. 61, S. 63, S. 67, Gleich fertigte eine Tabelle an, der zu entnehmen ist, wann welche »Planetenintelligenzen« regieren. Sieben Engel lösen sich ab, Michael schwang zuletzt von 601 bis 247 v.Chr. das Zepter, von Gleich, Marksteine der Kulturgeschichte, 1. Teil, Stuttgart, 1938, S. 67.

144 Vgl. Steffen, Geistesströmungen in der schweizerischen Dichtung des neunzehnten Jahrhunderts, in: Das Goetheanum, Heft 3, 1921, S. 18, Hans Heinrich Frei, Drei Menschheitsstadien, in: Das Goetheanum, Heft 19, 1925, S. 149, Hahn, Über die Spiegelung der Volksseelen in den Sprachen, in: Das Goetheanum, Heft 1, 1922, Heft 2, 1922, Heft 3, 1922, ders., Rudolf Steiner wie ich ihn sah und erlebte, Dornach, 1961, S. 94f., S. 106ff., S. 122ff.

145 Vgl. Heyer, Wer ist der deutsche Volksgeist, Kressbronn, 1961, S. 171ff., Tom Raines, Hat Deutschland eine Mission?, in: Novalis, Nr. 5/1996, S. 8, S. 11.

146 Vgl. Steiner, Die Mission einzelner Volksseelen, TB 613, S. 11f., S. 18f., S. 27, in der Akasha-Chronik fabuliert Steiner, die Volks- und Rassengeister besäßen keine sichtbaren Organe, sondern wirkten über die Astralleiber auf die Menschen eines Volkes (S. 139f.), Michael Frensch beschreibt die Volksgeister als »Vereiniger verschiedener, einer bestimmten Gruppe oder Nation zugehöriger geistiger Individualitäten im Raum«, ders., Aspekte der ätherischen Wiederkunft, in: Novalis, Nr. 5, 1996, S. 25, Ravagli, Unter Hammer und Hakenkreuz, Stuttgart, 2004, S. 71. Er schreibt von Erzengeln, die als Volksgeister wirken, von Sprach-, Denk- und Zeitgeistern, deren Zusammenwirken die spirituell-geistige Seite eines Volkes ausmachen, Prokofieff, Die geistigen Aufgaben Mittel- und Osteuropas, Dornach 1993, er fabuliert über die Besonderheiten der diversen europäischen Volksgeister und den ganz besonderen deutschen Volksgeist. Prokofieffs Werk sei jedem empfohlen, der sich aus erster Hand davon überzeugen möchte, was für eine wirre Phantasiewelt Anthroposophie darstellt.

147 Steiner, Die Mission einzelner Volksseelen, TB 613, S. 27, ders., Die Geschichte der Menschheit und die Weltanschauungen der Kulturvölker, GA 353, S. 206, hier spricht der Guru vom »leitenden Volksgeist«, der jedem Volk voranschwebt.

148 Vgl. Steiner, Die Mission einzelner Volksseelen, TB 613, S. 35, S. 38.

149 Vgl. ebd., S. 29, S. 33.

150 Vgl. ebd., S. 16.

151 Vgl. Steiner, Wie erlangt man Erkenntnisse der höheren Welten, 1904/5, TB 600, S. 199f.
152 Ebd., S. 200.
153 Vgl. Lutz Hoffmann, Das deutsche Volk und seine Feinde. Die völkische Droge, Köln, 1994, S. 108ff.
154 Vgl. Steiner, Gedanken während der Zeit des Krieges. Für Deutsche und solche, die nicht glauben, sie hassen zu müssen, 1915, in: ders., Über die Dreigliederung des sozialen Organismus und zur Zeitlage, Schriften und Aufsätze 1915–1921, GA 24, S. 302.
155 Ebd., S. 305.
156 Vgl. ebd., S. 350.
157 Vgl. ebd., S. 369f.
158 Steiner, Die geistigen Hintergründe des Ersten Weltkrieges, Vorträge 1914–1921, GA 174b, S. 358.
159 Auch Heise selbst schrieb 1937 der Waldorfpädagogin Elisabeth Klein, dass er sein Buch auf Anregung Steiners verfasst habe, der dazu das Vorwort geschrieben habe. Steiner habe »das Treiben der Entente-Logen als einziger wirklich Wissender entlarvt«, in: Arfst Wagner, Dokumente und Briefe zur Geschichte der Anthroposophischen Bewegung und Gesellschaft in der Zeit des Nationalsozialismus, Bd. 1, Rendsburg, 1991, S. 93.
160 Vgl. Karl Heise, Die Entente Freimaurerei und der Weltkrieg. Ein Beitrag zur Historie des Weltkrieges und zum Verständnis der wahren Freimaurerei, Basel 1919, S. 3, S. 15ff., S. 19, S. 187ff., S. 199, S. 219, sowie: Arfst Wagner, Flensburger Hefte, Anthroposophen und Nationalsozialismus, Heft 32, Nr. 3/1991, S. 65f.
161 Vgl. Rittelmeyer, Meine Lebensbegegnung mit Rudolf Steiner, 2. Auflage, Stuttgart 1928, S. 77, Heyer rühmte gar, dass Steiner Machenschaften der Freimaurer aufgedeckt habe, vgl. ders., Wie man gegen Rudolf Steiner kämpft, Stuttgart 1932, S. 89.
162 Vgl. Walter Johannes Stein, Was gewinnt man für Lebensansicht durch Geschichte, in: Die Drei, Mai 1925, S. 112f., S. 115, S. 117.
163 Vgl. Prokofieff, Die geistigen Quellen Osteuropas, a.a.O., 1995, S. 328ff.
164 Vgl. Meyer, Das »Testament Peters des Großen« und die europäische Jahrhundertkrise, in: Das Goetheanum, Nr. 22, 29.5.1994, S. 249ff.
165 Vgl. Der Europäer, Nr. 1, November 2001, S. 3ff., Nr. 6, April 2002, S. 19ff., Jhg. 7, Nr. 12, Oktober 2003, S. 8ff., Jhg. 8, November 2003, S. 7ff., S. 26ff., Interview mit Thomas Meyer, Basler Zeitung, 17.10.2003.
166 Vgl. Andreas Bracher, Eine »September-Lüge«?, in: Der Europäer, Nr. 2/3, Dezember 2002/Januar 2003, S. 11.
167 Vgl. Michael Klußmann, Im Dienste einer »Neuen Weltordnung«?, in: Info 3, Nr5/1995, S. 25ff.
168 Vgl. Terry M. Boardman, Die neue Weltordnung kartographiert, in: Das Goetheanum, 1994/1995, Nr. 33/34, S. 368.
169 Vgl. Johannes Schneider, Mitteleuropa und Rußland, in: Das Goetheanum, Nr. 11, 1997, S. 141ff., Reuveni, Eine Partnerschaft für den Frieden?, in: Das Goetheanum, 1994/1995, S. 21ff., ders., Von Srebrenica nach Prishtina, in: Info 3, Mai 1999.

Siebtes Kapitel: Anthroposophie und NS-Faschischmus

1 Vgl. Klatt, Theosophie und Anthroposophie, Göttingen, 1993, S. 42, S. 50, S. 53ff., S. 85.
2 Vgl. Steiner, Die Befreiung des Menschenwesens als Grundlage für eine soziale Neugestaltung, Vorträge 1919, GA 329, S. 151, S. 191, S. 214f., S. 234, S. 246.
3 Steiner, Über die Dreigliederung des sozialen Organismus und zur Zeitlage 1915–1921, GA 24, S. 18.
4 Vgl. Steiner, Aufruf zur Rettung Oberschlesiens, Januar 1921, in: ders., Über die Dreigliederung des sozialen Organismus und zur Zeitlage, GA 24, S. 471ff.

5 Vgl. Kühne, Die Stuttgarter Verhältnisse und Rudolf Steiners Impuls der sozialen Dreigliederung, 1989, S. 65f.

6 Heyer weist den Vorwurf des Landesverrates als »Verleumdung« zurück, Steiner und der Bund für Dreigliederung hätten klargestellt, »dass es für den Deutschen keine andere Stellung geben könne, als zugunsten Deutschlands abzustimmen«, ders., Wie man gegen Rudolf Steiner kämpft, 1932, S. 83f., Vgl. Steiner, Wie wirkt man für den Impuls der sozialen Dreigliederung des Organismus, Schulungskurse, Januar/Februar 1921 in Stuttgart, Schulungskurs für Oberschlesier, GA 338, S. 202f., S. 207f., S. 219, S. 224f.

7 Vgl. Steiner, Wie wirkt man für den Impuls der sozialen Dreigliederung des Organismus, GA 338, S. 231.

8 Steiner, Konferenzen mit den Lehrern der Freien Waldorfschule in Stuttgart, 1919–1924, Bd. 2, GA 300b, S. 277.

9 Ebd., S. 277f.

10 Vgl. ebd., S. 278f.

11 Vgl. ebd., S. 278.

12 Vgl. Hahn, Über die Spiegelung der Volksseelen in den Sprachen, in: Das Goetheanum, Heft 1, 1922, S. 5f.

13 Vgl. Steffen, Geistesströmungen in der schweizerischen Dichtung des 19. Jahrhunderts, in: Das Goetheanum, Heft 3, 1921, S. 18, ders., Der gegenwärtige historische Moment und die Suche nach den spirituellen Welten, in: Das Goetheanum, Heft 36, 1923, S. 281.

14 Vgl. Friedrich Hiebel, Die Jungfrau in Frankreich, in: Das Goetheanum, Heft 28, 1936, S. 219f.

15 Vgl. Rittelmeyer, Christ und Krieg, Predigten aus der Kriegszeit, München, 1916, S. 94.

16 Vgl. Klußmann, Zum Rassismus-Vorwurf, IV. Teil, in: Das Goetheanum, 1996, S. 393ff.

17 Vgl. Steffen, Leisegang und seine Gewährsleute. Zur Typologie der Gegner Rudolf Steiners, in: Das Goetheanum, Heft 8, 1923, S. 60f.

18 Vgl. Max Seiling, Die anthroposophische Bewegung und ihr Prophet, 2. Auflage, Lorch, 1921.

19 Vgl. Hahn, Rudolf Steiner wie ich ihn sah und erlebte, Stuttgart, 1961, S. 111ff., Ravagli hat die diversen Attacken der völkischen Konkurrenz zu einer großen Verfolgungsjagd aufgebauscht und behauptet, die Anthroposophie sollte vernichtet werden, ders., Unter Hammer und Hakenkreuz, a.a.O., 2004.

20 Vgl. Karutz, in: Das Goetheanum, Heft 20, 1925, S. 157.

21 Vgl. Kolisko, Die Tagung der Gesellschaft für freie Philosophie und die Tagore-Woche in Darmstadt, in: Die Drei, 1921, S. 469f., Wachsmuth, Kulturprobleme des Orients und des Okzidents, in: Die Drei, 1921, S. 163f., S. 167, S. 179, S. 277f.

22 Vgl. Steiner, Über den »Untergang des Abendlandes«, Vortrag, Dornach, 2.7.1920, in: Das Goetheanum, Heft 29, 1931, S. 225, ders., Spenglers »Welthistorische Perspektiven«, in: Das Goetheanum, Heft 4, 1922, 1925, Othmar Helf, Der Grundirrtum in Oswald Spenglers Geschichtsdenken, in: Das Goetheanum, Heft 29, 1929, S. 277, Steffen, Karma und Reinkarnation im Kulturleben der Gegenwart, in: Das Goetheanum, Heft 5, 1930, S. 36.

23 Vgl. Karutz, Krieg und Völkerkunde, Zur Eröffnung der Abteilung Südsee des Museums für Völkerkunde, in: Lübeckische Blätter, 59. Jahrgang, Nr. 13, 1917, S. 199, Nr. 14, 1917, S. 214.

24 Vgl. Karutz, Von Goethe zur Völkerkunde der Zukunft, 2. verbesserte Auflage, Stuttgart 1929, S. 61, ders., Die Völker Nord- und Mittelasiens, Stuttgart 1925, S. 9f.

25 Vgl. ebd., S. 16, S. 22, ders., Krieg und Völkerkunde, a.a.O., Lübeckische Blätter, Nr. 13, 1917, S. 195.

26 Vgl. Karutz, Von Goethe zur Völkerkunde der Zukunft, a.a.O., 1929, S. 16, S. 21, S. 57.

27 Ebd., S. 57.

28 Vgl. ebd., S. 115, S. 127.

29 Vgl. Karutz, Die Afrikanische Seele. Erster Versuch einer afrikanischen Geistesgeschichte, Basel 1938, S. 84.

30 Vgl. Karutz, Von Goethe zur Völkerkunde der Zukunft, a.a.O., 1929, S. 126.
31 Vgl. Karutz, Die Ursprache der Kunst, Stuttgart 1934, S. 202f.
32 Vgl. Moldenhauer, Naturvölker und Seelenvölker, in: Das Goetheanum, Heft 15, 1939. Er rühmte Karutz als Erneuerer der Rassenkunde. Der Professor habe Völker als »selbständige Einheit freier geistiger Individualitäten« aufgefasst, wobei eine gemeinsame Kulturaufgabe im strengsten Sinne »mit dem Wesen Europas verbunden sei«, ders., Erinnerungen zur Völkerkunde, in: Das Goetheanum, Heft 45, 1938, S. 359.
33 Vgl. Karutz, Die Völker Europas, Stuttgart 1926, S. 34, S. 68, S. 98.
34 Vgl. Karutz, Die Völker Nord- und Mittelasiens, Stuttgart 1925, S. 56, S. 62.
35 . Karutz, Neue Geistigkeit im Osten, in: Das Goetheanum, Heft 8, 1926, S. 77.
36 Karutz, Über Rassenkunde, in: Das Goetheanum, 10.Jhg., 1931, Heft 1, S. 6.
37 Vgl. ebd., S. 6f.
38 Vgl. Karutz, Zur Rassenkunde, in: Das Goetheanum, 1932, S. 4.
39 Vgl. Karutz, Über Rassenkunde, Teil II und Schluss, in: Das Goetheanum, Heft 2, 1931, S. 14 und Karutz, Über Rassenkunde, Teil I, in: Das Goetheanum, Heft 1, 1931, S. 7.
40 Karutz, Kultur und Urweisheit, in: Das Goetheanum, 1934, S. 174.
41 Vgl. Karutz, Über Rassenkunde, in: Das Goetheanum, 1931, Heft 2, S. 13f., ders., Krieg und Völkerkunde, a.a.O., Lübeckische Blätter, Nr. 14, 1917, S. 216.
42 Von Plato, a.a.O., 2003, S. 348.
43 Vgl. z. B. Rittelmeyer, Deutschtum, 1934, S. 117f.
44 Arnold Wadler, Das Rätsel der Indogermanen, Basel, 1937, S. 95f.
45 Hannes Razum, Das völkische Problem, in: Das Goetheanum, Heft 27, 1930, S. 212.
46 Ebd., S. 213.
47 Vgl. ebd., S. 213.
48 Vgl. Gerhard Wehr, Friedrich Rittelmeyer, Stuttgart 1998, S. 220f.
49 Reichssicherheitshauptamt Berlin, 1941, Die Anthroposophie und ihre Zweckverbände, in: Arfst Wagner, Hrsg., Zur Geschichte der anthrosophischen Bewegung und Gesellschaft in der Zeit des Nationalsozialismus, Dokumente und Briefe, Rendsburg, 1991, Bd. 5, S. 23 (im folgenden: Zu Geschichte der anthroposophischen Bewegung).
50 Vgl. z. B. Kurt von Wistinghausen, Verschollene Kulturen, in: Das Goetheanum, Heft 17, 1932, Wistinghausen, der diese Sammelrezension verfasste, war hoher Funktionär der Christengemeinschaft.
51 Uehli, Atlantis-Forschung, in: Das Goetheanum, Heft 17, 1930, Heft 18, 1930, ders., Die heilige Urschrift der Menschheit, in: Das Goetheanum, Heft 29, 1933, Gerhard Hardorp, Religiöse Erneuerung durch Erb-Erinnern?, in: Die Christengemeinschaft, 1930/1931, Heft 11, S. 338ff.
52 Vgl. Uehli, Atlantis-Forschung, in: Das Goetheanum, Heft 17, 1930, S. 132f., Heft 18, 1930, S. 140f., ders., Die heilige Urschrift der Menschheit, in: Das Goetheanum, Heft 29, 1933, S. 226f., Heft 30, 1933, S. 233ff., ders., Atlantis und das Rätsel der Eiszeitkunst, in: Das Goetheanum, Heft 14, 1936, S. 108.
53 Uehli, Atlantis-Forschung, in: Das Goetheanum, Heft 17, 1930, S. 133.
54 Vgl. Uehli, Die heilige Urschrift der Menschheit, in: Das Goetheanum, Heft 29, 1933, S. 235.
55 Vgl. Moldenhauer, Die Wanderungs-Atlantier und das Gesetz des Manu, in: Das Goetheanum, Heft 26, 1938, S. 203f.
56 Vgl. Arnold Wadler, Der heutige Stand des Indogermanen-Problems, in: Das Goetheanum, Heft 43, 1937, S. 345f.
57 Vgl. Wadler, Von Columban zu Columbus, in: Das Goetheanum, Heft 29, 1939, S. 227, Wadler betrieb »geisteswissenschaftliche Sprachforschung« und ließ sich dabei von Steiners Akasha-Chronik inspirieren, während er die Geschichtswissenschaft als materialistisch zurückwies.
58 Vgl. Uehli, Atlantis-Forschung, in: Das Goetheanum, Heft 18, 1930, S. 140, ders., Die heilige Urschrift der Menschheit, in: Das Goetheanum, Heft 29, 1933, S. 227.
59 Vgl. Uehli, Runen-Brauch und anderes im Lötschtal, in: Das Goetheanum, Heft 21,

1932, S. 167f., ders., Asenkultur und Runenkunde, Heft 49, 1932, S. 393ff., ders., Die Herkunft der Asen, Heft 50, 1932, S. 400.

60 Vgl. Steiner, Das Ewige in der Hegelschen Logik und ihr Gegenbild im Marxismus, Vortrag 1920 Dornach, in: Das Goetheanum, Heft 33, 1937, S. 261f.

61 Vgl. Boos, Michael gegen Michel. Katharsis des Deutschtums 1914–1925, Basel 1926, S. 127f.

62 Vgl. Rittelmeyer, Der Deutsche in seiner Weltaufgabe zwischen Russland und Amerika, Stuttgart, 1932, S. 10f.

63 Vgl. Rittelmeyer, Politische Straßenkrawalle, in: Christengemeinschaft, 1929/1930, Heft 6, S. 192.

64 Vgl. Ernst von Hippel, Der Bolschewismus und seine Überwindung, Breslau, 1937, S. 7.

65 Lauer, Die Völker Europas, a.a.O., 1937, S. 67.

66 Vgl. Boos, Michael gegen Michel. Katharsis der Deutschtums 1914–1925, a.a.O., S. 112.

67 Vgl. Johannes Hemleben, in: Die Christengemeinschaft, 1928/1929, Heft 3, Juni 1928, S. 91f.

68 Walter Johannes Stein, Was ist der Westen dem Osten schuldig?, Stuttgart, Köln, London 1932, S. 30.

69 Vgl. Wagner, a.a.O., Flensburger Hefte, Heft 32, Nr. 3/91, S. 18.

70 Vgl. Massimo Scaligero, Sangue e Spirito, in: La Difesa della Razza, Oktober 1941, S. 13, dieser Artikel ist illustriert mit Fotos, die Menschen als rassisch minderwertig darstellen sollen. Über einen sowjetischen Kriegsgefangenen heißt es: »Ein typischer Fall, in dem sich geistige Armut in körperlichen Merkmalen widerspiegelt.«

71 Scaligero, Omogeneità e Continuità della Razza Italiana, in: La Difesa della Razza, Juni 1939, S. 38.

72 Scaligero, Compito eroico dello spirito nell'azione razzista, in: La Vita Italiana, September, 1939, S. 327, dieselbe Formulierung findet sich in Scaligeros Artikel, Verso un supernazionalismo razziale, in: La Difesa della Razza, Juli 1941, S. 8.

73 Vgl. Scaligero, Fronte unico ario, in: La Difesa della Razza, Februar 1941, S. 23.

74 Scaligero, Omogeneità e Continuità della Razza Italiana, in: La Difesa della Razza, Juni 1939, S. 329.

75 Vgl. ebd., S. 331.

76 Vgl. von Plato, a.a.O., 2003, S. 695ff.

77 Vgl. Rittelmeyer, Was halten Sie von der völkischen Bewegung?, in: Die Christengemeinschaft, 1931/1932, Heft 4, S. 119.

78 Flensburger Hefte, Anthroposophen in der Zeit des deutschen Faschismus, Sonderheft 8, Sommer 1981, S. 66f. und Anmerkung 36, S. 92.

79 Rittelmeyer, Der Deutsche in seiner Weltaufgabe zwischen Russland und Amerika, 1932, S. 14f.

80 Ebd., S. 16.

81 Vgl. ebd., S. 17.

82 Vgl. ebd., S. 22.

83 Ebd., S. 24f.

84 Ebd., S. 23.

85 Vgl. Rittelmeyer, Christus, 1936, S. 160, S. 162.

86 Rittelmeyer, Der Deutsche in seiner Weltaufgabe zwischen Russland und Amerika, 1932, S. 32.

87 Ebd., S. 23.

88 Vgl. Rittelmeyer, Europa, in: Die Christengemeinschaft, 1930, Heft 3, S. 67, S. 69.

89 Vgl. Rittelmeyer, Deutschtum, Stuttgart 1934, S. 13ff., S. 21f.

90 Vgl. Steffen, Denkschrift an Parteistellen der NSDAP vom 20. Mai 1933, in: Wagner, Zur Geschichte der anthrosophischen Bewegung, a.a.O., Bd. 1, 1991, S. 33ff.

91 Vgl. Werner, Anthroposophen in der Zeit des Nationalsozialismus, München, 1999, S. 10, S. 12.

92 Vgl. Wagner, a.a.O., Flensburger Hefte, Heft 32, Nr. 3/91, S. 61.

93 Vgl. Steffen, Geistesströmungen in der schweizerischen Dichtung des neunzehnten Jahrhunderts, in: Das Goetheanum, Heft 3, S. 18.
94 Uehli, Erinnerungen an Michael Bauer, in: Das Goetheanum, Heft 30, 1929, S. 236.
95 Interview der dänischen Zeitung Ekstrabladet mit Dr. Günther Wachsmuth vom 6. Juni 1933, in: Wagner, Zur Geschichte der anthrosophischen Bewegung, a.a.O., Bd. 1, 1991, S. 40f.
96 Vgl. Das Goetheanum, 1934, S. 63, S. 135, S. 383, S. 415.
97 Robert Goebel, Christentum und deutsches Wesen, in: Die Christengemeinschaft, 1933/34, S. 11.
98 Karutz, Die Ursprache der Kunst, Stuttgart, 1934, S. 130.
99 Vgl. Rittelmeyer, Die »Olympischen Spiele«, in: Die Christengemeinschaft, 1936/37, S. 160.
100 Vgl. von Hippel, Die Universität im neuen Staat, Königsberg 1933, S. 19.
101 Ebd., S. 12.
102 Vgl. ebd., S. 20.
103 Ebd., S. 21.
104 Vgl. ebd., S. 26f.
105 Ebd., S. 27.
106 Vgl. Victor Farías, Heidegger und der Nationalsozialismus, Frankfurt/M., 1989, S. 152ff., S. 158, 231f.
107 Vgl. Walter Wuttke-Groneberg, Leistung, Vernichtung, Verwertung. Überlegungen zur Struktur der nationalsozialistischen Medizin, in: Projektgruppe Gesundheit, a.a.O., 1988, S. 47ff.
108 Die Studie von Uwe Werner bietet dazu sehr viel Material.
109 Werner, 1999, a.a.O., S. 59.
110 Werner, 1999, a.a.O., S. 71.
111 Schreiben der Preußischen Geheimen Staatspolizei (gez. Heydrich) - Auflösungsbescheid der Anthroposophischen Gesellschaft vom 1. Februar 1935, in: Wagner, Zur Geschichte der anthrosophischen Bewegung, a.a.O., Bd. 1, 1991, S. 13.
112 Brief des Vorstandes der Anthroposophischen Gesellschaft vom 17. November 1935, in: Wagner, Zur Geschichte der anthrosophischen Bewegung, a.a.O., Bd. 1, 1991, S. 42.
113 Zit. bei Gerhard Wehr, Friedrich Rittelmeyer, Stuttgart, 1998, S. 221.
114 Schreiben des Württembergischen Landespolizeiamtes an das Geheime Staatspolizeiamt in Berlin, betr. Verbots- und Auflösungsbegründung der Anthroposophischen Gesellschaft in Deutschland vom 4. Februar 1936, in: Wagner, Zur Geschichte der anthrosophischen Bewegung, a.a.O., Bd. 1, 1991, S. 24.
115 Vgl. Werner, a.a.O., 1999, S. 140f.
116 Vgl. Bundesarchiv Berlin, Aktenzeichen RKK 2101 Box 0599 File 07 (Karutz), RKK 2101 Box 0960 File 03 (Poppelbaum).
117 Vgl. Brief von Dr. med. Hans Rascher an den Beauftragten des Führers für die geistige und weltanschauliche Erziehung der NSDAP vom 18. April 1935, in: Wagner, Zur Geschichte der anthrosophischen Bewegung und Gesellschaft in der Zeit des Nationalsozialismus, 1991, Bd. 3, S. 103ff., Werner, a.a.O., 1999, S. 32f.
118 Vgl. Die Christengemeinschaft, 16. Jahrgang, S. 151.
119 Vgl. Institut für Zeitgeschichte München, Az. FA 119/2, S. 234f., Az. FA 119/2, S. 319.
120 Vgl. Werner, 1999, a.a.O., S. 153.
121 Vgl. Goebel, Christentum und deutsches Wesen, in: Die Christengemeinschaft, 1933/34, S. 11, Gerhard Hardorp, Wulfila, in: Die Christengemeinschaft, 1937/1938, S. 225ff., Erwin Schühle, Wulfila, in: Die Christengemeinschaft, 1937/1938, S. 230ff., Rittelmeyer, Heldisches Christentum, in: Die Christengemeinschaft, 1933/34, S. 226ff. Die Ludendorffer waren während des NS-Regimes ebenfalls von zeitweisen Verboten betroffen, Mathilde Ludendorff gerierte sich deshalb nach dem Krieg als Oppositionelle.
122 Vgl. Die Christengemeinschaft, Heft 7, 1933, S. 216, Die Deutsche Glaubensbewegung war eine 1934 von Nazis wie Jakob Wilhelm Hauer und Ernst Graf von Reventlow gegründete Organisation von bekennenden Heiden, die sich zur Religionsgemein-

schaft von HJ- und SA-Kadern entwickelte. Im »Führerrat« saßen unter anderem Hermann Wirth und Hans F. K. Günther.

123 Vgl. Rittelmeyer, Der Deutsche in seiner Weltaufgabe zwischen Russland und Amerika, 1932, S. 10, S. 28, ebenso ders., Christus, 1936, S. 120f., S. 129, S. 168f., ders., Impulse der Gegenwart, Schriften zur religiösen Erneuerung, Verlag Urachhaus, Stuttgart 1940, S. 19.

124 Vgl. Rittelmeyer, Christus, 1936, S. 41.

125 Vgl. ebd., S. 120.

126 Ebd., S. 45.

127 Vgl. ebd., S. 82, S. 85.

128 Ebd., S. 46.

129 Ebd., S. 47.

130 Rittelmeyer, Impulse der Gegenwart, Schriften zur religiösen Erneuerung, 1940, S. 11.

131 Vgl. ebd., S. 12, S. 18, ebenso: ders., Aus meinem Leben, Stuttgart 1937, S. 345.

132 Vgl. von Hippel, Der Bolschewismus und seine Überwindung, Breslau 1937, S. 27, S. 36. Die Oktoberrevolution ist für ihn das Werk einer großen Verschwörung, hinter der sich die »Zersetzungskräfte des jüdischen Intellekts«, römischer Geist sowie englische Freimaurer verbergen.

133 Rittelmeyer, Christus, 1936, S. 170.

134 Vgl. Rittelmeyer, Lebenshilfe, Stuttgart, 1939, S. 45.

135 Vgl. Hermann Heisler, Antibolschewistische Schau, in: Die Christengemeinschaft, 1936/37, S. 287f.

136 Vgl. ebd., S. 287f.

137 von Hippel, Der Bolschewismus und seine Überwindung, Breslau, 1937, S. 5.

138 Vgl. ebd., S. 10f.

139 Vgl. ebd., S. 38f.

140 Vgl. ebd., S. 44.

141 von Hippel, Die Universität im neuen Staat, Königsberg, 1933, S. 19.

142 Ebd., S. 20.

143 Ebd., S. 20.

144 Vgl. Werner, a.a.O., 1999, S. 95.

145 Vgl. ebd., S. 96.

146 Vgl. Uehli, Denkschrift der Freien Waldorfschule Stuttgart, in: Erziehungskunst, Heft 2, Juni 1933, S. 345ff.

147 Zit. bei Werner, a.a.O., S. 104, er behauptet, das Kollegium der Berliner Waldorfschule sei wegen der Nähe des Artikels zum Nationalsozialismus gegen eine Veröffentlichung gewesen.

148 Ebd., S. 106, nach Werner ist diese Erklärung nur taktisch gemeint gewesen.

149 Vgl. Erich Gabert, Ansprache anlässlich einer nationalen Feier in der Freien Waldorfschule, in: Erziehungskunst, Heft 2, Juni 1933, S. 372ff., Aus der Schulbewegung, in: Erziehungskunst, 1933/1934, S. 383, von Heydebrand, Wege der Überwindung der materialistischen Weltanschauung durch die Menschenkunde Rudolf Steiners, in: Erziehungskunst, 1933/1934, S. 493ff.

150 Uehli, Germanische Sagenstoffe als erzieherische Aufgabe in den Oberklassen, in: Erziehungskunst, 1933/34, S. 459.

151 Vgl. Karutz, Durch die Sprache zum Volk, in: Erziehungskunst, 1934/1935, Heft 1, S. 103f.

152 Ebd., S. 122.

153 Ebd., S. 107.

154 Vgl. Norbert Deuchert, Zur Geschichte der Waldorfschule im Nationalsozialismus, in: Flensburger Hefte, Sonderheft 8, Sommer 1991, S. 96ff., Werner, a.a.O., 1999, S. 105, Georg Kniebe, Die erste Waldorfschule. Biographie einer sich entwickelnden Gemeinschaft, in: Anthroposophische Pädagogik, Dritte Welt-Lehrertagung am Goetheanum, Ostern 1989, Beilage zur Wochenschrift Das Goetheanum, Nr. 11, März 1989, S. 10f., laut Kniebe wurde 1933 der Hitlergruß eingeführt, einige »Hörige« de-

nunzierten Verstöße gegen die Grußordnung, der Schulverein wurde »von oben« linientreu durchsetzt.

155 Klein bekam von der Reichsschrifttumskammer und vom SD ebenfalls die Erlaubnis, Bücher zu publizieren, Bundesarchiv Berlin, Klein Elisabeth, RK/RSK, 280, Bild 16ff.

156 Vgl. Deuchert, a.a.O., 1991, S. 97.

157 Vgl. ebd., S. 118.

158 Vgl. Werner, a.a.O., 1999, S. 111, S. 113f.

159 Vgl. Deuchert, a.a.O., S. 113ff.

160 Vgl. Maikowski, Brief an Göbbels, 14.2.1934, S. 13, Brief an Hitler, 15.2.1934, S. 14ff., Brief an Hess, 2.3.1935, S. 83ff., in: Wagner, Zur Geschichte der anthroposophischen Bewegung, a.a.O., Bd. 2, Waldorfschulen, 1991.

161 Maikowski, Brief an Rudolf Hess, 2.3.1935, in: Wagner, Zur Geschichte der anthroposophischen Bewegung, a.a.O., Bd. 2, Waldorfschulen, 1991, S. 93.

162 Vgl. Wagner, Anthroposophen und Nationalsozialismus, Heft 32, a.a.O., Nr. 3/91, S. 25ff., Werner, a.a.O., 1999, S. 99f., Bundesarchiv Berlin, SA 4000 24-B.

163 Vgl. Werner, a.a.O., 1999, S. 100, Brief E. A. K. Stockmeyers an René Maikowski, in: Wagner, Zur Geschichte der anthroposophischen Bewegung, a.a.O., Bd. 2, 1991, S. 16.

164 Zit. bei Wagner, Flensburger Hefte, Nr. 3/1991, a.a.O., S. 27.

165 Vgl. ebd., S. 116.

166 Vgl. Deuchert, a.a.O., 1991, S. 109.

167 Vgl. ebd., S. 101.

168 Vgl. Bäumler, Rudolf Steiner und die Philosophie, 1938, in: Werner, 1999, a.a.O., S. 401, S. 404.

169 Vgl. Werner, 1999, a.a.O., S. 207f., S. 210f., S. 213, S. 221, S. 230.

170 Deuchert, a.a.O., 1991, er schreibt, dass der Zwist zwischen zentralistischen Bestrebungen der Dornacher Führung und den Anthroposophen in Stuttgart, dem deutschen Zentrum der Bewegung, den Konflikt im Waldorfverband verstärkte. Klein holte sich angeblich Rückendeckung in Dornach (S. 116ff.).

171 Vgl. Hugo Reimann, in: Das Goetheanum, Heft 23, 1937, S. 186.

172 Vgl. Deuchert, a.a.O., 1991, S. 100, er schreibt, Mergenthaler habe die Abwesenheit von Hess, der in Österreich mit dem Anschluss beschäftigt war, genutzt und die Stuttgarter Schule »handstreichartig« geschlossen. Werner bestreitet dies, mit dem Argument, Hess habe sich nicht generell für die Waldorfschulen, sondern nur für Versuchsschulen eingesetzt (a.a.O., S. 223f.).

173 Vgl. Deuchert, a.a.O., 1991, S. 104f., Werner, 1999, S. 224.

174 Wolfgang Jacobeit, Christoph Kopke, Die biologisch-dynamische Wirtschaftsweise im KZ. Die Güter der »Deutschen Versuchsanstalt für Ernährung und Verpflegung« der SS von 1939 bis 1945, Berlin, 1999, S. 51.

175 Wagner, Flensburger Hefte, Nr. 3/91, S. 30.

176 Ebd., S. 34.

177 Vgl. Werner, a.a.O., 1999, S. 87.

178 Werner, a.a.O., 1999, S. 89.

179 Vgl. Wagner, Zur Geschichte der anthroposophischen Bewegung, a.a.O., Bd. 3, Biologisch-dynamische Wirtschaftsweise, 1992, S. 23.

180 Vgl. Werner, a.a.O., 1999, S. 92f.

181 Volksgesundheit und Lebensführung, in: Deutsches Ärzteblatt, 68. Jahrgang, Juli 1938, S. 510.

182 Vgl. Volksgesundheit und Lebensführung, a.a.O., S. 509ff.

183 Vgl. Eberhard Bartsch, Vom Wesen des Betriebsorganismus, In: Odal, Monatsschrift für Blut und Boden, Jhg. 1940, S. 287ff., ders., Der Erbhof Marienhöhe. Ein Beispiel lebensgesetzlicher Landbauweise, in: Odal, 1940, S. 695ff.

184 Bartsch, Der Erbhof Marienhöhe, in: Odal, 1940, S. 701.

185 Vgl. Demeter, Heft 5, Mai 1939.

186 Vgl. Wagner, Hrsg., Zur Geschichte der anthroposophischen Bewegung, a.a.O., Bd. 3, Biologisch-dynamische Wirtschaftsweise, 1992, S. 61, S. 63f.

187 Bundesarchiv Berlin, Brief von Karl Astel an Heinrich Himmler, 25. Juli 1941, NS 19432.

188 Vgl. Ellic Howe, Uranias Kinder, Weinheim, 1995 S. 259 ff., Pätzold, Weißbecker, Geschichte der NSDAP, Köln 1998, S. 429.
189 Von Wistinghausen, in: Die Christengemeinschaft, 1995, Heft 5, S. 235.
190 Vgl. Schreiben Darré an Himmler, 28.6.1941, in: Wagner, Zur Geschichte der anthroposophischen Bewegung, a.a.O., Bd. 3, 1992, S. 29.
191 Vgl. Werner, a.a.O., 1999, S. 304 ff.
192 Vgl. Bundesarchiv Berlin, Brief Himmlers an Darré, 30. März 1942, Brief Himmlers an Oswald Pohl, 21.11.1941.
193 Vgl. ebd.
194 Vgl. Jacobeit, Kopke, 1999, S. 15, S. 77 f., S. 96, S. 124.
195 Ebd., S. 49.
196 Vgl. ebd., S. 56.
197 Vgl. ebd., 1999, S. 85.
198 Vgl. Wagner, Flensburger Hefte, Nr. 3/91, S. 23.
199 Vgl. Anna Bramwell, Ecology in the 20th Century, New Haven and London 1989, S. 205, in: Werner, 1999, a.a.O., S. 336.
200 Vgl. Wagner, Flensburger Hefte, Nr. 3/91, S. 19.
201 Ebd., S. 21.
202 Vgl. ebd., S. 20.
203 Vgl. Lindenberg, Flensburger Hefte, Nr. 3/1991, S. 135.
204 Vgl. Karl Buchleitner, Revisionismus? Political Correctness?, in: Die Drei, Heft 7–8, 1998, 128 ff.
205 Vgl. Johannes W. Schneider, Nationalsozialismus und europäische Kultur, in: Die Drei, Heft 4, 1998, S. 59.
206 Vgl. von Plato, a.a.O., 2003, 1007 ff.
207 Vgl. Werner, a.a.O., 1999, S. 2.
208 Vgl. ebd., S. 13 f., S. 16, S. 118 f.
209 Vgl. ebd., S. 72.
210 Vgl. Karl Heinz Roth, Tödliche Höhen: Die Unterdruckkammer-Experimente im Konzentrationslager Dachau, in: Angelika Ebbinghaus, Klaus Dörner, Hrsg., Vernichten und Heilen. Der Nürnberger Ärzteprozess und seine Folgen, Berlin, 2002, S. 110 ff., Ute Deichmann, Biologen unter Hitler, Frankfurt/M., 1995, S. 227, S. 423, Internationaler Militärgerichtshof Nürnberg, Der Nürnberger Prozess gegen die Hauptkriegsverbrecher, Nürnberg, 1949, Bd. 1, S. 303, Bd. 4, S. 227 ff., S. 230, Bd. 5, S. 194 ff., Bd. 11, S. 448.
211 Vgl. Werner, a.a.O., S. 330 ff.
212 Vgl. Jacobeit, Kopke, a.a.O., 1999, S. 97 f., Robert Sigel, Heilkräuterkulturen im KZ. Die Plantage in Dachau, in: Dachauer Hefte, 1988, Medizin im NS-Staat, S. 164 ff.
213 Vgl. Jens Heisterkamp, Unbewältigte Vergangenheit, in: Das Goetheanum, 1992, S. 202. Er lobt Heyers Werk, das 1991 im Perseus-Verlag neu aufgelegt wurde, weil der Autor von jener »Neigung zu eifernder Selbstbezichtigung« frei sei. Reuveni, Hinter der Maske des Patriotismus, Internet-Projekt Info 3, S. 1–8, zuerst in: ders., Im Namen der »Neuen Weltordnung«, Dornach, 1994, Martin Barkhoff, Der 8. Mai und eine andere Wirklichkeit, in: Das Goetheanum, 1995/1996, S. 45 f., Thomas Göbel, Von den Dimensionen des Bösen. Ein Versuch, das Phänomen Hitler zu verstehen, in: Das Goetheanum, Heft 45 und 46, 1999, S. 821 ff., S. 850 ff., Michael Kalisch, Hitler - Ein System der Ich-Problematik Mitteleuropas, in: Das Goetheanum, Heft 11, 2000, S. 224 f.
214 Vgl. Rudolf Grosse, Rezension von Max Picards »Hitler in uns selbst«, in: Das Goetheanum, 1946, S. 244 ff., Emil Bock, Die Idee Europas, in: Die Drei, 18.Jahrgang, 1948, S. 31 ff.
215 Vgl. Heyer, Wesen und Wollen des Nationalsozialismus, 1947, 3. Auflage, Basel, 1991, S. 287, S. 349, S. 353, S. 359.
216 Vgl. ebd., S. 167.
217 Ebd., S. 171.
218 Vgl. ebd., S. 167, S. 171, S. 174 ff.

219 Ebd., S. 181.
220 Ebd., S. 182.
221 Vgl. Paul Bühler, Entscheidungszeit, in: Das Goetheanum, 1946, S. 125.
222 Vgl. Uehli, Blick in die geschichtliche Gegenwart, in: Das Goetheanum, 1946, S. 13f.
223 Vgl. Arnold Ith, Von altmexikanischen und Maya-Bilderhandschriften, in: Das Goetheanum, Heft 4, 1947, S. 29, Heft 5, 1947, S. 35.
224 Ebd., S. 36.
225 So kritisierte Oskar Borgman Hansen die Darstellung in den Flensburger Heften als »teilweise verfehlt«, vgl. Hansen, Über einige Publikationen zum Thema Anthroposophie und Nationalsozialismus, in: Das Goetheanum, 1994, S. 406f.
226 Zit. Wagner, Flensburger Hefte, Nr. 3/1991, S. 7.
227 Vgl. ebd., S. 50f.
228 Vgl. ebd., S. 62.
229 Vgl. Der Nationalsozialismus als Schattenbild der Anthroposophie, Zwischenbericht zum Stand der Forschung, ein Gespräch mit Arfst Wagner, in: Novalis, Heft 11, 1997, S. 17ff.
230 Vgl. Ursula Remund Fink, Märtyrer oder Kollaborateure? Anthroposophen im Dritten Reich, in: Das Goetheanum, Heft 28, 1999, S. 521f.
231 Lindenberg, in: Flensburger Hefte, Nr. 3/1991, S. 115.
232 Heyer, Wesen und Wollen des Nationalsozialismus, a.a.O., S. 340f.
233 Vgl. ebd., S. 347f.
234 Ebd., S. 371f.
235 Lindenberg, in: Flensburger Hefte, Nr. 3/1991, S. 122.
236 Vgl. ebd., S. 126.
237 Frank Golczewski, Kölner Universitätslehrer und der Nationalsozialismus, Köln/Wien, 1988, S. 403.
238 Vgl. Hippel, Mechanisches und moralisches Rechtsdenken, Meisenheim a. Glan 1959, S. 15ff., S. 29ff.
239 Vgl. Golczewski, Kölner Universitätslehrer und der Nationalsozialismus, 1988, S. 114ff.
240 Vgl. Hippel, Staat - Recht - Kultur, Festgabe dargebracht von Freunden und Kollegen, Bonn, 1965.

Achtes Kapitel: Die soziale Dreigliederung

1 Vgl. Otto Schily, Die soziale Frage. Zur Aktualität der »Kernpunkte« von Rudolf Steiner, in: Das Goetheanum, 1996, S. 424ff.
2 Vgl. Steiner, Leitsätze für die Dreigliederungsarbeit, GA 24, S. 434ff., S. 435.
3 Vgl. Heyer, Esoterische Grundlagen und Aspekte der sozialen Dreigliederung. Hinweise Rudolf Steiners, in: ders., Wer ist der deutsche Volksgeist und andere Beiträge zur Geschichte, Freiburg/Br. 1961, S. 198f.
4 Vgl. Ludwig Polzer-Hoditz, in: Das Goetheanum» Heft 46, 1923, S. 365.
5 Rittelmeyer behauptete, der Onkel Moltkes habe vom Jenseits auf Richard von Kühlmann, Staatssekretär im Auswärtigen Amt, eingewirkt, ders., Meine Lebensbegegnung mit Rudolf Steiner, 2. Auflage, Stuttgart, 1928, S. 113.
6 Vgl. Uehli, Zur Mobilisierung des deutschen Geistes, in: Das Reich, 4. Jhg., 1919/20, S. 7ff.
7 Vgl. Bernus, Gleichheit, Freiheit, Brüderlichkeit, in: Das Reich, 4. Jhg., 1919/1920, S. 470, S. 473.
8 Thieben, in: Das Goetheanum, Heft 3, 1934, S. 21.
9 Vgl. Steiner, Über die Dreigliederung des sozialen Organismus und zur Zeitlage, GA 24, S. 370.
10 Vgl. ebd., S. 353.
11 Vgl. ebd., S. 362ff.

12 Vgl. ebd., S. 356.
13 Vgl. ebd., S. 350.
14 Vgl. Bernus, Gleichheit, Freiheit, Brüderlichkeit, in: Das Reich, 1919/1920, S. 476.
15 Vgl. Steiner, An das deutsche Volk und an die Kulturwelt, Aufruf vom März 1919, GA 24, S. 428 ff.
16 Vgl. Steiner, Die Befreiung des Menschenwesens als Grundlage für eine soziale Neugestaltung, GA 329, S. 142.
17 Vgl. Steiner, Über die Dreigliederung des sozialen Organismus und zur Zeitlage, GA 24, S. 114.
18 Vgl. ebd., S. 140.
19 Vgl. ebd., S. 478 ff.
20 Vgl. Hermann Haase, Reinkarnation und soziale Frage, in: Das Reich, 1919/1920, S. 481 ff.
21 Vgl. Steiner, Betriebsräte und Sozialisierung. Neun Diskussionsabende mit den Arbeiterausschüssen Stuttgarts, 8. Mai bis 23. Juli 1919, GA 331.
22 Vgl. ebd., GA 331.
23 Vgl. Steiner, Leitsätze für die Dreigliederungsarbeit, Winter 1918/19, GA 24, S. 434 ff., S. 435.
24 Vgl. Steiner, Betriebsräte und Sozialisierung, GA 331.
25 Vgl. Steiner, Leitsätze für die Dreigliederungsarbeit, Winter 1918/19, GA 24, S. 434 ff.
26 Vgl. Steiner, Betriebsräte und Sozialisierung, GA 331, S. 31, S. 45 f.
27 Vgl. Steiner, Leitsätze für die Dreigliederungsarbeit, GA 24, S. 61 f.
28 Vgl. Steiner, Die Befreiung des Menschenwesens als Grundlage für eine soziale Neugestaltung, GA 329, S. 201, S. 210.
29 Steiner, Über die Dreigliederung des sozialen Organismus und zur Zeitlage, GA 24, S. 100 f.
30 Ebd., S. 72 f.
31 Ebd., S. 72 f., vgl. auch ders., Die Befreiung des Menschenwesens als Grundlage für eine soziale Neugestaltung, Vorträge 1919, GA 329, S. 178.
32 Vgl. Steiner, Über die Dreigliederung des sozialen Organismus und zur Zeitlage, GA 24, S. 445, S. 449.
33 Vgl. Neue Zeitung, Montag, 25. August 1919.
34 Vgl. Kühne, Die Stuttgarter Verhältnisse und Rudolf Steiners Impuls der sozialen Dreigliederung, 1989, S. 54.
35 Vgl. Rudolph, 1988, S. 94, Wagemann, 1996, S. 44 f.
36 Vgl. Steiner, Das Schicksalsjahr 1923 in der Geschichte der Anthroposophischen Gesellschaft, GA 259, S. 907 ff., von Plato, a.a.O., 2003, S. 992 ff.
37 Bock, Die Idee Europas, in: Die Drei, 1948, S. 24 ff.
38 A. Horst, Das Bild des Menschen in dem Leben mit den Folgen der Zivilisationskatastrophen, in: Das Goetheanum, Heft 27, 1947, S. 210.
39 Vgl. Heyer, Abschied vom »Deutschen Reich«, in: Die Drei, 1949, S. 263.
40 Vgl. Wolfgang Naager, Das Reich als mitteleuropäischer, demokratischer, föderativer Rechtsstaat, in: Die Drei, 1949, S. 127 ff., S. 131, S. 132.
41 Vgl. Bernhard Behrens, Tod und Leben der Demokratie, in: Das Goetheanum, Heft 35, 1947, S. 277, Heft 36, 1947, S. 282 f.
42 Vgl. Naager, Das Reich, a.a.O., in: Die Drei, 1949, S. 133, S. 135.
43 Vgl. von Hippel, Allgemeine Staatslehre, Berlin und Frankfurt/M, 1963, S. 245, S. 248 f.
44 Zit. nach Frank Gieseke, Albert Markert, Flieger, Filz und Vaterland. Eine erweiterte Beuys Biographie, Berlin 1996, S. 141 f.
45 Vgl. ebd., S. 153 f., S. 157 ff., Johannes Stüttgen, Organ des Erweiterten Kunstbegriffs für die Soziale Skulptur. Eine Darstellung der Idee und Entstehungsgeschichte der FIU, Wangern 1992, S. 20 ff.
46 Vgl. Richard Stöss, Parteienhandbuch, Bd. 1, Opladen 1986, S. 310 ff.
47 Vgl. Gieseke, Markert, Flieger, Filz und Vaterland, 1996, S. 166 ff., Stüttgen, Organ des Erweiterten Kunstbegriffs, 1992, S. 25 ff., Stöss, Parteienhandbuch, Bd. 3, S. 1529.

48 Vgl. Gieseke, Markert, a.a.O., 1996, S. 175, S. 177, zu Springmann: Stöss, Parteienhandbuch, Bd. 3, S. 1523.

49 Der Achberger Kreis hatte einen eigenen Vertreter in der Programmkommission, die die SPV Die Grünen 1979 einrichtete, Stöss, Parteienhandbuch, Bd. 3, S. 1534.

50 Vgl. Die Grünen, Das Bundesprogramm, Bonn, 1980, S. 29, S. 40, die österreichischen Grünen haben einen entsprechenden Passus in ihrem Programm, dass sie Waldorfschulen finanziell fördern wollen. 1994 forderte die damals im Münchner Rathaus vertretene Gruppe David gegen Goliath (DaGG) 600.000 Mark für die zwei Waldorfschulen in der Stadt, das so genannte Regenbogen-Bündnis aus SPD, Grünen, ÖDP und DaGG einigte sich auf 200.000 Mark, Süddeutsche Zeitung, 6.12.1994.

51 Häfner scheiterte 1998 bei der Listenaufstellung der bayerischen Grünen. Der Spitzenfunktionär sei für die Basis nicht mehr erreichbar gewesen, hieß es nach seinem Debakel in der Presse. Häfner, zeitweise Mitglied im Rechtsausschuss des Bundestages, war einige Jahre vorher angezeigt worden, weil er Küchenmesser und Unterhosen geklaut haben soll. Er räumte eigenes Fehlverhalten ein und begründete es mit schwerstem politischem und persönlichen Stress, Süddeutsche Zeitung, 3.2.1998, 16.2.1998, Abendzeitung München, 10.3.2001.

52 Vgl. Stöss, Parteienhandbuch, Bd. 3, 1547 ff.

53 Vgl. Initiative Netzwerk Dreigliederung, Hrsg., Rundbrief Dreigliederung des sozialen Organismus, Nr. 2, Juni 1998, S. 26 ff., Mayer nennt die gemeinnützige GmbH als Organisator dieses Bürgerbegehrens, ders., Initiativen für direkte Demokratie, Ein Überblick, in: Die Drei, Heft 9, 1998, S. 42.

54 Der BFB erschien im Zwischenbericht 2000 des Verfassungsschutzes von Nordrhein-Westfalen unter der Rubrik rechtsextreme Parteien. Die Kleinpartei wurde von dem ehemaligen FDP-Politiker Manfred Brunner gegründet und kooperierte mit Jörg Haiders FPÖ.

55 Vgl. Peter Bierl, Sparen mit Rechts, taz, 20./21.1.2001.

56 Vgl. Mayer, Leserbrief an die taz, 23.1.2001.

57 Vgl. Junge Freiheit, 17.11.2000, Nr. 47.

58 Vgl. Mayer, Hrsg., Bürgerbegehren Unser München aus der Schuldenfalle, 10. Entwurf, 1997, S. 7.

59 Vgl. Mayer, Hrsg., 186 Bürgerideen gegen Münchens Schuldenfalle, Dokumentation, 1997, S. 21, S. 28, S. 31 f.

60 Vgl. ebd., S. 19, S. 21, S. 28, S. 31 f.

61 Vgl. Bierl, Sparen mit Rechts, in: taz, 20./21.1.2001. In dem Leserbrief vom 23.1.2001 distanziert sich Mayer nochmals von Absurditäten und ausländerfeindlichen Äußerungen in der Broschüre.

62 Vgl. Dokumentation einer Umfrage: 186 Bürgerideen gegen die Schuldenfalle, www.allgaeu.org/omnibus/Omnibus. org/SchuldInhaltVorschl.html, 5.12.2000.

63 Vgl. Einige Ideen für eine bessere Finanzsituation Münchens, www.allgaeu.org/omnibus/Omnibus. org/hauptteil_ideen.html, 17.1.2001.

64 Mayer, Hrsg., Bürgerbegehren Unser München aus der Schuldenfalle, 10. Entwurf, 1997, S. 20.

65 Ebd., S. 13.

66 Vgl. Schul- und Hochschulfreiheit, www.allgaeu.org/omnibus/Omnibus/org/OmnibusSchulfreiheit.html, 5.12.2000.

67 Vgl. Konrad Schily, Der staatlich bewirtschaftete Geist, 1993, nach: Markus Herzberg, Barbara Hoffmann, Der öffentlich subventionierte Geist, Die Privatuniversität Witten-Herdecke, Forum Wissenschaft, Nr. 1, 1996.

68 Vgl. Steffen Koolmann, Von der Ich-AG zur Hochschul-AG. Plädoyer für die Universität als Unternehmen, in: Die Drei, Heft 3, 2004, S. 8 ff.

69 Vgl. Info 3, Nr. 2, 1997, S. 9 ff., Natur, Februar 1998, S. 84 ff., Deutsche Volkszeitung, 22.7.1988, Der Spiegel, Nr. 17/1984, S. 61.

70 Vgl. Natur, Februar 1998, S. 86.

71 Vgl. Herzberg, Hoffmann, Der öffentlich subventionierte Geist, 1996.

72 Homepage der Universität Witten/Herdecke, 15.11.1999.

73 Vgl. Universität Witten/Herdecke, Pressemitteilung, 13.7.2005.
74 Vgl. Süddeutsche Zeitung, 22.7.2005.
75 Vgl. z. B. Harrie Salman, Zur Kulturkraft werden. Rückfragen zu Nicanor Perlas Verständnis von Dreigliederung, Das Goetheanum, Nr. 12, 2001, S. 213 ff.
76 Vgl. Erziehungskunst, Heft 3, 2005, S. 309 ff., Das Goetheanum, Nr. 7, 11.2.2005, S. 4 ff., S. 20, Ullrich Rösch, »Feiertagsproteste stoppen keine Kriege«, in: Die Drei, Heft 3, 2004, S. 50 ff.
77 Vgl. Perlas, Globalisierung, Initiation und Dreigliederung, in: Das Goetheanum, Nr. 45, 2002, S. 829 ff.
78 Vgl. ebd., S. 832.
79 Ebd., S. 833.
80 Vgl. Perlas, Die geistigen Aufgaben der Nationen, in: Das Goetheanum, Nr. 18, 2001, S. 324.
81 Vgl. Harrie Salman, Zur Kulturkraft werden. Rückfragen zu Nicanor Perlas Verständnis von Dreigliederung, Das Goetheanum, Nr. 12, 2001, S. 213 ff.
82 Vgl. ebd., S. 215.
83 Im Programm des ersten Halbjahres 2005 waren geboten: Veranstaltungen über »Engelmitteilungen in unserer Zeit«, Geomantie, »Das Geheimnis des menschlichen Ätherleibes« und »Wetter, Kosmos und Mensch – spirituelle Aspekte zur Entstehung unseres Wetters«.
84 Vgl. Christoph Strawe, Der Fall Kappler, in: Rote Blätter, Oktober 1977, S. 7.
85 Vgl. Strawe, Initiativen für eine zeitgemäße Sozialgestaltung, in: Weleda-Nachrichten, Weihnachten 1994, S. 23 ff.
86 Vgl. Strawe, Im Strom der Neuzeit. Gedanken im dritten Jahrtausend, www.geistesleben.com/diedrei/drei02200/strom.html.
87 Vgl. Koolmann, Von der Ich-AG zur Hochschul-AG, in: Die Drei, Heft 3, 2004, S. 12.
88 Vgl. Strawe, GATS: Das Ende der Freiheit, Auswirkungen auf Schulen in freier Trägerschaft, in: Erziehungskunst, 67. Jahrgang, 2003, S. 52 ff.
89 Vgl. Strawe, Globalisierung betrifft uns alle. Die Welthandelsorganisation WTO und ihre Abkommen GATS und Trips, Stuttgart 2002, S. 7 f., S. 21 ff., ders., Im Strom der Neuzeit. Gedanken im dritten Jahrtausend, www.geistesleben.com/diedrei/drei022000/strom, ders., Rundbrief Netzwerk Dreigliederung, Nr. 1/1993, S. 2.
90 Ebd., S. 8 f.
91 Strawe, Globalisierung betrifft uns alle, Stuttgart, 2002, S. 7.
92 Vgl. Initiative Netzwerk Dreigliederung, Hrsg., Rundbrief Nr. 1, März 1993, S. 2.
93 Vgl. ebd., S. 9.
94 Vgl. Strawe, Dreigliederung und Steuerreform, in: Initiative Netzwerk Dreigliederung, Hrsg., Rundbrief, Nr. 4, Dezember 1996, S. 9 ff.
95 Vgl. Strawe, Im Strom der Neuzeit. Gedanken im dritten Jahrtausend, a.a.O.
96 Vgl. ebd.
97 Vgl. ebd., S. 10 f., S. 14 ff.
98 Vgl. Initiative Netzwerk Dreigliederung, Hrsg., Rundbrief , Nr. 2, Juni 1997, S. 14 ff., Strawe, Sternenwelt und soziale Gestaltung, vgl. Initiative Netzwerk Dreigliederung, Hrsg., Rundbrief, Nr. 3, September 1997, S. 5.
99 Vgl. Institut für soziale Gegenwartsfragen e.V. (1998 gegründet), Stuttgart, Seminare 1999/2000, Flyer: Herrmannstorfer und Strawe sprechen über »Die Bedeutung von Wiederverkörperung und Schicksal für das soziale Leben«, »Das Verhältnis des Menschen zu den Wesen der höheren Hierarchien«, oder »Gemeinschaft in Gefahr – luziferische und ahrimanische Wesen«.
100 Vgl. Strawe, Im Strom der Neuzeit. Gedanken im dritten Jahrtausend, a.a.O.
101 Udo Hermannstorfer, Individualität und Staat, Bad Liebenzell 1990, S. 3 f.
102 Ebd., S. 14.
103 Mayer, Unternehmensfreiheit – Das Unternehmertum vom Spekulantentum befreien! www.allgaeu.org/omnibus/Omnibus/org/OmnibusUnternehmensfreihet.html, 5.12.2000.
104 Vgl. Mayer, Das Urbild des Geldes und seine heutige Deformation, Flugblatt.

105 Vgl. Mayer, Bürgerbegehren Zahlungsnetzwerk München-Geld, www.allgaeu.org/omnibus/Omnibus/org/OmnibusMueGeld1.html, 5.12.2000, Projektskizze: Bürgerbegehren Stiftung Bodenfreiheit, www.allgaeu.org/omnibus/Omnibus/org/OmnibusBodenfreihet.html, 5.12.2000.

106 Strawe schreibt, Gesell habe in Bezug auf die Ökonomie durchaus darwinistisch gedacht. Er unterschlägt dessen eugenisches-rassenzüchterisches Programm und behauptet, »Gesell ist dabei alles andere als ein roher Sozialdarwinist: Er will eine Wirtschaft, die alle mitträgt.« Strawe, Das Ringen um eine soziale Geldordnung im Spiegel der Geldtheorien, Rundbrief Dreigliederung, Nr. 4/2004.

107 Vgl. Boos, Abwehr von Unfug, in: Das Goetheanum, 1933, S. 134, Folkert Wilken, Das Mysterium des Geldes, in: Die Drei, 1949, S. 241 ff. Werner Onken, Silvio Gesell – Persönlichkeit und Werk, in: Seminar für freiheitliche Ordnung e.V., Fragen der Freiheit, Januar/Februar 1990, Heft 2002, S. 4 ff.

108 Vgl. Onken, a.a.O., S. 4 ff., Hugo Schwenk, Der Dreigliederungsimpuls Rudolf Steiners, in: Seminar für freiheitliche Ordnung e.V., Fragen der Freiheit, Januar/Februar 1990, Heft 2002, S. 39 ff. Zum 75. Todestag Gesells veranstaltete das Seminar im Mai 2005 eine Tagung über »Silvio Gesell – Wegbereiter einer Marktwirtschaft ohne Kapitalismus«.

109 Vgl. Institut für zeitgemäße Wirtschafts- und Sozialgestaltung, Dornach, Institut für soziale Gegenwartsfragen, Stuttgart, Arbeitstagung »Das Ringen um eine soziale Geldordnung«, Universität Trier, 12. bis 14. November 2004, mit Strawe, Hermannstorfer und Margret Kennedy, der derzeit wohl bekanntesten Verfechterin von Tauschringen und Regionalgeld auf Grundlage von Gesells Lehren.

110 Vgl. Strawe, Das Ringen um eine soziale Geldordnung im Spiegel der Geldtheorien, Rundbrief Dreigliederung, Nr. 4/2004, S. 1, S. 7.

111 Vgl. Nutzen- statt gewinnstiftend, Interview mit Margrit Kennedy, in: Das Goetheanum, Heft 4, 2005, S. 10 f., Hans Büchenbacher, Geld ohne Zinsen und (ohne) Inflation, in: Das Goetheanum, Heft 1, 1992, S. 5, Frank Bohner, Krankes Geld – gesundes Geld, in: Erziehungskunst, 2003, S. 424 ff., ders., Zeichen der Zeit, Erziehungskunst, 2004, S. 439 f.

112 Vgl. Christian Gelleri, Chiemgauer regional. Das neue Geld, in Erziehungskunst, 2003, S. 430 ff.

113 Mayer, Regiogeld. Ein Schritt zur Demokratisierung des Geldes, Juni 2004, Flugblatt von Omnibus gGmbH für direkte Demokratie.

114 Vgl. Mayer, Gelleri, Regiogeld, Exposee, März 2003, S. 13.

115 Vgl. Ramon Brüll, Regionalgeld im Kommen? Kritische Anmerkungen zu einem bedeutungsschweren Projekt, Info 3, Mai 2005.

Literaturverzeichnis

Erklärung:
GA = Rudolf Steiner Gesamtausgabe, Nachlassverwaltung, Dornach/Schweiz
TB = Rudolf Steiner Taschenbücher aus dem Gesamtwerk

A. Primärliteratur:

Adyar Theosophische Verlagsgesellschaft, Adyar, Freiburg 1997/98

Allgemeine Anthroposophische Gesellschaft, Hrsg., Geistige Individualität und Gattungswesen. Anthroposophie in der Diskussion um das Rasseverständnis, Sonderheft der Mitteilungen aus der anthroposophischen Arbeit in Deutschland, Frankfurt/M. im Sommer 1995

Allgemeine Anthroposophische Gesellschaft, Hrsg., Verzeichnis anthroposophischer Ausbildungs- und Studienstätten, 5. verbesserte und erweiterte Auflage, 1996

Anthroposophie, Wochenschrift für freies Geistesleben, Stuttgart 1922–1935

Anthroposophische Gesellschaft in Deutschland, Schattenwürfe des Bösen und Auferstehungskräfte, Einladung, 1998

Archiati, Pietro, Die Überwindung des Rassismus durch die Geisteswissenschaft Rudolf Steiners, Dornach 1997

Arnim, Georg v., Was bedeutet Seelenpflege? Die Aufgaben der anthroposophischen Heilpädagogik und Sozialtherapie, 7. Auflage, Bad Liebenzell 1995

Attac Deutschland, Hrsg., Diskussionen in Attac Deutschland zu einer Alternativen Weltwirtschaftsordnung (AWWO), verabschiedet vom Attac-Ratschlag, Oktober 2004

Bader, Hans-Jürgen, Leist Manfred, Ravagli Lorenzo, »Rassenideale sind der Niedergang der Menschheit«, Anthroposophie und der Antisemitismusvorwurf, hrsg. vom Bund der Freien Waldorfschulen, Stuttgart 2001

Baumann, Adolf, Wörterbuch der Anthroposophie, München 1991

Bavastro, Paolo, Aids. Gesichtspunkte zur Sexualität, 3. aktualisierte Auflage, Bad Liebenzell 1989

Berger, Frank, Hrsg., Ahriman. Profil einer Weltmacht, Stuttgart 1996

Betti, Mario, Engel. Ihr Wesen und Wirken in der Gegenwart, 2. Auflage, Bad Liebenzell 1996

Boos, Roman, Michael gegen Michael, Katharsis des Deutschtums, 1914 bis 1925, Arlesheim 1926

Boos, Neugeburt des deutschen Rechts, München, Berlin, Oldenburg 1934

Buddemeier, Heinz, Kinderfernsehen ist nichts für Kinder, 2. Auflage, Bad Liebenfels 1997

Bühler, Paul, Erinnerungen. Mein Weg zur Anthroposophie, Dornach 1967

Bühler, Walther, Vermehren, Hellmut, Radio und Kino. Gefahren für die Seele, 3. Auflage, Bad Liebenzell-Unterlengenhardt 1987

Bühler, Walther, Die zweifache Abstammung des Menschen, 4. Auflage, Bad Liebenzell-Unterlengenhardt 1990

Bühler, Walther, Hat das Leben einen Sinn? Schicksal und Wiederverkörperung, 7. Auflage, Bad Liebenzell 1997

Das Goetheanum, Internationale Wochenschrift für Anthroposophie und Dreigliederung, Dornach, Schweiz (zentrales Organ der anthroposophischen Bewegung)

Das Reich, Hrsg. Alexander v. Bernus, München und Heidelberg 1916–1920

Deimann, Götz, Hrsg., Die anthroposophischen Zeitschriften von 1903 bis 1985, Bibliographie und Lebensbilder, Rastatt 1987

Der Europäer, Perseus-Verlag, (Zeitschrift) Basel

Deutsches Ärzteblatt, 68. Jahrgang, Juli 1938

Die Christengemeinschaft, Monatsschrift zur religiösen Erneuerung, Stuttgart

Die Drei, Monatsschrift für Anthroposophie und Dreigliederung, Stuttgart

Die Grünen, Das Bundesprogramm, Bonn 1980
Erziehungskunst, Zeitschrift zur Pädagogik Rudolf Steiners
Flemming, Beatrice, Das theosophische Weltbild, Bd. 2, München 1988
Flensburger Hefte, Flensburg, Sonderheft 8, Anthroposophen in der Zeit des deutschen Faschismus, Sommer 1991, Heft 32, Anthroposophen und Nationalsozialismus, Nr. 3/1991, Heft 41, Anthroposophie und Rassismus, Nr. 6/1993
Freie Pädagogische Vereinigung im Kuratorium für künstlerische und heilende Pädagogik, Hrsg., Waldorfpädagogik – Ein Weg zur Persönlichkeitsbildung. Eine Einführung für Lehrer, Erzieher und Eltern, Wien-München 1984
Gabert, Erich, Verzeichnis der Äußerungen Rudolf Steiners über den Geschichts-Unterricht, Stuttgart 1969
Gabert, Die Strafe in der Selbsterziehung und in der Erziehung des Kindes, 9. Auflage, Stuttgart 1985.
Gädeke, Rudolf F., Die Gründer der Christengemeinschaft. Ein Schicksalsnetz, Dornach 1992
Gießler, Harald, »Turnen« im Rahmen der Waldorfpädagogik, Arlesheim 1997
Glas, Norbert, Das Antlitz offenbart den Menschen, Bd. 1, Eine geistgemäße Physiognomik, 6. Auflage, Stuttgart 1992, Bd. 2, Die Temperamente, 4. Auflage, Stuttgart 1990
Gleich, Sigismund v., Marksteine der Kulturgeschichte, Bd. 1 bis 4, 3. Auflage, Stuttgart 1982
Goebel, Wolfgang, Glöckler, Michaela, Kindersprechstunde. Ein medizinisch-pädagogischer Ratgeber, 5. überarbeitete Auflage, Stuttgart 1986
Haeckel, Ernst, Die Welträtsel, 1899, Nachdruck der 11. verbesserten Auflage 1919, Stuttgart 1984, mit einem Vorwort von Iring Fetscher
Hahn, Herbert, Rudolf Steiner wie ich ihn sah und erlebte, Stuttgart 1961
Hahn, Vom Genius Europas, Wesensbilder von zwölf europäischen Völkern, Ländern, Sprachen. Skizze einer anthroposophischen Völkerkunde, Bd. 1, Stuttgart 1963, Bd. 2, Stuttgart 1964
Hamprecht, Bodo, Das Rätsel der Inkarnation, in: Weleda-Nachrichten, Heft 196 D, Weihnachten 1994
Hardorp, Detlef, Was will Waldorfpädagogik, 3. Auflage, Stuttgart Februar 1998, 8. Auflage, Januar 2000, hrsg. vom Bund der Freien Waldorfschulen
Hassauer, Werner, Empfängnisverhütung und menschliche Freiheit, 6. Auflage, Bad Liebenzell 1994
Hauschka, Rudolf, Substanzlehre. Zum Verständnis der Physik, der Chemie und Therapeutischer Wirkungen der Stoffe, 2. Auflage, Frankfurt/Main 1946
Haverbeck, Werner Georg, Rudolf Steiner – Anwalt für Deutschland, München 1989
Heise, Karl, Die Entente Freimaurerei und der Weltkrieg. Ein Beitrag zur Historie des Weltkrieges und zum Verständnis der wahren Freimaurerei, Basel 1919
Hermannstorfer, Udo, Individualität und Staat, Bad Liebenzell 1990
Heydebrandt, Caroline v., Vom Lehrplan der freien Waldorfschule, 10. Auflage, Stuttgart 1996
Heyer, Wie man gegen Rudolf Steiner kämpft, Stuttgart 1932
Heyer, Karl, Beiträge zur Geschichte des Abendlandes, Bd. 1: Von der Atlantis bis Rom, Breslau 1939, Band 3: Die neuere Zeit, 2. Auflage, 1957, Bd. 4: Macchiavelli und Ludwig XIV, 1951, Bd. 5: Friedrich der große und das Preußentum, 1951, Bd. 6: Gestalten und Ereignisse vor der französischen Revolution, 1952, Bd. 7: Die französische Revolution und Napoleon, 1953, Bd. 8: Sozialimpulse des deutschen Geistes im Goethe-Zeitalter, 1954, Bd. 9: Kaspar Hauser und das Schicksal Mitteleuropas im 19. Jahrhundert, 3. Auflage, Stuttgart 1958
Heyer, Wer ist der deutsche Volksgeist, Kressbronn 1961
Heyer, Wesen und Wollen des Nationalsozialismus, 3. Auflage, Basel 1991
Hippel, Ernst v., Die Universität im neuen Staat, Königsberg 1933
Hippel, Der Bolschewismus und seine Überwindung, Breslau 1937
Hippel, Mechanisches und moralisches Rechtsdenken, Meisenheim a. Glan. 1959

Hippel, Allgemeine Staatslehre, Berlin und Frankfurt/M. 1963
Hippel, Staat - Recht - Kultur, Festgabe für Ernst von Hippel zu seinem 70. Geburtstag, dargebracht von Freunden und Kollegen, Bonn 1965
Info 3, Monatsmagazin für Spiritualität und Zeitfrage, Frankfurt/Main
Initiative Netzwerk Dreigliederung, Hrsg., Rundbrief Dreigliederung des sozialen Organismus, Stuttgart
Karlén, Barbro,...und die Wölfe heulen, 3. Auflage, Basel 1998
Karutz, Richard, Unter Kirgisen und Turkmenen, Leipzig 1909
Karutz, Krieg und Völkerkunde. Rede zur Eröffnung der Abteilung Südsee des Museums Völkerkunde, in: Lübeckische Blätter, 59. Jahrgang, Nr. 13, 1.4.1917, Nr. 14, 8. April 1917
Karutz, Die Völker Nord- und Mittelasiens, Stuttgart 1925
Karutz, Die Völker Europas, Stuttgart 1926
Karutz, Von Goethe zur Völkerkunde der Zukunft, 2. verbesserte Auflage, Stuttgart 1929
Karutz, Die Bedeutung des Museums für Völkerkunde in Lübeck, Lübeck 1929
Karutz, Die Ursprache der Kunst, Stuttgart 1934
Karutz, Die afrikanische Seele, Basel 1938
Karutz, Die Mär in Mythen und Märchen, Stuttgart 1963
Kilthau, Ursula, Literaturangaben für die Arbeit des Klassenlehrers an einer Freien Waldorfschule, Stuttgart 1998, hrsg. von der Pädagogischen Forschungsstelle beim Bund der Freien Waldorfschulen
Klein, Johannes Werner, Baldur und Christus, München 1923
König, Karl, Geschichte und Schicksal des jüdischen Volkes, drei Vorträge im Advent 1965, Nachschrift, unveröffentlichtes Manuskript
König, Geister unter dem Zeitgeist, 1973
Königslöw, Joachim von, Flüsse Mitteleuropas. Zehn Biographien, Stuttgart 1995
Kühne, Walther, Die Stuttgarter Verhältnisse und Rudolf Steiners Impuls der sozialen Dreigliederung, hrsg. von Arfst Wagner, Schaffhausen 1989
Lauer, Hans Erhard, Die Anthroposophie im Weltanschauungskampf der Gegenwart, Basel 1927
Lauer, Die Völker Europas. Grundzüge einer Völkerpsychologie auf geisteswissenschaftlicher Basis, Wien 1937
Lauer, Geschichte als Stufengang der Menschwerdung, Bd. 1, Freiburg/Breisgau 1956
Lauer, Hrsg., Österreichische Blätter für ein freies Geistesleben, Jahrgang 1928
Leber, Stefan, Hrsg., Anthroposophie und Waldorfpädagogik in den Kulturen der Welt, Stuttgart 1998
Lemmermayer, Fritz, Erinnerungen an Rudolf Steiner, Robert Hamerling und einige Persönlichkeiten des österreichischen Geisteslebens der 80er-Jahre, Stuttgart 1929
Lievegoed, Bernard, Alte Mysterien und soziale Evolution, Stuttgart 1991
Lindenberg, Christoph, Waldorfschulen: Angstfrei lernen, selbstbewusst handeln, Hamburg 1979
Lindenberg, Rudolf Steiner, Hamburg 1994
Lippert, Franz, Die Praxis des Heilpflanzenanbaus, in: Demeter-Schriftenreihe, Bd. 2/3, 1939
Magazin für Literatur, 67. und 68. Jahrgang, 1898/1899
Mann, Thomas, Gedanken im Krieg, 1914, in: ders., Gesammelte Werke in Einzelbänden, Frankfurter Ausgabe, herausgegeben von Peter de Mendelssohn, Frankfurt/M. 1986
Mannen, Hans Peter van, Marie Steiner. Über ihre Stellung im Weltenkarma, Dornach 1994
Maurer, Theodor, Historische Skizzen. Beiträge zu einer geisteswissenschaftlichen Erfassung der Geschichte, Leipzig, Strassburg, Zürich 1934
Mayer, Thomas, Hrsg., 186 Bürgerideen gegen Münchens Schuldenfalle, Dokumentation, 1997

Mayer, Hrsg., Bürgerbegehren. Unser München aus der Schuldenfalle, 10. Entwurf, 1997
Mayer, Thomas, Gelleri, Christian, Regiogeld, Exposee, März 2003
Mayereder, Rosa, Mein Pantheon, Lebenserinnerungen, Dornach 1988
Mayereder, Tagebücher 1873–1937, Frankfurt/M. 1988
Meyer, Rudolf, Die Weisheit der deutschen Volksmärchen, 1935
Meyer, Thomas, Hrsg., Helmuth v. Moltke 1848–1916, Dokumente zu seinem Leben und Wirken, Bd. 2, Basel 1993
Moltke, Eliza v., Hrsg., Generaloberst Helmuth v. Moltke, Erinnerungen, Briefe, Dokumente 1877–1916, Stuttgart 1922
Münchner Neueste Nachrichten, 18.1.1922
Neue Zeitung, Der Seelendoktor des verelendenden Kapitalismus, 25.8.1919
Neuffer, Helmut, Hrsg., Zum Unterricht des Klassenlehrers an der Waldorfschule. Ein Kompendium, Stuttgart 1997
Neve, Monika, New Age als Ablenkung? Eine Analyse der New Age Bewegung aus anthroposophischer Sicht, Raisdorf/Kiel 1989
Niederhäuser, Hans Rudolf, Fremde Länder – fremde Völker, Stuttgart 1960
Novalis, Zeitschrift für spirituelles Denken, Schaffhausen/Schweiz, (1946 gegründet als Die Kommenden)
Odal, Monatsschrift für Blut und Boden, Jahrgang 1940
Plato, Bodo von, Anthroposophie im 20. Jahrhundert. Ein Kulturimpuls in biographischen Porträts, Dornach 2003
Poppelbaum, Hermann, Im Kampf um ein neues Bewusstsein, Freiburg/Breisgau 1948
Poppelbaum, Schicksalsrätsel. Verkörperung und Wiederverkörperung, 2. Auflage, Dornach 1959
Pressespiegel Anthroposophie, München, herausgegeben von der Anthroposophischen Gesellschaft
Prokofieff, Sergej O., Die geistigen Aufgaben Mittel- und Osteuropas, Dornach 1993
Prokofieff, Die geistigen Quellen Osteuropas und die Mysterien des heiligen Gral, 2. verbesserte Auflage, Dornach 1995
Prokofieff, Die Karmaforschung Rudolf Steiners und die Aufgaben der Anthroposophischen Gesellschaft, Dornach 1994
Rath, Wilhelm, Rudolf Steiner und Thomas von Aquino, Neuauflage, Basel 1991
Ravagli, Lorenzo, Rudolf Steiner als aktiver Gegner des Antisemitismus, Manuskript, November 2000
Ravagli, Unter Hammer und Hakenkreuz. Der völkisch-nationalsozialistische Kampf gegen die Anthroposophie, 1. Auflage, Stuttgart 2004
Richter, Tobias, Hrsg., Pädagogischer Auftrag und Unterrichtsziele – vom Lehrplan der Waldorfschulen, Stuttgart 2003
Riemeck, Renate, Mitteleuropa – Bilanz eines Jahrhunderts, Freiburg im Breisgau 1965
Rittelmeyer, Friedrich, Zwölf Grußkarten für Feldsoldaten
Rittelmeyer, Christ und Krieg. Predigten aus der Kriegszeit, München 1914–1916
Rittelmeyer, Johannes Müller und Rudolf Steiner, Nürnberg 1918
Rittelmeyer, Hrsg., Vom Lebenswerk Rudolf Steiners, München 1921
Rittelmeyer, Der Deutsche in seiner Weltaufgabe zwischen Russland und Amerika, Stuttgart 1932, Verlag der Christengemeinschaft
Rittelmeyer, Deutschtum, Stuttgart 1934
Rittelmeyer, Christus, Stuttgart 1936
Rittelmeyer, Aus meinem Leben, Stuttgart 1937
Rittelmeyer, Fragen und Antworten. Zur Einführung in die Christengemeinschaft, Stuttgart 1938
Rittelmeyer, Lebenshilfe, Stuttgart 1939
Rittelmeyer, Impulse der Gegenwart. Schriften zur religiösen Erneuerung, Stuttgart 1940

Rittelmeyer, Gemeinschaft mit den Verstorbenen, Stuttgart 1947
Rittelmeyer, Meine Lebensbegegnung mit Rudolf Steiner (1928). Stuttgart 1983
Scaligero, Massimo, Omogeneità e Continuità della Razza Italiana, in: La Difesa della Razza, Juni 1939
Scaligero, Compito eroico dello spirito nell'azione razzista, in: La Vita Italiana, September 1939
Scaligero, Fronte unico ario, in: La Difesa della Razza, Februar 1941
Scaligero, Verso un supernazionalismo razziale, in: La Difesa della Razza, Juli 1941
Scaligero, Sangue e Spirito, in: La Difesa della Razza, Oktober 1941
Schad, Wolfgang, Säugetier und Mensch. Zur Gestaltbiologie vom Gesichtspunkt der Dreigliederung, Stuttgart 1971
Schaub, Bernhard, Reich Europa, Verlag Zeitenwende, 2. Auflage, 1999
Schuchardt, Wolfgang, Rieche, Herbert, Hrsg., Mitteleuropa. Landschaften - Völker - Kulturen, Stuttgart 1978
Schüpbach, Werner, Der Arabismus. Seine historischen und spirituellen Hintergründe und sein Fortwirken in der Gegenwart, Neuauflage, Schaffhausen 1986
Schwenk, Hugo, Der Dreigliederungsimpuls Rudolf Steiners, in: Seminar für freiheitliche Ordnung, Fragen der Freiheit, Januar/Februar 1990, Heft 2002
Seiling, Max, Die anthroposophische Bewegung und ihr Prophet, 2. Auflage, Lorch 1921
Seminar für freiheitliche Ordnung, Hrsg., Fragen der Freiheit, Folge 199, Bad Boll 1989
Siber, Harald, Patientenratgeber Anthroposophische Medizin, Wien 1995
Solovjeff, Wladimir, Nationale und politische Betrachtungen, Stuttgart 1922
Soziale Zukunft, (Zeitschrift) Schweizer Bund für die Dreigliederung des sozialen Organismus, 1919–1921
Spangler, David, Der Geist der Synthese, Kimratshofen 1985
Stein, Werner Johannes, Was ist der Westen dem Osten schuldig? Stuttgart, Köln, London 1932
Steiner, Die Philosophie der Freiheit, 1894, GA 4, TB 627
Steiner, Friedrich Nietzsche, ein Kämpfer gegen seine Zeit, 1895, Dornach 1983, GA 5, TB 621
Steiner, Goethes Weltanschauung, 1897, GA 6, TB 625
Steiner, Theosophie, 1904, GA 9, TB 615
Steiner, Wie erlangt man Erkenntnisse der höheren Welten, 1904/1905, GA 10, TB 600
Steiner, Aus der Akasha-Chronik, 1904–1908, GA 11, TB 616
Steiner, Die Stufen der höheren Erkenntnis, 1905–1908, GA 12, TB 641
Steiner, Die Geheimwissenschaft im Umriss, 1910, GA 13, TB 601
Steiner, Die geistige Führung des Menschen und der Menschheit, 1911, GA 15, TB 614
Steiner, Von Seelenrätseln, 1917, GA 21, TB 637
Steiner, Die Kernpunkte der sozialen Frage, 1919, GA 23, TB 606
Steiner, Aufsätze über die Dreigliederung des sozialen Organismus und zur Zeitlage 1915–1921, GA 24
Steiner, Rudolf, Mein Lebensgang, unvollendete Autobiographie, 1925, GA 28, TB 636
Steiner, Gesammelte Aufsätze zur Kultur- und Zeitgeschichte 1887–1901, GA 31
Steiner, Gesammelte Aufsätze zur Literatur, 1884–1902, GA 32
Steiner, Briefe 1890–1925, Bd. 2, GA 39
Steiner, Die Erkenntnis des Übersinnlichen in unserer Zeit und deren Bedeutung für das heutige Leben, 1906/07, GA 55
Steiner, Die Erkenntnis der Seele und des Geistes, 1907/08, GA 56
Steiner, Aus schicksalstragender Zeit, 1914/15, GA 64
Steiner, Menschheitsentwickelung und Christus-Erkenntnis, Vorträge 1907, GA 100
Steiner, Das Hereinwirken geistiger Wesenheiten in den Menschen, Vorträge 1908, GA 102

Steiner, Welt, Erde, Mensch, Vorträge 1908, GA 105
Steiner Das Lukasevangelium, Vorträge 1909, GA 114
Steiner, Die Offenbarungen des Karma, 1910, GA 120
Steiner, Die Mission einzelner Volksseelen im Zusammenhang mit der germanisch-nordischen Mythologie, Vorträge 1910, GA 121, TB 613
Steiner, Das esoterische Christentum und die geistige Führung der Menschheit, Vorträge 1911/1912, GA 130
Steiner, Christus und die Welt, Vorträge 1913/1914, GA 149
Steiner, Zeitgeschichtliche Betrachtungen. Das Karma der Unwahrhaftigkeit, Vorträge 1917, GA 174
Steiner, Die geistigen Hintergründe des 1. Weltkrieges, Vorträges 1914–1921, GA 174b
Steiner, Soziales Verständnis aus geisteswissenschaftlicher Sicht, Vorträge 1919, GA 191
Steiner, Gegensätze in der Menschheitsentwicklung, 1920, GA 197
Steiner, Esoterische Betrachtung karmischer Zusammenhänge, Bd. I bis II, Vorträge 1924, GA 235, 236, 237
Steiner, Die okkulte Bewegung im neunzehnten Jahrhundert und ihre Beziehungen zur Weltkultur, Vorträge 1915, GA 254
Steiner, Das Schicksalsjahr 1923 in der Geschichte der Anthroposophischen Bewegung, GA 259
Steiner, Die Konstitution der Allgemeinen Anthroposophischen Gesellschaft und der Freien Hochschule für Geisteswissenschaften am Goetheanum, GA 260a
Steiner, Rudolf, Marie Steiner v. Sivers, Briefwechsel und Dokumente 1901–1925, GA 262
Steiner, Veröffentlichungen aus der Geschichte und den Inhalten der Esoterischen Schule. Esoterische Unterweisungen für die erste Klasse der Freien Hochschule für Geisteswissenschaften am Goetheanum, GA 270/Bd. 1–4
Steiner, Allgemeine Menschenkunde als Grundlage der Pädagogik, 1919, GA 293, TB 617
Steiner, Konferenzen mit den Lehrern der Freien Waldorfschule, 1919–1924, GA 300 a-c
Steiner, Die gesunde Entwickelung des Menschenwesens, 1921/22, GA 303, TB 648
Steiner, Anthroposophische Menschenkunde und Pädagogik, GA 304a
Steiner, Die Naturwissenschaft und die weltgeschichtliche Entwicklung der Menschheit seit dem Altertum, Vorträge 1921, GA 325
Steiner, Die Befreiung des Menschenwesens als Grundlage für eine soziale Neugestaltung, 1919, GA 329
Steiner, Betriebsräte und Sozialisierung, 1919, GA 331
Steiner, Wie wirkt man für den Impuls der Dreigliederung des sozialen Organismus?, GA 338
Steiner, Über Gesundheit und Krankheit. Grundlagen einer geisteswissenschaftlichen Sinneslehre, 1922/23, GA 348
Steiner, Vom Leben des Menschen und der Erde, Über das Wesen des Christentums, Vorträge 1923, GA 349
Steiner, Die Geschichte der Menschheit und die Weltanschauungen der Kulturvölker, Vorträge 1924, GA 353
Steiner, Die Schöpfung der Erde und des Menschen, Erdenleben und Sternenwirken, Vorträge 1924, GA 354
Steiner, Der anthroposophische Weg, hrsg. von Kurt E. Becker, Friedrich Hiebel und Hans-Peter Schreiner, Frankfurt/M. 1983
Steiner, Weihnachtsspiele aus altem Volkstum. Die Oberuferer Spiele, Dornach 1990
Steiner, Vorwort zu Ludwig Jacobowski, Ausklang, Neue Gedichte aus dem Nachlass, Minden 1901
Strawe, Christoph, Der Fall Kappler, in: Rote Blätter, Oktober 1977

Strawe, Initiativen für eine zeitgemäße Sozialgestaltung, in: Weleda-Nachrichten, Weihnachten 1994
Strawe, Globalisierung betrifft uns alle, Stuttgart 2002
Streit Jakob, Klein Elisabeth, Comics oder Märchen, 6. Auflage, Bad Liebenzell 1997
Stüttgen, Johannes, Organ des erweiterten Kunstbegriffs für die soziale Skulptur. Eine Darstellung der Idee und Entstehungsgeschichte der FIU, Wangen 1992
Suchantke, Andreas, Sonnensavannen und Nebelwälder. Pflanzen, Tiere und Menschen in Ostafrika, Stuttgart 1972
Thieben, Ludwig, Das Rätsel des Judentums, Neuauflage, Basel 1991
Trigonal, Veranstaltungen und Berichte von Einrichtungen auf anthroposophischer Grundlage im Rhein-Main-Gebiet, (Zeitschrift), Frankfurt
Uehli, Ernst, Die Rätsel der Atlantis, 2. Auflage, Stuttgart 1956
Vogel, Lothar, Die Antworten Mitteleuropas auf die Französische Revolution, in: Fragen der Freiheit, Bad Boll 1989
Wachsmuth, Guenther, Hrsg., Gäa Sophia, Völkerkunde, Jahrbuch 1929, Stuttgart, Den Haag, London
Wachsmuth, Kosmische Aspekte von Geburt und Tod, Beiträge zur Karmaforschung, Dornach 1956
Wachsmuth, Werdegang der Menschheit, Dornach 1953
Wadler, Arnold, Das Rätsel der Indogermanen, Basel 1937
Wagner, Arfst, Hrsg., Zur Geschichte der anthroposophischen Bewegung und Gesellschaft in der Zeit des Nationalsozialismus, in: Beiträge zur Dreigliederung des sozialen Organismus, Bd. 1 bis 5, Rendsburg 1991 ff.
Wehr, Gerhard, Rudolf Steiner. Zur Einführung, Hamburg 1994
Wehr, Spirituelle Meister des Westens, München 1995
Wehr, Friedrich Rittelmeyer, Stuttgart 1998
Weibring, Juliane, Frauen um Rudolf Steiner, Oberhausen 1997
Werner, Uwe, Anthroposophen in der Zeit des Nationalsozialismus, Oldenburg 1999
Wistinghausen, Kurt v., Hrsg., Friedrich Rittelmeyer im religiösen Leben der Christengemeinschaft, Ansprachen zum ersten Todestag, Stuttgart 1939
Wolf, Otto, Krankheit als Schicksal, Bad Liebenzell-Unterlengenhardt 1994
Zimmermann, Heinz, Hrsg., Reinkarnation und Karma in der Erziehung, Dornach 1998

B. Sekundärliteratur

Aktion Kinder des Holocaust, Pressemappe zum Fall Thieben, Basel 1998
Alter, Peter, Hrsg., Nationalismus. Dokumente zur Geschichte und Gegenwart eines Phänomens, München 1994
AStA Antifa Referat Bielefeld, Von Karma bis Lebensschutz 1992
Badewien, Jan, Anthroposophie, 4. Auflage, Konstanz 1985
Balibar, Etienne, Wallerstein, Immanuel, Rasse, Klasse, Nation, Hamburg, Berlin 1990
Bauer, Reinhard, Piper, Ernst, München. Geschichte einer Stadt, München 1993
Baumann, Andreas und Lydia, Achtung Anthroposophie, Zürich 2000
Berding, Helmut, Moderner Antisemitismus in Deutschland, Frankfurt/M. 1988, Berlin 1998
Bloch, Ernst, Erbschaft unserer Zeit, Frankfurt/Main 1976
Deichmann, Ute, Biologen unter Hitler, Frankfurt/Main 1995
Ditfurth, Jutta, Entspannt in die Barbarei, Hamburg 1996
Farías, Victor, Heidegger und der Nationalsozialismus, Frankfurt/M. 1989
Feit, Margret, Die Neue Rechte in der Bundesrepublik, Frankfurt/Main 1987
Fischer, Fritz, Griff nach der Weltmacht, Düsseldorf 1984
Frecot, Janot, Geist, Johann Friedrich, Krebs, Diethart, Fidus 1868–1948. Zur ästhetischen Praxis bürgerlicher Fluchtbewegungen, München 1972
Freund, René, Land der Träumer, Wien 1996

Frick, Karl R., Die Erleuchteten, Wiesbaden 2005
Geden, Oliver, Rechte Ökologie, Berlin 1996
Geiss, Immanuel, Geschichte des Rassismus, Frankfurt/Main 1988
Gieseke, Frank, Markert, Albert, Flieger, Filz und Vaterland. Eine erweiterte Beuys Biografie, Berlin 1996
Golczewski, Frank, Kölner Universitätslehrer und der Nationalsozialismus, Köln/ Wien 1988
Goldner, Colin, Psycho, Therapien zwischen Seriosität und Scharlatanerie, Aschaffenburg 2000
Goodrick-Clarke, Nicholas, Die okkulten Wurzeln des Nationalsozialismus, 1982, Graz-Stuttgart 1997
Grandt, Guido und Michael, Schwarzbuch Anthroposophie, Wien 1997
Grandt, Guido und Michael, Waldorf-Connection. Rudolf Steiner und die Anthroposophen, Aschaffenburg 1998
Habel, Walter, Hrsg., Wer ist wer?, XVI. Ausgabe, Bd. 1, Berlin 1970
Hamann, Brigitte, Hitlers Wien, München 1996
Herzberg, Markus, Hoffmann, Barbara, Der öffentlich subventionierte Geist, Die Privatuniversität Witten-Herdecke, Forum Wissenschaft, Nr. 1, 1996
Hoffmann, Lutz, Das deutsche Volk und seine Feinde. Die völkische Droge, Köln 1994
Howe, Ellic, Uranias Kinder: Die seltsame Welt der Astrologen und das Dritte Reich, Weinheim 1995
Hund, Wolf D., Rassismus. Die soziale Konstruktion natürlicher Ungleichheit, Münster 1999
Internationaler Militärgerichtshof Nürnberg, Der Nürnberger Prozess gegen die Hauptkriegsverbrecher, Nürnberg 1949, Bd. 1, Bd. 4, Bd. 5, Bd. 11
Jacob, Sybille Christin, Aus der Waldorfschule geplaudert, Aschaffenburg 2001
Jacobeit, Wolfgang, Kopke, Christoph, Die biologisch-dynamische Wirtschaftsweise im KZ. Die Güter der Deutschen Versuchsanstalt für Ernährung und Verpflegung der SS von 1939 bis 1945, Berlin 1999
Johnston, Otto W., Der deutsche Nationalmythos. Ursprung eines politischen Programms, Stuttgart 1990
Jost, Hermand, Grüne Utopien in Deutschland. Zur Geschichte des ökologischen Bewusstseins, Frankfurt/M. 1991
Kayser, Monika, Wagemann, Paul-Albert, Wie frei ist die Waldorfschule. Geschichte und Praxis einer pädagogischen Utopie, München 1991
Kern, Gerhard, Der (esoterische) Rassismus aus der besseren Gesellschaft. Die Hierarchie der »Völker« bei Rudolf Steiner, in: ders./Lee Traynor, Die esoterische Verführung, Aschaffenburg 1995
Kindlers Literatur Lexikon, Bd. 6, 1988
Klatt, Norbert, Theosophie und Anthroposophie. Neue Aspekte zu ihrer Geschichte, Göttingen 1993
Korotin, Ilse, Die politische Radikalisierung der Geschlechterdifferenz im Kontext von konservativer Revolution und Nationalsozialismus, in: Eickhoff, Volker, Korotin, Ilse, Hrsg., Sehnsucht nach Schicksal und Tiefe. Der Geist der Konservativen Revolution, Wien 1997
Krämer, Franz Josef, Scherer, Georg, Wehnes, Franz Josef, Anthroposophie und Waldorfpädagogik, Annsweiler 1987
Kratz, Peter, Die Götter des New Age. Im Schnittpunkt von »Neuem Denken«, Faschismus und Romantik, Berlin 1994
Lanczkowski, Günter, Hrsg., Geschichte der Religionen, Frankfurt/M. 1980
Large, David Clay, Hitlers München, München 1998
Lewontin, Richard, Rose, Steven, Kamin, Leon, Die Gene sind es nicht. Biologie, Ideologie und menschliche Natur, München 1988
Ley, Michael, Genozid und Heilserwartung. Zum nationalsozialistischen Mord am europäischen Judentum, Wien 1993

Linse, Ulrich, Barfüßige Propheten, Erlöser der zwanziger Jahre, Berlin 1983
Linse, Ökopax und Anarchie, München 1986
Lowenstein, Steven M., Mendes-Flohr, Paul, Pulzer, Peter, Richarz, Monika, Deutsch-Jüdische Geschichte in der Neuzeit, Bd. 3, Umstrittene Integration 1871–1918, München 1997
Lukács, Georg, Die Zerstörung der Vernunft, Bd. 1 bis 3, 1954, 3. Auflage, Darmstadt 1981
McGrath, William J., Dionysian Art and Populist Politics in Austria, New Haven and London 1974
Miles, Robert, Rassismus. Einführung in die Geschichte und Theorie eines Begriffs, 2. Auflage, Berlin 1992
Mommsen, Wolfgang, Das Zeitalter des Imperialismus, Frankfurt/M. 1969
Mosse, George L., Die völkische Revolution, Frankfurt/M. 1991
Mosse, Die Geschichte des Rassismus in Europa, Frankfurt/M. 1990
Moßmann, Susanne, Das Fremde ausscheiden, Antisemitismus und Nationalbewusstsein bei Ludwig Achim von Armin und in der »Christlichen Deutschen Tischgesellschaft«, in: Hans Peter Hermann, Hans Martin Blitz, Susanna Moßmann, Machtphantasie Deutschland, Frankfurt/M. 1996, S. 123–159
Müller, Joachim, Hrsg., Anthroposophie und Christentum. Eine kritisch-konstruktive Auseinandersetzung, Freiburg/Schweiz 1995
Nettlau, Max, Geschichte der Anarchie, Bd. 2, Neuauflage, Duisburg 1993
Opitz, Reinhard, Hrsg., Europastrategien des deutschen Kapitals, 2. Auflage, Bonn 1994
Pätzold, Kurt, Weibecker Manfred, Geschichte der NSDAP, Köln 1998
Pedersen, Poul, Tibet, die Theosophie und die Psychologisierung des Buddhismus, in: Kunst und Ausstellungshalle der Bundesrepublik Deutschland GmbH, Hrsg., Mythos Tibet, Köln 1997
Prange, Klaus, Erziehung zur Anthroposophie, Bad Heilbrunn/Obb. 1987
Projektgruppe »Volk und Gesundheit«, Hrsg., Volk und Gesundheit: Heilen und Vernichten im Nationalsozialismus, Frankfurt/M. 1988
Puschner, Uwe, Schmitz, Walter, Ulbricht, Justus H., Hrsg., Handbuch zur völkischen Bewegung, München 1999
Puschner, Die völkische Bewegung im wilhelminischen Kaiserreich. Sprache – Rasse – Religion, Darmstadt 2001
Reller, Horst, Hrsg., Handbuch religiöser Gemeinschaften, 4. erweiterte Auflage, Gütersloh 1993
Ries, Jens-Uwe, Auf der Suche nach einem neuen Zeitalter, Packpapier-Verlag, 1994
Roth, Karl Heinz, Tödliche Höhen: Die Unterdruckkammer-Experimente im Konzentrationslager Dachau, in: Angelika Ebbinghaus, Klaus Dörner, Hrsg., Vernichten und Heilen. Der Nürnberger Ärzteprozess und seine Folgen, Berlin 2002, S. 110ff.
Rudolph, Charlotte, Waldorf-Erziehung – Wege zur Versteinerung, 4. Auflage, Darmstadt 1988
Schnurbein, Stefanie von, Ulbricht, Justus H., Hrsg., Völkische Religion und die Krisen der Moderne, Würzburg 2001
Schulze-Marmeling, Dietrich, Der gezähmte Fußball, Göttingen 1992
Schweidlenka, Roman, Altes blüht aus den Ruinen, Wien 1989
Schweidlenka, Roman, Eduard Gugenberger, Mutter Erde, Magie und Politik, Wien 1986
Shedletzky, Itta, Ludwig Jacobowski und Jakob Loewenberg, in: Moses Stephane, Achöne Albrecht, Hrsg., Juden in der deutschen Literatur, Frankfurt/Main 1986
Sigel, Robert, Heilkräuterkulturen im KZ. Die Plantage in Dachau, in: Dachauer Hefte, Medizin im NS-Staat, 1988, S. 164ff.
Snyder, Louis N., Roots of German Nationalism, The source of political an cultural identity, New York 1996

Sontheimer, Kurt, Antidemokratisches Denken in der Weimarer Republik, München
SPD im Bundestag, Hrsg., Dokumente Sekten und Psychogruppen, Informations- und Diskussionsveranstaltung der SPD-Bundestagsfraktion am 13. März 1996, Bonn 1996
Staudenmaier Peter, Rudolf Steiner and the Jewish Question, in: Jahrbuch 2005 des Leo-Baeck-Instituts, London 2005
Stenzel, Gerhard, Die deutschen Romantiker, Bd. 1, Salzburg/Stuttgart
Stöss, Richard, Hrsg., Parteienhandbuch, Bd. 1, Bd. 3, Opladen 1986
Stowasser, Horst, Freiheit pur, Frankfurt/Main 1995
Taube, Kathrin, »Ertötung aller Selbstheit«, Das anthroposophische Dorf als Lebensgemeinschaft mit geistig Behinderten, München 1994
Thiede, Rolf, Stereotypen vom Juden. Die frühen Schriften von Heinrich und Thomas Mann
Treher, Wolfgang, Hitler, Steiner, Schreber, Emmendingen 1966/1990
Ulbricht, Justus H., »Ein heimlich offener Bund für das große Morgen«. Methoden systematischer Weltanschauungsproduktion während der Weimarer Republik, in: Börsenblatt für den Deutschen Buchhandel, Frankfurt und Leipzig Nr. 24, 26. März 1993
Weingart, Peter, Kroll, Jürgen, Bayertz, Kurt, Rasse, Blut und Gene. Geschichte der Eugenik und Rassenhygiene in Deutschland, Frankfurt/Main 1992
Wölk, Volkmar, Natur und Mythos, Duisburg 1992
Zander, Helmut, Ganz Dornach humpelt, in Neue Züricher Zeitung, 14. Februar 1998